嘉兴市工会志

（1991-2010）

图书在版编目（CIP）数据

嘉兴市工会志：1991-2010 /《嘉兴市工会志》编纂委员会编. －北京：方志出版社，2014.12
ISBN 978-7-5144-1477-6

Ⅰ. ①嘉… Ⅱ. ①嘉… Ⅲ. ①工会工作－概况－嘉兴市－1991～2010 Ⅳ. ①D412.855.3

中国版本图书馆 CIP 数据核字(2014)第 282481 号

嘉兴市工会志（1991-2010）

编　　者：《嘉兴市工会志》编纂委员会
责任编辑：王笃银
出 版 人：冀祥德
出 版 者：方志出版社
地址　北京市朝阳区潘家园东里 9 号(国家方志馆 4 层)
邮编　100021
网址　http://www.fzph.org
发　　行：方志出版社发行中心
电话（010）67110500
经　　销：各地新华书店
印　　刷：浙江正方设计印刷有限公司
开　　本：889×1194　　1/16
印　　张：28.5
字　　数：519 千字
版　　次：2014 年 12 月第 1 版　2014 年 12 月第 1 次印刷
印　　数：0001～1500 册
ISBN 978-7-5144-1477-6/D·88　　定价：150.00 元

序

《嘉兴市工会志(1991-2010)》历时三年努力就要付印了,作为工会主席,感到和同事们一起做成了一件非常有意义的事情,欣慰之心自不待言。

劳动是人类文明进步的源泉,劳动创造世界。工人阶级作为推动经济社会创新发展的主力军,始终站在时代前列,勤奋劳动、艰苦奋斗、锐意进取,作出的贡献彪炳史册。工会既是职工群众的组织,更是党联系职工群众的桥梁和纽带,如何发挥好工会组织的独特作用,是时代赋予当代工会的崭新课题和重大责任,工运事业崇高而神圣。

自上一轮编志至今,又走过了二十多个年头。二十多年来,全市工会组织和工会工作者在党委领导、政府和社会各有关方面的支持下,在经济转轨、社会转型的历史关口,社会组织和结构的急剧变化和群体利益的重大调整过程中,牢记历史使命,坚持正确方向,找准重心和位置,切实履行职能,在探索、实践中国特色社会主义工会发展道路上留下了一串串或深或浅的坚毅脚印。在此以《志》来认真地回顾,忠实地记录,印证和铭记这一段历程,旨在留住和留存全市职工的智慧和创造以及工会工作者的实践和体验。

工会工作与其他工作一样,有创新才具生命力。二十多年中,嘉兴工会同样走过了一条充满活力的创新之路。特别是进入新世纪以来,全市各级工会不断探索实践,努力适应,锐意创新,坚持“组织起来,切实维权”的工会工作总方针,坚持与时俱进,不断创新思路,积极探索新形势下工会工作新经验、新方法,使各项工作不断取得新进展。基层组建、素质工程、服务发展、服务职工、构建和谐、创业创新等各项工作和活动取得了突破性进展，特别是在统筹城乡发展中推进镇（街道）总工会建设，构建城乡一体化工会组织体系工作得到了全国总工会的肯定。全市上下形成了“哪里有职工哪里就有工会，哪里有工会哪里就有工会发挥积极作用”的工会工作新局面。

二十年世事沧桑，二十年风雨同行。在历史长河中，它是沧海一粟，但在嘉兴工运史上，却是璀璨的一页。二十多年里，工作中取得的每一项成果，无不凝聚着各级党委和政府（行政）对工会工作的关心和支持，凝聚着广大工会工作者和工会积极分子的努力开拓和奋斗进取，同时更有广大职工群众的信赖和支持，这是一直来激励我们不断前行的最大动力，也将激励后来者奋力前行。在此，我谨代表市总工会向所有关心、支持工会工作的同志们表示衷心的感谢！同时，向为此书编纂付出辛劳和心血的相关组织、部门和同志致以深深的谢意！

史以志事，史以励志。培根说：读史使人明智。最后，希望阅读此书的广大工会干部能从中得到启迪，并以史为鉴，坚定不移走中国特色社会主义工会发展道路，在各级党委的领导下，努力推进我市工运事业取得新发展，为建设“两美”嘉兴作出工会组织的新贡献！

2014 年 12 月 3 日

2002 年 1 月，省委书记张德江(右一)在嘉兴走访慰问老劳模俞志祥及困难职工王文英、叶惠明家庭

2012 年 9 月，全国总工会副主席、书记处第一书记、党组书记王玉普（右三）在嘉兴调研工会工作

2011 年 11 月，全国总工会党组成员段敦厚（前排右一）在南湖区调研工会工作

2010年6月,省人大常委会副主任、省总工会主席刘奇(前排左二)在嘉善调研台商投资企业工会情况

2006年6月,省政协副主席、省总工会主席张蔚文(前排左一)在加西贝拉压缩机有限公司考察

2014 年 1 月，省人大常委会副主任、省总工会主席厉志海(右二)到嘉兴慰问劳模

2006 年 5 月，省总工会党组书记、常务副主席顾秀秀(前排左一)考察置兴公寓

2011年6月，省总工会党组书记、常务副主席金长征（右三）在南湖区调研工会工作

2010年4月，市长李卫宁（前排右一）欢送全国劳模赴京领奖

2009 年 9 月，市委副书记鲁俊(右一)走访慰问全国劳模

2006 年 2 月，市委副书记徐士珍(前排右一)到市总工会考察调研

2011年4月,市委副书记冯志礼(左三)到市总工会调研并考察职工维权帮扶中心

2005年9月,市人大常委会副主任徐生荣(右一)出席第十一批市"心连心"大病救助款发放仪式

2007年9月，市政协副主席、市总工会主席邵建华(左一)赴交投集团调研慰问。

市总工会主席谭春晓在嘉兴市总工会三届一次会议上

市总工会主席卢苗法(左一)接待来访老职工

市总工会主席沈利华(左二)走访慰问困难职工家庭

2005 年 6 月，市委组织部、市总工会在平湖市召开全市"三级联创"活动经验交流暨外资企业工会组建推进会

2006 年 11 月，召开全市创建劳动关系和谐企业活动经验交流会

2007 年 5 月，召开全市集体合同工资集体协商要约行动推进会

2008 年 9 月，召开全市企业职工文化建设示范工程创建工作经验交流会

2009 年 3 月，嘉兴市暨南湖区“劳资携手 共克时艰”共同约定行动推进会在加西贝拉压缩机有限公司召开

2010 年 7 月，市总工会召开全市镇(街道)总工会建设推进会

2011年6月,省总工会在嘉兴召开全省流动务工人员加入工会工作现场会

2009年3月,市政府与市总工会举行联席会议

2009年3月，市政协在市总工会召开“扩大社会就业，推动‘协商共约’，构建和谐劳动关系”调研座谈会

2010年10月，嘉兴市厂务公开领导小组(扩大)会议

2009年春节期间,市总工会开展向新居民职工“五送(送图书、送演出、送电影、送年夜饭和送体育器材)”活动

市职工艺术团为农民工举行庆端午专场文艺演出

民丰铜管乐队

2009 年 6 月，2009"星耀南湖·技术创新技能创优"系列活动暨嘉兴市第二届职工技能运动会开幕

2010年4月,举行庆"五一"先进表彰大会暨迎世博迎省运"嘉兴银行杯"全市职工排舞大赛

2010年11月，市总工会召开创建高技能人才创新工作室推进会

2010 年 3 月，市总工会开展“春风行动”为农民工和下岗职工介绍就业

市总工会举行金秋助学款发放仪式

2010年2月，市第24批“心连心”大病救助款发放仪式在市总工会举行

2009年11月，市总工会“家政服务工程”启动并举行首期家政服务员培训班开班仪式

市总工会举行以“关爱困难女工，温暖千家万户”为主题的女职工“关爱行动”救助金发放仪式

市总工会举办女职工素质提升大课堂培训班

市总工会举办全市工会经审干部和特邀经审员继续教育培训班

2010年11月,全市工会信息好稿交流会在嘉善召开

2007 年 3 月，台湾苗栗县总工会第 5 次代表团到市总工会访问

2009 年 5 月，嘉兴、昆明两地工会结成友好工会

2010 年 4 月，市总工会召开“五型”机关创建动员会

市总工会党总支组织全体党员在南湖革命纪念馆重温入党宣誓

凡　例

一、本志以中国特色社会主义工会发展道路理论为指导，遵循尊重历史、求实存真的原则，力求思想性、科学性、资料性的统一。

二、本志记述范围为1983年撤地建市以来的嘉兴市范围。各编内容以记述市级工会组织状况和主要活动为主线，伸延至所属县(市、区)产业及直属基层工会。文中“全市各级工会”包含各县(市、区)、产业及直属基层工会。

三、本志为续志。为与二轮嘉兴市志时间断限一致，本志断限为：上自1991年始，下至2010年年底止，与前志交叉1年。个别内容视情况适当延后。本志内容如需由前志接入过渡，则简要引述前志内容。

四、本志首设概述，总摄全志。次为大事记，勾勒脉络。之后分设组织机构、重要会议、职工队伍、主要工作、人物、丛录六篇。篇下设章、节、目。所用体裁主要有述、记、志、图、表、录。横排门类，纵述史实，述而不论。

五、本志采用规范的语体文。行文力求朴实、简练、流畅。概述采用史纲体，围绕嘉兴20年历史发展主线，按时序先后分时期记述嘉兴工会事业的发展变化，反映工会工作在不同时期的突出特点、重大进展和所发挥的作用。大事记以编年体为主，辅之以记事本末体，以求脉络清晰，事件完整。

六、本志统一公元纪年。各种名称第一次出现时用全称(括注简称)，以后用简称。文中“市委”指中共嘉兴市委，“市委办公室”指中共嘉兴市委办公室。

七、所录“地方党政重要文件”按时间顺序排列。

八、市总工会各次全委会情况见第二篇“重要会议”，除有专项内容或重要人事事宜外，大事记中不再载入。

九、除名单中注明性别外，其他处不注明性别。

十、后附2011年–2013年大事记。

目　录

第二篇　重要会议

第三篇　职工队伍

第四篇　主要工作

第六篇　丛　　录

概　述

从1991年到2010年，是嘉兴加快体制转轨和社会转型的20年，是改革开放取得重大进展、城乡面貌发生巨大变化、人民生活得到大幅改善的20年。

在这20年中，全市各级工会坚持与时俱进，把党在各个时期的路线方针政策，转化为工会的实际行动，围绕中心，服务大局，不断研究工会工作面临的新情况新问题，积极探索新形势下做好工会工作的新途径新办法，最广泛地把职工群众组织到工会中来，最充分地把工会组织的活力激发出来，全面履行各项职能，发挥好党联系职工群众的桥梁和纽带作用，初步形成了与经济社会发展相适应的工会组织新体系、社会化维权新格局和工作推进新机制，工运事业和工会工作取得了显著成绩，为推进嘉兴经济社会又好又快发展做出了积极贡献。

一

1992年年初，邓小平视察南方并发表重要谈话。同年10月，中共十四大确立中国改革目标是建立社会主义市场经济体制。建立市场经济体制对工会工作提出了许多新要求，工会作为职工利益代表者的身份更加明确，工会代表职工调节劳动关系、维护职工合法权益的任务更加突出。在此期间，全市各级工会认真学习推进各项改革的方针政策和邓小平视察南方重要谈话精神，积极参加市委组织的“解放思想、转变观念、振兴嘉兴”大讨论，及时调整工作内容，切实加强对职工的形势任务教育、改革系列教育，引导广大职工正确理解改革，自觉参与和推进改革。

在企业劳动人事制度、用工制度和分配制度（以下称“三制”）改革和转换企业经营机制中，各级工会积极参与各项改革方案的制订和实施，工会主席参加企业“三制”改革和转换企业经营机制领导机构，注重宏观参与和“源头”参与。工会发动职工群众集思广益，及时反映职工的正确意见和合理要求，使各项改革措施更加切合实际，更有群众基础，保证了各项改革的顺利进行。随着企业改革不断深入，市总工会会同市经委、市体改委在企业中积极推行“共保合同”制度，促使企业行政和工会共同为完成企业的生产经营目标而努力，并在不断提高企业经营成效的基础上，提高职工群众收入和福利水平，调动职工群众生产积极性，增强企业活力，使企业成为全体职工责任共负、风险共担、利益共享的利益共同体。为适应企业劳动关系新变化,各级工会主动参与依法处理劳动争议,基层企业普遍建立劳动争议调解委员会。市总工会会同劳动部门培训企业劳动争议调解干部,提高他们的业务能力和政策水平,使绝大部分劳动争议在基层得到解决。各级工会还积极参与住房制度、医疗保险制度、养老保险制度改革,参与一些难度较大的企业破产、兼并工作,协助做好各方面工作,保证各项改革措施顺利到位。

为贯彻落实党的全心全意依靠工人阶级的指导方针,加强企业民主管理工作,1992年6月, 市总工会会同市委组织部、市经委、市体改办联合召开全市企业民主管理经验交流会,总结表彰嘉丝联等10家依靠职工群众办好企业的做法和经验,制定加强企业民主管理的意见。并通过人大、政协对《中华人民共和国企业法》规定的职工民主管理工作进行视察,对进一步加强企业民主管理提出建议。

针对深化企业改革出现大量职工下岗,相当一部分职工群众生活发生困难的情况,从1992年元旦、春节开始,全国总工会组织各级工会与党政一道,开展"进万家门,知万家情,解万家难,暖万家心"送温暖活动。全市各级工会干部深入困难企业, 慰问困难职工,为困难企业和困难职工送去党和政府及工会组织的关怀,使他们感受到社会主义大家庭的温暖。并以"结对帮穷"的新形式解决特困家庭的特殊困难,把送温暖活动推向一个更高的层次。与此同时,市总工会发起筹集职工扶困救急资金,开创一条通过互助互济,帮助减轻职工特殊生活困难,稳定职工队伍的新路子。

在改革不断深化的进程中,全市各级工会坚持以经济建设为中心不动摇。1991年各级工会围绕"质量、品种、效益年"活动,开展企业争夺"质量、品种、效益"单项杯和综合杯竞赛,职工争当"质量标兵""新产品开发能手"和"百名优秀职工"活动。1992年举办第二届全市职工技术操作运动会,吸引数十万职工参加不同层次的技术操作比武,涌现出一大批技术能手和尖子, 形成学技术、练本领、争名次的热潮。1993年组织全市服装裁剪、立缫先进操作技术推广活动。1994年联合发起"我为嘉兴添锦绣"活动,以"万看、千抒、百访"改革系列教育、社会主义劳动竞赛成效评价、评选百名优秀职工三项活动为主线,动员和组织全市百万职工岗位奉献,为改革深化和经济发展献计出力,多做贡献。常年坚持、多种形式的社会主义劳动竞赛,合理化建议和技术比武、技术交流、技术攻关活动,充分调动了职工群众积极性, 推动全市经济不断跃上新的台阶。

随着经济体制改革和市场经济发展,外商投资企业、私营企业和乡镇企业大量增加并迅速成长,成为国民经济重要组成部分,"新经济组织"组建工会的任务十分迫切。1993年10月,市委办公室、市政府办公室批转市总工会和市外经委《关于加快组建外商投资企业工会的意见》。1994年6月，全市乡镇企业、外商投资企业工会工作会议召开，提出抓好乡镇企业、外商投资企业工会组建的目标和任务。各级工会在党委领导和政府行政支持下，积极开展乡镇企业和外商投资企业工会组建工作。到1994年8月，全市外商投资企业组建工会数占开业数的43%。建立乡镇企业工会399家，会员人数达4万以上。各级地方工会重视产业工会（联合会）、镇、局工会和工会女职工委员会的组建，使工会组织系统不断得到完善。

二

1995年1月1日起《中华人民共和国劳动法》开始实施。全市各级工会以贯彻实施《劳动法》为契机和突破口，带动工会各项工作，推动工会自身建设和改革，努力把工会工作提高到一个新水平，在改革、发展、稳定中更好地发挥作用。

全市各级工会广泛开展《中华人民共和国劳动法》的学习、宣传培训、咨询等系列活动。市、县两级工会与有关部门联合开展企业贯彻《劳动法》执法检查。各级人大、政协中的工会代表、委员通过提交提案和意见、建议，推动《劳动法》贯彻实施。市县两级工会积极参与实施再就业工程、规范企业用工行为、国有和城镇集体企业下岗职工基本生活保障等工作，参与政府和企业涉及职工切身利益的房改、医疗、生育、养老等方面政策措施的制定和修改，加大工会源头参与和维护力度。结合实施《劳动法》，工会法律、劳动争议调解和仲裁工作得到发展，企业和乡镇普遍建立劳动争议调解组织和区域性劳动争议调解委员会。市和县（市、区）工会及一批基层工会建立工会劳动法律监督委员会。市、县工会建立工会法律服务机构，为职工提供法律咨询、案件代理等服务。

自1995年起，各级工会把推行集体协商和签订集体合同制度作为贯彻实施《劳动法》的一项重点工作。在各级党委领导下，党政工密切配合，推行集体协商和签订集体合同制度经历开始试点、全面推开、在抓数量同时着重提高质量等几个阶段。针对外资企业、私营企业、乡镇企业签订集体合同遇到的新情况，全市工会探索推行区域性、行业性集体协商签订集体合同工作，并且根据企业不同情况和职工要求，探索推行以工资为重点内容的单项集体合同签订工作。到1999年11月底，全市1233家企业签订集体合同，覆盖职工15.49万人，占应签企业74%。签订区域性集体合同41家，签订行业性集体合同24家。

在此期间，各级工会把依靠职工办好企业作为推动党的“依靠”方针在基层落实的主要实现形式和途径。1995年，市总工会与市经委、市体改委联合转发省总工会、省计经委、省体改委《关于在建立现代企业制度试点中加强工会工作和职工民主管理的意见》，并参与8家省现代企业制度试点工作，督促试点单位落实职代会制度和职工董事、职工监事制度,确立现代企业制度中工会地位。1997年后,市总工会认真贯彻市委市政府《关于全心全意依靠职工群众推进企业改革的若干意见》,市政府《关于在政府工作中进一步发挥工会民主参与和社会监督作用的通知》,着力推进和加强企业工会工作和民主管理工作。职工代表大会制度不断完善,全市职代会建制率达89.5%,职代会民主评议企业领导干部工作和国有企业业务招待费使用情况向职代会报告工作得到加强,“厂务公开、民主管理”工作在全市得到大力推广。

在各级党政重视与支持下,工会倡导并参与实施的送温暖工程朝着经常化、制度化、社会化方向发展,在团结职工、促进社会稳定中发挥了重要作用。全市各级工会建立“扶困救急资金”,为困难职工建立档案,发放特困证,使特困职工享受水电、粮油、医疗、教育等方面的优惠待遇。元旦、春节等节日期间以及平时,各级工会以“第一责任人”身份关心困难职工生活,协同党政走访慰问困难职工、下岗职工,发放慰问金。各级工会发动社会各界与困难职工、下岗职工结成帮扶对子,使这些职工家庭生活困难得到不同程度的缓解。全市基层工会还兴办职工互助补充保险组织,构筑职工生活的“安全网”和“防风墙”。在协助政府和企业行政推进再就业工作方面,各级工会实行下岗职工基本生活季报制度,为转岗培训和安置再就业做好基础性工作。利用现有阵地为下岗职工举办各类培训班,帮助下岗职工接受再就业培训。市及各县(市)总工会分别建立职业介绍或信息机构,帮助一批下岗、失业职工实现再就业。市总工会与市有关部门联合举办“再就业双十佳”评选和先进典型巡回报告会,各级工会也通过新闻媒体广泛宣传下岗职工再就业先进典型,在全社会产生积极影响。

三

进入21世纪,嘉兴经济社会发展进入富民强市,全面建设小康社会的重要时期。全市各级工会在市委和上级工会领导下,围绕中心,服务大局,全面履行各项社会职能,突出维护职能,各项重点工作取得突破性进展。

在此期间,全市各级工会广泛深入开展“学树创建迎”、“遵守职业道德、争当文明职工”和“创建学习型组织、争做知识型职工”等形式多样、内容丰富的主题教育活动,引导职工牢固树立与社会主义市场经济相适应的改革意识、竞争意识和创业意识。坚持弘扬劳动模范和先进人物的时代精神,用榜样的力量影响和带动社会进步。动员和组织全市职工积极投身改革和现代化建设,为实现“富民强市、建设小康”建功立业。全市开展群众性经济技术创新活动的企业面达90%以上,开展技术革新、技术攻关900余项,提出合理化建议7万余条,共创造经济价值6亿多元。积极推广职业技能带头人制度,制定《嘉兴市职业技能带头人评选和管理办法（试行）》,全市456家企业建立职业技能带头人制度,评选出嘉兴市“十佳”高技能人才。

从2001年起，市总工会和五个县(市）总工会分别与同级政府建立联席会议制度。通过一年一次联席会议,解决一批涉及职工利益的问题。联席会议制度成为工会维护职工合法权益,做好源头参与的重要形式。市总工会和各县(市、区）工会与同级政府劳动保障部门、企业联合会(企业家协会)建立劳动关系三方协调机制,初步形成调节劳动关系的立体网络。在此期间,集体协商和集体合同制度建设得到进一步推进,并积极推行区域性、行业性集体合同,努力提高覆盖率、履约率。会同劳动保障部门扩大工资协商试点范围,全市累计有1498家企业签订工资集体协商协议。

全市各级工会坚持“党建带工建,工建促党建”的工会组建工作思路,积极探索适应不同企业特点的多种组建形式,深入开展“工会基层组织建设年”活动。在努力续建、重建和巩固国有、集体改制企业工会组织的同时,大力推进非公企业工会组建工作,最大限度地把职工组织到工会中来,团结凝聚在党的周围。截至2004年10月,全市建立工会组织5221家,覆盖企业10889家,其中非公企业建会8945家，外商投资企业建会425家,会员达583527人,全市新建企业工会组建率和职工入会率均达到90%以上。全市74个镇乡(街道)全部建立工会组织,有553个村级工会联合会,组建率达到60.4%。并相继建立嘉兴港区工会、嘉兴经济开发区工会等块状经济区域工会组织。全市7个省级经济开发区也建立了工会组织。

四

2004年12月，全国总工会十四届二次执委会正式将“组织起来、切实维权”确定为工会工作的方针。全市各级工会认真贯彻落实这一工作方针,主动融入嘉兴经济社会发展大局,团结带领广大职工,充分发挥工人阶级主力军作用,为深化改革、加快发展、维护稳定作出积极贡献。

面对全面建设小康社会给工人阶级提出的新任务和建设创新型城市对职工队伍素质提出的新要求,全市各级工会以“创建学习型组织、争做知识型职工”活动为主线,积极实施职工素质工程,通过多种形式和载体,促进职工全面发展。各级工会通过职工喜闻乐见的形式，深入开展群众性精神文明创建、形势任务宣传、社会主义荣辱观教育、普法宣传教育和职业道德教育、农民工“知情、明理、守法、创业”主题教育等活动，积极引导广大职工树立爱国、敬业、诚信、友善的道德规范,职工思想道德建设和职业道德建设呈现鲜明时代特色。各级工会以“当好主力军、建功十一五、和谐促发展”为主题,开展四级联动的社会主义劳动竞赛和重点工程立功竞赛,积极推进技能培训、技能练兵、技能比武、技能晋级和职业技能带头人选聘等“五位一体”的技能提升行动。通过层层举办职工技能运动会、职业技能大赛等活动,掀起百万职工大练兵大比武热潮,使一大批优秀技能人才脱颖而出。全市选聘市、县两级职业技能带头人 60 名,表彰一批职工技术操作能手和“十佳技能之星”。各级工会认真实施职工文化建设示范工程,以“五个一”为主要载体,加强职工文化阵地建设,丰富职工文化生活,推进职工文化、企业文化建设取得丰硕成果。

为适应经济关系、劳动关系的深刻变化和构建社会主义和谐社会的客观要求,全市各级工会积极开展劳动关系和谐企业创建活动,全市参与创建企业 8569 家,获得全国、省、市创建活动先进单位 100 多家,涌现出一批劳动关系和谐的先进典型,嘉兴市被评为省优秀组织单位。以“要约行动”为抓手,全面深化推进工资集体协商,积极推行区域性、行业性协商,全市 21 个行业、7100 家企业开展工资集体协商。市餐饮行业协会与行业联合工会签署行业工资集体协商协议,为全省餐饮服务行业首份行业性工资集体协商协议,走在全国前列。2009 年,面对全球金融危机,全市工会组织开展“协商共约”劳资携手共度时艰活动,参与企业达 7600 多家,覆盖员工 70 多万人,成为工会服务中心、服务企业、服务职工的亮点。广泛开展“安康杯”竞赛,形成工会主动参与企业安全生产、职业病防治的新格局,2005 年–2009 年获全国、省、市“安康杯”竞赛优胜企业 174 家,优胜班组 74 个。积极推进“强保障、促和谐”活动,通过抓好示范、表彰先进,促进企业劳动关系和谐。

在此期间,全市各级工会不断健全困难职工帮扶救助体系和长效机制,建立市、县(市、区)、镇和基层四级帮扶网络。市、县(市、区)基本实现职工维权帮扶中心机构健全、人员落实、硬件配套、制度完善,职工维权帮扶中心成为工会服务职工的重要窗口。各级工会大力推进送温暖工程经常化、制度化、社会化,精心组织开展各类帮扶和送温暖活动。对就业困难人员提供就业介绍 2 万多人次,免费培训 8.5 万人次。节日等慰问困难职工 1.5 万户次,发放慰问金 3500 万元。发放助学款 600 多万元,资助困难、职工子女 2800 人次。市本级设立的“心连心”大病救助资金累计发放 15 批、1270 人次,救助金额 482.3 万元。

嘉兴是个外来农民工较多的城市,全市各级工会切实加强关爱农民工工作。充分发挥工会培训机构和职业介绍窗口的作用,开展农民工万名培训、万名就业援助及万名女农民工免费妇科体检活动,深受企业和农民工好评。支持民工公寓创建文化活动中心,丰富农民工的业余文化生活。积极开展送文化活动,赠送图书 25425 册,放映电影 3391 场,举办大型职工活动和大型文艺演出 221 场。2007 年,市总工会“百万农民工‘知情、明理、守法、创业’主题教育活动”获全国职工思想政治工作创新案例一等奖。

在各级党组织的重视和支持下，全市深入开展党建带工建“三级联创”活动，以加强基层工会组织建设为重点，扎实推进非公企业工会组建和基层工会规范化建设。新建外资企业工会750家，港澳台资企业工会678家，外资企业建工会工作受到省总工会肯定，并在全省外资企业工会组建工作现场会上推广。为不断适应经济组织多元化、新型化，全市积极创新工会组建模式，探索园区工会、行业工会、建筑项目工会、专业市场工会、民工公寓工会、劳务派遣工会、楼宇工会等多种组建形式，拓展组建领域，壮大会员队伍。到2010年年底，全市建立基层工会8299家，覆盖企事业单位22265家，工会会员127.8万人。

嘉兴于2004年实施城乡一体化发展纲要，2008年开展省统筹城乡综合配套改革试点，并以现代新城镇和城乡一体新社区建设为抓手，推动传统村落向城乡一体新社区转型、传统农民向现代市民转型。市总工会主动融入统筹城乡发展大局，积极研究工会组织在服务“两新”工程、推动城乡统筹发展格局中的出发点和落脚点，找准工会定位。为此，市总工会主动向市委报送《关于发挥工会组织优势，服务“两新”工程建设的调研与对策建议》，推动市委市政府出台《关于群团组织服务“两新”工程建设，推进统筹城乡发展的意见》，把工会工作纳入党委政府工作大格局。指导各县（市、区）总工会从抓好镇（街道）、新社区工会组织建设入手，把工会工作重心向镇（街道）转移，充分发挥镇（街道）一级工会承上启下的枢纽作用和在贯彻落实党的方针政策、协调劳动关系、稳定职工队伍、促进社会和谐等方面的重要作用。探索在新社区建立工会组织，创新新居民窗口入会新经验，促进工运事业在新形势下创新发展。截至2010年年底，全市70个镇（街道）建立总工会。城乡一体新社区工会组织建设以组织班子健全、组织基础健全、履行职责到位、服务职工到位、宣传教育到位为标准，全市组建村和城乡一体新社区工会916个，会员34.67万人。具有嘉兴特色的城乡工会统筹发展经验得到全国总工会高度重视并宣传推广。

大 事 记

1991 年

1 月 11 日-20 日，市总工会在工人文化宫举办“嘉兴市职工劳动竞赛、技术操作、合理化建议成果展览会”，展出成果 600 多项。市委、市政府有关领导，省总工会生产部长参观展览并留言。

1 月 28 日-30 日，市总工会召开二届三次委员(扩大)会议，通过《关于动员全市职工广泛开展以“质量、品种、效益”为主要内容的社会主义劳动竞赛的决定》。

2 月 15 日(农历正月初一)，市总工会分七路到市区工、建、交和财贸系统的 20 多个单位，慰问春节期间坚守岗位的职工。在春节前夕，市总工会还向市区 9 个困难企业的困难职工发放补助款 8000 元。

4 月中旬，嘉兴与上海、天津等 16 城市被全总选定为“改革承受能力和职工经济负担问题调查”抽样城市。5 月 29 日，全总劳保处处长张建国一行到嘉兴指导职工对改革承受能力的问卷调查工作，并深入基层企业实地调查、访问。

5 月 1 日，嘉兴市 1989、1990 年度劳动模范、先进集体、先进生产(工作)者表彰大会在市工人文化宫召开。市委书记梁平波到会，市长杜云昌讲话。会上表彰 49 名市级劳动模范、102 个市级先进集体、401 名市级先进生产（工作）者。

6 月 29 日，1990 年度职工物价监督工作表彰会暨建站五周年纪念大会在市总工会六楼召开。11 个先进集体、45 名先进职监员、66 名积极分子受表彰。

7 月 1 日，市总工会与邮电局等 4 家单位联合举办“中国共产党成立 70 周年纪念邮票首发式”。

7 月 10 日-15 日，省总工会副主席顾秀秀、正处级调研员陈祥兴等领导到嘉兴了解抗涝救灾工作。省总工会下拨救灾款 6 万元。

7 月下旬，市总工会对受灾较重的嘉善、桐乡和市属 15 家企业发放 7.44 万元救灾款，帮助这些企业恢复生产和职工重建家园。

8 月 6 日，市委在市总工会六楼召开工、青、妇领导座谈会，市委副书记丁师尹主持会议，市总工会、团市委、市妇联主要负责人到会。

8 月 20 日-24 日，市总工会在工人文化宫举办全市职工文艺会演，五县

(市)两区和市本级八个代表队95个节目参加演出。

9月4日,市纺织工会联合会成立,吴兴根、杨平杰分别当选正、副主席,单金梅为秘书长。

9月5日-7日,市财贸工会第二次代表大会在市工人文化宫召开,来自商业、粮食、金融、外经贸、供销社等五大系统的135名代表参加了大会。张金妹、张如山分别当选为主席、副主席。

11月11日,市委宣传部、市总工会联合召开1991年度企业报评比授奖大会,《海鸥集团报》《嘉绢工人》《嘉丝联报》等245家企业报受到表扬。

11月19日,市第一次群团工作例会在市总工会举行。市总工会、团市委、市妇联、市科协负责人参加,市委常委、秘书长毛雪龙主持会议。

12月21日,市总工会召开第二次论文调查报告颁奖座谈会,杨振武、张建兴、朱建忠等3人获一等奖,潘嘉荣、吾用久等人的12篇论文调查报告分获二、三等奖。

12月25日,市总工会、市经委联合在冶金机械厂召开嘉兴市职工生活工作创文明竞赛现场经验交流总结会。冶金机械厂、第二毛纺厂、汽钢厂介绍对职工食堂、托儿园所和医务室科学管理经验。

1992年

1月2日,《嘉兴工人》报改刊,由月刊改为双周刊。

1月9日,市委办公室转发市总工会党组《关于贯彻中办发〔1991〕6号文件的几点意见》的通知(全文见前志)。

1月12日-13日,全国总工会副主席章瑞英率全总慰问团到嘉兴慰问。章瑞英一行先后到内河航运公司、毛纺织总厂、嘉善干窑镇砖瓦厂慰问,并看望全国劳模丁彩英。

2月27日-29日,市总工会举办企业“两制”改革培训班。市区80多位企业工会主席和部分产业工会(联合会)专职干部参加培训。

4月14日,市总工会召开先进职工之家授证及1991年度优秀工会工作者、优秀工会积极分子表彰会,83家先进职工之家和400余名优秀工会工作者、优秀工会积极分子受表彰。

4月30日,市委宣传部、市总工会、市司法局在市总工会联合举行“庆‘五一’新《工会法》座谈会”,市委副书记丁师尹到会就学习、宣传、贯彻新《工会法》讲话。

5月8日,工人日报社社长、工人出版社社长李冀到海盐特种纤维织造厂视察并题词“依靠职工群众,则无往而不胜”。

5月24日,市第二届职工操作技术运动会开幕,全市百万职工投入“爱企业、爱岗位、学技术、学文化、比成绩、比贡献”操作技术比武热潮。

6月3日-4日,市委组织部、市经委、市体改办、市总工会联合召开市企业民主管理经验交流会,授予嘉兴冶金机械厂等10家企业嘉兴市民主管理先进企业称号。

8月29日，市工会代表会议召开，选举出席省工会“十大”代表59名。

9月3日,市政府办公室转发市总工会、市劳动局《关于进一步加强企业退休职工管理工作的意见》。9月8日，市企业退休职工管理委员会成立,副市长赵冰任主任,孙陵、黄锦荣任副主任。市企业退休职工管理委员会办公室设在市总工会。

9月29日,全市工会企事业工作会议闭幕,海宁市总工会、嘉善县总工会、嘉丝联工会、冶金厂工会、石油机械厂工会等介绍经验。

10月28日，嘉兴市城市住房合作社暨营业部举行开业典礼,市委副书记高明光、合作社总顾问徐良骥副市长到会祝贺并为合作社揭牌。

11月3日,市总工会发出《关于认真学习宣传党的十四大精神的通知》。

12月26日，市企业退休职工管理工作会议召开,市委常委、副市长、市退管会主任赵冰到会并讲话。

1993年

1月14日,市总工会、市经委在冶金机械厂召开职工生活工作经验交流会暨烹饪技术操作比赛。冶金机械厂、绢纺厂、民丰造纸厂分别介绍对职工食堂、医务所(室)、托幼园(所)加强领导及科学管理经验。

2月18日,市城市住房合作社“真合里”首期工程举行奠基仪式。市总工会主席、城市住房合作社董事长谭春晓主持奠基仪式,市委副书记丁师尹等有关领导参加奠基仪式。

5月5日，嘉兴市1991、1992年度劳动模范、先进集体表彰座谈会在市总工会举行。市委书记王国平、市长杜云昌、市人大常委会主任许国桢、市委副书记丁师尹、市纪委书记陈莉贤、副市长赵冰及毛雪龙、凌龙飞、贝品明等市领导到会,王国平、杜云昌讲话。

7月17日,为纪念毛泽东同志诞辰100周年,由市委组织部、市委宣传部、市总工会、市体委和天声家电销售公司五家联办的“天声杯”畅游南湖活动举行。参加活动有12个系统近1000人。

8月,市总工会发出通知,要求各级工会紧密配合当地政府和企业行政,积极发动群众做好防汛抗灾工作。市总领导带领机关干部深入基层了解灾情,慰问受灾职工。

8月31日,市劳动局、市总工会在市总工会召开纪念国务院《女职工劳动保护规定》颁布实施五周年会议。市劳动局局长黄锦荣主持会议。市政府秘书长朱加椿、市总工会主席谭春晓、市人大法工委副主任田敏、市劳动局副局长郑妙生分别在会上讲话。

9月3日,全国总工会副主席陈秉权从上海到嘉兴视察工会工作并为市总工会题词“工会要做民主的模范”。

10月4日,市委办公室、市政府办公室批转市总工会和市外经委《关于加快组建外商投资企业工会的意见》。

11月13日，市总工会在市政府礼

堂召开汇报传达中国工会十二大精神大会。市委书记王国平、副书记童炽昌作讲话。

12 月 7 日~9 日，省第二次工会企事业工作会议在嘉善举行。全国总工会经济事业发展部处长郑湘滨、省总工会副主席苏立清、娄有生以及全省市级以上工会主席、企事业管理部部长近 60 人参加会议。

1994 年

1 月 31 日，市总工会上报题为“部分职工生活贫困的原因及改善建议”的《情况反映》。2 月 9 日除夕夜，市总工会主席谭春晓陪同市长杜云昌、副市长范巴陵走访贫困职工沈顺兴、王阿弟引发社会极大反响，“帮一户家庭，献一份真情”活动在市区兴起。

2 月 17 日，市总工会常委会要求各级工会发动和组织全市职工积极响应“我为嘉兴添锦绣”活动的倡议，结合本地区、本行业、本单位的实际，广泛参与这项活动。不日，市总工会下发开展“我为嘉兴添锦绣”活动实施意见。

4 月 28 日，市总工会召开庆“五一”劳模座谈会，市委、市政府领导王国平、夏益昌、杨荣华、徐良骥参加座谈会。同日晚，嘉兴市庆祝“五一”大联欢活动在嘉兴绢纺厂体育馆举行。

5 月 10 日~16 日，市劳模先进事迹报告团赴五县两区作巡回报告，听众总数达 4000 余人。

6 月 7 日，全市乡镇企业、外商投资企业工会工作会议在海宁召开。会议传达全省乡镇企业、外商投资企业工会工作会议精神，交流经验，提出下一步抓好乡镇企业、外商投资企业工会组建目标和任务。

6 月 7 日，全国总工会副主席、书记处第一书记张丁华从上海到杭州途径嘉兴。张丁华由省总工会副主席苏立清陪同参观南湖，看望并同市总机关干部座谈，然后驱车赶往海宁市耀明电声总厂，看望全市乡镇企业、外商投资企业工会工作会议与会人员并讲话。

7 月 28 日，全省第一个村级省批集团公司工会——浙江庆丰集团公司工会成立。

12 月 7 日，市总工会召开“万看千抒百访”改革教育活动成果发布会。近一年来，有 18 万职工参加这项活动，占职工总数 40%。

1995 年

1 月 12 日，市总工会在开发区大楼召开市区外商投资企业工会工作座谈会。浙江托里奥制衣有限公司、嘉兴沙龙宾馆、嘉兴宜泰鞋业有限公司等 18 家单位中外方经理、中方党组织负责人参加会议。市总工会主席谭春晓，副主席陈长庆，市经济开发区主任马文龙，副主任王洪涛、来永胜，市外经委副主任沈莉萍出席会议并讲话。

1 月，市总工会、市劳动局、市财政局联合发出《关于调整职工生活困难补助费标准的通知》，职工本人每月生活费标准和家居城镇、农村家属每人每月生活费标准分别调整为本地最低工资标准的65%、45%、40%。

2月21日-23日,市工会第三次代表大会召开。大会选举产生市总工会第三届委员会委员43人，经费审查委员会委员9人。在三届一次全体委员会议上,选举卢苗法为市总工会第三届委员会主席,孙陵、陈长庆、张元甫、潘嘉荣为副主席。选举王存梅为经费审查委员会主任。

3月1日，平湖市总工会职工疗休养旅游服务部大客车，早上4:50左右在开往杭州途中，路经乍王线22K+100M冲出东青龙桥北侧翻入河中,死亡23人,重伤21人。市总工会副主席张元甫等即赴事故现场,配合有关部门开展调查工作。

4月9日，孙陵副主席代表市总工会在市政协三届三次会议上作大会发言,题为“贯彻《劳动法》,推行集体协商和集体合同制度”。

4月21日,市总工会、市劳动局联合发出《关于我市进行集体协商签订集体合同工作的意见》，要求当年在100家企业中推行集体合同制度。5月13日,浙江菲利普集团公司作为首家建立集体协商、集体合同制度企业举行集体合同签字仪式。至年底,全市签订集体合同企业361家。

4月-6月,市总工会参与市劳动局有关大病医疗统筹相关制度制定和修改工作。

5月5日,市委、市政府在市总工会召开嘉兴市1993、1994年度劳动模范、先进班(柜)组表彰大会。市委、市人大、市政府、市政协领导出席会议,市委书记王国平讲话。

5月30日,市安委会、市总工会发出《嘉兴市工会组织履行安全生产、劳动保护群众监督实施细则》，明确劳动保护群众监督权利义务、组织机构、责任、制度、任务、管理及经费等。

6月15日-25日，由市总工会、市委宣传部在市博物馆展厅联合主办“南湖百杰”事迹展览。市委副书记夏益昌为开幕式揭幕。

7月4日，日本富士市民友好之翼访问团一行18人在市总工会与嘉兴市民座谈联谊。

8月3日，市总工会发文开展我为企业扭亏增盈献计献策“金点子”评选活动,要求以企业扭亏、减亏、控亏,提高管理水平和经济效益为目标,促进献计献策活动深入开展。

8月24日,市总工会、市劳动局就加强劳动争议调处工作联合发文,要求把建立健全企业劳动争议调解组织,加强劳动争议调处工作放到企业行政和工会工作重要位置上。

10月20日,市总工会、市经委、市体改委联合发出《关于在建立现代企业制度试点中加强工会工作和职工民主管理的意见》。

1996年

1月26日-27日,市总工会召开三

届三次委员(扩大)会议,通过“关于动员全市职工广泛开展敬业创业干九五,为发展嘉兴经济建功立业的决定”。会议期间,举行“动员全市职工为发展嘉兴经济建功立业誓师大会”,加西贝拉压缩机股份有限公司工会等十五家基层工会发出“发挥工人阶级主力军作用,开展‘敬业创业干九五’立功竞赛活动,为发展嘉兴经济建功立业”倡议书。

4月8日,市总工会、市劳动局、市工商局联合召开私营企业厂长、经理座谈会,就贯彻《中华人民共和国工会法》《中华人民共和国劳动法》,加快私营企业工会组建工作座谈讨论。威士实业有限公司、中法天线实业有限公司等20家企业参加座谈会。

4月30日,嘉兴市庆“五一”劳模座谈会在市总工会举行。王国平、夏益昌、徐良骥代表全国总工会、省政府向“五一”劳动奖章、奖状获得者授奖。

5月2日,市总工会召开基层工会工作经验交流暨1994—1995年度先进表彰会。海盐荣昌制丝制衣有限公司工会、加西贝拉压缩机股份有限公司工会、嘉兴电力局城郊王店供电所工会小组、嘉兴毛纺织总厂工会主席章梅仙作经验交流发言。

7月10日–19日,市总工会组织工会劳动保护监督检查员在全市进行安全生产、劳动保护监督检查,要求对存在的事故隐患认真整改。

8月28日,全省第一家村级工会海宁市许村镇永福村工会成立。

9月20日,嘉兴市新经济组织组建工会,推行集体合同工作现场交流会在嘉善魏塘镇召开。市总工会主席卢苗法总结前阶段新经济组织组建工会,推行集体合同工作取得的成绩,对下一步如何加大力度,推动重点工作提出意见。市委副书记毛雪龙到会讲话。

11月15日,市总工会召开县(市)区工会主席(主任)会议,传达省总工会市(地)工会主席会议精神,讨论《嘉兴市总工会关于学习贯彻党的十四届六中全会决议的意见》。

12月17日,市总工会召开实施“送温暖工程经验交流会暨结对帮困签约仪式”,14家单位与14位困难职工家庭结成帮困对子。

12月27日,市总工会主席卢苗法、副主席潘嘉荣随市委书记王国平、副书记毛雪龙慰问市区周煜、马桂喜等困难职工家庭。随后王国平、毛雪龙到市总工会,与市总工会、市劳动局、市经委负责人专题研究扶贫帮困。

1997年

1月3日,市政府办公室批转市总工会、市财政局“关于要求批准募集资金,建立市‘职工扶困救急专项资金’的报告”。

1月21日,市政府、市总工会举行工作座谈会,副市长姚金林、市总工会主席卢苗法分别代表市政府、市总工会通报1996年全市工业经济运行情况和工会工作情况。市长夏益昌讲话。市政府有关部委办局和市总工会常委、各县

(市)工会主席、部分基层工会主席、劳模代表参加会议。

1月30日,市总工会三届五次委员(扩大)会议通过“关于开展‘学习刘雪珍,争当创业先锋、争做文明职工’活动的决定”。

2月18日,市总工会举行“职工扶困救急资金”捐款仪式。市区41家企事业单位工会组织和5家企业捐款12万余元。市总工会机关干部职工捐款4032元。

3月3日,市总工会党组制订《嘉兴市总工会关于加强领导班子自身建设的若干措施》。

4月12日,全国总工会副主席滕一龙、全国总工会保障部部长陈志刚、省总工会副主席顾秀秀等一行5人到嘉兴调查了解送温暖工程和再就业工作情况。

4月29日,市总工会召开“在深化企业改革中做好工会工作”动员大会。各县(市、区)工会、市各产业工会(联合会、工作委员会)、市属部分企业工会和乡镇工会主席共80余人参加大会。

4月30日,市总工会在民丰会堂举行“庆五一、迎回归”职工文艺联欢晚会,近千人参加。

5月5日,嘉兴国际海员俱乐部经市机构编制委员会批准建立。

5月21日,市总工会与市邮电局联合发行“嘉兴市工会成立七十周年纪念封”。市委副书记毛雪龙题词:“全心全意依靠工人阶级”。

8月14日,嘉兴市人民政府下发《关于在政府工作中进一步发挥工会民主参与社会监督作用的通知》。

8月20日,市总工会、市劳动局联合发出通知,对市属企业在改制中进一步做好集体合同的履行工作提出六条意见。

9月16日,中共嘉兴市委、市人民政府印发《关于全心全意依靠职工群众推进企业改革的若干意见》。

1998年

2月20日,市私营企业工会工作委员会成立。驻会市工商局,主任周清生。

2月21日,经市总工会报省总工会批准,分别给予秀城区公安分局新嘉派出所民警李雄伟和副所长吴桂平追授和授予“浙江省五一精神文明奖章”。

4月30日,嘉兴市庆祝“五一”国际劳动节暨表彰大会在文华园宾馆召开。30余名劳动模范及300余名优秀职工代表参加会议。陈加元、徐良骥、沈雪康等市领导及省总工会领导陈定新出席会议。

5月21日-22日,市总工会分别召开各县(市、区)工会、市各产业工会和部分市属企业工会负责人会议,学习中共中央、国务院关于国有企业下岗职工基本生活保障和再就业会议精神,交流深入实施以推进再就业工作为重点的送温暖工程有关情况,部署有关工会推进再就业工程的具体工作。8月17日,市总工会成立工会促进再就业工作领导小组,卢苗法任组长,潘嘉荣任副组长。

6月10日–20日，市总工会对全市39家企业持股会基本情况进行调查摸底。

8月28日，市总工会、市民政局、市文化局、杭百大等单位联合举办“心连心、手足情”赈灾义演，共为长江流域特大洪灾募集捐款132.2万元。

9月10日，市委组织部、市总工会、市经委联合转发省委组织部、省总工会、省计经委《关于加强职工代表大会民主评议企业领导人员工作的意见》。

11月份，市总工会与市劳动争议仲裁委员会联合举办企业劳动争议调解员培训班，市属工交、城建、财贸等系统所属32个单位、69名调解员参加培训。

12月1日，市总工会召开由部分企业和产业工会主席参加的有关医疗制度情况调查座谈会，并和市政协有关人员走访调查嘉绢、民丰等企业情况。

12月22日，嘉兴市总工会乍浦开发工作委员会成立，洪国平任主任，林家蓉任副主任。

1999年

1月8日，嘉兴工人合唱团成立，市总工会副主席孙陵任合唱团团长。

1月13日–14日，全国总工会书记处书记苏立清率全总慰问检查团到嘉兴检查深入实施送温暖工程等工作，并在省总工会主席张凤鸣、市委副书记毛雪龙、市总工会主席卢苗法等陪同下走访慰问市区四户困难职工家庭。

4月19日，市纪检委、市经委、市总工会联合发出《关于在全市推行厂务公开制度的通知》，要求全市国有、集体企业和公有制产权控股的公司制企业在三年内全面推行厂务公开制度。5月6日，市纪检委、市经委和市总工会联合召开全市推行厂务公开制度试点工作会议。民丰、嘉控、嘉爱斯、青龙机械和市电力局等五家企业列为首批试点单位。9月24日，市厂务公开办公室召开第二批推行厂务公开工作动员大会，各县(市、区)160多人参加会议。市纪委书记马光明到会讲话。

4月21日–23日，市总工会、市劳动局联合举办的“再就业双十佳”事迹报告会分别在嘉善、海盐、海宁、桐乡和市区进行五场巡回演讲。

4月30日，市委市政府在秀城饭店召开1997、1998年度劳动模范、先进集体表彰会，58位个人获市劳动模范称号、30个集体获市先进集体称号。

5月5日，庆祝嘉兴解放50周年巨变老工人座谈会在市总工会召开，市委副书记毛雪龙，市委常委、常务副市长陈德荣到会。

5月8日，为纪念嘉兴解放50周年、庆祝“五一”国际劳动节，市总工会特邀全总文工团到嘉兴巡回演出。

6月下旬，市总工会三次召开市属产业工会、大中型企业工会负责人和市总机关工作人员大会，传达市委市政府关于进入抗洪抢险紧急防汛期的决定和省市领导讲话精神，号召全市各级工会全力以赴投入抗洪抢险斗争。7月1日，市总工会主席卢苗法、副主席孙陵、陈长庆带领市总工会抗洪抢险小分队23人到光明街嘉航宿舍一带帮助抗洪抢险。

8月31日,全市新经济组织工会工作会议在海宁市周王庙镇富邦集团公司召开,市委副书记毛雪龙、省总工会副主席陶君毅到会讲话。9月29日,市委发出《关于切实加强我市新经济组织工会组织建设的意见》。

12月8日,市总工会三届九次全委扩大会议选举沈利华为市总工会三届委员会主席,张钰良、敖考权为副主席。

12月23日-25日,市工会第四次代表大会召开。沈利华作题为《把握新机遇,迎接新挑战,团结动员职工为实现嘉兴跨世纪历史任务而奋斗》的工作报告。大会选举产生新一届工会委员会和经费审查委员会,沈利华当选为市总工会主席,陈长庆、张钰良、敖考权当选为副主席。徐海荣当选为经费审查委员会主任。

2000年

1月1日,嘉兴人民广播电台新闻台"工会之声"开播。

1月21日,市总工会召开四届二次全委(扩大)会议,号召各级工会组织广泛开展"学新知识、树新形象、创新业绩、建新嘉兴、迎新世纪"主题活动。

2月,市总工会与市委组织部联合下发《关于工会基层组织建设年活动实施意见》。

3月24日,市总工会召开全市厂务公开工作会议,总结1999年度全市厂务公开工作,布置2000年全市厂务公开工作目标任务,同时公布第三批厂务公开企事业单位名单91家。

4月15日,《嘉兴市总工会常委会议和主席办公会议制度》等10个制度规定印发执行。

4月28日,市职工艺术团成立。同日,市总工会举办"庆祝五一国际劳动节暨职工艺术团成立广场文艺晚会"。

7月10日,市总工会召开秀城、秀洲两区乡镇工会工作会议,贯彻市委市政府调整市本级行政区划的决定,进一步部署加快非公有制企业工会组建任务。市总工会主席沈利华就两区工会工作交接和下一步非公有制企业工会组建任务提出要求。

7月26日,为进一步规范企业职工持股会的设立和运作,市总工会下发"关于设立企业职工持股会的实施意见"。

8月10日,市纪委、市经委、市总工会联合下发《关于深入学习贯彻'三个代表'重要思想,进一步深化、完善厂务公开工作的意见》。

8月21日,市总工会召开机关全体人员及直属企事业单位负责人大会,宣布市总机关部分部室合署办公。合署办公后,市总机关内部形成一办、四部、一处,即办公室、财务部、组织宣教部、权益保障部、经济发展部和两区办事处。

11月13日-16日,市总工会在省总干校举办第一期镇乡工会干部培训班,51名镇乡工会干部参加培训。

12月29日,市总工会、市区"送温暖工程"领导小组办公室联合举行嘉兴市“职工扶困救急资金”捐款仪式，市区28家单位行政、工会及31名劳模个人捐款30.5万元。

2001年

1月31日，市政协主席徐良骥、副主席杨有金等领导到市总工会慰问。

1月31日至3月上旬，全市各级工会以召开声讨会、座谈会等形式，声讨揭批“法轮功”邪教组织。

2月21日，市总工会召开创建文明机关工作会议，传达全市创建省级文明城市动员大会精神。市总工会主席沈利华就工会系统进一步抓好创建活动提出要求。

3月12日，市总工会、市劳动争议仲裁委员会发出通知，对进一步规范企业劳动争议调解委员会工作提出新要求。

4月28日，市委、市政府在中山影城举行嘉兴市庆祝“五一”国际劳动节暨劳模先进、拔尖人才表彰大会。市委副书记、市长杨荣华主持会议，市委书记陈加元到会讲话。

6月1日，市政府与市总工会举行联席会议。常务副市长陈德荣与市计委、市体改委、市财政局、市人事局、市劳动局、市工商局、市社保处等部门领导出席。会议就建立健全政府与工会的联席会议制度、依法组建工会、依法维护职工合法权益、依法足额收缴工会经费等问题形成共识。

6月28日，市劳动局、市总工会联合下发《关于在企业中开展工资集体协商的通知》。

7月1日，市总工会组织机关全体党员收看江泽民总书记在纪念中国共产党建党80周年大会上的重要讲话，并组织讨论。

7月5日–6日，市劳动局和市总工会联合举办“劳动者——保护好您的合法权益”大型宣传咨询活动。

9月28日，市总工会在平湖召开全市新建工会规范化建设工作交流会，总结探讨新形势下新企业和镇乡工会工作基本经验和做法。

10月8日，市劳动和社会保障局、市经贸委、市总工会联合下发《关于建立嘉兴市劳动关系三方协调会议制度的通知》。

10月31日，市委书记陈加元、副书记王传亮到市总工会等群团部门调研作风建设，强调各群众团体要按照“三个代表”的要求，努力当好人民群众的忠实代表。

11月30日，嘉兴经济开发区召开私营企业联合工会成立大会，选举产生第一届工会委员会。

2002年

1月22日，省委书记张德江在省、市和省总、市总领导陪同下，在嘉兴走访慰问1956年曾受到毛主席和中央领导亲切接见的老劳模俞志祥及困难职工王文英、残疾职工叶惠明家庭。

2月2日，省委副书记周国富、副省长盛昌黎率省委、省政府慰问团到嘉兴慰问困难企业和困难职工。

2月9日,市总工会、市劳模办在嘉兴沙龙宾馆举行2002年劳动模范新春座谈会。姚海根、徐祖福等17位劳模代表欢聚一堂。市总工会主席沈利华、副主席张钰良等领导出席会议并讲话。

2月9日,市总工会在嘉兴沙龙宾馆举行"团聚大家庭,欢乐迎新春"活动,为孤寡老人准备丰盛的年夜饭。市委常委、常务副市长陈德荣、市总工会主席沈利华、副主席陈长庆、张钰良与老人们一起过年。

3月11日,市厂务公开办公室于秀城饭店召开全市厂务公开工作总结部署暨理论研讨会。市委常委、纪委书记马光明主持会议,市委常委、常务副市长陈德荣参加会议并讲话。会议提出2002年深化厂务公开工作总体目标是巩固已有成果,改进薄弱环节,创新工作领域,取得更大进展。

4月29日,嘉兴市举行庆"五一"劳模座谈会暨市劳模协会揭牌仪式。市委书记陈加元讲话。同日召开庆祝"五一"国际劳动节暨先进表彰大会,表彰2000-2001年度工会工作先进集体、个人和一批操作能手。市领导陈加元、杨荣华、徐士珍、徐良骥、沈雪康等出席表彰大会。

7月11日,市委办公室转发市总工会《关于在非公有制企业推行职工代表大会制度的意见》。

8月7日-8日,市人大常委会主任许国桢到市总工会调研全市弱势群体生活情况,要求各级部门加大力度、健全机制,进一步做好对弱势群体的帮扶工作。

8月25日,市委、市政府召开全市工会组织规范化建设暨集体合同劳动合同工作经验交流会。市委副书记、纪委书记徐士珍到会讲话。

8月,配合市政府联合有关部门出台《嘉兴市区困难人员医疗帮困救助暂行办法》,并制定实施办法。

9月26日,市政府与市总工会召开联席会议。联席会议学习《中华人民共和国工会法》,市总工会通报全市工会工作情况及需要政府重视的问题和建议。

9月27日,市"送温暖工程"领导小组和市总工会举行"心连心"帮困救助款发放仪式,市职工援助服务中心同时成立。市领导徐士珍、赵友六、江最新等出席救助款发放仪式和市职工援助服务中心揭牌仪式。

10月17日-18日,市人大常委会领导、市人大有关专门委员会和市人大常委会办事机构的负责人以及部分人大代表视察贯彻实施《中华人民共和国工会法》情况。

12月24日,省总工会副主席顾秀秀、省财贸工会主席章凤仙等领导走访慰问嘉兴市和平湖市部分特困职工和生活困难的退休人员、全国劳模等,并听取两地实施送温暖工程情况汇报。

2003年

1月22日,市总工会困难职工帮扶

中心举行迎新春“爱心超市”,一批特困职工和下岗失业人员得到帮助。

2月25日,市人民政府专题会议纪要〔2003〕20号明确:原归口市总工会管理的市企业退休职工管理委员会办公室调整归市民政局管理,并更名为市退管办,2名事业编制随职能划转。

3月28日,市委决定:邵建华任嘉兴市总工会党组书记。

4月22日,市委、市政府举行劳动模范、先进集体表彰大会,隆重表彰2001年~2002年度全市60名劳动模范和30个先进集体。市委书记黄坤明讲话。

4月23日,市厂务公开办公室召开全市2003年厂务公开工作会议。市总工会副主席、市厂务公开办公室副主任陈长庆对全市2002年厂务公开工作进行总结,对2003年工作进行部署。浙江华鑫木业有限公司等七个非公企业作厂务公开试点工作交流。副市长蒋仁欢代表市委市政府到会讲话。

4月28日,市“送温暖工程”领导小组和市总工会举行第四批市“心连心”帮困救助款发放仪式,市区27名困难人员分别获得了3000元至6000元不等的救助款。

6月11日,市总工会四届八次全体委员会议补选邵建华为市总工会第四届委员会委员、常委、主席。

6月30日,市总工会举办“三个代表”重要思想学习辅导报告会,市委党校徐连林教授作辅导报告。

8月7日,嘉兴市劳动保护协会成立,首批吸纳团体会员42家,个人会员80名。副市长蒋仁欢到会讲话。

8月22日,市总工会在江南大厦广场举行《学习宣传贯彻“三个代表”重要思想,努力开创工会工作新局面》板报展评,近50家单位与部门参赛。

9月15日,市总工会召开专题会议,交流市总各部室关于当前影响职工生产生活突出问题和工会工作面临难点问题的调研情况。

9月18日,市协调劳动关系三方会议(第二次会议)在市总工会召开。市总工会副主席张钰良、市劳动保障局副局长庄荣根、市经贸委企业监督处处长张海建、市企业家协会李生根及三方会议其他成员出席会议。会议学习浙劳社劳薪〔2003〕100号《关于进一步做好企业工资集体协商工作的通知》,并结合嘉兴实际作出工作部署。

10月17日,市总工会召开全市基层工会工作经验交流会,来自各县(市)总工会、区工会办事处、市产业工会(系统工会)、市直属网片组长单位的80多位工会干部参加了会议。

12月29日,市政府与市总工会举行联席会议。会议就深入贯彻《中华人民共和国工会法》、提高劳模待遇、加快非公企业组建工会、深入开展经济技术创新活动、提高职工队伍素质等问题取得一致意见并形成会议纪要。

12月30日,市委书记、市人大常委会主任黄坤明、副市长沈雪康、市政协副主席高梦良与秀城区有关领导、市总工会领导和有关部门负责人一起,深入城市社区和社会福利院等地,看望慰问部分困难职工、残疾人和老党员、老劳模。

2004 年

1 月 12 日,第六批市“心连心”帮困救助款发放仪式在市总工会举行。市委副书记徐士珍等市领导、市总工会主席邵建华等市总工会领导为 70 名因大病重症或重大意外事故造成生活困难人员发放了救助资金达 26.8 万元。

2 月 16 日,市总工会下发《关于在全市职工中进一步深入开展经济技术创新活动的决定》。

3 月 15 日,市总工会召开机关效能建设动员会,市总工会主席邵建华作动员和部署。

4 月 12 日,市总工会、市安全生产监督管理局召开全市“安康杯”竞赛经验交流表彰大会。全市 3581 家企业、22 万多名职工参加竞赛。

4 月 16 日,市政府召开全市经济开发区、工业区工会组建工作座谈会,要求加大政府和行政职能部门支持和协同工会推进非公企业工会组建,特别是外商投资企业工会组建力度,进一步形成“党委重视、政府支持、工会运作、各方配合的工作新格局”。副市长蒋仁欢参加会议并讲话。

4 月 17 日,市总工会、市发展计划委员会印发《嘉兴市重点工程立功竞赛实施办法》。

4 月 30 日,市总工会召开嘉兴市 2004 年“五一“劳模座谈会。市委书记、市人大常委会主任黄坤明到会讲话。会上,太平洋人寿保险公司嘉兴分公司为 2001 年至 2002 年度市劳模及历届 60 周岁以下的退休市级劳模赠送人身意外伤害保险。

6 月 9 日,市委组织部和市总工会联合召开全市非公企业工会建设工作会议。认真贯彻全省非公企业工会建设工作会议精神,部署开展县、乡镇、基层工会“三级联创”。会上,嘉兴市委副书记徐士珍就推进非公企业工会建设工作提出要求。

8 月 13 日,市总工会和加西贝拉压缩机有限公司联合举行情系困难职工家庭捐资助学“爱心超市”活动,来自市本级困难职工家庭的 53 名大学生共领到加西贝拉公司 44800 元捐资。

8 月 26 日,市总工会举办科学发展观与工会工作报告会,省委党校郭祥才教授到会作辅导报告,市总工会主席邵建华就全市工会系统开展《科学发展观与工会 工作》主题教育活动作动员。

9 月 23 日,市长陈德荣一行到市总工会调研,对工会工作提出要求。

9 月 30 日,市人大常委会常务副主任杨荣华等领导视察新落成的市总工会大楼,听取市总工会关于《中华人民共和国工会法》执法情况汇报。

11 月 25 日,市交通重点工程动工暨劳动立功竞赛誓师大会在南湖大道广场举行。省交通厅厅长赵詹奇、省总工会副主席郇金水、嘉兴市领导陈德荣、寿剑刚、徐良骥、王洪涛、赵友六、王宏及市各有关方面领导,工程建设者共一千多人出席大会。市总工会主席邵建华就“三路一航道”(杭州湾跨海大桥北岸连接线、杭浦高速公路浙江段、申嘉湖(杭)高速公路嘉兴段及嘉于硖线航道改造工程)立功竞赛活动作动员讲话。

11月29日–12月1日,嘉兴市工会第五次代表大会召开。邵建华作题为《凝聚力量 切实维权 强化服务 为推进党的诞生地经济社会发展新跨越建功立业》的工作报告。会议选举邵建华为市总工会主席,张钰良、徐海荣、王松林为副主席。徐海荣为五届经费审查委员会主任,徐马甫为副主任。

12月31日,市政府与市总工会举行联席会议。会议就解决因病致贫困难职工救助,加大《中华人民共和国工会法》执法力度,组建秀城区、秀洲区总工会等问题进行研究并提出相关意见。

2005年

2月28日,市人大常委会副主任徐生荣一行五人到嘉善县经济开发区就《中华人民共和国工会法》实施情况进行调研。

4月19日,嘉兴市职工素质工程推进会暨重点工程立功竞赛、“安康杯”竞赛表彰大会召开。市有关部门领导,各县(市、区)、产业(系统)工会负责人,获得先进集体和先进个人称号等200余人参加会议。市总工会主席邵建华作工作部署,省总工会副主席郛金水、市委副书记徐士珍分别讲话。

4月22日,市总工会举行职工法律援助站暨外来务工人员服务平台启动仪式。省总工会副主席姚炳甫、市委副书记徐士珍、市人大常委会副主任徐生荣、市政协副主席江最新、市委副秘书长怀一尘、市司法局副局长孙入增等出席启动仪式。

6月28日,市总工会发出通知,要求各级工会以组织学习张康杰活动为契机,深入实施职工素质工程,引导职工以张康杰为榜样,努力工作,敬业奉献,团结互助,为全市经济发展和社会和谐作贡献。

7月1日,市劳动局、市总工会、市文广局、团市委、市妇联、开发区管委会在开发区振兴公寓召开劳动者权益保护座谈会,拉开“嘉兴市开展第五个全省劳动者权益保护宣传周活动”序幕。

7月12日,市劳动和社会保障局、市规划与建设局、市总工会联合下发《关于建立建筑工人工资卡制度的通知》。

7月27日,市总工会召开工会劳动保护工作紧急会议,针对高温季节我市工矿企业接连出现工伤事故的情况,提出意见和措施。

8月11日–12日,市总工会在海盐召开“创建学习型组织,争做知识型职工”经验交流会,各县(市、区)工会及17个试点单位作经验交流。

8月25日,市总工会、市委宣传部、市经贸委联合发出《关于开展节约资源劳动竞赛,推动工业循环经济发展的通知》。

9月2日,市委组织部和市总工会

在平湖联合召开全市“三级联创”经验交流会。6家单位作交流发言,35家单位作书面经验交流。与会代表还实地考察日本电产和华城公司。

9月16日,20位市劳模与30位外来务工人员代表参加由市总工会主办的中秋联谊会。市委副书记徐士珍出席并讲话。

9月24日,嘉兴市经济技术创新领导小组、市总工会、市劳动保障局、市交通局等单位在浙江康桥康嘉汽车有限公司联合举行全市职工技能竞赛启动暨市级汽车维修工技能比武仪式。省总工会副主席邬金水、嘉兴市副市长王新民、市总工会主席邵建华等出席启动仪式。

9月29日,第十一批市“心连心”大病救助款在市总工会发放,市区78名困难职工得到31.4万元救助款。

11月28日–29日,全省台资企业工会组建工作经验交流会在平湖召开,省总工会要求各地工会借鉴平湖经验,勇于探索,大胆创新,锲而不舍,突破台资企业建工会“瓶颈”。

11月28日–30日,来自全市各条战线、各个行业34位市级以上劳动模范在市委党校接受以中共十六届五中全会精神为主要内容的培训。

12月16日,市总工会举行工会会员优惠待遇定点单位授牌仪式,启动工会会员优惠待遇活动。首批确定8家定点为工会会员提供优惠服务单位,包括文化教育、医疗卫生、商业服务、健身旅游等多个领域。

12月23日,市政府与市总工会召开联席会议。会上,市发展改革委通报2005年全市经济社会发展情况,市劳动保障局通报全市社会保障及劳动者权益维护情况,市总工会通报全市工会工作情况和当前需要政府重视的问题与建议。会议就在全市企业中开展“双爱双评”、创建劳动关系和谐企业活动、全面推行工资集体协商和对未建工会企事业单位收取工会筹备金等问题形成共识。

2006年

1月23日,第十二批市“心连心”大病救助款在市总工会发放。向市区80名受助对象发放救助款29.8万元。

2月9日,市总工会会同市工商联、市企工委、市经贸委、市台办、市劳动保障局、市外经贸局、市工商局下发通知,在全市非公有制企业中开展以“企业爱职工,职工爱企业”为主要内容的“双爱双评”和创建劳动关系和谐企业活动。

2月17日,市委召开全市工会维权工作会议,市委副书记徐士珍、省总工会副主席姚炳甫到会讲话。海宁市委、市劳动保障局、嘉善县魏塘镇党委分别作工会维权工作经验交流。

4月13日,市总工会举办弘扬劳模精神、红船精神,争当“十一五”创业先锋,庆“五一”职工演讲比赛,21名选手参赛。

4月30日,市总工会召开“树立社会主义荣辱观”会议。全国劳模巴增鸿代表与会人员宣读《“知荣辱、树新风、建新功”倡议书》,倡议全市百万职工走在践行“荣辱观”前列。

4月30日,庆“五一”先进表彰大会暨劳模报告会在市行政中心多功能厅举行。市委书记、市人大常委会主任黄坤明讲话,向受到全国总工会表彰的2006年度全国“五一”劳动奖状(奖章)获得者以及各类市级先进集体和先进个人表示祝贺并颁奖。

4月26日,市委宣传部、市总工会、市广电总台在嘉兴大剧院联合举办“商业银行杯”全市职工才艺展示暨庆“五一”电视综艺晚会。寿剑刚等市领导和50名劳模代表、200名外来务工人员代表以及全市职工、工会干部代表共1400多人,观看职工才艺展示和电视文艺晚会。

6月13日,嘉兴市女职工素质提升课堂开班仪式暨工会干部业务培训讲座在文华园宾馆举行。上海市工会管理干部学院王连祥教授作题为《新时期新阶段的工会工作》讲座。

6月21日,市委市政府召开全市社会主义劳动竞赛推进大会暨重点建设立功竞赛表彰会。市总工会主席邵建华宣读关于表彰2005年度嘉兴市重点建设立功竞赛先进集体、先进个人和优秀组织单位的决定。平湖市、市交通局、加西贝拉压缩机有限公司作交流发言,市委副书记徐士珍、省总工会副主席邬金水讲话。

6月28日,省政协副主席、省总工会主席张蔚文到嘉兴就开展社会主义劳动竞赛和加强企业工会建设进行调研。

9月1日,市总工会召开全市非公企业工会组建工作汇报交流会,各县(市、区)工会汇报各地非公企业工会组建和职工入会进展情况,并就各地推进该项工作的作法和措施进行交流。

9月25日,嘉兴市举办创建劳动关系和谐企业培训班。各县(市、区)、乡镇(街道)创建办、市各产业工会、直属基层工会及全市第一批36家试点企业创建领导小组及工会负责人150人参加培训。省总工会法工部部长方火春作讲课辅导。

10月10日,全市借鉴ISO 9000标准推行厂务公开现场会在海盐县召开。海盐自来水公司作主题经验介绍,加西贝拉压缩机有限公司、嘉化集团、民丰特纸有限公司及桐乡市、嘉善县、海宁市、海盐县总工会作交流发言。

10月31日,沃尔玛嘉兴洪兴路分店召开工会成立大会暨第一次会员大会,这是继沃尔玛金华分店成立工会后,沃尔玛公司在浙江省成立的第二家工会,同时也是世界500强大型外企在嘉兴成立的首个工会。

11月3日,市总工会举办学习贯彻《企业工会条例(试行)》培训班,全国总工会基层组织建设部处长王英作专题辅导讲座。市总工会全体机关人员、各县(市、区)乡镇(街道)工会、市各行业及所属企业工会、市直属企业工会负责人300余人参加听课。

11月29日,全市创建劳动关系和谐企业活动经验交流会在市行政中心举行。平湖市、嘉善大云镇、桐乡崇福镇及南湖区森创时装有限公司、海盐中达集团公司、海宁宏达经编股份有限公司、秀洲区台华有限公司7单位作交流发言。

12月29日，市政府和市总工会举行联席会议，会议就将企业工会主动参与安全生产工作纳入市政府安全生产责任目标考核内容、开展"要约行动"推动劳动关系和谐企业创建、深化职工技能带头人选聘工作达成共识。

2007年

3月2日，市委常委、组织部部长杨立平一行4人到市总工会调研，听取工作汇报。

3月15日，应浙江省总工会邀请，台湾苗栗县总工会第5次代表团一行16人到嘉兴参观访问，双方就两岸工会工作进行交流座谈。

3月21日，由市总工会、市曙光医院主办，市中华医学基金会协办的"关爱女农民工，为万名女农民工免费妇科体检公益活动"举行启动仪式。

3月23日，市总工会召开市级国有资产投资集团工会建设座谈会。市总工会主席邵建华、副主席张钰良就6大投资集团公司工会组建及开展工会工作等议题与公司领导沟通交流。

4月29日，庆"五一"先进表彰大会举行。大会对获得2006年度"三级联创"先进集体，2006年度"创建学习型组织、争做知识型职工"活动先进集体和个人，创建劳动关系和谐企业活动先进单位，劳动竞赛、重点工程立功竞赛先进集体和个人以及"安康杯"竞赛先进集体和个人进行表彰。市委书记黄坤明出席会议并讲话。

4月30日，"嘉城杯"五一职工歌会暨第五届嘉兴南湖合唱节工会系统选拔赛在梅湾街西广场举行，来自嘉兴市工人合唱团、市港航管理局、裕龙纺织工贸公司、市文化名城投资有限公司、市电信公司等单位的10支代表队为市民送上精彩表演。

4月，市总工会获"全省工会组建工作先进集体"称号。

5月24日，市总工会、市劳动和社会保障局、嘉兴市经贸委联合召开全市集体合同、工资集体协商"要约行动"深化劳动关系和谐企业推进会。浙江景兴纸业股份有限公司等6单位交流开展集体合同、工资集体协商情况和经验，市总工会主席邵建华、市劳动和社会保障局副局长徐忠讲话。

6月5日，市政协主席刘冬生、副主席邵建华、金锦根等到秀洲区调研劳动关系和谐企业创建工作。实地考察台华特种纺织(嘉兴)有限公司、浙江天虹百货有限公司、浙江华建安装有限公司和谐劳动关系创建情况并听取秀洲区创建工作汇报。

6月16日，秀洲区工会第一次代表大会开幕，会议选举产生秀洲区总工会第一届委员会。胡建新当选主席，赵守荣、汤建炜当选副主席。

6月22日，省政协副主席李青率领

省政协调研组到市总工会进行“发展和谐劳动关系”主题调研。

7月25日，市总工会举办县（市、区）工会、产业工会主席及市总各部室负责人读书会，交流上半年重点工作和特色工作，并就创建劳动关系和谐企业、企业职工文化建设、工会“三级联创”和开展“要约行动”进行研讨。

8月2日，全市深化党建带工建，开展工会“三级联创”活动工作会议召开。市委常委、组织部部长杨立平，市政协副主席、市总工会主席邵建华讲话。

8月3日，2007年市级职工职业技能竞赛启动仪式在天虹百货商场举行。启动仪式上表彰2006年全市职业技能比武中取得优异成绩的13位“嘉兴市技术操作能手”，同时向10位“嘉兴市职业技能带头人”颁发聘书。

9月20日，南湖区工会第一次代表大会开幕，会议选举产生南湖区总工会第一届委员会。陆建良当选主席，储彬、李静当选副主席。

9月27日，市劳模协会召开第三次会员代表会议，讨论通过修改后的市劳模协会章程，选举产生新一届协会理事会，会长姚海根。

10月12日，嘉兴经济开发区工会第一次代表大会在开发区会议中心召开。会议选举丁永夫为开发区总工会第一届委员会主席，黄文生、肖永刚为副主席。

10月23日，市总工会在嘉兴秀洲区洪合镇召开全市镇乡（街道）及村（社区）工会工作经验交流会，嘉兴各县（市、区）工会有关负责人及40多个乡镇、村（社区）工会负责人参加会议。

11月8日，市总工会发文《关于开展创建“工人先锋号”活动的实施意见》，动员组织广大职工发挥工人阶级主力军作用，为实现科学发展，促进社会和谐建功立业。

12月25日，市政府和市总工会举行联席会议，与会双方就关于政府进一步支持工会工作、深入开展和谐劳动关系企业创建活动、建立职工工资正常增长机制、完善困难职工帮扶救助机制、进一步做好劳模宣传、服务和管理工作等议题进行充分协商讨论并形成意见。市委副书记、市长李卫宁讲话。

2008年

1月29日，市总工会印发《关于广泛开展“创业创新争先锋”活动，充分发挥职工群众在创业创新中的主力军作用的决定》。

3月21日，由国际劳动组织、联合国工业发展组织、中国纺织工业协会联合举办的“中国纺织企业社会责任项目——工人参与企业安全健康管理”培训班在嘉兴开课。中国劳动关系学院教授陈莹主讲，全市相关工会及纺织企业60余人参加培训。

3月31日，市委书记陈德荣在《嘉善10万职工用金点子堵住“黑洞”》报道上批示：“总工会开展此项活动很好，应该在全市推广，不仅是节能，还要推进减排。”

4月9日，嘉兴港区工会第一次代

表大会召开,大会选举朱立为港区总工会第一届委员会主席,全明华为常务副主席,王国炎、姚水华为副主席。

4月16日,市委常委、宣传部部长武亮靓,市政协副主席、市总工会主席邵建华带队到南湖区调研基层企业文化建设,听取浙江卫星控股集团、敏实集团等企业生产经营及企业文化建设基本情况,现场考察企业文化建设设施情况,并听取区总工会有关企业文化建设情况汇报。

4月28日,2003年-2007年度嘉兴市劳动模范和先进集体表彰大会举行。市委书记陈德荣讲话。

5月13日,市总工会发出紧急通知,要求全市各级工会在党委政府统一部署下,积极投入支援四川省抗震救灾工作。

6月4日,省人大常委会副主任、省总工会主席刘奇到嘉兴调研,听取市总工会工作汇报,并赴海宁走访慰问生产救灾帐篷企业。

6月14日,由市劳动竞赛委员会主办,市总工会、市劳动保障局等部门承办的全市职工技能运动会在浙江科技工程学校开幕。技能运动会共设数控车工、医疗救护、农网配电技术、港口码头门机操作等10个比赛项目,吸引近百家企业两万余名职工参赛。

6月30日,市工会女职委在桐昆集团股份有限公司召开全市女职工创业创新、提升素质现场会。

7月3日,市总工会在浙江嘉康电子股份有限公司召开嘉兴市企业职工文化建设示范工程——职工书屋建设推进会,嘉康电子股份有限公司工会和平湖经济开发区职工公寓工会建立的"职工书屋"获得全国总工会授牌,成为"职工书屋"全国示范点。

8月27日,市总工会联合"嘉兴在线"举办全市职工创业创新论坛,周志祥、陆继华、陈新益、李明明等四位来自企业生产一线的优秀技工交流岗位成长创业创新经验和体会。市委副书记朱伟出席并讲话。

9月10日,市委宣传部、市总工会、市文化局在南湖区大桥镇召开企业职工文化建设示范工程创建工作经验交流会。市委常委、宣传部部长武亮靓讲话。

10月24日,市餐饮行业协会代表与行业联合工会首席代表签署行业工资集体协商协议,这是浙江省餐饮服务行业签订的首份工资集体协商协议。

10月29日,副省长陈加元在《平湖市同城居住同等待遇做好农民工维权工作》报道上批示:"请省总工会、省劳动保障厅阅研。这样的典型应当多总结宣传。"

2009年

1月23日,市总工会、嘉兴经济开发区管委会举办2009年新居民职工迎新春团拜会暨"送文化"活动赠书仪式。

2月15日,市劳动保障局、市总工会等部门在市人力资源中心市场举办"全省农民工就业服务大型联动专场招聘会”，同时，在各县、市、区共设立10个分会场，组织563家招聘单位为农民工提供17400多个就业岗位。

2月20日，市总工会与市经贸委、市国资委、市劳动保障局、市工商联联合发出通知，在全市企业中开展劳资携手共渡时艰“协商共约”活动。

3月11日，嘉兴市暨南湖区“劳资携手、共克时艰”共同约定行动推进会在加西贝拉压缩机有限公司多功能厅举行。会上，企业家代表和职工代表表态发言，企业家代表还与企业工会代表签定共同约定书。

3月19日，市政府与市总工会召开联席会议。会议就在全市企业中开展“协商共约”劳资携手共渡时艰活动、进一步深化全市厂务公开民主管理工作、加强市总工会职工维权帮扶中心建设和开展职工创新成果评选奖励活动等事项进行充分协商，并形成共识。市委副书记、市长李卫宁到会讲话。

4月28日，嘉兴市庆“五一”表彰大会暨“鸿翔杯”企业之歌合唱比赛在海宁市体育中心举行，各县(市、区)、产业工会选拔的13个职工合唱团参加比赛。会议表彰10名市勇克时艰杰出职工、10名市勇克时艰优秀职工、30个市“工人先锋号”先进集体、10名市“十佳”基层工会主席以及31个市“安康杯”竞赛先进集体。

5月5日，市总工会维权帮扶中心独立设置为市总工会下属事业单位。

5月21日，市总工会举行“创业创新争先锋 转型升级立新功”活动推进会暨“金锤”技术服务队成立仪式。“金锤”技术服务队首批队员由本市行业骨干企业和职业技术院校中具有技师、高级工职称以上的25名高技能人才组成。

6月18日，秀洲区洪合镇成立全市首家新居民联合工会。

6月19日，2009“星耀南湖，技术创新技能创优”系列活动暨嘉兴市第二届职工技能运动会开幕式在市电力局南湖分局培训基地举行。本届职工技能运动会共设数控铣工、配电线路工、压缩机操作工等12个项目。

8月12日，市总工会、市交通局、嘉通集团在嘉绍跨江大桥工程建设现场举行深化重点工程立功竞赛暨嘉绍跨江通道北岸接线工程劳动立功竞赛誓师大会。

8月28日，市总工会举行2009年“金秋助学”款发放仪式，42名“寒门学子”获得7.1万元学费。

9月22日，市总工会在沙龙宾馆召开全市总结“协商共约”活动，深化“协商机制”建设交流大会，嘉善县总工会等6家单位作交流发言。

9月30日，市总工会在嘉兴大剧院举行庆祝新中国成立60周年慰问劳模专场演出。市委书记陈德荣与来自全市各条战线、各个时期的劳模先进代表、全市各级工会干部和市属企业职工代表共1200多人观看全总文工团演出。

10月29日–30日，市总工会组织各县(市、区)总工会主席和市总相关职能部室赴上海杨浦区、青浦区总工会学习加强工会“大学校”建设,推进职工素质工程经验。

12月2日,全市创建劳动关系和谐企业与和谐工业园区活动表彰暨经验交流会在嘉兴宾馆举行。副市长张志伟出席并讲话。

12月10日-12日,市工会第六次代表大会召开。市政协副主席、市总工会主席邵建华作题为《立足新起点,开创新局面,团结动员全市职工为推进嘉兴科学发展再立新功》的工作报告。大会选举邵建华为市总工会主席,张心桥、沈盛、周春锋为副主席。选举沈禾丰为经费审查委员会主任,吕浩为副主任。

2010年

1月22日,市总工会举行爱心超市发放仪式,共向50名因重大疾病、下岗失业、子女教育等原因造成家庭生活困难的特困职工发放11万元补助金和油、米等年货。

2月9日,第24批市“心连心”大病救助款发放仪式在市总工会举行,共向86名因病致贫困难职工发放救助款30.8万元。

4月23日,市第三届职工技能运动会暨职工烹饪技能竞赛开幕。设置比赛项目有烹饪、园艺、电力维修等10项。

4月29日,嘉兴市庆“五一”先进表彰大会暨迎世博迎省运“嘉兴银行杯”职工排舞大赛在市高中园区体育馆举行。会议表彰2009年度嘉兴市杰出职工、嘉兴市“工人先锋号”、嘉兴市职工“十大科技成果”、嘉兴市“安康杯”竞赛等先进个人和先进集体。由各级工会选送的30支排舞队参赛。

5月7日,市委组织部召开全市基层组织党建带工建团建工作会议,市委常委、组织部部长杨立平要求加强组织领导,把党建带工建团建工作落到实处。

5月底,嘉兴市2009年度“五一新闻奖”揭晓,《4000多家企业与员工“协商共约”》等21件作品获一、二、三等奖和优秀奖。

6月18日,省人大常委会副主任、省总工会主席刘奇一行7人到嘉善调研台商投资企业工会工作情况。

6月28日,由市委宣传部、市总工会主办的劳模先进事迹首场报告会,在市行政中心报告厅举行。当天上午,市委副书记鲁俊看望劳模先进报告会代表并一起座谈。

7月22日,市总工会在秀洲区新塍镇召开全市镇(街道)总工会建设推进会,以更好地促进工会基层组织建设,发挥工会在推进城乡统筹发展中的积极作用。全总基层组织建设综合处陈国瑞处长到会指导。

8月,市委、市政府组织两个督查小组,由副市长张志伟,市政协副主席、市总工会主席邵建华带队,到各县(市、区)开展工资集体协商、创建劳动关系和谐企业工作督查。

9月8日,市总工会举行工会系统

深化创先争优活动暨《浙江省企业民主管理条例》培训会,全市各县(市、区)工会分管副主席、相关负责人,市产业工会、市直属基层工会负责人200多人参加会议。

10月12日,全市企业职工文化建设示范单位现场交流会在市烟草公司召开。市烟草公司、嘉兴敏惠汽车零部件有限公司、平湖依爱夫纺织有限公司、桐乡巨石集团工会作企业职工文化建设工作交流发言。

10月16日,《工人日报》头版头条刊登记者李刚殷文章《农民进城,工会下乡》,全面报道嘉兴市总工会推进城乡统筹基层工会组织建设工作。

11月3日,全省工会帮扶工作可持续发展研讨会在嘉兴举行。省总工会副主席李锦平,市政协副主席、市总工会主席邵建华出席会议,各地市总工会分管副主席、保障部部长、帮扶中心主任等60多人参加会议。中华全国总工会保障部副部长李志培到会讲话。

11月10日,副省长陈加元对市总工会上报的题为《嘉兴市延伸基层工会触角搭建城乡一体新社区居民转型创业平台初显成效》的信息作出批示:"嘉兴市把工会触角延伸到农村新社区的做法值得称道和关注"。

12月23日,副省长陈加元对市总工会上报的题为《嘉兴市构建"三位一体"帮扶体系实现困难职工服务零距离》的信息作出批示:"嘉兴'三位一体'的困难职工帮扶体系富有特色,到位到家,值得肯定"。

12月23日,市总工会在市委党校举办全市首届镇(街道)总工会主席培训班。各县(市、区)总工会分管副主席、组宣部部长、镇(街道)总工会主席、副主席共140余人参加培训。

第一篇　组织机构

第一章　嘉兴市总工会

第一节　机构沿革

嘉兴市总工会是省辖市一级地方工会组织,是全市各级工会组织的领导机关,受中共嘉兴市委和浙江省总工会双重领导。

1991年，嘉兴市总工会辖嘉善、平湖、海盐、海宁、桐乡五个县(市)总工会和城、郊两区工会办事处。建有市财贸工会、市教育工会2个驻会产业工会及市级机关工会工作委员会、二轻工会联合会、化学建材工业工会联合会、交通工会联合会、卫生系统工会联合会、建委系统工会联合会、物资工会联合会、纺织工会联合会8个系统工会联合会(工作委员会)。

为适应私营企业快速发展,1998年2月建立市私营企业工会工作委员会,驻会市工商局。同年12月建立市总工会乍浦开发工作委员会。

2000年8月,经市机构编制委员会(下称市编委)和市委组织部同意,新命名两区办事处:将秀洲区办事处、秀城区办事处归口两区办事处。同时保留其本区域范围内的相对独立性。

市产业、行业(系统)工会设置20年间有较大变化。1996年6月，市委办〔1996〕68号文同意《嘉兴市总工会机关机构改革方案》，其中在市产业、行业(系统)工会设置方面明确:保留财贸、教育两个产业工会和交通、城建、卫生和市直属机关行业(系统)工会。原纺织、化建、物资、二轻四个行业(系统)工会联合会暂不变动,待市级行政性公司分别转体为控股公司或集团公司后一并考虑调整。

1999年11月，市工业产业结构整体方案调整撤销市化工建材公司和市纺织工业局,市化建工会联合会和市纺织工会联合会相应撤销。

2003年5月，经市编委发文同意，调整市属产业(行业)工会设置和人员编制:保留嘉兴市财贸工会(驻会)、嘉兴市教育工会、嘉兴市市级机关工会工作委员会、嘉兴市建设工会联合会、嘉兴市交通工会联合会、嘉兴市卫生工会联合会、嘉兴市私企工会工作委员会、嘉兴市烟草工会工作委员会；撤销嘉兴市二轻工会联合会、嘉兴市物资工会联合会；新建嘉兴市市属企业工会工作委员会(驻会)、嘉兴市经济开发区工会工作委员会；乍浦开发区工会工作委员会与乍浦镇工会合并，组建嘉兴市嘉兴港区工会工作委员会。各产业、行业工会人员编制由26名精简为18名。

2007年6月，秀洲区成立总工会。同年9月，南湖区成立总工会。

到2010年年底，嘉兴市总工会辖嘉善、平湖、海盐、海宁、桐乡、南湖、秀洲七个县(市、区)总工会，嘉兴经济技术开发区、嘉兴港区两个区域性总工会，市财贸、教育、市直属机关、建设、交通、卫生、私营企业、烟草、市属企业9个产业(系统、行业)工会(联合会、工作委员会)。

第二节　中共嘉兴市总工会党组

前志载：嘉兴市总工会第一届委员会由俞晓荣任党组书记，郑文声、邵美温先后任副书记。卞瀛生、沈云珠为党组成员。

表1-1　　市总工会党组成员一览表

时　间	书记	性别	任　期	党组成员
第二届(1989.7–1995.2)	谭春晓	男	1989.10–1995.1	邵美温(副书记)、孙陵、陈长庆
第三届(1995.2–1999.12)	卢苗法	男	1995.1–1999.12	孙陵、陈长庆、张元甫、潘嘉荣、张钰良、敖考权
第四届(1999.12–2004.12)	沈利华	女	1999.12–2003.3	陈长庆(副书记)、张钰良(副书记)、敖考权、葛跃新、徐海荣、王松林、沈禾丰
	邵建华	女	2003.3–2004.12	
第五届(2004.12–2009.12)	邵建华	女	2004.12–2009.12	张钰良(副书记)、徐海荣、张心桥、王松林、沈盛、沈禾丰、周春锋
第六届(2009.12–　)	邵建华	女	2009.12–	张心桥、沈盛、沈禾丰、周春锋

第三节　市总工会领导成员

前志载：嘉兴市总工会第一届委员会主席为俞晓荣，副主席为郑文声、沈云珠、邵美温。

表 1-2 市总工会正、副主席一览表

届 次	姓名	性别	职务	任 期
第二届 (1989.7–1995.2)	谭春晓	男	主 席	1989.7–1995.2
	邵美温	女	副主席	1989.7–1993.12
	孙 陵	男	副主席	1989.7–1995.2
	陈长庆	男	副主席	1993.1–1995.2
第三届 (1995.2–1999.12)	卢苗法	男	主 席	1995.2–1999.12
	沈利华	女	主 席	1999.12–1999.12
	孙 陵	男	副主席	1995.2–1999.12
	陈长庆	男	副主席	1995.2–1999.12
	张元甫	男	副主席	1995.2–1996.6
	潘嘉荣	女	副主席	1995.2–1999.12
	张钰良	男	副主席	1999.12–1999.12
	敖考权	男	副主席	1999.12–1999.12
第四届 (1999.12–2004.11)	沈利华	女	主 席	1999.12–2003.6
	邵建华	女	主 席	2003.6–2004.11
	陈长庆	男	副主席	1999.12–2004.11
	张钰良	男	副主席	1999.12–2004.11
	敖考权	男	副主席	1999.12–2004.11
	葛跃新	男	副主席	2002.7–2004.10
	徐海荣	男	副主席	2004.10–2004.11
	王松林	男	副主席	2004.10–2004.11
第五届 (2004.12–2009.12)	邵建华	女	主 席	2004.12–2009–12
	张钰良	男	副主席	2004.12–2009.12
	徐海荣	男	副主席	2004.12–2007.11
	王松林	男	副主席	2004.12–2009.12
	张心桥	男	副主席	2007.11–2009.12
	沈 盛	男	副主席	2009.7–2009.12
	周春锋	男	副主席	2009.12–2009.12
第六届 (2009.12–)	邵建华	女	主 席	2009.12–
	张心桥	男	副主席	2009.12–
	沈 盛	男	副主席	2009.12–
	周春锋	男	副主席	2009.12–

第四节　市总工会经费审查委员会主任

前志载：1984 年嘉兴市工会第一次代表大会选举产生嘉兴市总工会第一届经费审查委员会，卞瀛生任主任。1989 年嘉兴市工会第二次代表大会选举产生嘉兴市总工会第二届经费审查委员会，主任陈学康。

表 1-3　**市总工会经审会主任一览表**

届　次	姓名	性别	职务	任　期
第二届（1989.7–1995.2）	陈学康	男	主任	1989.7–1992.10
	王存梅	女	主任	1992.10–1995.2
第三届（1995.2–1999.12）	王存梅	女	主任	1995.2–1999.12
第四届（1999.12–2004.11）	徐海荣	男	主任	1999.12–2004.11
第五届（2004.12–2009.12）	徐海荣	男	主任（兼）	2004.12–2007.11
	沈禾丰	男	主任	2007.11–2009.12
第六届（2009.12–　　）	沈禾丰	男	主任	2009.12–

第五节　机构设置及部室负责人

前志载：1989 年嘉兴市工会第二次代表大会后，市总工会机构设置有：办公室、组织部、生产保护部、生活女工部、财务部、宣传教育部和城区、郊区两个工会办事处。

1992 年 9 月，市政府决定成立市企业退休职工管理委员会。市企业退休职工管理委员会办公室设在市总工会。

机构设置

1996 年 6 月，市委办〔1996〕68 号文批复同意《嘉兴市总工会机构改革方案》。市总工会机关设办公室、生活女工部、法律工作部、宣传教育部、经济工作部、组织部、财务部、企事业管理部等 8 个职能部门。另设秀城区办事处和郊区办事处 2 个派出机构。市总工会机关行政编制 34 名(包括后勤服务人员)。领导职数:主席1名,副主席3名;正副科长12名(含派出机构)。

2000年8月,为适应社会主义市场经济条件下工会工作发展需要,经市机构编制委员会(下称市编委)和市委组织部同意,市总工会机关部室及内设机构和市委、市政府托管机构中职责交叉或相关度较密切的部、室、处、站进行合署办公。合署办公后,新的机构设置为:保留办公室,并负责承担市退管办日常工作;保留财务部,并将资产办归口财务部;新命名组织宣教部:将组织部、宣教部、嘉兴工人报归口组宣部;新命名权益保障部:将法工部、生活女工部、经济工作部归口权益保障部,并负责承担市劳模办、市物监总站、市送温暖办、女职办日常工作;新命名经济发展部:将企管部及市总直属企事业单位(包括嘉兴国际海员俱乐部及正在筹建的中国职工保险互助会嘉兴办事处)归口经济发展部,并将技协办挂靠经济发展部;新命名两区办事处:将秀洲区办事处、秀城区办事处归口两区办事处,同时保留其本区域范围内的相对独立性。

2001年11月,《嘉兴市总工会机关机构改革方案》经市委同意并组织实施。根据新的机构改革方案,市总工会机关设"五部一室"和经费审查委员会办公室、秀城区工会办事处、秀洲区工会办事处。"五部一室"为办公室、组织部、宣传教育部、权益保障部(市女职工委员会办公室、市职工物价监督工作办公室)、经济发展部、财务部。机关编制27名(含后勤服务人员)。其中:主席1名,副主席3名,经费审查委员会主任1名,科级领导职数11名(含经审办)。

2002年2月,市总工会党组发〔2002〕12号文,明确"根据市总目前工作实际情况的需要,组织部、宣传教育部实行合署办公,组成"组宣部"。秀城区工会办事处,秀洲区工会办事处内部实行合署办公,简称"两区办"。

2003年12月,市编委发〔2003〕75号文批复市总工会事业单位改革总体方案。同意合并的事业单位有:嘉兴市职工文化活动中心,由嘉兴市工人文化宫、嘉兴国际海员俱乐部和嘉兴市总工会后勤服务中心合并组建,保留嘉兴市工人文化宫、嘉兴国际海员俱乐部牌子。核定人员编制25名(含岗位合同工2名)。嘉兴市职工教育培训中心,由市总工会职校和市总工会技术交流站合并组建,保留嘉兴市总工会职校和嘉兴市总工会技术交流站牌子。核定人员编制10名(含岗位合同工1名)。

同意改制的事业单位有嘉兴市佳工法律服务所。

2009年5月经市编委批复,市总工会职工维权帮扶中心独立设置为市总工会下属事业单位。

表 1-4　**市总工会内设机构及部室负责人**

第二届委员会(1989.7-1995.2)	
办公室主任	章柏年
组织部部长	陈如季
生产部部长	张元甫
生活女工部部长	潘嘉荣
宣传教育部副部长	吴渭荪(主持工作) 丁伟民(主持工作)
财务部部长	陈民鑑
市总工会城区办事处副主任	于国元(主持工作) 周月昌(主持工作)
市总工会郊区办事处主任	王存梅
所属事业单位	
工人文化宫主任	金南通
市总工会职工学校校长	许自如
职工技术交流站站长	叶根法
第三届委员会(1995.2-1999.12)	
办公室主任	丁伟民(1995.12)
组织部部长	陈如季(1999.4 免) 沈禾丰(1999.4 任)
宣传教育部部长	杨平杰(1999.4 任,1995.3-1999.4 副部长主持工作)
经济工作部部长	张建荣(1995.12 任)
财务部部长	陈民鑑 丁伟民(1996.3 任) 周月昌(1999.4 免) 沈陈良(副部长,主持工作)
法律工作部部长	邱敏华(1997.4)
生活女工部部长	潘嘉荣(兼) 李晨(副部长、主持工作,1999.11)
企事业管理部部长	徐海荣 沈国峰(1999.4 任)
市总工会郊区办事处主任	王存梅 徐海荣

续表 1–4

市总工会秀城区办事处主任	周月昌　沈炳章(1999.4 任)
所属事业单位	
嘉兴国际海员俱乐部主任	陈长庆(兼)
	陈如季(兼)(1999.4 任)
市工人文化宫主任	周月昌(1995.7 任)
	夏建新(1997.3 任)
市职工学校校长	沈光明(1997.6 任)
职工技术交流站站长	曹亚夫
嘉工法律事务所副主任	邱敏华(主持工作 1996.7)
市总工会后勤服务中心主任	沈国峰
	丁伟民(兼)(1999.4 任)
第四届委员会(1999.12–2004.11)	
办公室主任	丁伟民(2000.7 免)
	沈禾丰(2001.9 任)
组织宣教部部长	杨平杰(2000.8 任)
权益保障部部长	张建荣(2000.8 任)
	闻人庆(2002.3 任)
	杜锦瑛(副部长、主持工作,2004.2)
财务部部长	沈陈良(2001.9 任)
	高红慧(副部长、主持工作,2004.2)
经济发展部部长	张建荣(1999.4–2000.8)
	丁伟民(2000.8 任 2002.3 免)
法律工作部部长	邱敏华(2000.8 免)
经审办副主任	高红慧(2002.3 任)
	储彬(主持工作 2004.2 任)
秀城区办事处主任	沈国峰(2000.8 任)
	王建芬(2003.11 任)
秀洲区办事处主任	徐海荣(兼“两区办”主任,2000.8 任)
	胡志敏(2003.11 任)
所属事业单位	
市工人文化宫主任	夏建新
市职工学校校长	沈光明

续表 1–4

职工技术交流站站长	张建荣(2002.4 任)
佳工法律服务所	杜锦瑛(兼、副主任、法定代表人,2001.6 任)
职工服务中心主任	丁伟民(兼)(2001.2)
嘉兴国际俱乐部主任	陈如季(兼)
第五届委员会(2004.12–2009.12)	
办公室主任	沈禾丰
	胡志敏(2008.2 任)
组织宣教部部长	杨平杰
权益保障部部长	杜锦瑛
经济发展部部长	方东军
财务部部长	高红慧
经审办主任	储彬(副主任、主持工作)
	王建芬(2005.8 任)
南湖区办事处主任	储彬
秀洲区办事处主任	胡志敏
所属事业单位	
市工人文化宫主任	夏建新
市职工学校校长	沈光明
职工维权帮扶中心副主任	陈加青(主持工作,2009.7 任)
第六届委员会(2009.12–　　)	
办公室主任	胡志敏
组织宣教部部长	杨平杰
权益保障部部长	杜锦瑛
经济发展部部长	方东军
财务部部长	高红慧
经审办主任	王建芬
	章金春(2010.12 任)
所属事业单位	
市工人文化宫主任	夏建新
市职工学校校长	沈光明
职工维权帮扶中心副主任	陈加青(兼、主持工作)

第六节　嘉兴市总工会驻所

1952年，嘉兴工人文化宫竣工交付使用,位处中山路47号。1952年后,工人文化宫工人影剧院前厅为嘉兴市、嘉兴县总工会驻所。

1983年，嘉兴地区工会办事处撤销,分设嘉兴市、湖州市两地级市总工会。嘉兴市总工会驻所搬迁至影剧院西侧新建的职校三楼。

1986年，市总工会临中山路建成综合楼。北六层楼一、二、三层为职校教室和办公室,四、五、六层为市总工会办公场所。其中四、五层为办公室,六层为大、中、小三个会议室。

2002年12月，市总工会在工人文化宫院内西侧灯光球场位置建嘉兴国际海员俱乐部和工人文化宫综合活动大楼,总建筑面积10893平方米。2004年7月竣工后市总工会搬入大楼六、七、八层办公至今。

2006年，市总工会所在市工人文化宫大院更改为中山东路173号。

第二章　县(市、区)总工会

第一节　南湖区总工会

概况

南湖区总工会于2007年9月成立,前身为嘉兴市总工会南湖区(秀城区、城区)工会办事处。南湖区总工会是市属区一级地方工会组织,是南湖区各级工会组织的领导机构,受中共南湖区委和嘉兴市总工会双重领导。2010年,南湖区总工会辖区级机关、教育、公安、科技城4个系统工会,5个镇(新丰、余新、凤桥、大桥、七星)总工会和6个街道(东栅、建设、新兴、新嘉、解放、南湖)总工会。

内设机构　2007年9月南湖区总工会成立,设办公室和基层工作部2个职能部室,行政编制人员4名,设主席1名(由区政协副主席兼任),副主席2名。

2008年9月成立南湖区职工维权帮扶中心。2010年4月经区编委批复确定为纯公益类事业单位，定编1名。现有事业编制专职工作人员1名。

基层工会　2007年南湖区有基层工会405家，工会会员6.53万人。至2010年年底，全区建有基层工会669个,其中独立基层工会520个,联合基层工会149个,基层工会涵盖单位2017个。工会会员12.88万人。

驻所　2007年起驻市区秀州路266号南湖区教文体局大院内。

代表大会

2007年9月20日–21日，南湖区工会第一次代表大会在市区文华园宾馆召开。会议代表140名,列席代表10名。大会选举产生南湖区总工会第一届委员会委员21名。一届一次全委会选举产生常委5名，陆建良当选为主席，储彬、李静(女)为副主席。选举储彬为经审会主任。

第二节　秀洲区总工会

概况

嘉兴市秀洲区总工会于2007年6月成立,前身为嘉兴市总工会(郊区、秀洲区)工会办事处。秀洲区总工会是市属区一级地方工会组织,是秀洲区各级工会组织的领导机构,受中共秀洲区委和嘉兴市总工会双重领导。2010年,秀洲区总工会辖区级机关、教育2个系统工会,5个镇(王店、新塍、王江泾、洪合、油车港)总工会,1个工业园区总工会,2个街道(新城、高照)总工会。

内设机构　2007年6月秀洲区总工会成立，设办公室一个内设机构,行政编制4名,设主席1名(由区政协副主席兼任),副主席2名。2008年12月成立秀洲区困难职工帮扶中心,核定纯公益类事业编制1名。

基层工会　2007年全区有基层工会508家,工会会员5.83万人。2010年全区基层工会625个,其中独立基层工会536个,联合基层工会89个,基层工会涵盖单位1633个。工会会员9.73万人。

驻地　2007年6月办公地点位于秀洲区行政中心会展中心北一楼,2009年3月从会展中心北一楼搬至秀洲区行政中心秀洲园三楼办公。

代表大会

2007年6月16日-17日，嘉兴市秀洲区工会第一次代表大会在秀洲区行政中心秀洲会堂召开,会议代表149名,列席代表29名。会议选举产生秀洲区总工会第一届委员会委员19名。一届一次全体会议选举产生常委7名,胡建新当选总工会主席,赵守荣、汤建炜为副主席。选举赵守荣为经审会主任。

第三节　嘉善县总工会

概况

1991年,嘉善县总工会辖教育1个产业工会和魏塘、西塘、干窑3个镇工会。2010年，县总工会辖县级机关、交通、卫生、建设、教育5个产业(系统)工会,8个镇(街道)(魏塘街道、罗星街道、西塘镇、姚庄镇、陶庄镇、干窑镇、天凝镇、大云镇)总工会和1个开发区(惠民街道)总工会。

内设和直属机构　1991年,嘉善县总工会设办公室、组织部、宣传教育部、生产生活女工部和企事业管理部,下辖工人文化宫、职工业余学校、职工技术协会3个事业单位。2001年机关内设办公室、权益保障部、基层工作部和财务部,下辖工人文化宫、职工学校、总工会法律顾问室、企业退休职工管理委员办公室和职工技术协会5个事业单位。2010年行政编制9名,在职8人;事业编制28名,在职19人。

基层工会　1991年,全县有工会基层组织364家,工会会员3.91万人。至2010年,全县有基层工会1458家,其中独立基层工会1319家，联合基层工会139家，涵盖单位2806个。会员15.87万人。

驻所　1989年开始驻嘉善县魏塘镇解放路1号（后因县行政区划调整,驻址更名为魏塘街道解放西路22号)。驻所占地面积15亩,建筑面积3612.45平方米。

代表大会

1991年-2010年，嘉善县共召开4次工会代表大会。

第十次代表大会　1994年12月13日-15日召开，会议代表280名,选举产生嘉善县总工会第十届委员会,委员27名。十届委员会第一次全体会议选举常委7名,李明当选为主席,卓钰初、蒋奇雄为副主席。1997年3月蒋奇雄调离,增补苏小宁为副主席。

第十一次代表大会　1999年12月16日-18日召开，会议代表220名,选举产生嘉善县总工会第十一届委员会,委员25名。十一届委员会第一次全体会议选举常委7名，李明当选为主席,卓钰初、苏小宁为副主席。2003年10月免去李明主席职务，增补沈宏伟为主席。2004年9月免去苏小宁副主席职务,增补寿佳宝为副主席。

第十二次代表大会　2004年12月22日-24日召开，会议代表245名,选举产生嘉善县总工会第十二届委员会,委员29名。十二届委员会第一次全体会议选举常委7名，沈宏伟当选为主席,卓钰初、寿佳宝为副主席。2006年8月沈宏伟调离，增补张引华为主席。2007年2月免去卓钰初副主席职务,增补张玉庭为副主席。2009年9月寿佳宝调离,增补浦似石为副主席。

第十三次代表大会　2009年12月26日-27日召开，会议代表270名,选举产生嘉善县总工会第十三届委员会,委员29名。十三届委员会第一次全体会议选举常委7名，张引华当选为主席,张玉庭、浦似石为副主席。

第四节　平湖市总工会

概况

1991年6月,平湖撤县建市,平湖县总工会更名为平湖市总工会。1991年,平湖县总工会辖教育、财贸产业工会和乍浦、新埭、新仓3个镇工会。2010年,平湖市总工会辖当湖、新埭、新仓、独山港、广陈、林埭、平湖经济开发区(钟埭街道)、曹桥8个镇(街道)总工会;城企、交通、粮食、教育、卫生、农经、经贸、财税、供电、电信、邮电、公安、水利、规划和建设、供销合作总社、文广新局、市直属机关工委、劳动和保障、工商行政管理、城投、水务投资、九龙山度假区22个系统(局)工会;人行、工行、建行、中行、农行、农发行、农合行、商业银行、中信银行、财保、人保、烟草、外贸、移动、行政服务中心15个直属工会;卫浴洁具、童车、旅游、服装4个行业工会联合会。

内设和直属机构　1991年,平湖县总工会机关内设办公室、组织办、生产办。行政编制8名。事业单位有职工业余中等学校、工人文化宫、职工技术协会、企业退休职工管理委员会、县总工会法律顾问室。镇工会有乍浦镇工会、新埭镇工会。2010年行政编制7名、事业参公编制2名。市总工会机关内设一室二部(即办公室、组宣部、保障部)。所属全民事业单位4个。其中纯公益类:财贸工会;准公益类:工人文化宫、职工学校、职工技术协会。

基层工会　1991年,全县基层工会339个,工会会员4.72万人。2010年,全市基层工会1200个，其中独立基层工会1043个、联合基层工会157个,基层工会涵盖单位3358个。工会会员21.39万人。

驻所　1991年驻城关镇解放西路

142号。2009年6月市总工会迁建工程竣工,市总机关搬迁至当湖街道东湖大道888号。驻所占地面积13372.3平方米,建筑面积16208.1平方米。

代表大会

1991年-2010年，平湖市共召开5次工会代表大会。

第十一次代表大会　1991年12月17日-19日召开，正式代表303名,列席代表25名。大会选举产生平湖市总工会第十一届委员会,委员29名。十一届一次全委会选举产生常委7名，闵智根当选为主席,赵盈华、俞行天为副主席。

第十二次代表大会　1994年11月29日-12月1日召开，正式代表300名,列席代表22名。大会选举产生平湖市总工会第十二届委员会,委员29名。十二届一次全委会选举产生常委7名,闵智根当选为主席,赵盈华、俞行天为副主席。1998年1月十二届四次全委会选举增补赵盈华为主席。1998年12月十二届七次全委会增补刘国珍为副主席。

第十三次代表大会　1999年10月19日-21日召开，正式代表280名,列席代表22名。大会选举产生平湖市总工会第十三届委员会,委员29名。十三届一次全委会选举产生常委7名,赵盈华当选为主席,俞行天、刘国珍为副主席。2003年3月十三届六次全委会增补吴美芳为副主席。2004年3月十三届八次全委会选举曹正华为主席。2004年8月十三届九次全委会增补金风劼为副主席。

第十四次代表大会　2004年10月19日-21日召开，正式代表300名,列席代表20名。大会选举产生平湖市总工会第十四届委员会,委员29名。十四届一次全委会选举产生常委8名，曹正华当选为主席,刘国珍、金风劼为副主席。2008年5月十四届六次全委会选举严学贤为副主席。2009年1月十四届七次全委会选举杨晓东为主席。

第十五次代表大会　2009年10月23日-24日召开，正式代表320名,列席代表14名。大会选举产生平湖市总工会第十五届委员会,委员29名。十五届一次全委会选举产生常委9名,杨晓东当选为主席,金风劼、严学贤为副主席。

第五节　海盐县总工会

概况

1991年海盐县总工会辖财贸、教育2个产业工会,县级机关工会、工业局系统工会、二轻工业总公司工委、邮电局工会、供电局工会、交通局工会、乡企局工会7个系统工会，武原、沈荡、通元、六里、富亭、百步、澉浦7个乡镇工会。2010年海盐县总工会辖武原、秦山、通元、澉浦、沈荡、于城、百步、元通、开发区(西塘桥)9个镇(街道)总工会,财贸、教育2个产业工会,企工委、交通、卫生、供电、邮政、电信、县直属机关工委、文体、建设、医药10个系统工会(委),公安、发改、人行、农经、经贸、劳动保障、信用联社、城投集团、水务集团、移动公司 10 个直属工会。

内设机构 1991 年，县总工会机关内设办公室、组织宣教部、生产生活部、企事业管理部，行政编制 8 名。所属 3 个全民事业单位：职工业余学校、工人文化宫、技术交流站。2010 年县总工会机关内设办公室、权益保障部、组织宣教部、财务部。行政编制 9 名，其中工勤人员 1 名。所属 4 个全民事业单位：工人文化宫、职工业余学校、财贸工会、职工技协办公室。

基层工会 1991 年，全县基层工会 288 家，工会会员 2.62 万人。2010 年，全县基层工会 836 家，其中独立基层工会 697 家，联合基层工会 139 家，基层工会涵盖单位 2019 个。工会会员 12.89 万人。

驻所 1991 年县总工会驻武原镇秀水路 12 号。2001 年搬迁至广场西路原县工业局大楼。2005 年 12 月因南塘地块整体拆迁，县总工会搬迁至梅园路 87 号。

代表大会

1991 年–2010 年，海盐县共召开 4 次工会代表大会。

第十一次代表大会 1994 年 1 月 24 日–26 日召开，正式代表 260 人，邀请、列席代表 40 人。大会选举产生海盐县总工会第十一届委员会，委员 33 名。十一届一次全委会选举产生常委 7 名，李莲英当选为主席，陆福生、马建生为副主席；马建生兼经审会主任。1995 年 9 月十一届八次全委会选举董德法为副主席。1998 年 4 月十一届十七次全委会选举周玉林为副主席。1998 年 10 月十一届十九次全委会选举朱承华为副主席。

第十二次代表大会 1999 年 1 月 20 日–22 日召开，正式代表 250 人，特邀代表 20 名，列席代表 120 人。大会选举产生海盐县总工会第十二届委员会，委员 31 名。十二届一次全委会选举产生常委 7 名，董德法当选为主席，周玉林、朱承华为副主席；周玉林兼经审会主任。2001 年 11 月十二届八次全委会选举干海明为主席。2002 年 8 月十二届十次全委会选举蒋云岚为副主席。

第十三次代表大会 2004 年 1 月 8 日–9 日召开，正式代表 260 人，邀请代表 103 人，列席代表 23 人。大会选举产生海盐县总工会第十三届委员会，委员 33 名。十三届一次全委会选举产生常委 7 名，干海明当选为主席，朱承华、蒋云岚为副主席；蒋云岚任经审会主任。2004 年 4 月十三届二次全委会选举黄云妹为副主席。2007 年 1 月十三届五次全委会选举朱国良为副主席。

第十四次代表大会 2009 年 1 月 8 日–9 日召开，正式代表 270 人，特邀代表 119 人，列席代表 25 人。大会选举产生海盐县总工会第十四届委员会，委员 35 名。十四届一次全委会选举产生常委 9 名，干海明当选为主席，黄云妹、朱国良为副主席；徐建章任经审会主任。

第六节 海宁市总工会

概况

1991 年海宁市总工会辖硖石、长

安、斜桥、袁花、盐官、许村、马桥、伊桥8个镇(乡)工会和教育、财贸2个产业工会。2010年海宁市总工会辖许村、长安、周王庙、盐官、丁桥、斜桥、袁花、硖石、海洲、海昌、马桥等11个镇(街道)总工会,财贸、教育、规划建设、交通、文体、卫生、邮政、电信、供电、公安、水务、城投集团、社发集团、工业资产、市直机关、民企、皮革城、连杭、观潮景区、尖山新区等20个产业(局)工会。

内设和直属机构　1991年,海宁市总工会内设办公室、组织部、宣教部、生产保护部、生活女工部、财务部等6个部室。2002年2月根据《海宁市总工会机关机构改革方案》,内设机构变更为办公室、组宣部、权益保障部、经济发展部,行政编制数12名(含后勤服务人员)。2010年,海宁市总工会直属事业单位有市工人文化宫、市职工技协办。

基层工会　1991年,海宁全市基层工会组织401个,会员5.68万人。2010年,海宁全市基层工会组织1507个,其中独立基层工会1347个,联合基层工会160个,涵盖单位5763个,会员20.88万人。

驻所　海宁市总工会位于硖石街道太平弄10号,占地面积18亩,建筑面积12000平方米。2009年易地迁建市工人文化宫工程(含市总工会办公场所),地址位于市文化馆北、文宗路东、海洲路南侧、城南公园西侧,项目用地面积13346.4平方米,建筑面积26103平方米,总投资8140.65万元。

代表大会

1991年–2010年,海宁市共召开4次工会代表大会。

第十二次代表大会　1993年12月27日–29日召开,会议代表351名。大会选举产生由39名委员组成的市总工会第十二届委员会和5名委员组成的经费审查委员会。十二届一次全委会议选举产生常委9人,曾月桂当选为主席,戴长荣、沈玉娟当选为副主席,高丽娜当选为经费审查委员会主任。1997年4月十二届九次全委会选举沈玉娟为市总工会主席、向伟民为副主席。

第十三次代表大会　1998年11月16日–17日召开,会议代表313名,特邀代表33名。大会选举产生由41名委员组成的海宁市总工会第十三届委员会和5名委员组成的经费审查委员会。十三届一次全委会选举产生常委9人,沈玉娟当选为市总工会主席,戴长荣、向伟民当选为副主席,高丽娜当选为经费审查委员会主任。2000年1月十三届五次全委会选举姚建忠为副主席。2001年11月十三届七次全委会选举虞铭华为副主席。2003年1月十三届九次全委会选举史丹夫为市总工会主席。2003年11月十三届十一次全委会选举马云梅为副主席。

第十四次代表大会　2003年12月24日–25日召开,会议代表309名,列席代表19名,特邀代表103名。大会选举产生由41名委员组成的海宁市总工会第十四届委员会和由5名委员组成的市总工会第十四届经费审查委员会。

第十四届一次全委会选举产生常委9人，史丹夫当选为市总工会主席，向伟民、姚建忠、马云梅当选为副主席，向伟民当选为经费审查委员会主任。2007年5月十四届五次全委会选举陈楚加为副主席。2007年12月十四届六次全委会选举殷国良为副主席，马云梅为经费审查委员会主任。

第十五次代表大会　2008年12月29日-30日召开，会议代表334名。大会选举产生由49名委员组成的海宁市总工会第十五届委员会和由5名委员组成的经费审查委员会。市总工会第十五届一次全委会议选举产生常委9人。史丹夫当选为市总工会主席，马云梅、陈楚加、殷国良当选为副主席，马云梅当选为经费审查委员会主任。2009年8月十五届二次全委会选举王金法为市总工会主席。

第七节　桐乡市总工会

概况

1991年，桐乡县总工会辖梧桐、崇福、乌镇、濮院(镇)、屠甸、石门、洲泉、河山、濮院(乡)9个镇乡工会，11个产业(系统)工会。1993年3月，桐乡撤县建市，桐乡县总工会更名为桐乡市总工会。2010年年底，桐乡市总工会辖市经济开发区、振东新区总工会和12个镇(街道)总工会，10个局(系统)工会，36个直属基层工会。

内设和直属机构　1985年4月，县总工会设生产生活女工部、组织宣传教育部、办公室。1993年9月撤消生产生活女工部、组织宣传教育部，设经济事业部、基层工作部。1997年7月设办公室、生活女工部、组织宣教部、财务部、经济工作部、法律工作部，行政编制12名。2001年2月设办公室、组织宣教部、财务部、经济发展部、权益保障部。2001年12月设办公室、权益保障部、组织宣教部、财务部，行政编制10名。2003年7月，行政编制调整为11名。

市总工会直属事业单位：工人文化宫，编制20人，在编10人；职工学校，编制5人，在编2人；职工技术交流站编制6人，在编2人；财贸工会编制2人，在编1人。

基层工会　1991年，全县460个基层工会，会员4.75万人。2010年，全市基层工会1464个，其中独立基层工会1278个，联合基层工会186个，涵盖单位2902个，会员20.99万人。

驻所　1991年11月，县计划经济委员会同意县总工会迁建到中山西路21号，工程1992年8月开工，建筑面积5100平方米，投资600万元。1993年9月，市总工会机关和工人文化宫、职工学校迁入新址。1995年5月工程完工。

代表大会

1991年-2010年，桐乡市共召开4次工会代表大会。

第十四次代表大会　1994年9月13日-16日召开。正式代表221人，列席代表30人，特邀代表25人。大会选举市总工会第十四届委员会委员27

人,经费审查委员会委员7人。十四届一次全委会选举常委7人,许建新任主席,朱国仁、肖桂凤任副主席。

第十五次代表大会　1999年8月25日–27日召开。正式代表240人,列席代表45人,特邀代表15人。大会选举市总工会第十五届委员会委员35人,经费审查委员会委员7人。十五届一次全委会选举常委7人,许建新任主席,陆文仙、钱凤坤任副主席。

第十六次代表大会　2004年9月16日–18日召开。正式代表286人,列席代表60人,特邀代表70人。大会选举市总工会第十六届委员会委员39人,经费审查委员会委员7人。十六届一次全委会选举常委7人,宋有林任主席,陆文仙、吴国良任副主席。

第十七次代表大会　2009年10月14日–16日召开。正式代表310人,列席代表30人,特邀代表100人。大会选举市总工会第十七届委员会委员45人,经费审查委员会委员7人。十七届一次全委会选举常委7人,朱士良任主席,吴国良、钱玲任副主席。

第三章　产业(系统、行业)工会

第一节　中国财贸工会嘉兴市委员会

概况

据前志载:1984年秋，嘉兴市总工会与市财贸办研究决定成立嘉兴市总工会财贸工作委员会,代行市财贸工会工作。经过一年准备,于1985年11月5日-7日召开嘉兴市财贸工会第一次代表大会,选举张金妹为主席,钟心怡为副主席。

中国财贸工会嘉兴市委员会(以下称市财贸工会)为市总工会驻会产业工会，行使全市财贸系统工会的管理职能,指导县(市)财贸工会工作。至2010年年底,市财贸工会在嘉兴市区有基层工会41家、行业联合工会1家，会员1.96万人。

代表大会

1991年-2010年,市财贸工会共召开四次代表大会。

第二次代表大会　1991年9月6日-7日召开。大会选举张金妹等21人组成市财贸工会第二届委员会。市财贸工会二届一次全委会选举张金妹等9人组成第二届常务委员会,选举张金妹为主席,张如山为副主席。

第三次代表大会　1996年9月19日-20日召开。大会选出市财贸工会第三届委员会委员23名,常委9名。三届一次全委会选举张金妹为主席,张如山为副主席。大会同时选出市财贸工会第三届经费审查委员会，甘凤英为经审委主任。1999年5月三届四次全委会选举张如山为主席。2001年3月三届六次全委会选举章金春为副主席,2002年7月三届七次全委会选举李晨为副主席。

第四次代表大会　2002年12月17日召开。大会选出市财贸工会第四届委员会委员23名,常委9名。四届一次全委会选举李晨、王有富为副主席。大会同时选出王有富为市财贸工会经费审查委员会主任。2007年12月四届六次全委会选举李晨为主席,增选王春勤为副主席。

第五次代表大会　2007年12月25日召开。会议选出市财贸工会第四届委员会委员23名,常委9名。五届一次全委会选举李晨为主席，王有富、王春勤为副主席。会议同时选出王有富为市财贸工会经费审查委员会主任。

第二节　中国教育工会嘉兴市委员会

概况

1984年8月成立嘉兴市总工会教育工作委员会,代行嘉兴市教育工会工作。1986年11月26日召开嘉兴市教育工会第一次代表大会,大会选举王泽仁为主席。

1991年，市教育工会有直属基层工会38个,会员3054人。至2010年年底直属基层工会25个，会员2950人，其中民办学校工会6个,会员1021人。

市教育工会2002年7月前为驻会产业工会,2002年7月18日后搬入市教育局办公,2010年10月1日起随市教育局迁址至广益路526号。

代表大会

1991年-2010年,市教育工会共召开四次代表大会。

第二次代表大会　1993年5月6日召开。二届一次全委会选举朱益民为主席,王绪中为副主席。选举徐宝奎为经费审查委员会主任。1997年5月二届六次全委会选举胡雪舜为主席。

第三次代表大会　1998年5月27日召开。三届一次全委会选举王兆明为主席,王绪中为副主席。选举许平安为经费审查委员会主任。2001年2月三届四次全委会选举周重林为副主席。

第四次代表大会　2003年6月19日召开。四届一次全委会选举王兆明为主席,周重林为副主席,选举许平安为经费审查委员会主任。2005年10月四届四次全委会选举沈小平为副主席。2007年3月四届七次经费审查委员会选举钱欣为经审会主任。

第五次代表大会　2008年11月1日召开。五届一次全委会选举赵阿发为主席,沈小平为副主席,选举钱欣为经费审查委员会主任。

第三节　嘉兴市直属机关工会工作委员会

嘉兴市市级机关工会工作委员会于1988年12月由市总工会批复同意建立,时市级机关工会工作委员会暂由杨祝安、施巨先、李春晖、来永胜、唐金根等五人组成(空缺四人),杨祝安任主任,施巨先任副主任。

1994年12月张志宏任副主任。1999年8月唐之明任副主任。2002年12月调整市直属机关工会工作委员会,由许荣岐、唐之明、任勤、颜红光、盛付祥、凌雪根、王东洋、吕巧林、李培春9人组成,许荣岐任主任,唐之明任副主任。颜红光任经费审查委员会主任。2004年10月许荣岐任主任,阮宝泉任副主任。2009年9月庄正祥任副主任。

至2010年,市直属机关工会工作委员会下属基层工会69个，会员4518人。

第四节 嘉兴市建设系统工会联合会

概况

嘉兴市建设系统工会联合会成立于1990年8月。建设系统工会第一次代表大会于1990年8月25日召开,代表33人。首届工会委员会由王杜林等16名委员组成,王杜林任主席,陈林福任副主席,严家斌任经审委主任,赵桂凤任秘书长。所属基层工会14家,会员3759人。办公地点位于嘉兴市中山东路1135号原市建委办公大楼内。

2010年,市建设系统工会联合会所属基层工会21家,会员1870人。2003年12月办公地点搬迁至嘉兴市花园路616号市建委3号楼。

代表大会

1991年–2010年,市建设系统工会联合会共召开三次代表大会。

第二次代表大会 1995年9月22日召开。所属21家基层工会为成员单位,参加代表大会代表33人。建设系统工会联合会第二届委员会由王杜林等21名委员组成,王杜林任主席,陈林福、赵桂凤任副主席,严家斌任经审会主任。1999年5月增补贾剑培为常务副主席。

第三次代表大会 2001年1月17日召开。所属29家基层工会为成员单位,参加代表大会代表34人。建设系统第三届委员会由姚金明等34名委员组成,姚金明任主席,贾剑培任常务副主席,查建祥任经审会主任。2003年4月增补张玉升、秦彬为副主席。

第四次代表大会 2006年5月30日召开。所属22家基层工会为成员单位,参加代表大会代表34人。建设系统工会联合会第四届委员会由刘福民等32名委员组成,刘福民任主席,查建祥、张玉升、秦彬任副主席,查建祥兼任经审会主任,贾剑培任秘书长。2009年4月增补龚维鉴、李文智为副主席。

第五节 嘉兴市交通工会联合会

概况

嘉兴市交通工会联合会建立于1990年。是年7月13日召开交通工会联合会第一次代表大会,一届一次全委会选举茆水山为主席,董长战、倪中伟(兼)为副主席。冯炳海任经审会主任。1992年9月请示市编委批复市交通工会联合会正式事业编制2人。

办公所在地为中山东路1005号交通大楼4楼。2010年市交通系统(本级)有基层工会12家,会员776人。

代表大会

1991年–2010年,市交通工会联合会共召开五次代表大会。

第二次代表大会 1993年6月3日召开。第二届交通工会联合会有委员18人组成。二届一次全委会选举茆水山为主席,黄光洪、王伯民(兼)为副主席。冯炳海为经审会主任。

第三次代表大会 1998年11月4日召开。三届一次全委会选举茆水山为主席,寿楚林、孙郎才(兼)为副主席。冯炳海为经审会主任。

第四次代表大会　2002年3月27日召开。第四届交通工会联合会有委员13人组成,四届一次全委会选举洪国良为主席,王国华、庄加模(兼)为副主席。冯炳海为经审会主任。

第五次代表大会　2005年12月9日召开。第五届交通工会联合会有委员16人组成,五届一次全委会选举洪国良为主席,陈虹为副主席。冯炳海为经审会主任。

第六次代表大会　2008年4月13日召开。六届一次全委会选举洪国良为主席,郭林园为副主席。花屹为经审会主任。

第六节　嘉兴市卫生系统工会联合会

概况

嘉兴市卫生系统工会联合会成立于1990年7月,詹嘉树为主席,副主席为吴建英。秘书长郑遂明。1991年基层工会11个,会员2500人。2010年有基层工会11个,会员4200人。市卫生系统工会联合会办公地址为文桥路486号。

代表大会

1991年-2010年,市卫生系统工会联合会共召开三次代表大会。

第二次代表大会　1997年10月7日召开。二届一次全委会选举詹嘉树为主席,吴建英为副主席。12月聘李美华为秘书长。

第三次代表大会　2002年7月18日召开。三届一次全委会选举严吉丹为主席,吴建英为副主席。9月聘李美华为秘书长。

第四次代表大会　2009年4月23日召开。四届一次全委会选举陈其根为主席,王卫忠为秘书长。

第七节　嘉兴市烟草工会委员会

概况

嘉兴市烟草工会委员会前身为嘉兴市烟草专卖局工会工作委员会,成立于1996年12月。1996年有基层工会6个,分工会3个,会员273人。2010年年底有机关、营销、专卖、配送、嘉善、平湖、海盐、海宁、桐乡9个分工会,会员857人。驻会地点在市烟草专卖局内(常秀街81号)。

代表大会

第一次代表大会　1996年12月31日召开。大会选举6人组成委员会,一届一次全委会选举罗祥先为主席,张建兴为副主席。程俊伟任经审会主任。

第二次代表大会　2003年4月12日召开。第二届嘉兴市烟草专卖局工会工作委员会由6人组成,罗祥先任主任,张建兴任副主任。宋玮为经审会主任。

第三次代表大会　2005年11月14日召开。三届全委会由6人组成,选举龙青雯为主席,张建兴为副主席,朱启尧为经审会主任。

第一次代表大会(调整后)　因行业工会管理体制调整,嘉兴市烟草专卖局工会工作委员会更名为嘉兴市烟草工会委员会。2009 年 4 月 29 日召开调整后第一次工会代表大会。大会选举 9 人为工会委员会委员。调整后首届工会全委会一次会议选举龙青雯为主任，张建兴为副主任。朱启尧为经审会主任。

第八节　嘉兴市私营企业工会工作委员会

嘉兴市私营企业工会工作委员会于 1997 年 12 月由市总工会批复同意建立,1998 年 2 月 20 日召开成立大会。市私营企业工会工作委员会由 9 人组成,周清生任主任,陈如季、胡耿农任副主任,沈正清任秘书长,驻会市工商局。

2002 年 10 月张志刚任副主任兼秘书长。2006 年 2 月王世平任主任。至 2010 年,市私营企业工会工作委员会下辖经济开发区私企联合工会、嘉兴港区私企联合工会。企业独立组建工会 40 家,涵盖私营企业 1600 余家,会员 2.12 万人,其中农民工会员 4128 人。

第九节　市属企业工会工作委员会

1991 年,市总工会有直属基层工会 91 家。2002 年 3 月,为加强对市直属基层工会管理，扩大基层工会间工作交流,市总工会对直接管理的 116 家基层工会,按照行业相对相近原则分为 7 个网片组。网片组设组长、副组长单位各一个,由协商推荐产生或由上级工会确定,任期二年,可连选连任。

2003 年 5 月,市编委同意新建嘉兴市市属企业工会工作委员会（驻会）。2004 年 3 月,杨平杰任嘉兴市直属企业工会工作委员会主任。

至 2010 年年底，市总工会有直属基层工会 97 家。其中工会联合会 7 家,联合会下属工会 47 家。会员 5232 人。

第十节　其他产业(系统、行业)工会

嘉兴市化学建材工业工会联合会

嘉兴市化学建材工业工会联合会于 1989 年 12 月 30 日成立，主席马志安,副主席曹亚夫。下属基层工会有化肥厂工会、化工厂工会、农药厂工会、化工四厂工会、精细化工厂工会等。1999 年 11 月，鉴于市工业产业结构整体方案调整中撤销市化工建材公司,市总工会发文撤销市化建工会联合会。

嘉兴市纺织工会联合会

嘉兴市纺织工会联合会成立于 1991 年 9 月 4 日,主席吴兴根,副主席杨平杰,秘书长单金梅。下属基层工会有毛纺总厂工会、第二毛纺织厂工会、第四毛纺织厂工会、第五毛纺织厂工会、服装总厂工会、南湖布厂工会、禾欣实业股份有限公司工会、棉纺厂工会、毛条厂工会、轻纺助剂厂工会、富兴服装厂工会、王店砖瓦厂工会等。1999 年

11 月，鉴于市工业产业结构整体方案调整中撤销市纺织工业局,市总工会发文撤销市纺织工会联合会。

中国金融工会嘉兴市工作委员会

1994 年 5 月，中国金融工会浙江省工作委员会批复同意组建中国金融工会浙江省嘉兴市工作委员会。6 月召开首届一次全委(扩大)会议。首届嘉兴市金融工会工作委员会主任由时任市人民银行副行长张向明兼任,1999 年 6 月调整为时任市人民银行副行长娄荣民兼任。嘉兴市金融工会受市人民银行党组、省金融工会和市总工会领导,以市人民银行党组领导为主,办事机构设在市人民银行。2000 年有 14 家基层工会组织,会员 2541 人。2002 年 5 月,中央金融工委、全国总工会调整中国金融工会领导体制,根据省金融工会工作安排,嘉兴市金融工会以及所辖各县(市)金融工会撤销。

嘉兴市二轻工会联合会

1989 年 10 月,中共嘉兴市二轻工业公司委员会决定建立市二轻工业公司系统工会筹建小组，由陈龙卿任组长。其下辖范围为嘉兴城区二轻企业工会及嘉兴轻工机械厂(王店)、嘉兴冰箱厂(新塍)工会。计有基层工会 26 个,职工总数 7225 人,会员 7004 人。1992 年 1 月,市总工会批复同意成立市二轻工会联合会,主席仲阿毛,副主席张志东、唐一鸣,秘书长王晓明。2002 年 8 月,市二轻工业总公司并入嘉兴市实业资产经营有限公司(保留嘉兴市二轻工业合作联社)。同年 12 月,经市总工会批复,建立嘉兴市二轻工业合作联社工会第一届委员会。2003 年 5 月,经市编委同意,撤销嘉兴市二轻工会联合会。

嘉兴市物资工会联合会

嘉兴市物资工会联合会于 1990 年 11 月 27 日成立,主席陈贻萱,副主席张友兴。2000 年有市燃料总公司工会、市金属材料总公司工会、市物资局机关工会、市农业机械总公司工会、市化工轻工材料总公司工会、市物资产业总公司工会、市机电设备总公司工会、市物液燃气有限公司工会、市木材总公司工会、市物资再生利用总工司工会 10 个基层工会，职工 589 人，会员 532 人。2003 年 5 月，市编委同意撤销嘉兴市物资工会联合会。

第四章　开发区总工会

第一节　嘉兴经济技术开发区、嘉兴国际商务区总工会

概况

嘉兴经济开发区总工会成立于2007年5月,前身为嘉兴经济开发区工会工作委员会。嘉兴经济开发区工会工作委员会成立于2002年12月23日，主任朱永明,副主任冯秋文、朱甫荣、陈金康。2010年3月开发区被国务院批准升级为国家级经济技术开发区,并与创建于2010年1月的嘉兴国际商务区合署,“嘉兴经济开发区总工会”更名为“嘉兴经济技术开发区、嘉兴国际商务区总工会”。

2010年，嘉兴经济技术开发区、嘉兴国际商务区总工会辖城南、嘉北、塘汇、长水四个街道总工会,177个基层工会,其中独立工会160个,工会联合会17个(覆盖136家单位),会员3.07万人。

嘉兴经济技术开发区、嘉兴国际商务区总工会办公地点在嘉兴市东升西路1号开发区行政中心内。

代表大会

2007年10月12日召开嘉兴经济开发区工会第一次代表大会。正式代表52名,列席代表24名。大会选举产生第一届委员会委员19名,常委5名,丁永夫为主席,黄文生为常务副主席,肖永刚为副主席。2009年7月选举王申峰为主席,丁力为副主席。2010年9月选举叶伟达为主席，顾建琴为常务副主席，高川红为副主席。

第二节　嘉兴港区总工会

概况

嘉兴港区总工会成立于2008年1月,前身为市总工会乍浦开发工作委员会及嘉兴港区工会工作委员会。市总工会乍浦开发工作委员会成立于1998年12月,主任洪国平,副主任林家蓉。嘉兴港区工会工作委员会成立于2002年10月,主任吴水龙,副主任陈付林、林家蓉。

2008年1月,嘉兴港区总工会有基层组织70家,会员2.36万人。2010年港区总工会辖乍浦镇总工会。基层工会95个,会员3万人。

嘉兴港区总工会驻嘉兴港区东方大道1号港区管委会办公大楼内。

代表大会

2008年4月9日召开嘉兴港区

工会第一次代表大会。正式代表 61 名，选举产生嘉兴港区总工会第一届委员会委员 15 人，常委 7 人，朱立为主席，全明华、王国炎(兼)、姚水华(兼)为副主席。2008 年 7 月选举陆燕雯为副主席。

第二篇　重要会议

第一章　嘉兴市工会代表大会

1989年–2010年，嘉兴市工会举行过5次代表大会，选举产生5届嘉兴市总工会委员会和经费审查委员会。

第一节　第二次代表大会

会议概况

前志载：嘉兴市工会第二次代表大会于1989年7月26日在市工人文化宫影剧场召开。大会有400名正式代表，代表全市28.6万工会会员。20名邀请代表和53名列席代表参加大会。

邵美温代表市总工会第一届委员会向大会作题为《认真贯彻党的十三届四中全会精神，充分发挥工人阶级的主力军作用》的工作报告；陈民鑑代表市总工会第一届委员会向大会作财务工作报告；卞瀛生代表市总工会第一届经费审查委员会向大会作经费审查工作报告。

大会选举产生市总工会第二届委员会委员43人。二届一次全委会选举谭春晓、邵美温、孙陵、许琳、张元甫、张金妹、陈民鑑、陈如季、章柏年等9人为常务委员。谭春晓当选为主席，邵美温、孙陵当选为副主席。大会选举陈学康等9人为市总工会第二届经费审查委员会委员，陈学康为主任，陆福生为副主任。

第二届全体委员会议

二届三次全委（扩大）会议　1991年1月28日–30日召开。会议学习贯彻中共十三届七中全会精神，回顾总结1990年工作，部署安排1991年工作。市总工会主席谭春晓代表常委会作工作报告。市委常委、秘书长毛雪龙到会并讲话。

二届四次全委（扩大）会议　1992年1月24日–25日召开。会议传达市委二届五次全会扩大会议和省总九届五次委员扩大会议精神，总结1991年全市工会工作，讨论确定1992年工作任务。会议替补陈爱昌、王伯民、朱善基、王海、刘忠德、周绍基为市总工会二届委员会委员。市委副书记丁师尹到会并讲话。

二届五次全委(扩大)会议 1992年8月3日–4日召开。嘉兴制丝针织联合厂等10家企业工会介绍在搞活大中型企业中发挥工会作用,动员和组织职工提高企业经济效益和推进改革的经验。市总工会主席谭春晓代表常委会作工作报告。市委副书记丁师尹到会并讲话。

二届六次全委(扩大)会议 1993年1月8日召开。市总工会主席谭春晓代表常委会作工作报告。会议替补方儒林、朱雪春为市总工会二届委员会委员。增选陈长庆为市总工会二届委员会委员、常委、副主席。市委副书记高明光到会并讲话。

二届七次全委(扩大)会议 1993年6月24日–25日召开。会议回顾总结上半年工作,部署下半年主要任务。会议协商推选产生谭春晓等15名出席省工会代表会议代表。替补曾月桂为市总工会二届委员会委员。市委副书记高明光、副市长姚金林到会并讲话。

二届八次全委(扩大)会议 1993年12月28日召开。市总工会主席谭春晓代表常委会作工作报告。市委副书记夏益昌到会讲话,副市长姚金林作经济形势报告。因工作需要调任,会议免去邵美温市总工会副主席、常委、委员职务。替补王柏铄为市总工会二届委员会委员。

二届九次全委(扩大)会议 1994年7月29日–30日召开。市总工会主席谭春晓作工作报告。副市长姚金林作经济形势报告。

二届十次全体委员会议 1994年9月29日召开。会议讨论市工会第二届委员会工作报告、财务工作报告、经费审查委员会工作报告,同意将这三个报告提交市工会第三次代表大会审议。

二届十一次全体委员会议 1995年1月13日召开。市总工会党组书记卢苗法出席会议。市总工会主席谭春晓作工作报告。市委副书记夏益昌到会讲话。

第二节 第三次代表大会

嘉兴市工会第三次代表大会于1995年2月21日–23日在中山电影院举行。正式代表417名、特邀代表20名,列席代表30名。市党、政、军、人大和政协领导王国平、夏益昌、毛雪龙、凌龙飞、张汉臣、徐良骥、杨荣华、傅阿伍、沈子松、沈雪康、赵冰、姚金林、陈莉贤出席大会开幕式。全国政协委员、省总工会顾问赵景棠,省总工会副主席娄有生,杭州、宁波、温州等市总工会领导参加大会。市委副书记夏益昌、省总工会副主席娄有生作讲话。谭春晓代表市总工会第二届委员会作题为《发挥工人阶级主力军作用,为夺取嘉兴现代化建设胜利而奋斗》的工作报告。陈长庆作财务工作报告,王存梅作经费审查工作报告。

大会以差额无记名投票办法选举产生嘉兴市总工会第三届委员会;以等额无记名投票办法选举产生市总工会第三届经费审查委员会。

代表概况

417名正式代表来自全市五县(市)、二区、十一个产业和市直属44个基层工会,代表全市32万多会员。代表中有各级工会干部257名,占61.6%;科技和管理人员66人,占15.8%;生产一线和先进劳模70人,占16.8%;各级党政领导24人,占5.8%。代表中中共党员352人,占84.4%;群众65人,占15.6%。年龄在35周岁以下的青年代表65名,占15.6%;女代表65名,占15.6%。代表中还有一定数量少数民族和台湾籍会员代表。

第三届委员会委员(43名 按姓氏笔画为序)

丁伟民、马菊萍(女)、王海、王文友、王存梅(女)、王纪棠、王胜良、王柏铄、方建华、卢苗法、朱益民、朱雪春、刘庆成、许建新、孙陵、孙郎才、杨祝安、李明、李莲英(女)、吴来宝、吴建英(女)、闵智根、沈荣法、沈思熙、张元甫、张向民、张金妹(女)、张建荣、陈长庆、陈如季、陈金龙、陈贻萱、茆水山、金莲珠(女)、周月昌、周群英(女)、钱佩芳(女)、徐宝奎、郭三龙、章柏年、章梅仙(女)、曾月桂、潘嘉荣(女)

第三届经费审查委员会委员(9名 按姓氏笔画为序)

王存梅(女)、甘凤英(女)、朱国仁、马剑生、卓钰初、俞行天、唐一鸣、高丽娜(女)、蒋福宝(女)

第三届全体委员会议

三届一次全体委员会议 1995年2月23日召开。会议选举丁伟民、王存梅、卢苗法、孙陵、张元甫、张金妹、陈长庆、陈如季、潘嘉荣等9人为三届委员会常务委员;选举卢苗法为主席,孙陵、陈长庆、张元甫、潘嘉荣为副主席。三届经费审查委员会选举王存梅为主任。

三届二次全委(扩大)会议 1995年8月18日召开。市总工会主席卢苗法代表常委会作上半年工作回顾和下半年工作部署。会议替补陆福生为经费审查委员会委员。

三届三次全委(扩大)会议 1996年1月26日–27日召开。市总工会主席卢苗法代表常委会作工作报告,经审会主任王存梅作经审工作报告。会议通过为发展嘉兴经济建功立业的决定。市委副书记夏益昌到会讲话。

三届四次全委(扩大)会议 1996年6月27日召开。市总工会主席卢苗法作题为《认清形势,统一思想,知难而进,坚持不懈,确保今年工会重点工作的顺利完成》的报告。会议通过张元甫因工作变动免去其市总工会三届委员会副主席、常委、委员的决议。

三届五次全委(扩大)会议 1997年1月30日召开。会议回顾总结1996年工会工作,研究部署1997年工作。会议通过关于开展"学习刘雪珍,争当创业先锋,争做文明职工"活动的决定。会议替补李明、姚锦泉为市总工会三届委员。市委副书记毛雪龙、副市长姚金林到会讲话。

三届六次全委(扩大)会议 1998年1月12日召开。市总工会主席卢苗法代表常委会作工作报告,总结1997

年工作,部署1998年主要任务。王存梅作经审工作报告。会议替补胡雪舜、赵盈华、沈玉娟、娄荣民、叶万华为市总工会三届委员，陈伟宏为三届经审委员。市委副书记毛雪龙到会讲话。

三届七次全委(扩大)会议　1998年6月24日召开。会议通过民主协商选举产生出席省总工会代表会议代表13人。替补王兆明为市总工会三届委员,董德法为三届经审委员。

三届八次全委(扩大)会议　1999年1月15日召开。市总工会主席卢苗法代表常委会作工作报告。会议替补仲荣祥、王文建、平榕林、姚金明为市总工会三届委员,替补陆文仙为三届经审委员。市委副书记毛雪龙到会讲话。

三届九次全委(扩大)会议　1999年12月8日召开。会议讨论并原则通过市工会第四次代表大会工作报告。审议通过卢苗法、孙陵、潘嘉荣辞去原任职务,替补沈利华、张钰良、敖考权、徐海荣为市总工会第三届委员会委员。选举沈利华为市总工会主席，张钰良、敖考权为副主席。市委副书记毛雪龙、省总工会副主席陈定新到会讲话。

第三节　第四次代表大会

嘉兴市工会第四次代表大会于1999年12月23日-25日在中山影城召开。市委副书记、市长杨荣华,市委副书记毛雪龙,市委副书记李立定,市人大常委会主任许国桢,市委常委、宣传部部长沈子松,市委常委、纪委书记马光明,市委常委、组织部部长徐士珍,市委常委、秘书长寿剑刚,军分区司令员陈加小,市政协副主席朱干生等出席开幕式。市委副书记毛雪龙代表市委、市人大、市政府、市政协、嘉兴军分区向大会致祝词。省总工会主席张凤鸣代表省总工会向大会致祝词。

市总工会主席沈利华代表市总工会第三届委员会向大会作题为《把握新机遇,迎接新挑战,团结动员职工为实现嘉兴跨世纪历史任务而奋斗》的工作报告。王存梅代表市总工会第三届经费审查委员会作经审工作报告。

大会以无记名投票方式,差额选举产生市总工会第四届委员会。以等额无记名投票方式选举产生市总工会第四届经费审查委员会。

代表概况

420名代表来自全市五县（市)、二区、市十二个产业工会(联合会、工作委员会)和市直属54个基层工会,代表全市近30万会员。在代表中各级工会干部255名,占60.7%;生产一线和先进劳模99人,占23.6%;科技和管理人员45人，占10.7%；各级党政领导21人,占5.0%。代表中新经济组织工会代表61人,占14.5%;女代表121人,占28.8%;年龄在35周岁以下的青年代表71人,占16.9%。代表中中共党员354人,占84.3%;群众66人,占15.7%。从代表文化结构看,大专以上214人,占51%;中专(高中)147人,占35.0%;初中以下59人,占14.0%。代表中还有一定数量的少数民族和归国华侨会员代表。

第四届委员会委员（43名 按姓氏笔画为序）

丁伟民、王文建、王兆明、王柏锛、平榕林、冯琪钰（女）、仲荣祥、刘庆成、许建新、李明（嘉善）、李明（平湖）、杨平杰、杨祝安、吴勇、吴伟达、沈禾丰、沈玉娟（女）、沈利华（女）、沈陈良、沈昌松、沈炳章、沈剑萍（女）、张如山、张志东、张建荣、张钰良、陈长庆、陈金龙、周启明、周留根、周清生、赵盈华（女）、胡宁、闻人庆（女）、娄荣民、洪国平、祝建其、姚金明、敖考权、徐海荣、章梅仙（女）、董德法、詹嘉树

第四届经费审查委员会委员（9名 按姓氏笔画为序）

孔俭、甘凤英（女）、向伟民、苏小宁（女）、陆文仙（女）、周玉林、俞行天、徐马甫、徐海荣

第四届全体委员会议

四届一次全体委员会议　1999年12月24日召开。会议以无记名投票方式差额选举丁伟民、沈禾丰、沈利华、沈陈良、张钰良、陈长庆、闻人庆、敖考权、徐海荣等9人为四届委员会常务委员。选举沈利华为主席，陈长庆、张钰良、敖考权为副主席。四届经费审查委员会选举徐海荣为主任，徐马甫为副主任。

四届二次全委（扩大）会议　2000年1月21日召开。会议学习贯彻市委四届四次全会和省总十一届三次全委会精神，回顾总结1999年工作，部署2000年任务。会议专题部署开展“学树创建迎”主题活动并通过相关决议。市委书记陈加元、副书记毛雪龙到会讲话。

四届三次全委（扩大）会议　2001年1月5日召开。会议回顾总结2000年工作，部署2001年工作任务。同时表彰工会工作先进单位和经济技术创新活动先进集体和标兵。会议替补俞建平为市总工会四届委员会委员，鲍继方为经审委员。省总工会副主席陶君毅、市委副书记毛雪龙出席会议并讲话。

四届四次全委（扩大）会议　2001年7月25日召开。市总工会主席沈利华作工作报告。省总工会副主席邬金水出席会议并讲话。会议同意免去敖考权市总工会四届委员会副主席、常委、委员职务，替补胡佳寅、杨建明、沈国峰为市总工会四届委员会委员。

四届五次全委（扩大）会议　2002年1月10日召开。会议表彰2001年工会重点工作考核先进单位。市总工会主席沈利华作题为《以“三个代表”重要思想为统揽，在突出维护服务全局中奋发有为创新业》的工作报告。会议通过《深入开展经济技术创新活动的决定》。会议增补杨平杰为市总工会四届委员会常委，替补干海明、宋有林为市总工会四届委员会委员。市委副书记毛雪龙出席会议并讲话。

四届六次全委（扩大）会议　2002年7月12日召开。市总工会主席沈利华总结上半年工作，对下半年工作提出要求。会议补选葛跃新为市总工会委员、常委、副主席。

四届七次全委（扩大）会议　2002

年12月26日召开。市总工会主席沈利华作题为《全面贯彻党的十六大精神，依法维护职工合法权益,动员全市职工为我市率先基本实现现代化而奋斗》的报告,决定2003年在全市职工中开展“实施职工素质工程,建设嘉兴小康社会”活动。会议替补许荣岐、严吉丹、洪国良、朱永明、罗祥先、李晨、陈国荣、沈建庭、富永明、刘俭、王建芬、胡志敏、方东军为市总工会第四届委员会委员。替补蒋云岚为第四届经审委员。市委副书记、纪委书记徐士珍出席会议并讲话。

四届八次全体委员会议　2003年6月11日召开。会议根据市委提名,补选邵建华为市总工会四届委员会常委、主席。审议通过“关于免去沈利华同志嘉兴市总工会第四届委员会主席、常委、委员职务”“关于免去沈玉娟同志嘉兴市总工会第四届委员会委员职务和邵建华、史丹夫等同志替补为嘉兴市总工会第四届委员会委员”“关于免去俞行天同志嘉兴市总工会第四届经费审查委员会委员和吴美芳同志替补为嘉兴市总工会第四届经费审查委员会委员”等三个决议。市委副书记徐士珍、省总工会副主席陈定新出席会议并讲话。

四届九次全委(扩大)会议　2004年2月16日召开。市总工会主席邵建华作题为《创新拓展,求真务实,为实现“富民强市”目标作出工会组织的新贡献》的报告。会议替补朱立、沈宏伟为市总工会四届委员。市委副书记徐士珍出席会议并讲话。

四届十次全委(扩大)会议　2004年10月28日召开。会议免去葛跃新市总工会副主席、常委、委员职务,替补王松林、曹正华为市总工会委员,金凤劼、黄云妹为经审会委员。选举徐海荣、王松林为市总工会四届委员会副主席。原则通过市总工会四届委员会工作报告。审议通过市工会第五次代表大会代表资格审查委员会名单等议程。

第四节　第五次代表大会

嘉兴市工会第五次代表大会于2004年11月29日–12月1日在中山影城召开。416名来自全市各地、各条战线的工会代表出席大会。

市委书记、市人大常委会主任黄坤明和省总工会副主席陈定新分别致祝词,市领导陈德荣、徐士珍、刘冬生、徐良骥、杨荣华、朱伟、蒋唯民到会祝贺。

邵建华代表市总工会第四届委员会作题为《凝聚力量,切实维权,强化服务,为推进党的诞生地经济社会发展新跨越建功立业》的工作报告。会议听取并审议市总工会第四届经费审查委员会工作报告、市总工会第四届委员会财务工作报告。

12月1日上午市工会第五次代表大会闭幕,市领导徐士珍、寿剑刚、敖文治、江最新等到会祝贺。

大会选举产生由邵建华等43名委员组成的嘉兴市总工会第五届委员会和由徐海荣等9名委员组成的嘉兴市

总工会第五届经费审查委员会。

代表概况

正式代表416名，来自全市五县(市)、二区、10个市产业(系统)工会和49个市属基层工会，代表全市58万多会员。各级工会干部267名，占64.18%；先进劳模和生产一线职工70名，占16.83%；科技和管理人员49名，占11.78；各级党政领导23名，占5.53%。大专及以上279人，占67.06%；中专(高中)110人，占26.44%；初中及以下27人，占6.49%。中共党员364人，占87.50%；非党群众42人，占10.10%。年龄35周岁以下的62人，占14.90%；非公有制企事业工会代表85名，占20.43%。女代表121人，占29.09%。还有一定数量少数民族代表。

第五届委员会委员（43名 按姓氏笔画为序）

干海明、方东军、王世平、王兆明、王建芬(女)、王松林、史丹夫、甘凤英(女)、刘剑(女)、朱立、朱永明、许荣岐、严吉丹、吴伟达、宋有林、张钰良、李晨、杜锦瑛(女)、杨平杰、杨建明、沈禾丰、沈宏伟、沈建庭、沈菊英(女)、邵建华(女)、邵喜玲(女)、陈玉林、陈国荣、陈振德、周建生、林友珍(女)、林国平、俞建平、姚金明、洪和根、洪国良、胡宁、胡志敏、胡佳寅(女)、徐建人、徐海荣、高红慧(女)、曹正华

第五届经费审查委员会委员（9名 按姓氏笔画为序）

向伟民、寿佳宝(女)、陆文仙(女)、金凤劼(女)、徐马甫、徐海荣、黄云妹(女)、储彬、鲍继方(女)

第五届全体委员会议

五届一次全体委员会议　2004年12月1日召开。会议以无记名投票方式差额选举邵建华、张钰良、徐海荣、王松林、沈禾丰、杨平杰、胡志敏、高红慧、杜锦瑛为五届委员会常务委员。选举邵建华为主席，张钰良、徐海荣、王松林为副主席。五届经费审查委员会选举徐海荣为主任，徐马甫为副主任。

五届二次全委(扩大)会议　2005年2月3日召开。会议回顾总结2004年工作，部署2005年工作任务。市总工会主席邵建华作题为《重创新，求深化，促提高，为嘉兴经济社会和谐发展作出工会组织的新贡献》的报告。市委副书记徐士珍到会讲话。

五届三次全委(扩大)会议　2006年2月10日召开。市总工会主席邵建华作题为《以党的十六届五中全会精神为指导，团结动员全市职工为实现"十一五"良好开局而奋斗》的报告。会议表彰2005年度工会重点工作考核先进单位和2005年度工会工作创新奖。市委副书记徐士珍到会讲话。

五届四次全委(扩大)会议　2007年2月1日召开。市总工会主席邵建华作题为《服务大局，履行职责，为构建和谐嘉兴作出工会组织的新贡献》的报告。会议替补王瑞英、刘福民、张引华、郁根明、程翔为市总工会五届委员会委员。市委副书记徐士珍到会讲话。

五届五次全体委员会议　2007年11月29日召开。会议选举张心桥为市

总工会第五届委员会委员、常委、副主席,免去徐海荣市总工会第五届委员会副主席、常委、委员和五届经费审查委员会主任职务。市政协副主席、市总工会主席邵建华就深入学习贯彻党的十七大精神和加强工会自身建设讲话。

五届六次全委(扩大)会议 2008年1月30日召开。会议学习传达贯彻市委六届四次全体会议精神和市委领导对群团工作指示精神,回顾总结2007年工作,部署2008年工作任务。市政协副主席、市总工会主席邵建华作题为《发展和谐劳动关系,争当创业创新先锋,动员广大职工为我市经济社会又好又快发展建功立业》的工作报告。会议增补陆建良、胡建新为市总工会五届委员会委员,市总经审会第八次全体会议选举沈禾丰为经审会主任。

五届七次全委(扩大)会议 2009年2月6日召开。会议学习传达中国工会十五大和市委六届六次全委(扩大)会议精神,回顾总结2008年工作,部署2009年工作任务。市政协副主席、市总工会主席邵建华作题为《坚定信心,凝心聚力,团结动员广大职工为嘉兴经济社会又好又快发展建功立业》的工作报告。会议替补赵阿发、杨晓东、朱士良、吴云飞、沈永良、张明松为市总工会第五届委员会委员,徐建章为五届经费审查委员会委员。

五届八次全体委员会议 2009年7月24日召开。会议总结回顾上半年工作,部署下半年工作。会议增选沈盛为市总工会五届委员、常委、副主席。替补王申峰、陈其根、韩福根为市总工会五届委员会委员。

五届九次全委(扩大)会议 2009年12月7日召开。会议审议通过市工会第六次代表大会代表资格审查委员会组成人选方案、市工会第六次代表大会议程、市工会第六次代表大会工作报告(征求意见稿)。会议增选周春锋为市总工会五届委员、常委、副主席。免去张钰良、王松林市总工会第五届委员会副主席、常委、委员职务。替补姚莉莉、王金法、沈海良为市总工会第五届委员会委员,浦似石为五届经费审查委员会委员。

第五节 第六次代表大会

嘉兴市工会第六次代表大会于2009年12月10日-12日在嘉兴大剧院召开。来自全市各地、各条战线的428名代表出席大会。省总工会党组书记、常务副主席金长征,市领导陈德荣、徐士珍、刘冬生、武亮靓、梁群、张志伟、邵建华等出席大会。市政协副主席、市总工会主席邵建华代表市总工会第五届委员会作题为《立足新起点,开创新局面,团结动员全市职工为推进嘉兴科学发展再立新功》的工作报告。市总工会经费审查委员会主任沈禾丰代表市总工会第五届经费审查委员会作经费审查工作报告。

省总工会党组书记、常务副主席金长征致辞。市委书记陈德荣讲话。市委副书记鲁俊,市委常委、常务副市长裘东耀，市人大常委会副主任徐生荣出席闭幕式。

大会选举产生新一届市总工会领导机构。

代表概况

正式代表428名，来自全市五县(市)、二区、10个市产业(系统)工会和50个市属基层工会,代表全市111万多会员。代表中各级工会干部271名,占63.32%；先进劳模和生产一线职工61名,占14.25%;科技和管理人员66名,占15.42%；各级党政领导29名,占6.78%。大专及以上337人,占78.73%,其中研究生18名;中专(高中)71人,占16.58%;初中及以下20人,占4.67%。中共党员363人,占84.81%;共青团员11人，占2.57%；民主党派4人,占0.93%;非党群众50人,占11.68%。年龄35周岁以下71人,占16.58%;36-45岁149名,占34.81%;46-55岁170名,占39.71%;56岁以上38名，占8.87%。非公有制企事业工会代表111名,占25.93%;农民工代表18名,占4.2%。女代表132人,占30.84%。代表中还有少数民族代表。

第六届委员会委员（45名按姓氏笔画为序）

干海明、方东军、王申峰(女)、王伟强、王金法、龙青雯(女)、刘福民、朱立、朱宏、朱士良、许荣岐、许海云(女)、吴云飞、宋俞芬（女)、张引华(女)、张心桥、张明松、李晨、李国庆、杜锦瑛(女)、杨晓东、沈盛、沈禾丰、沈昌松、沈海良、邵建华(女)、陆建良、陆爱琪(女)、陈卫强、陈加青、陈其根、陈国荣、周建生、周春锋、俞引芬(女)、姚莉莉(女)、洪国良、胡宁、胡志敏、胡佳寅(女)、胡建新、徐海英(女)、高红慧(女)、章金春、韩福根

第六届经费审查委员会委员(11名按姓氏笔画为序)

马云梅(女)、王应有、王建芬(女)、吕浩、沈禾丰、金风劼(女)、赵守荣、徐建章、浦似石、钱玲(女)、储彬

第六届全体委员会议

六届一次全体委员会议　2009年12月12日召开。会议以无记名投票方式差额选举邵建华、张心桥、沈盛、周春锋、沈禾丰、胡志敏、高红慧、杜锦瑛、方东军、李晨、陈加青为六届委员会常务委员。选举邵建华为市总工会主席,张心桥、沈盛、周春锋为副主席。六届经费审查委员会选举沈禾丰为主任,吕浩为副主任。

第二章　嘉兴市工会代表会议

1991年–2010年,嘉兴市工会共举行四次代表会议。四次工会代表会议主要任务均为选举产生嘉兴市出席浙江省工会代表大会代表。

1992年8月29日召开嘉兴市工会代表会议。来自五县(市)二区及市各产业(系统)和市直属基层工会的130名代表经过差额无记名投票方法,选举产生嘉兴市出席浙江省工会第十次代表大会62名正式代表。

1997年8月20日召开嘉兴市工会代表会议。来自五县(市)二区及各产业(系统)和市直属基层工会的93名代表经过差额无记名投票方法,选举产生嘉兴市出席浙江省工会第十一次代表大会50名代表。

2003年2月26日召开嘉兴市工会代表会议。来自各县(市、区)、产业(系统)和市直属基层工会的82名代表经过差额无记名投票,选举产生嘉兴市出席浙江省工会第十二次代表大会44名正式代表。

2008年2月28日召开嘉兴市工会代表会议。市总工会五届委员、经审会委员,不是五届委员的各产业(系统)工会负责人和部分直属基层工会主席参加代表会议。会议选举产生嘉兴市出席浙江省工会第十三次代表大会52名正式代表。

嘉兴市出席浙江省工会第十次代表大会代表名单(62名 按姓氏笔画为序)

王存梅(女)、王兴和、王自强、王胜良、王晓雄、王绪中、毛亚萍(女)、方建华、邓炳堂、吕志江、朱冬梅(女)、朱学芬(女)、朱雪春、朱景帆、许琳(女)、华君(女)、刘庆成、阮红玲、严海雄、杨洪福、杨祝安、李明、李桂澄、吴敏康、闵智根、沈竹洲、沈思熙、沈海鹰、张如山、张沈良、张甫明、张金妹(女)、张德基、陆德荣、陈如季、陈贻萱、陈爱昌、金宝水、季荣兴、周月昌、周燕中、郑玲玲(女)、赵桂凤(女)、赵群、钟亚琴(女)、施炳雅、费克超、钱学洪、钱跃莉(女)、徐美芬(女)、徐菊君(女)、高建英(女)、高金其、唐公琰、唐雅南(女)、曹亚夫、章子良、章梅仙(女)、董长战、傅宝龙、詹嘉树、谭春晓

嘉兴市出席浙江省工会第十一次代表大会代表名单(50名 按姓氏笔画为序)

丁月芬(女)、王存梅(女)、王柏铄、王洪德(女)、平榕林、卢苗法、朱雪珍(女)、刘庆成、刘雪珍(女)、许建新、杨祝安、杨恩明、来乐春、李明、李正开、李

建凤(女)、李剑英、李莲英(女)、李桂澄、吴伟达、邱建飞、沈玉娟(女)、沈竹洲、沈炳章、沈思熙、汪亚非(女)、张凤英(女)、张沈良、张金妹(女)、张思奇(女)、张雪华、陆致远、陆跃良、陈如季、陈金龙、金连珠(女)、周桂明(女)、赵盈华(女)、钟秀凤(女)、俞行天、姜伟东、顾雪英(女)、钱欣、钱仕华(女)、章子良、章梅仙(女)、韩云程、傅宝龙、曾光陵、詹嘉树

嘉兴市出席浙江省工会第十二次代表大会代表名单 (44名 按姓氏笔画为序)

干海明、马克俭、王文初、王国华、王建芬(女)、王晓雄、王铭魁、王影燕(女)、史丹夫、刘振涛、刘智跃、许荣岐、李明、李晨、朱萍(女)、沈守贤、沈利华(女)、宋有林、杜凌珍(女)、严吉丹、吴伟达、吴敏康、陈长庆、陈振德、林国平、周国民、周重林、周效奎、周清生、张文华、胡志敏、胡佳寅(女)、赵盈华(女)、钟晓梅(女)、陶君毅、钱凤英(女)、钱亚娟(女)、钱志钰、徐红(女)、徐建人、徐海荣、贾剑培(女)、富永明、谢兆林

嘉兴市出席浙江省工会第十三次代表大会代表名单 (52名 按姓氏笔画为序)

干海明、马克俭、王伟强、王瑞英(女)、史丹夫、叶菊明、田建伟、刘锐锋、刘福民、朱屹峰、许荣岐、吴伟达、宋有林、宋俞芬(女)、张引华(女)、张伟萍(女)、张钰良、李晨、李太杭、沈旸、沈小平(女)、沈禾丰、沈守贤、沈忠杰、邵建华(女)、陆木兴、陆建良、陈微(女)、陈国荣、陈祥龙、陈培芳 (女)、陈惠珍(女)、周建生、郑明、金长征(女)、姚伟、洪国良、胡佳寅(女)、胡建新、钟张明、倪琦根、徐建根、钱锋、高宜海、曹小芬(女)、曹正华、盛伟民、黄文生、蒋利娟(女)、谢兆林、蔡杰、潘民良

第三篇 职工队伍

第一章 职工身份转换

1991 年-2010 年,是嘉兴从传统计划经济向社会主义市场经济转轨的重要时期。全市职工队伍经历改革阵痛,与时俱进,以新的姿态在嘉兴经济社会发展中发挥主力军作用。

第一节 全员劳动合同制

1991 年,按照浙江省《关于深化企业劳动用工和分配制度改革试点若干政策意见》精神,嘉兴航空箱包厂、嘉兴制丝针织联合厂列入省试点,深化企业劳动用工制度改革,落实企业用工自主权。1992 年,嘉兴市结合国有企业转换经营机制开始试行全员劳动合同制。从 1993 年开始,嘉兴部分国有企业开展以“破三铁”为目标的企业劳动、人事、分配改革。在劳动用工制度改革方面,按市场化要求对企业用工进行动态管理,通过完善定员定额、以产定人,实施下岗分流、减员增效,全面推行全员劳动合同制,改变职工能进不能出状况。到年底,全市实行三项制度改革企业 80 家,职工 60427 人,其中实行全员劳动合同制企业 22 家,职工 24841 人;实行合同化管理企业 22 家,职工 13740 人;实行优化劳动组合企业 36 家,职工 21846 人。

1995 年 5 月,市人民政府办公室下发《转发市劳动局关于我市劳动合同制度实施意见的通知》,明确全市境内凡属于《中华人民共和国劳动法》适用范围的,用人单位和劳动者新建立劳动关系的,从现在起,都必须依法订立劳动合同。城镇各类企业和个体经济组织,以及属于《中华人民共和国劳动法》适用范围,原来尚未订立劳动合同的劳动关系双方(包括大中专技校毕业生、复员退伍军人、军队转业干部、退役运动员以及新调入的人员)、乡村企业和地处农村的私营企业、个体经济组织、应在一定期限内实行。到 10 月底,全市实行劳动合同制企业 125 家,职工 3.1 万人;正在实行之中 178 家,职工 4.8 万人。进展较快的轻工、机械、供销、化建、商业、外经、物资等系统普遍实行劳动合同制度。12月,市劳动局、市计划委员会、市经济委员会、市总工会联合下发《关于加快全面实行劳动合同制度的通知》,要求实行劳动合同制度进展较慢的企业要围绕《中华人民共和国劳动法》贯彻落实,加快实行劳动合同制度进程。

1996年5月,市劳动局下发《关于乡镇企业、私营企业、个体经济组织实行劳动合同制的通知》,明确实行劳动合同制的范围是:在我市行政区域内的乡镇企业、私营企业、个体经济组织、股份合作制企业、与乡镇合营、合作的企业。实行劳动合同制的对象为:企业全部在职职工。包括企业管理人员、三个月以上的临时工、招聘人员;新招(聘)职工。包括大中专、技校毕业生,复员退伍军人和从社会上招(聘)的人员。还明确实行劳动合同制的具体事项(包括劳动合同的签订、变更、解除)和有关事项。

1997年9月,市劳动局、市总工会发文,提出规范集体合同处理意见。明确企业改制后为使原企业职工平稳过渡,原有企业与职工签订的劳动合同应保持连续性,若需修改部分条款应在平等自愿协商一致的基础上进行。劳动者无正当理由不得随意与企业解除劳动关系,企业不得以改制为由借机辞退职工。企业改制后职工在本企业工龄应连续计算。

2005年9月,全市加强建设等行业农民工劳动合同管理,重点督促建设等行业用人单位严格按照《中华人民共和国劳动法》要求,依法与农民工本人签订劳动合同。

截至2010年年末,全市37785家企业1378926名职工,签订劳动合同1360066人,签订率98.6%。

第二节 下岗再就业

20世纪90年代中期,国有和城镇集体企业改制进入攻坚阶段。1993年12月2日,嘉兴首家破产企业嘉兴工艺美术厂破产。1995年,针对下岗失业人员日渐增多,嘉兴市建立再就业工作领导小组,出台《嘉兴市实施再就业工程试行意见》,通过职业指导、转业训练、兴办生产自救企业、鼓励自谋职业等方式帮助下岗失业人员实现再就业。1997年,嘉兴列为"优化资本结构"试点城市,全市首批列入优化资本结构试点21家企业,4家破产,10家兼并,7家减员增效。同年市政府出台《关于深入实施再就业工程若干意见》《再就业服务中心管理办法》等文件,进一步明确实施再就业工程的范围、对象以及目标任务,细化各项扶持政策,并开始核发下岗证。市解困和再就业工作领导小组还相继出台《关于印发〈再就业服务中心管理办法〉等三个文件的通知》和《关于颁布〈嘉兴市再就业服务中心操作规程〉的通知》等文件,明确细化对下岗失业人员,特别是国有企业下岗职工的分流安置办法。服务中心对破产企业下岗职工进行托管,提供介绍再就业、发放生活费、转业培训等各项服务。

同年7月，嘉兴市本级先行在纺织、机电行业组建再就业服务中心(以下简称“服务中心”)进行试点，各县(市、区)也相继建立服务中心。1998年，嘉兴市成立企业下岗职工基本生活保障和再就业工作领导小组。并进一步建立健全服务中心，加大转岗培训力度。全市有下岗职工的425家企业建立服务中心331个,其中144家有下岗职工的国有企业全部建立服务中心。市本级建立服务中心84个,45家有下岗职工的国有企业全部建立服务中心。全市各级服务中心共接纳下岗职工19255人，占下岗职工总数94.3%；其中市本级8703人,占下岗职工总数90.3%,

1998年,全市通过加强用工信息网络建设,定期举办招收破产解体、歇业企业下岗失业人员劳动力交流专场,通过政策引导,鼓励失业、下岗职工自谋职业或从事社区服务,当年安置失业人员23900名。

2000年,市政府就进一步做好国有企业改制中职工分流、再就业和基本生后保障工作发出通知，要求多渠道、多形式加快改制企业职工分流,依法维护职工合法权益；规范企业分流行为;规范企业再就业服务中心运作;积极促进下岗职工实现再就业;完善“三线(下岗职工基本生活费、失业保险金、城市居民最低生活保障金)”保障工作;深化劳动用工制度改革。文件还对“双缴双保”政策作出具体规定。至2001年年底,全市再就业服务中心由最高峰时371个减少到151个,全市退出服务中心下岗职工5298人。其中秀城(南湖)、秀洲两区和桐乡市下岗职工通过自谋职业、“双缴双保”、终止(解除)劳动关系、离岗退养等各种途径,全部平稳顺利退出服务中心。

在下岗失业的严峻考验面前,广大职工下岗不下坡,失业不失志,发挥主观能动性,拓宽就业门路,勇做市场经济中的强者，用实际行动创造下岗职工的人生价值。原嘉兴工艺美术厂职工程嘉言在企业破产后选择创办企业,自谋职业,带领同是下岗的十几名工人办起富而特玻璃雕刻厂，除了上缴国家利税、支付工资和厂房租金还有积累。嘉善合成纤维厂染整车间工人任弘亮下岗后开过小吃店,摇过面,失败后在魏塘镇城南村20亩荒芜土地上创办“银都花圃”,1997年年底被省劳动厅等部门评为“浙江省下岗职工再就业先进个人”。

第二章　职工成份变化

1991 年-2010 年,随着工业化、城市化进程加速,农村劳动力加快向二、三产业转移,为职工队伍增添了新鲜血液。嘉兴作为沿海发达地区,也吸引了大批外地农民工。同时通过实施“人才工程”,引进相当数量的高中端人才和大专以上毕业生。通过鼓励自谋职业,出现一批新型劳动者。职工成份呈多元化状况。

第一节　农业劳动力转移

1982 年,嘉兴全市农村普遍推行家庭联产承包责任制,农民生产积极性高涨,促进农业劳动生产率提高,农民开始从土地上获得解放。1984 年、1986 年、1989 年,市委市政府连续召开三次海宁会议,鼓励发展乡镇企业和联户企业、个体企业,乡镇企业异军突起,农村富裕劳动力大量转移到乡镇企业。

1992 年,在保证城镇就业同时,全市在招工较难的丝绸纺织行业招用农村富余劳动力 1488 人。1993 年因丝绸纺织行业生产需要,全市招收 7017 名农民合同制工人(含被征地农民 1735 名),其中市本级 2221 名(含被征地农民 707 名)。

1998 年,市委市政府制订《嘉兴市农业与农村现代化规划》,部署实施“五个一”工程,即每个县(市、区)高标准、高起点抓好一个中心镇、一个示范村、一个特色工业城、一个现代农业园区、一个现代农业产业带,第一年打基础,第二年出形象,第三年初见成效。县(市、区)要求各乡镇抓好“四个一”,即一个现代农业园区、一个特色工业园区、一个农业龙头企业、一个新农村示范村,做到点面结合,典型示范,由点到面,联动发展。全市通过实施“五加四”工程,加快推进农村工业化、城市化,加快农业劳动力向二、三产业转移。到 2004 年,全市以乡镇企业为主的 42 个工业总产值 3 亿元以上的区域特色经济从业人员 64.2 万人,占全市工业从业人员 66%,乡镇企业职工成为职工队伍重要组成部分。

2004 年 4 月,嘉兴市出台《关于全面推进城乡就业一体化的若干意见》,明确全市城乡就业一体化工作重点是做好被征地农民和在劳动年龄段内有转移就业愿望农村劳动力的就业工作。全市取消企业使用农村劳动力计划审批制度,打破城乡就业二元格局。2008 年结合实施“两新”工程,开展充分就业村创建活动。通过实施农村劳动力资源登记、农村劳动力转移培训与转移就业服务、困难群体就业援助等措施,进一步推动农业劳动力向二、三产业转移。

2004 年-2010 年,全市组织农村劳动力培训 100.79 万人次,培训后转移就业 22.40 万人。到 2010 年年末,全市农业从业人员下降到 35.01 万人,比 1990 年末减少 70.23 人。

第二节 外地农民工

改革开放后,嘉兴外来务工人员增势迅速。1994 年 3 月,嘉兴市调查市本级 800 多家企业, 外来务工人员 19737 人, 其中工业企业 7961 人, 交通企业 1031 人,建筑企业 9326 人,商业供销企业 657 人,其他企业 762 人,主要来自江西、河南、安徽、贵州、湖南、江苏等省和本省农村。同时,乡镇企业招用外来劳动力 23662 人。1998 年年底外来劳动力 50700 人,发放就业证 50498 份。

2004 年 4 月,嘉兴市取消外来劳动力进城就业收费等针对外来劳动力的歧视性就业政策。7 月对外来劳动力实行"暂住证"一证式管理,不再办理外来劳动力"就业证"。2006 年 11 月对在嘉兴市务工、经商、创业的非本市户籍、有固定住所的人员统一称之为嘉兴新居民。2007 年 11 月嘉兴市对外来农民工分别发放"临时居民证""技术人员居民证",并与社会保险、劳动就业、居住等挂钩,享受同城市民一样服务。2010 年年底, 嘉兴市新居民就业 181.92 万人, 就业率 96.29%。

第三节 人才引进

1991 年嘉兴设立"人才交流服务中心",开始人才开发与管理工作。各企业为推进技术进步,重视人才引进。2004 年前,全市每年引进人才数在 1000 多人与 6000 多人之间。2004 年嘉兴实施"人才强市"战略,人才数量持续扩大,层次不断提高,2005 年全市引进各类人才 10734 人,2008 年 21846 人,2010 年 30882 人。

1991 年-2010 年, 全市引进各类人才 167656 人。截至 2010 年年底,嘉兴全市人才资源总量达 70.96 万人,具有高级职称或硕士以上学位高层次人才 17492 人,职工队伍成份构成发生可喜变化。

第四节 自谋职业

改革开放以来, 政府通过政策引导鼓励大中专毕业生、失业、下岗职工自主创业,自谋职业。1991 年,全市城乡共有个体工商户 89312 户,从业人员 154098 人。

1992 年邓小平视察南方重要谈话后,全市进一步解放思想,鼓励个体经济发展。凡申请在本市从事个体工商业者,不论申请者户籍何地,凭身份证和暂住户籍可直接到经营地工商行政管理机关办理开业登记。允许退休职工、企业优化组织富余人员、停产、半停产企业职工从事国家规定的个体工商业。到年底全市城乡个体工商户达到 94227 户,从业人员 164883 人。进入新世纪后,全市城乡个体工商业户数和从业人员稳步增长。到 2010 年年末全市个体工商户 161570 户。

第三章 职工数量和文化技能

第一节 职工数量

1991年,全市职工(含个体工商业者,下同)人数为112.09万人,其中从事第二产业77.21万人,从事第三产业34.88万人。到2010年,全市职工人数达282.59万人,其中从事第二产业193.41万人,从事第三产业89.18万人。20年间职工数量增加170.50万人,增长152%。

表3-1 1991年-2010年嘉兴市全社会分行业职工(含个体工商业者)人数

单位:万人

年份	合计	第二产业合计	其中			第三产业合计	其中		
			制造业	电力、煤气及水的生产和供应业	建筑业		交通运输、仓储及邮政	批发零售住宿餐饮业	金融业
1991	112.09	77.21	69.06		8.15	34.88	6.83	9.82	0.78
1992	105.66	73.63	66.06		7.57	32.03	6.71	10.71	0.81
1993	123.72	86.84	75.84	0.69	9.16	36.88	8.07	13.71	0.95
1994	120.67	84.82	72.93	1.16	9.19	35.85	8.4	13.32	1.01
1995	124.84	85.4	75.3	0.81	8.03	39.43	8.45	14.19	1.09
1996	126.96	86.28	76.15	0.85	8.32	40.68	8.12	16.07	1.09
1997	122.78	81.1	72.53	0.84	7.64	41.68	7.18	14.12	1.15
1998	120.31	78.33	69.48	0.91	7.8	41.98	7.1	14.07	1.19
1999	120.69	77.37	68.8	0.89	7.56	43.32	7.22	14.33	1.32
2000	128.64	83.45	74.43	0.91	8.03	45.19	7.49	15.25	1.45
2001	133.43	87.55	77.70	0.91	8.88	45.88	7.34	15.61	1.48
2002	140.91	92.29	83.38	0.85	8.01	48.62	7.06	17.31	1.83
2003	150.88	100.34	91.17	0.9	8.23	50.54	7.41	18.36	1.86
2004	208.66	149.34	134.29	1.18	13.38	59.32	7.18	29.10	1.80

续表 3-1

年份	合计	第二产业合计	其中			第三产业合计	其中		
			制造业	电力、煤气及水的生产和供应业	建筑业		交通运输、仓储及邮政	批发零售住宿餐饮业	金融业
2005	223.93	159.57	145.87	1.27	11.96	64.36	7.74	31.84	2.33
2006	232.97	167.60	154.13	1.32	11.76	65.37	7.27	33.15	1.78
2007	249.34	180.63	165.65	1.37	13.35	68.71	7.03	35.39	1.78
2008	261.65	178.77	154.01	1.34	23.35	82.88	7.56	42.77	2.28
2009	271.6	186.97	165.02	1.39	20.49	84.63	7.51	44.03	2.11
2010	282.59	193.41	171.22	1.37	20.74	89.18	7.66	47.70	2.00

说明:数据来自市统计局

第二节 职工文化技能

伴随着社会发展和改革开放深入，嘉兴市通过人才引进、教育培训,职工文化技能素质不断提高。至2010年年底,全市城镇职工1509906人,其中大学本科及以上118061人，大专153880人,中专及高中354324人。专业技术人员228525人,其中高级12812人,中级53682人,初级84165人。

表 3-2 **2001年-2010年全市城镇职工文化技能情况**

单位:人

年份	总计	按文化程度分				专业技术人员小计	按职称分		
		大学本科及以上	大专	中专及高中	初中以下		高级	中级	初级
2001	260728	17130	37275	95009	111314	74812	3299	21863	49650
2002	266819	20584	41256	99348	105631	79335	3515	23949	51871
2003	279675	25057	45097	97679	111842	80575	4191	25256	51128
2004	442996	28985	52593	112943	248475	89483	5027	26731	57725
2005	593784	39447	63135	147299	343903	101766	5913	31001	64852
2006	668067	48051	71446	166364	382206	109563	7303	34398	67862
2007	699364	57393	75688	174017	392266	116011	8050	36187	71774
2008	1321966	82404	116665	297020	825877	187619	10760	46030	78095
2009	1372475	98767	129395	313979	830334	198515	11609	49488	79247
2010	1509906	118061	153880	354324	883641	228525	12812	53682	84165

说明:数据来自市统计局。2008年前统计范围为城镇非私营单位,2008后统计范围含规模以上私营单位

第四篇　主要工作

第一章　组织建设

20世纪90年代，嘉兴农村工业化加速，乡镇工业、个体私营经济取得长足发展，农业劳动力加快向二、三产业转移。与此同时，国有、城镇集体企业实施股份化改革，股份制企业、外商投资企业等新经济组织大量涌现。面对社会经济组织形式、职工队伍来源和职工就业形式多样化，工会组织建设任务繁重。90年代后期和进入21世纪后，嘉兴相继实施城市化、城乡一体化战略，社会转型加速，工会组织建设面临全新课题。在此期间，全市各级工会依靠各级党委领导和政府支持，本着“哪里有职工，哪里就要建工会”的原则，创造性地推进工会组织建设，积极探索建立向乡镇(街道)、农村村(新社区)延伸的工会组织领导体制，扩大工会组织覆盖面，最大限度地把广大职工组织到工会中来，为工会切实履行新时期各项职能，充分发挥党联系职工群众的桥梁纽带作用提供组织保证。

第一节　新经济组织组建工会

20世纪90年代，嘉兴市私营企业、外商投资企业发展迅速，在这些新经济组织中组建工会成为企业发展和维护职工合法权益的迫切需要。1994年6月7日，全市乡镇企业、外商投资企业工会工作会议在海宁市耀明电声总厂召开。会议传达全省乡镇企业、外商投资企业工会工作会议精神，交流经验，提出全市乡镇企业和外商投资企业工会组建目标和任务。市委组织部、市经委、市外经委、市乡企局领导参加会议并讲话。到1994年8月末，全市组建外商投资企业工会154家，占开业数43%。乡镇企业工会399家，会员4万以上。

从1996年起，市总工会根据新时期工会工作要求，把在新经济组织组建工会确立为一个时期工会工作重点，集中抓好这项工作。同年9月20日，全市新经济组织组建工会、推行集体合同工作现场交流会在嘉善魏塘镇召开。市委副书记毛雪龙出席会议并讲话。1999年8月31日，全市新经济组织工会工作会议在海宁市周王庙镇召开。会议传达全省新经济组织工会工作座谈会精神，嘉善县委、海宁市总工会、海宁周王庙镇党委和嘉兴正原公司等作典型发言。市委副书记毛雪龙提出要切实加强新经济组织特别是非公有制企业工会工作,按照省委提出的要求,力争用三年左右时间,基本完成非公有制企业工会组建任务。同年9月,中共嘉兴市委下发《关于切实加强我市新经济组织工会组织建设的意见》。2000年市总工会与市委组织部联合下发《关于工会基层组织年活动实施意见》,明确工会基层组织建设年活动以私营企业组建工会为重点,私营企业、外商投资企业组建工会工作列入各级党委、政府重要议事日程,形成党委、政府、工会合力抓新经济组织工会组建的局面。

2004年6月,全市部署开展县、乡镇、基层工会"三级联创"活动,进一步推进非公有制企业工会建设工作。

非公有制企业工会组建

根据全市统一部署,各县(市、区)积极推进非公有制企业工会组建工作。

嘉善:2001年,县委在年初召开的全县党建工作会议上,明确提出全县所有企业都应建立工会组织,年内非公企业工会组建率达90%。接着县委专门成立非公企业工会建设工作小组。各镇党委高度重视,把非公企业工会组建放上议事日程,并落实专人负责。县总工会主席与各镇党群书记、工会主席签订目标责任书。县总工会常委与部室负责人每人联系1—2个镇,根据各人分管工作内容及特点,明确责任区重点工作及落实典型示范点,健全考核机制,形成"横向到边,纵向到底"的工会组建新格局。

平湖:出台《关于进一步推进全市非公企业工会组建工会意见》,市总工会建立组建工作领导小组,镇(街道)工会设组建工作指导员,加强组建工作协调和指导。新埭镇建立以镇人大主席为组长,镇工业副镇长、镇工会专职主席为副组长的非公企业工会组建领导小组,抽调镇机关干部、驻村干部42名,组成9个非公企业工会组建指导小组。召开全镇工会组建工作动员部署大会,镇党委下发实施意见,提出全镇人数在25人以上民营企业全部建立工会组织。钟埭街道工会聘请数名机关老干部担任工会组建工作顾问,协助工会抓宣传、搞组建。全市形成上下联动,齐抓共管的组建工作格局。

海宁:针对私营企业特点和实际情况,打破常规,采取多种形式组建工会。对企业规模较大、管理比较规范、生产经营和职工队伍比较稳定的私营企业,单独组建一级工会。重点抓产值500万元以上私营企业组建工会工作。对企业规模较小、企业数量和职工总数较多、企业相对集中的行政村,借助村党政组织及其干部力量较强的优势,组建村级工会。对乡镇同一行业相对集中的企业,以乡镇工会和乡镇工办、行业协会为依托组建行业工会。对乡镇(开发区)分布松散的大多数个体、私营企业,依托工商行政管理部门和乡镇工业公司个私办,组建乡镇(开发区)一级个私企业工会联合会。

海盐:要求凡依法注册登记、已开业投产、职工队伍相对稳定、生产经营正常的私营企业都要建立工会组织。新开办私营企业必须在开业一年内把工会组织建立起来。建立由工商局、总工会、私营企业工会代表等组成的县私营企业工会工作委员会,各乡镇建立由工商所、工办、私营企业工会代表等组成的乡镇私营企业工会联合会,在各乡镇党委的领导下,协调指导本乡镇私营企业工会组建工作。

桐乡:以“党工共建”为抓手,连续几年开展“工会基层组织建设年”活动。2005年,市委召开全市工会工作会议,就进一步加强非公有制企业工会建设和“党工共建”工作作出部署。并按照“三同时”要求,建立健全经审组织、女职工组织和劳动争议调解组织,完善工会组织机制。市总工会充分发挥镇(街道)、局(系统)工会作用,以非公有制企业组建为重点,召开镇(街道)、局(系统)工会主席会议、市直属基层工会网片组会议,进行宣传贯彻、强化培训,通过点上指导与面上辅导相结合,推动非公企业工会组建。

秀城区:2004年区委专门召开全区贯彻实施《中华人民共和国工会法》、推动非公企业工会组建工作座谈会,出台《关于进一步加强非公有制经济单位工会组建工作的意见》。要求年内50人以上、年销售额500万元以上的非公企业全部建立工会;50人以下的90%以上建立工会。镇乡(街道)党委把非公经济单位组建工会工作纳入党建工作目标,及时研究解决工会组建过程中出现的新情况和新问题。政府有关部门(劳动保障、工商行政、经贸局等)在履行各自职能时,督促和帮助非公经济单位建立工会组织。各有关部门及相关行业协会在开展评比、评先时,把非公经济单位是否建立工会、劳动关系是否稳定作为必备条件,促进非公经济单位依法建立工会组织。

秀洲区:制定下发《秀洲区私营企业工会工作暂行办法》,对私营企业组建程序、私营企业工会权利和义务、劳动关系协调、私营企业工会保障等方面作出明确规定。在实际工作中,坚持把好“五关“:选配好工会班子,特别是配好工会主席;抓好基础工作,每个会员填写好入会申请书,领好工会证,并把有关资料装订成册;刻好工会印章,建立独立的工会财务账;建立工会办公场所和活动场地;企业门口挂工会牌子,扩大工会影响,使非公企业工会从建会之日就走向规范化。

私企工委:2000年,市私营企业工会工作委员会依托地方工商部门和私企协会优势,按照“整体推进,不留空白”要求,做好调查摸底工作,列出组建单位。召开私营企业主和职工座谈会,统一思想认识,提出组建规划。对列为组建任务企业,通过签订建会协议,确保建会任务落实。对规模较小、职工较少或分布较散的企业,采取多种建会形式(主要是组建联合工会)。

至2010年12月底,全国非公企业法人数据库中,全市已建工会单位数6943个,组建率77.2%。工会会员12.26万人,职工入会率92.3%。

外资企业工会建设

1993年,嘉兴全市已累计批准外商投资企业548家,建工会组织28家。同年10月4日,市委办公室、市政府办公室转发市总工会、市外经委《关于加快组建外商投资企业工会的意见》,要求加快外商投资企业组建工会进程。

1995年1月12日,市总工会在市经济开发区召开部分外商投资企业经理(负责人)座谈会,共商加快组建三资企业工会。市总工会主席谭春晓、副主席陈长庆、市外经委副主任沈莉萍,市经济开发区管委会党委书记、常务副主任王洪涛出席座谈会。浙江同兴丝绸服装有限公司总经理仇英、安泰毛纺有限公司副总经理丁放莉介绍组建工会经验。会议要求凡开业一年,生产经营正常的外商投资企业,条件成熟的要在上半年组建好工会,年底均依法组建好工会。

2000年12月19日,世界500强壳牌石油公司浙江壳牌沥青化工石油有限公司首届工会委员会成立,成为壳牌公司在华投资20多家企业中首家建立工会组织的公司。

2004年4月16日,市政府召开全市经济开发区、工业区工会组建工作座谈会,要求加大政府和行政职能部门支持和协同工会推进非公企业工会组建,特别是外商投资企业工会组建力度,进一步形成"党委重视、政府支持、工会运作、各方配合的工作新格局"。副市长蒋仁欢参加会议并讲话。10月26日,嘉兴经济开发区召开外资企业工会组建工作座谈会,区内33家外资企业代表参加。会上晓星氨纶、东明实业、宜泰鞋业、村上石崎、东益电子、模德服饰、斯比泰电子等外资企业结合企业实际就组建工会提出各自想法和建议。针对企业提出的问题,市总工会主席邵建华和企业代表面对面交流,并从依法组建角度介绍外资企业组建工会是构筑企业和谐劳动关系,实现企业健康发展的重要基础,是每个企业应尽法律责任和义务,是中国广大职工依法享有的权利。党工委书记、管委会主任俞志宏强调在企业中组建工会的目的是促进维护职工和企业的利益,促进职工素质提高和企业发展,希望企业打消顾虑,主动配合市总工会和开发区做好工会组建工作,实现企业经济持续、健康发展。

2005年11月28日-29日,省总工会在平湖召开全省台资企业工会组建工作经验交流会。平湖市经验是采取上下联动、属地负责、分类指导、攻点扩面的方法,集中时间、集中人力推进台企工会组建工作。43家台资企业均按照《中华人民共和国工会法》建立工会组织,成为全省台资企业数量密集的首个工会全覆盖地区。

2006年10月31日,沃尔玛嘉兴洪兴路分店工会成立。这是继沃尔玛金华分店成立工会后,沃尔玛公司在浙江省成立的第二家工会。11月20日,锦江麦德龙现购自运有限公司—浙江嘉兴经济开发区商场工会成立,首批会员250余名。嘉兴是麦德龙集团继杭州、宁波后第三家成立工会的分商场。

2007年1月11日,嘉兴丰建五金

制品有限公司第一届工会委员会成立，273名员工成为工会会员。这是海盐县首家台资企业建立工会组织。2月2日，世界著名跨国公司——美国 Effem FoodsInc. 在嘉兴经济开发区投资设立的外商独资企业爱芬食品(嘉兴)有限公司工会成立。12月5日，嘉兴韩泰轮胎有限公司成立工会。嘉兴韩泰轮胎有限公司是1996年落户于嘉兴经济开发区的大型韩资企业，十年来公司发展迅速。中方员工3451人全部入会。

2009年5月15日，明隆家具(嘉善)有限公司工会成立。至此，嘉善县已投产的141家台资企业全部建立工会组织。9月4日，浙江麦当劳餐厅食品有限公司嘉兴餐厅(市区江南餐厅、中山路餐厅门店)工会成立，成为嘉兴首家“洋快餐”企业工会。

至2010年年底，全市建外资企业工会860家，港澳台资企业工会662家，组建率分别达到67.6%和83.7%。平湖市和嘉善县外资(台资)企业工会组建工作走在全省前列。

世界500强等跨国公司工会组建集中行动

2008年7月，根据全国总工会和省总工会关于进一步推进世界500强等跨国公司工会组建集中行动的通知精神，市总工会在全市范围内开展集中行动，推进境内世界500强等跨国公司(包括下属法人公司、分支机构等)工会组建。

至2008年，落户平湖市境内世界500强企业共10家，开工投产8家。在集中行动中，平湖市总工会召开全市外资企业工会组建工作会议，下发《平湖市世界500强未建工会企业名录》到各镇(街道)工会(总工会)，明确组建任务。针对外资企业多，尤其是世界500强企业规模大，职工多，组建工会有一定难度的具体情况，平湖市总工会以《中华人民共和国工会法》宣传为抓手，深入外资企业，向每位外方总经理赠送《工会法》及组建工会相关宣传资料，召开由外资方业主、职工参加的建会听证会，面对面交流，统一思想。举办外资企业总务、人事人员培训班，学习法律、法规及政策。利用各企业内部网、黑板报、宣传窗、张贴版等宣传《工会法》等资料。平湖经济开发区(钟埭街道)总工会抽调机关干部组成若干建会小组上门宣传《工会法》，现场办理入会有关手续，激发职工入会积极性，加快世界500强企业工会组建。

表4-1 **嘉兴市已落户世界500强企业及其下属法人公司工会组建情况**

(截止2010年年底)

地区	企业名称	职工人数	建会时间(年)
嘉善	浙江太和时装有限公司	250	1992
平湖	浙江川电钢板加工有限公司	565	2002
	平湖黑田精工有限公司	76	2001
	浙江景兴日纸有限公司	229	2000
	杰富意金属容器(浙江)有限公司	59	2009

续表 4–1

地区	企业名称	职工人数	建会时间(年)
平湖	SK 浦项(平湖)钢铁有限公司	147	2010
	神钢特殊钢线(平湖)有限公司	58	2010
	关东辰美电子(平湖)有限公司	2324	2006
	嘉兴德永纺织品有限公司	196	2004
	平湖东和汽车部件有限公司	505	2005
桐乡	桐乡华日轮橡塑制品有限公司	115	2008
	浙江帝斯曼中肯生物科技有限公司	110	2009
南湖	嘉兴欧尚超市有限公司南湖店	345	2010
秀洲	沃尔玛华东百货有限公司嘉兴洪兴路分店	258	2006
	沃尔玛(中国)投资有限公司嘉兴配送中心	259	2009
嘉兴经济开发区	东方日立锅炉有限公司	328	2006
	东海橡塑(嘉兴)有限公司	800	2007
	嘉兴红忠精工有限公司	277	2011(两家单位合并)
	红忠钢材加工(嘉兴)有限公司		
	合克萨斯精工(嘉兴)有限公司	215	2009
	麦德龙物业管理(嘉兴)有限公司	136	2007
嘉兴港区	浙江壳牌化工石油有限公司		2000

第二节 “三级联创”活动

2004 年起,根据省委组织部、省总工会统一部署,嘉兴市相继开展二轮县、镇乡、基层工会“三级联创”活动。2010 年起转入进一步深化党建带工建工作,推进统筹城乡基层工会组织建设。

第一轮“三级联创”活动

2004 年 5 月,市委组织部、市总工会联合下发《关于在全市开展县、镇乡、基层工会“三级联创”活动的实施意见》。总体要求是以邓小平理论和“三个代表”重要思想为指导,以维护职工合法权益、促进企业健康发展为目标,以工会基层组织建设为基础,以工会维权机制建设为重点,以工会自身建设为关键,县(市,区)、镇乡(街道)和基层工会一级抓一级、一级带一级、一级促一级,整体提升工会工作水平。同时,通过开展“三级联创”活动,探索党对工会建设“思想上带动、工作上促动、组织上联动”的有效实现形式,提高党对群众工作领导水平。总体目标是通过三年努力,有 60%以上县(市、区)工会达到省、市先进工会创建标准;50%以上镇乡(街道)工会达到省、市、县示范工会创建标准;10%以上基层工会达到省模范工会和市、县先进工会创建标准。

全市各级工会以“三级联创”为载体,积极争取党委、人大、政府、政协对工会工作重视和支持。市委常委会多次听取市总工会工作汇报，对非公企业工会组建等工会重点工作提出要求；市人大常委会专题听取市政府关于贯彻落实《中华人民共和国工会法》情况汇报，并进行专项调研和审议；市政府召开全市经济开发区(工业区)外资企业工会组建工作会议和全市外资企业工会组建推进会，支持工会在经济开发区(工业区)等外资企业集中区域开展工会组建工作；市政协专题听取工会工作情况汇报，并组织政协委员到嘉兴经济开发区和嘉善等地视察、调研外资企业工会组建工作。工商、劳动、外经、台办等部门积极协同配合工会组建工作。

第一轮“三级联创”活动为时三年，基本形成“党委重视、政府支持、工会运作、各方配合”的工作格局；基本形成适应镇乡(街道)特点的组织网络、工作机制和活动方式；基本建立协调镇乡(街道)劳动关系的有效机制。至2006年12月底，全市工会组织数5636个，覆盖企业13678家，分别比2003年年底增加765家和3305家，组建率85.03%。74个乡镇(街道)全部建立工会组织，其中23个乡镇(街道)建立总工会。660个村(社区)建立工会联合会（组建率66.3%）。会员数827817人，比2003年年底增加319851人，职工入会率92.86%。全市已开业投产的外商投资和港澳台资企业1644家，建会1139家，建会率69.28%。其中台资企业建会197家，建会率87%。各地工会组织在加强非公企业工会组建同时，通过组织上党课等形式，培养和选拔在工会工作中涌现出来的优秀工会工作积极分子，积极向党组织推荐。全市共推荐1911名优秀工会会员为入党对象，其中成为入党积极分子1557人，入党589人。全市各级工会申报工作创新奖103个，市总评选创新工作一等奖4个，二等奖11个，三等奖16个，获省总工会工作创新奖成果6个。涌现省级先进县级工会2个，示范乡镇工会21个，模范基层工会47个。市级先进县级工会5个，市、县示范乡镇工会52个，市、县先进基层工会418个。2007年4月，市总工会获“全省工会组建工作先进集体”称号。

第二轮“三级联创”活动

2007年8月2日，市委组织部和市总工会联合召开深化党建带工建“三级联创”工作会议，市委常委、组织部部长杨立平，市政协副主席、市总工会主席邵建华到会讲话。中共平湖市委组织部、海宁市总工会、嘉善县干窑镇总工会、浙江正原电气股份有限公司四个单位作交流发言。会议提出通过三年时间，使全市县(市、区)工会都达到省、市先进工会的创建目标；80%以上镇乡(街道)工会达到省、市、县先进工会创建目标；20%村、社区工会达到市、县先进工会创建目标；20%以上基层工会达到省模范基层工会和市、县先进基层工会创建目标。

10月23日，市总工会召开全市镇乡(街道)及村(社区)工会工作经验交流会，平湖经济开发区(钟埭街道)、秀洲区洪合镇、嘉善县魏塘镇厍浜村、秀洲区洪合镇横泾桥社区等8个乡镇、村(社区)工会作发言，海宁市马桥街道总工会等32家单位作书面交流。会议就深化"三级联创",推进全市镇乡(街道)和村(社区)工会工作上新台阶作出具体部署。

各县(市、区)采取多种措施深化党建带工建"三级联创"活动。嘉善县委建立"党建带工建六项制度",即县委常委会每年听取和研究工会工作会议制度;县委书记每年一次调研工会工作制度;工建列入县委对各镇有关部门党建考核制度;县委就工会重点工作召开推进会制度;县委建立工会工作重大问题发文制度;县委分管副书记每年召开现场调研办公会议制度,形成党建带工建长效机制。海盐县人大常委会就《中华人民共和国工会法》和《浙江省实施〈工会法〉办法》贯彻执行情况进行检查。召开全县镇(区)党委书记工会工作座谈会,推动工会组建工作顺利开展。平湖经济开发区(钟埭街道)在非公企业工会组建中做到党组织与工会组织同步谋划、同步组建,提倡非公有制企业党组织书记兼任工会主席。工会主席不是党员的,优先列为培养对象,具备条件的及时发展其入党。同时,充分利用非公有制企业党建人才库的组织优势,积极向企业推荐优秀人才担任工会干部。党组织支持工会组织做好职工维权工作,积极开展维护劳动关系稳定工作,加大劳动执法检查、劳动关系协调。建立健全工会与业主恳谈会制度,大力推进集体合同、工资集体协商和厂务公开制度,全区累计签订集体合同企业580家,建立工资集体协商和厂务公开制度企业189家和145家。

省以上先进表彰

浙江省2004年度党建带工建"三级联创"先进集体

先进县(市、区)工会

海宁市总工会

示范镇乡(街道)工会

嘉善县魏塘镇工会委员会

平湖市新埭镇工会委员会

海盐县通元镇工会委员会

海宁市盐官镇工会委员会

桐乡市崇福镇工会委员会

秀城区新丰镇工会委员会

秀洲区王江泾镇工会委员会

模范职工之家

嘉善经纬办公设备有限公司工会委员会

平湖市供电局工会委员会

海盐县港航管理处工会委员会

浙江洁华环保科技股份有限公司工会委员会

桐乡市供电局工会委员会

嘉兴市藤王绅士服饰有限公司工会委员会

嘉兴市天力气体有限公司工会委员会

嘉兴市第一医院工会委员会

嘉兴市实验小学工会委员会

嘉兴市戴梦得购物中心工会委员会

嘉兴市公路运输管理稽征处工会委员会

浙江中元建设股份有限公司工会委员会

浙江电信有限公司嘉兴市分公司工会委员会

浙江移动通信有限公司嘉兴市分公司工会委员会

中国人民银行嘉兴市中心支行工会委员会

浙江省2005年度党建带工建“三级联创”先进集体

先进县(市、区)工会

平湖市总工会

示范镇乡(街道)工会

嘉善县干窑镇工会委员会

平湖市新仓镇工会委员会

海盐县西塘桥镇工会委员会

海宁市斜桥镇总工会

桐乡市梧桐街道工会委员会

南湖区余新镇工会委员会

秀洲区王店镇工会委员会

模范职工之家

嘉善县第一中学工会委员会

嘉善悦达针织毛皮有限公司工会委员会

平湖市人民法院工会委员会

平湖华城茂麓制衣有限公司工会委员会

海盐县供电局工会委员会

海盐县电信分公司工会委员会

海宁市人民医院工会委员会

浙江宏达经编股份有限公司工会委员会

桐乡自来水公司工会委员会

桐乡市健民过滤材料有限公司工会委员会

嘉兴市标准件总厂工会委员会

浙江禾城农村合作银行工会委员会

浙江江南大厦股份有限公司工会委员会

浙江中房置业股份有限公司工会委员会

浙江嘉康电子股份有限公司工会委员会

嘉兴市嘉源给排水有限公司工会委员会

浙江省2006年度党建带工建“三级联创”先进集体

先进县(市)工会

嘉善县总工会

示范镇乡(街道)工会

嘉善县西塘镇总工会

平湖市黄姑镇工会

海盐县沈荡镇工会

海宁市马桥街道总工会

桐乡市屠甸镇工会

嘉兴市南湖区枫桥镇工会

嘉兴市秀洲区新塍镇工会。

模范职工之家(模范基层工会)

浙江弘安纸业有限公司工会委员会

浙江长盛滑动轴承有限公司工会委员会

日本电产(浙江)有限公司工会委员会

浙江省电信有限公司平湖市分公司工会委员会

海盐县工商行政管理局工会委员会

元济高级中学工会委员会

海宁市金潮实业有限公司工会委员会

海宁永力化工有限公司工会委员会

浙江省电信有限公司桐乡市分公司工会委员会

浙江桐乡市威泰纺织有限责任公司工会委员会

浙江中法投资股份有限公司工会委员会

浙江华建安装有限公司工会委员会

浙江银茂进出口股份有限公司工会委员会

嘉兴市第一中学工会委员会

中国工商银行嘉兴分行本级工会委员会

中国联通有限公司嘉兴分公司工会委员会。

浙江省2007年度党建带工建“三级联创”先进集体

先进县(市、区)工会

海盐县总工会

示范镇乡(街道)工会

嘉善县姚庄镇总工会

平湖市当湖街道工会委员会

海盐县秦山镇工会委员会

海宁市袁花镇总工会

桐乡市乌镇镇工会委员会

嘉兴市南湖区大桥镇工会委员会

嘉兴市秀洲区洪合镇工会委员会

模范职工之家

浙江龙森木业有限公司工会委员会

嘉善县农村信用合作联社工会委员会

平湖市工商行政管理局工会委员会

浙江晨光电缆股份有限公司工会委员会

海盐县特种纤维织造厂工会委员会

海盐县邮政局工会委员会

海宁市公安局工会委员会

浙江卡森集团有限公司工会委员会

浙江虎霸建设机械有限公司工会委员会

桐乡市中医医院工会委员会

浙江新凤鸣化纤有限公司工会委员会

嘉兴森创时装有限公司工会委员会

嘉兴蓝特光学有限公司工会委员会

嘉兴出入境检验检疫局机关工会委员会

浙江省荣军医院工会委员会

中国农业银行嘉兴市分行工会委员会

浙江科技工程学校工会委员会

浙江省2008年度党建带工建“三级联创”先进集体

先进县(市、区)工会

桐乡市总工会

示范镇(街道)工会

平湖市曹桥街道工会

海盐县百步镇总工会

海宁市丁桥镇总工会

嘉兴市秀洲区油车港镇工会委员会

模范职工之家

嘉善县第一人民医院工会委员会

浙江双飞无油轴承有限公司工会委员会

平湖市交通局工会委员会

浙江依爱夫纺织有限公司工会委员会

嘉兴中达集团有限责任公司工会委员会

国家标准件产品质量监督检验中心工会委员会

海宁市供电局工会委员会

海宁上元皮革有限责任公司工会委员会

浙江恒基建设发展有限公司工会委员会

桐乡市高级中学工会委员会

浙江卫星控股股份有限公司工会委员会

欣悦印染有限公司工会委员会

嘉兴市南洋箱包有限公司工会委员会

平湖市第二人民医院工会委员会

嘉兴市第三中学工会委员会

嘉兴市第二人民医院工会委员会

浙江金悦王朝投资有限公司工会委员会

第三节　推进统筹城乡基层工会组织建设

2004年,嘉兴市实施《城乡一体化发展纲要》。2008年,嘉兴市被确定为浙江省唯一的城乡统筹综合配套改革试点城市。按照先行先试、率先突破的要求,全市创新开展以“两分两换”为核心的优化土地使用制度改革,实施“两新(新市镇、农村城乡一体新社区)工程”建设,推动传统农业向现代生态高效都市型农业转型,传统村落向城乡一体新社区转型,传统农民向现代市民转型。

2010年年初,市总工会分别由领导带队,深入基层调查研究工会组织在服务“两新”工程,推动城乡统筹发展格局中的出发点和落脚点,找准工会的定位。调研发现,随着推进新市镇和城乡一体新社区建设,原来的农村转为社区、村民转为市民、农民转为职工,很多方面需要一个适应过程,需要做大量宣传培训、维权服务等工作。随着新市镇强镇扩权基本到位,发挥镇(街道)一级工会承上启下的枢纽作用更为紧迫。调研一结束,市总工会及时向市委报送《关于发挥工会组织优势,服务“两新”工程建设的调研与对策建议》,推动市委市政府出台《关于群团组织服务“两新”工程建设,推进统筹城乡发展的意见》,把工会工作纳入党委政府工作大格局,引导各县(市、区)总工会从源头上提前介入,从抓好镇(街道)总工会建设和农村新社区工会组织建设入手,把工会工作重心向镇(街道)转移,充分发挥镇(街道)一级工会在贯彻落实党的方针政策、协调劳动关系、稳定职工队伍、促进社会和谐等方面的重要作用,促进工运事业在新形势下的创新发展。

2010年6月,市委组织部、市总工会联合下发《关于进一步深化党建带工建工作,推进统筹城乡基层工会组织建设意见》,将统筹城乡工会建设工作纳入党委和组织部门工作议程,党组织和工会组织“组建联推、机制联建、活动联办、教育联抓、考核联动”。全市形成以镇总工会建设为龙头,农村新社区工会、行业性工会、区域性工会、企事业基层工会建设为基础,经济开发区(工业园区)工会建设为重点,新居民职工源头入会为抓手的工作思路,全面推进基层工会组织建设。2010年10月16日,《工人日报》头版头条以“农民进城,工会下乡”为题，报道嘉兴市总工会推进统筹城乡基层工会组织建设的做法。10月26日，市总工会在全省工会基层组织建设工作电视电话会议上作题为“党工共建，创先争优，努力推进城乡统筹工会基层组织建设”经验交流。

组建镇(街道)总工会

嘉兴市镇(街道)工会组建工作有较好基础。2006年，全市54个乡镇20个街道全部建立工会，配备工会专职干部90名，并落实相应待遇。随着乡镇扩并和产业集聚，新市镇企业和从业人员规模急剧扩大，许多镇、街道辖区内基层工会组织数量、规模已相当于原来县级工会。据统计，2009年年底全市各镇(街道)辖区内注册企业总数为43547家，平均每镇(街道)622家，从业人员平均约2万人，其中平湖市钟埭街道企业3722家，职工89978人。原有镇(街道)工会在组织架构、人员力量、经费保障等方面与新形势、新任务、新要求不协调、不适应的问题日益凸现。

从2005年起，嘉兴市先行在一批经济较发达、基层工会数较多的镇设立总工会，履行地方工会职责。2005年，海宁市总工会顺应经济社会发展和职工成份多元化格局，适时提出建立镇(街道)总工会的建议，得到海宁市委高度重视，并以市委文件形式下发各镇(街道)党委落实。文件规定镇(街道)总工会机构设置、人员编制、干部配备、职级待遇和工作要求。市总工会会同市委组织部到各镇(街道)加强沟通，指导和推动组建工作。自2005年5月盐官镇成立全省首家镇总工会至年底，海宁全市11镇(街道)均成立总工会。到2006年年底，嘉兴全市已有22个镇(街道)建立总工会。镇总工会主要职责为：团结动员职工为当地经济社会发展做出贡献；负责工会组建、发展会员和基层工会建设；推动建立与政府联席(联系)会议制度和劳动关系三方协调机制，参与协调解决涉及职工切身利益问题；开展区域性、行业性工资协商谈判和签订集体合同工作，推进企业建立职工民主管理制度；参与协调处理劳动争议；实施送温暖工程，为职工群众办实事、好事；指导基层工会开展建设职工之家活动，增强基层工会活力。从而探索走出一条使镇工会从基层工会升格为地方一级总工会的路径，通过完善工会组织体制，增强工会力量，更好地维护职工权益，协调劳动关系。

2010年6月，市委组织部、市总工会联合下发《关于进一步深化党建带工建工作，推进统筹城乡基层工会组织建设的意见》，提出“要积极推动镇(街道)总工会组织建设，力争今明两年内全市镇(街道)普遍建立总工会”。“镇(街道)总工会应设专职主席或专职副主席，并配备工会干部。设专职副主席的，主席可由党委副书记兼任”。同年7月22日，市总工会在秀洲区新塍镇召开全市镇(街道)总工会建设推进会，要求到2010年年底全市镇(街道)总工会建设全覆盖。随后，全市推进镇(街道)总工会建设力度加大。至2010年年底，全市73个镇(街道)有70个建立总工会。

表 4–2　　　　**镇(街道)总工会组建情况**

单位:个、人

类别 单位	名称	建立时间 (年、月)	历任主席	基层 组织数	会员数
南湖区总工会	新丰镇总工会	2010.11	汪明根	111	21777
	余新镇总工会	2010.11	金洪良	113	17385
	凤桥镇总工会	2010.11	丁雅玲	103	16268
	大桥镇总工会	2010.11	徐其法	180	31839
	七星镇总工会	2010.11	罗卫勤	72	10955
	东栅镇总工会	2010.11	周依群	79	11337
	建设街道总工会	2010.11	朱文连	34	7289
	新兴街道总工会	2010.11	赵培群	38	6701
	新嘉街道总工会	2010.11	谢惠珍	51	6024
	解放街道总工会	2010.11	盛卫国	21	2827
	南湖街道总工会	2010.11	赵月英	45	3907
秀洲区总工会	王店镇总工会	2010.7	陈群伟	102	12951
	洪合镇总工会	2010.6	许秋明	48	18835
	新塍镇总工会	2009.6	毛涧龙 吕建荣	73	11915
	油车港镇总工会	2010.7	周雪军	58	8352
	王江泾镇总工会	2009.11	吴云飞 干根华	114	18132
	新城街道总工会	2010.7	陆巧珠	9	1182
	高照街道总工会	2010.7	刘震鸣	17	1411
嘉善县总工会	魏塘街道总工会	2006.5	金敏耿	52	6076
	罗星街道总工会	2007.9	王学华	34	4351
	开发区(惠民街道)总工会	2006.1	陈一微	262	40779
	西塘镇总工会	2007.6	陈卫强 马红屏	90	9956
	姚庄镇总工会	2006.7	蒋胜强	192	16098
	陶庄镇总工会	2007.1	蒋晓平	78	5153
	干窑镇总工会	2007.3	龚跃华 金明敏	80	11327

续表 4–2

单位＼类别	名称	建立时间（年、月）	历任主席	基层组织数	会员数
嘉善县总工会	天凝镇总工会	2006.8	陈忠贤	168	9770
	大云镇总工会	2006.4	范国良 阮善林	84	7609
平湖市总工会	当湖街道总工会	2010.11	孙晓云	292	14192
	新埭镇总工会	2006.12	柳永良	308	36438
	新仓镇总工会	2010.11	沈志凤	282	15516
	独山港镇总工会	2010.9	金　球	405	51433
	广陈镇总工会	2010.11	金志元	114	13170
	林埭镇总工会	2010.11	张继军	238	10400
	开发区(钟埭街道)总工会	2006.12	沈永良	870	61207
	曹桥街道总工会	2010.11	金导耕	205	9738
海盐县总工会	通元镇总工会	2005.1	宋俞芬	80	11002
	百步镇总工会	2006.11	夏利君	67	13200
	元通街道总工会	2006.11	徐胜娟	68	12690
	武原街道总工会	2006.11	周凤良	95	14795
	澉浦镇(南北湖风景区)总工会	2010.10	张国平	57	7523
	开发区(西塘桥街道)总工会	2010.10	徐凤飞	84	15632
	于城镇总工会	2010.10	朱其良	38	7642
	沈荡镇总工会	2010.10	姜蒋荣	57	8900
	秦山街道总工会	2010.10	徐金福	83	9388
海宁市总工会	许村镇总工会	2005.8	汤爱香 孙家楠	104	7856
	长安镇总工会	2005.9	袁杰 李子兴	54	6065
	周王庙镇总工会	2005.12	朱根明 顾益群	70	10029
	盐官镇总工会	2005.6	林友珍 王瑞英 柳国强	99	12639
	丁桥镇总工会	2005.8	姚明祥 杨建忠	75	7344

续表 4-2

类别 单位	名称	建立时间 （年、月）	历任主席	基层 组织数	会员数
海宁市总工会	斜桥镇总工会	2005.8	俞建曙	67	11808
	袁花镇总工会	2005.8	俞引芬	81	9807
	硖石街道总工会	2005.9	张桂林	42	2913
	海洲街道总工会	2005.7	秦　洁 金林华	32	2054
	海昌街道总工会	2005.8	李海林 周国华	147	21037
	马桥街道总工会	2005.7	王世平	123	12345
桐乡市总工会	崇福镇总工会	2008.4	张明松 朱财芬	121	24894
	濮院镇总工会	2007.11	沈瑞芬 龚林海 曹圣林	106	7990
	屠甸镇总工会	2010.12	褚松根	62	7034
	梧桐街道总工会	2010.12	徐佩华	112	11311
	龙翔街道总工会	2010.12	李玉娟	46	8531
	高桥镇总工会	2010.12	张顺昌	75	10597
	河山镇总工会	2010.12	吕忠飞	79	8641
	石门镇总工会	2010.11	盛楚江	101	14990
	大麻镇总工会	2010.12	章雪芳	99	12856
	乌镇镇总工会	2010.11	张月萍	78	15178
嘉兴经济开发区总工会	城南街道总工会	2010.11	马炎星	37	6173
	嘉北街道总工会	2010.11	范利祥	17	3673
	塘汇街道总工会	2010.11	胡卫东	69	6694
	长水街道总工会	2010.11	周美玲	3	160
嘉兴港区总工会	乍浦镇总工会	2008.2	姚水华 张卫根	90	21846

说明：基层工会组织数、会员数为 2010 年年报统计计数

组建农村新社区工会

随着农村工业化、城镇化推进，个私经济发展迅猛，一大批农业劳动力转向二、三产业，传统农村地区职工人数急骤增加，村级工会组建工作随之展开。1994 年 7 月 28 日，全省第一个村级集团公司工会——浙江庆丰集团有限公司工会在海盐县武原镇庆丰村成立。1996 年 8 月，全省首家村级工会海宁市许村镇永福村工会建立。1999 年 5 月，嘉善县魏塘镇库浜村建立村工会联合会，下属9 家企业工会，工会会员 300 多人，职工入会率 95%。1999 年 8 月 4 日，平湖市首家村级工会新仓镇秦沙村工会成立。2000 年 2 月 27 日，平湖市首家社区工会联合会当湖镇南河头社区工会联合会成立。2001 年，桐乡市梧桐镇 11 个社区全部建立工会组织，组建私营企业工会 79 家，入会职工 1299 人。2004 年起开展“三级联创”活动，推动镇乡(街道)，村(社区)和基层工会三级组织网络建设。至 2007 年 10 月，全市有 674 个村和 98 个社区建立工会组织，覆盖企业近 8000 家。

2008 年实施统筹城乡综合配套改革后，全市有 39.18 万农村居民通过“两分两换” 集聚到新市镇和城乡一体新社区。2010 年，市总工会加大推进城乡一体新社区工会建设力度，将南湖区七星镇江南新家园社区和嘉善县姚庄镇桃园新郉社区作为试点，在全市推动城乡一体新社区工会组建工作。4 月 23 日，姚庄镇桃园新郉社区工会工作委员会成立，会员 1100 人。社区工会有场地、有设施、有活动、有经费、有监督，把分散在社区的各类职工组织起来，参与社会事务管理和社区建设，促进社区繁荣。6 月 19 日，七星镇江南新家园社区工会联合会组建工会工作站，为参加工会组织的会员提供就业介绍、就业援助、创业培训，组织开展“金秋助学”“心连心”大病救助、困难职工慰问帮扶等活动。各地推行“支部十工会”模式，倡导新农村(社区)党支部书记兼任工会主席，加强新农村(社区)工会建设，最大限度地将分散的劳动者组织起来。至 2010 年年底，全市有 752 个村和 164 个社区建立工会组织，会员 346710 人。

表 4-3 **村、社区工会(联合会)组建情况**

单位:个、人

类别 / 单位	村工会(联合会)			社区工会(联合会)		
	组织数	所属基层工会数	会员数	组织数	所属基层工会数	会员数
南湖区总工会	45	1214	10843	42	2085	15302
秀洲区总工会	65	723	14115	21	366	7588
嘉善县总工会	99	1315	46830	16	102	1509
平湖市总工会	125	1848	68416	33	108	1944
海盐县总工会	105	2017	62543	6	645	2420

续表 4-3

类别 单位	村工会(联合会)			社区工会(联合会)		
	组织数	所属基层工会数	会员数	组织数	所属基层工会数	会员数
海宁市总工会	121	1733	25246	15	85	1057
桐乡市总工会	174	2967	68241	30	510	11730
嘉兴经济开发区总工会	7	33	940	–	–	–
嘉兴港区总工会	11	197	7766	1	20	220

扩展基层工会组建形式

适应社会经济活动方式多元化趋势，全市各地和各产业(系统)工会积极探索灵活多样的建会形式，推进村(社区)、行业、建筑项目、专业市场、民工公寓、劳务派遣、楼宇等领域的工会组建工作，把更广大的职工组织到工会来。

2001年年底，秀城区解放街道春波坊商贸一条街成立商业联合工会，30位个体经营户成为首批工会会员。

2005年10月20日，市餐饮行业联合工会正式成立。市餐饮协会市本级成员单位51家，从业人员1万多人，大部分为外来务工人员。市财贸工会加强与市经贸委、市餐饮协会联系沟通，在行业协会支持下打破原有企业归属，成立全市首家以行业协会为依托的行业联合工会。11月，嘉兴经济开发区振兴公寓首届工会成立，253名外来员工成为首批会员。此为全市第一家民工公寓成立工会组织。

2006年11月，浙江迅宇南塘琴园项目部成立工会，首批会员26人。此为海盐县第一家以建筑项目为单位组建的工会组织。

2007年1月，嘉兴科技创新服务中心创业企业联合工会成立，下属62家创业企业。此为全市首家以科技创新企业为主体的基层工会组织。同年9月，海盐县董家弄商业街工会联合会成立，首批发展60名个体经营户及务工人员成为联合工会会员。

2008年3月，南湖区建设街道汇丰商务楼工会工作委员会成立，以楼内企业为单位设立26个工会小组。此为南湖区首个商务楼宇工会。到6月底，全区2007年年底税收超千万元的7个楼宇全部完成工会组建工作，吸收工会会员1275人。

2009年6月，秀洲区洪合镇工会依托新居民事务所建立洪合镇新居民联合工会，吸收在洪合镇新居民中非正规就业人员参加工会组织。同时根据人员居住情况，以村为单位建立工会小组，实行与社区同步的工会组建模式。该镇11个村(社区)全部建立工会小组，首批333名新居民参加工会组织。

2010年12月，嘉善县魏塘街道成立商贸服务业工会联合会，覆盖5991个餐饮、维修、商店超市、休闲娱乐等商贸服务业，会员人数15811人。

农民工入会集中行动

2009年3月,为贯彻全总“组织起来、切实维权”的工作方针,根据全国工会“千万农民工援助行动”电视电话会议和省总工会《关于开展全省工会组建和农民工入会集中行动的通知》精神,市总工会发出通知在全市开展非公企业工会组建和农民工入会集中行动。重点抓好规模以上企业、外资、港澳台资企业、第三产业、新经济组织和新社会组织以及各级经济开发区、工业园区内企业工会的组建和会员发展工作;探索和扩大区域性、行业性工会联合会、村(社区)工会联合会、联合工会等组建形式,创新入会方式,组织动员在中小企业中就业的职工加入工会;加大劳务派遣中介机构的工会组建和劳务派遣工入会力度,规范劳务派遣工的会籍管理机制。市总工会为此专门召开全市非公企业工会组建和农民工入会集中行动动员会,要求统一思想,明确目标,聚全会之力,大力推进非公企业工会组建和农民工入会工作,最大限度地把包括农民工在内的广大职工组织到工会中来,团结带领广大职工勇克时艰,助推全市经济平稳健康发展。全市各地积极行动,超额完成集中行动的各项任务,全市新增基层工会数712家,超额完成指标数41.3%。新增基层工会涵盖单位数1255家,超额完成5家。新发展会员11.89万人,超额完成指标数19%。经省总工会和市总工会考核,嘉善县总工会、南湖区总工会获浙江省和嘉兴市“2009年工会组建工作特等奖”,平湖市总工会、海盐县总工会、海宁市总工会、桐乡市总工会和秀洲区总工会获浙江省和嘉兴市“2009年工会组建工作一等奖”。

第四节 基层工会和工会会员

20年间,通过新经济组织组建工会、深入开展“三级联创”、积极推进统筹城乡基层工会组建,全市工会组织建设取得明显成效。到2010年年底,全市基层工会组织8299家,比1991年2460家增加5839家,涵盖企事业单位22265家。全市73个镇(街道)全部建立工会,其中70个镇(街道)建立总工会,916个村(社区)建立联合工会。工会会员127.82万人,比1991年32.66万人增加95.16万人。

表4-4 **2010年全市基层工会和会员情况**

	基层工会(个)	其中		基层工会涵盖单位(个)	工会会员(人)	其中		
		独立基层工会(个)	联合基层工会(个)			女性(人)	农民工(人)	女性农民工(人)
总计	8299	7236	1063	22265	1278163	653286	728552	392798
南湖区	669	520	149	2017	128790	63952	82930	40011
秀洲区	625	536	89	1633	97342	49855	62986	32308

续表 4–4

	基层工会（个）	其中		基层工会涵盖单位（个）	工会会员（人）	其中		
		独立基层工会（个）	联合基层工会（个）			女性（人）	农民工（人）	女性农民工（人）
嘉善县	1458	1319	139	2806	158662	71186	92635	44566
海盐县	836	697	139	2019	128925	65362	82001	45570
海宁市	1507	1347	160	5763	208800	105147	117629	59142
平湖市	1200	1043	157	3358	213857	128265	118962	77008
桐乡市	1464	1278	186	2902	209921	112220	124354	67945
嘉兴经济开发区	105	91	14	136	20653	9139	13122	5704
嘉兴港区	115	87	28	411	34834	15407	19094	12256
产业	320	318	2	1220	76379	32753	14839	8288

说明：资料来自工会年报统计

第五节 建设职工之家

1984 年 5 月，全国总工会发出《关于整顿基层组织，开展建设“职工之家”活动的决定》，全市随即开展建设“职工之家”活动。1990 年 10 月，市委办公室转发市总工会《关于深入开展建设职工之家活动的报告》。据前志载：到 1991 年底，全市有 603 个基层工会通过“职工之家”考核验收，占全市基层工会数 25.13%。1680 个基层工会进行自检自查，占全市基层工会数 70%。

1992 年 12 月，市总工会召开“建家”工作会议，总结建家工作，交流典型经验，部署建家工作任务。1997 年 7 月，市总工会下发《关于贯彻落实工会工作总体思路，把建设职工之家活动提高到新水平的实施意见》，要求全市各级工会统一思想，用工会工作总体思路指导建家活动，在建家的总体目标、建家内容上，要突出工会的维护职能，把基层工会能否贯彻落实工会工作总体思路，能否受到广大职工的拥护和信赖作为衡量建家水平高低的重要标准。要通过贯彻落实工会工作总体思路，把建设职工之家活动提高到一个新水平，推动工会自身改革和建设，使基层工会在企业改革、发展和稳定中发挥更大作用。

从 2004 年起，职工之家建设纳入党建带工建“三级联创”考评机制。

1991 年–2010 年期间，全市有 23 家基层工会获全国模范职工之家称号，119 家基层工会获省级模范职工之家称号。

全国模范职工之家名录

嘉兴冶金机械厂工会委员会(1993)

海盐县丝织二厂工会委员会(荣昌)(1995)

海宁纺织机械厂工会委员会(1998)

浙江华源兰宝公司工会委员会(1998)

嘉兴电力局工会委员会(2001)

海宁邮政局工会委员会(2003)

民丰特纸工会委员会(2003)

浙江电信海宁分公司工会委员会(2003)

平湖景兴纸业公司工会委员会(2003)

浙江嘉化实业股份有限公司工会委员会(2005)

加西贝拉压缩机有限公司工会委员会(2005)

桐乡市信息技术学校工会委员会(2005)

嘉兴市善通运输(集团)有限责任公司工会委员会(2008)

浙江华城实业投资集团有限公司工会委员会(2008)

浙江天通电子股份有限公司工会委员会(2008)

中国电信集团工会浙江嘉兴市工会委员会(2008)

嘉兴职业技术学院工会委员会(2008)

浙江恒基建设发展有限公司工会委员会(2010)

嘉兴森创时装有限公司工会委员会(2010)

浙江禾城农村合作银行工会委员会(2010)

五芳斋集团工会委员会(2010)

浙江嘉康电子股份有限公司工会委员会(2010)

浙江省农业银行嘉兴市分行工会委员会(2010)

全国模范职工小家名录

桐乡市农业银行民合信用社工会小组(1993)

海宁市邮电局长安支局工会小组(1993)

嘉兴绢纺厂织绸分厂甲班第一小组(1993)

桐乡市文化体育用品商店分工会小组(1998)

平湖市第一人民医院内三病区工会小组(2001)

海宁市华联大厦华联购物中心分工会(2003)

浙江移动海宁分公司工会(2003)

嘉善第二高级中学工会高一小组(2003)

嘉兴市港航管理局城郊港航管理处分工会(2005)

海宁市农村信用合作联社机关工会小组(2005)

平湖市公安局当湖派出所工会小组(2005)

浙江中法投资股份有限公司工会行政分会(2008)

嘉兴市秀洲区人民法院立案庭工会小组(2008)

嘉兴市港航管理局工会机关分会(2008)

桐乡市烟草专卖局工会业务经营

分工会(2008)

中国联通有限公司嘉兴分公司10010客服中心工会小组(2008)

嘉善县农村合作联社营业部工会小组(2010)

平湖供电局当湖供电营业所工会小组(2010)

浙江电信海盐分公司盐东分局工会小组(2010)

海宁纺织机械厂纺机研究所工会小组(2010)

嘉兴市公路运输管理处第一工会小组(2010)

浙江科技工程学校财经商贸工会小组(2010)

浙江省模范职工之家名录

嘉兴冶金机械厂工会委员会(1992)

嘉兴毛纺织总厂工会委员会(1992)

嘉兴制丝针织联合厂工会委员会(1992)

嘉兴塑料橡胶总厂工会委员会(1992)

嘉善县电声总厂工会委员会(1992)

平湖制药厂工会委员会(1992)

海盐丝厂工会委员会(1992)

浙江海宁中丝三厂工会委员会(1992)

桐乡县化肥厂工会委员会(1992)

加西贝拉压缩机有限公司工会委员会(1997)

嘉兴市食品肉类中心工会委员会(1997)

嘉善县汾玉水泥厂工会委员会(1997)

平湖华神皮革制品有限责任公司工会委员会(1997)

海盐县棉纺厂工会委员会(1997)

桐乡市第三中学(一职)工会委员会(1997)

嘉兴市绸厂工会委员会(1997)

海宁纺织机械实业总公司工会委员会(1997)

嘉善二中工会委员会(2000)

平湖金瓶纺织有限责任公司工会委员会(2000)

浙江金达丝绸集团公司工会委员会(2000)

海宁市高级中学工会委员会(2000)

桐乡煤矿机械厂工会委员会(2000)

浙江五芳斋实业股份有限公司工会委员会(2000)

嘉兴嘉化集团公司工会委员会(2000)

嘉兴电力局工会委员会(2000)

浙江嘉控电气股份有限公司工会委员会(2003)

浙江正原电气股份有限公司工会委员会(2003)

嘉兴职业技术学院工会委员会(2003)

嘉兴市豪杰金属家具有限公司工会(2003)

嘉兴市大通机械厂工会(2003)

嘉兴市善通运输(集团)有限公司工会(2003)

浙江景兴纸业集团工会(2003)

平湖市中医院工会(2003)

海盐县自来水公司工会(2003)

海宁市农村信用合作联社工会(2003)

钱江生化股份有限公司工会(2003)

中国人民银行桐乡市支行工会(2003)

桐乡化肥厂工会(2003)

嘉善经纬办公设备有限公司工会委员会(2004)

平湖市供电局工会委员会(2004)

海盐县港航管理处工会委员会(2004)

浙江洁华环保科技股份有限公司工会委员会(2004)

桐乡市供电局工会委员会(2004)

嘉兴市藤王绅士服饰有限公司工会委员会(2004)

嘉兴市天力气体有限公司工会委员会(2004)

嘉兴市第一医院工会委员会(2004)

嘉兴市实验小学工会委员会(2004)

嘉兴市戴梦得购物中心工会委员会(2004)

嘉兴市公路运输管理稽征处工会委员会(2004)

浙江中元建设股份有限公司工会委员会(2004)

浙江电信有限公司嘉兴市分公司工会委员会(2004)

浙江移动通信有限责任公司嘉兴分公司工会委员会(2004)

中国人民银行嘉兴市中心支行工会委员会(2004)

嘉善县第一中学工会委员会(2005)

嘉善悦达针织毛皮有限公司工会委员会(2005)

平湖市人民法院工会委员会(2005)

平湖华城茂麓制衣有限公司工会委员会(2005)

海盐县供电局工会委员会(2005)

中国电信集团工会浙江省海盐县分公司委员会(2005)

海宁市人民医院工会委员会(2005)

浙江宏达经编股份有限公司工会委员会(2005)

桐乡市自来水公司工会委员会(2005)

桐乡市健民过滤材料有限公司工会委员会(2005)

嘉兴市标准件总厂工会委员会(2005)

浙江禾城农村合作银行工会委员会(2005)

浙江江南大厦股份有限公司工会委员会(2005)

浙江中房置业股份有限公司工会委员会(2005)

浙江嘉康电子股份有限公司工会委员会(2005)

嘉兴市嘉源给排水有限公司工会委员会(2005)

浙江弘安纸业有限公司工会委员会(2006)

浙江长盛滑动轴承有限公司工会委员会(2006)

日本电产(浙江)有限公司工会委员会(2006)

浙江省电信有限公司平湖市分公司工会委员会(2006)

海盐县工商行政管理局工会委员会(2006)

元济高级中学工会委员会(2006)

海宁市金潮实业有限公司工会委员会(2006)

海宁永力化工有限公司工会委员会(2006)

浙江省电信有限公司桐乡市分公

司工会委员会(2006)

浙江桐乡市威泰纺织有限责任公司工会委员会(2006)

浙江中法投资股份有限公司工会委员会(2006)

浙江华建安装有限公司工会委员会(2006)

浙江银茂进出口股份有限公司工会委员会(2006)

嘉兴市第一中学工会委员会(2006)

中国工商银行嘉兴分行本级工会委员会(2006)

中国联通有限公司嘉兴分公司工会委员会(2006)

浙江龙森木业有限公司工会委员会(2007)

嘉善县农村信用合作联社工会委员会(2007)

平湖市工商行政管理局工会委员会(2007)

浙江晨光电缆股份有限公司工会委员会(2007)

海盐县特种纤维织造厂工会委员会(2007)

海盐县邮政局工会委员会(2007)

海宁市公安局工会委员会(2007)

浙江卡森集团有限公司工会委员会(2007)

浙江虎霸建设机械有限公司工会委员会(2007)

桐乡市中医医院工会委员会(2007)

浙江新凤鸣化纤有限公司工会委员会(2007)

嘉兴森创时装有限公司工会委员会(2007)

嘉兴蓝特光学有限公司工会委员会(2007)

嘉兴出入境检验检疫局机关工会委员会(2007)

浙江省荣军医院工会委员会(2007)

中国农业银行嘉兴市分行工会委员会(2007)

浙江科技工程学校工会委员会(2007)

嘉善县第一人民医院工会委员会(2008)

浙江双飞无油轴承有限公司工会(2008)

平湖市交通局工会委员会(2008)

浙江依爱夫纺织有限公司工会委员会(2008)

嘉兴中达集团有限责任公司工会委员会(2008)

国家标准件产品质量监督检验中心工会委员会(2008)

海宁市供电局工会委员会(2008)

海宁上元皮革有限责任公司工会委员会(2008)

浙江恒基建设发展有限公司工会委员会(2008)

桐乡市高级中学工会委员会(2008)

浙江卫星控股股份有限公司工会委员会(2008)

欣悦印染有限公司工会委员会(2008)

嘉兴市南洋箱包有限公司工会委员会(2008)

平湖市第二人民医院工会委员会(2008)

嘉兴市第三中学工会委员会(2008)

嘉兴市第二医院工会委员会(2008)

浙江金悦王朝投资有限公司工会委员会(2008)

浙江省模范职工小家名录

嘉化(集团)公司制冷工段工会小组(1997)

嘉兴天天集团机修分厂工会(1997)

嘉兴汽车运输总公司汽车配件公司分工会(1997)

嘉善发电厂第五工会小组(1997)

农行平湖市支行新仓营业所工会小组(1997)

农行海盐支行通元营业所工会小组(1997)

桐乡市梧桐文化教育用品商店工会小组(1997)

海宁市食品公司肉食批发部分工会(1997)

平湖市第一人民医院内三病区工会小组(2000)

钱江生化硖石分厂赤霉素提取车间工会小组(2000)

浙江嘉控电气股份有限公司一分厂工会(2000)

嘉兴市嘉源排水有限公司石臼漾水厂分工会(2003)

嘉兴市港航管理局城郊港航管理处分工会(2003)

嘉善县第二高级中学高一年级工会小组(2003)

平湖当湖高级中学数学教研组工会小组(2003)

海盐县百步镇中心小学第三工会小组(2003)

海宁华联大厦有限公司购物中心分工会(2003)

桐乡市供电局梧桐供电所工会小组(2003)

嘉兴市先进职工之家

嘉兴市总工会从1992年起每两年表彰一批经复查确认继续保持先进职工之家的基层工会,新授予一批先进职工之家。从2004年起创建“职工之家”纳入党建带工建“三级联创”活动。

表4-5 **嘉兴市授予“先进职工之家”称号情况**

年度	继续保持(家)	授予称号(家)	年度	继续保持(家)	授予称号(家)
1991	49	34	2000—2001	101	27
1992—1993	70	16	2002—2003	127	44
1994—1995	76	24	2004—2005	见“三级联创”先进表彰	
1996—1997	93	29	2006—2007	见“三级联创”先进表彰	
1998—1999	105	23	2008—2009	见“三级联创”先进表彰	

第六节　工会干部

前志载:1991年,嘉兴市各级工会设有专职干部的工会组织343个。在编专职干部699人。

2010年,全市基层以上工会专职工会干部268人,其中地市级地方工会21人,县级地方工会123人,地市级产业(局、公司)工会12人,县级产业(局公司)工会28人,乡镇、街道级工会78人,社区工会6人。基层工会专职工作人员822人。

县(市、区)工会干部协管

根据有关文件精神,嘉兴市总工会党组协助各县(市、区)党委管理县(市、区)工会领导班子和领导干部。领导班子成员包括工会主席、副主席和经费审查委员会主任。市总工会认真落实工会干部协管制度,通过加强工会干部协管,优化工会干部队伍,提高工会工作水平。市总工会加强与同级党委联系沟通,在调整干部结构时将工会干部纳入组织人事部门人员调整总体规划之中。县(市、区)工会领导班子成员调整前,同级党委提前与市总工会酝酿讨论,将调整方案报送市总工会批准,再由县(市、区)总工会按照《中国工会章程》组织选举。产业(系统)工会、市直企业工会主席换届前,由产业(系统)、市直单位党组织先征求市总工会的意见。镇(街道)工会干部按照干部管理权限,由县(市、区)党委和总工会协调决定配备人选。镇级以上工会(联合工会)、辖区企业工会负责人由镇(街道)总工会会同同级党委组织考察,并按工会章程落实选举工作。

根据《中共浙江省委关于加强和改善党对新世纪新阶段工会、共青团、妇联工作领导的意见》精神,部分县(市、区)工会主席按照党政同级副职配备。到2010年年底,全市已有秀洲区、南湖区总工会主席实行高配,分别由同级政协副主席担任。

工会干部培训

培训规划　根据《浙江省工会专职干部规范化岗位培训实施意见》要求,市总工会制定1991年——1995年嘉兴市工会专职干部规范化岗位培训实施意见。规划用三年半时间,对全市工会专职干部进行一轮规范化岗位培训。全市工会专职干部规范化岗位培训分层次进行。市总工会正副主席、县级市工会主席及大型骨干企业工会正副主席,参加中国工运学院培训。市总工会正副部长(主任)、产业工会正副主席、县级市工会副主席、县、区工会正副主席(主任),中型企业工会正副主席、大型企业工会一般干部、市总一般干部原则上参加省总干校培训。除上述两类专职干部外,其余工会专职干部由市总干校和县(市)工会干校组织培训。工会事业单位专职干部的规范化岗位培训,根据省工会主管业务部门统一规划组织实施。培训主要采取自学考试的形式,实行定点办班,定期辅导,单科考试,分批结业。

2000年10月,市总工会制订《嘉兴

市新建企业工会干部培训规划》。培训对象为乡镇街道工会负责人和专职干部,新建企业工会负责人。培训目标要求是:2000年培训新建企业工会干部数的20%,2001年累计培训70%,2002年基本完成培训任务。要求统一培训计划,统一培训内容,统一组织管理,方式灵活多样。

2009年2月,市总工会制定2009年全市工会干部教育培训计划,选派27人参加全省新上岗工会干部轮训班、全省县级工会主席高级研修班。自办镇(街道)工会干部、非公企业工会干部、村、社区工会干部、职工代表、职工董监事四期培训班。

培训班　工会干部培训主要通过举办培训班的形式进行。培训内容根据工会业务和不同时期工会工作重点进行安排。如1991年举办职工代表师资培训班,各县(市、区)选调职工代表师资近60人参加。1995年举办集体协商、集体合同培训班,各县(市、区)、产业工会联合会、市直属企业工会领导和干部81人参加。1996年举办外商投资企业、私营企业集体合同培训班,东方钢帘线有限公司、沙龙国际宾馆、长江电子有限公司等企业工会干部15人参加。1998年举办企业劳动争议调解员培训班,市属工交、城建、电力、财贸等32个单位企业调解员69人参加。2002年举办纪念修改后的《中华人民共和国工会法》暨工会劳动保护知识培训班,各县(市、区)工会、市各产业工会和市属基层工会干部90人参加。2004年举办非公企业工会主动参与职业安全卫生试点工作培训班,各县(市、区)、市各有关产业和试点单位工会干部、行政主管50人参加。2006年举办学习贯彻《企业工会条例(试行)》培训班,各县(市、区)、乡镇(街道)工会、市各产业工会、市直属企业工会负责人、市总机关干部300人参加。2007年举办《中华人民共和国劳动合同法》培训班,集中培训各县(市、区)总工会、直属产业(系统)工会主席、分管副主席、相关部室负责人、市总机关干部。2009年举办工会干部培训班,全市镇(街道)工会专职干部、村(社区)联合工会负责人,市产业(系统)工会及所属基层工会负责人,市属部分基层工会负责人共137人在杭州省总干校集中培训7天。

以会代训　2004年8月26日,市总工会举办科学发展观与工会工作报告会,特邀省委党校郭祥才教授讲课。各县(市、区)工会、市各产业(系统)工会、市属基层工会负责人、市总工会机关人员参加报告会。

2010年9月8日,市总工会举行工会系统深化创先争优活动暨《浙江省企业民主管理条例》培训会,全市各县(市、区)工会分管副主席、相关负责人,市产业工会、市直属基层工会负责人200多人参加会议。

乡镇工会干部培训　为适应嘉兴城乡统筹发展格局中镇(街道)一级工会承上启下枢纽作用日益突出的新形势,市总工会除在其他培训班中安排镇(街道)工会干部参加外,还单独举办多期镇(街道)工会干部培训班,提高镇

(街道)工会干部思想业务水平。

2000 年 11 月 13 日–16 日,市总工会在省总干校举办第一期全市乡镇工会干部培训班，全市 50 多名乡镇专兼职工会主席参加培训。

2005 年 6 月，为充分发挥镇（街道)工会作用,推动“三级联创”向纵深发展,市总工会举办为期两天的镇(街道)工会干部培训班。全市 49 名镇(街道)工会干部参加培训。

2010 年 12 月,市总工会在市委党校举办全市镇(街道)总工会主席培训班。各县(市、区)总工会分管副主席、组宣部长、镇(街道)总工会主席、副主席共 140 余人参加培训。

基层工会主席保障资金

2002 年,为支持基层工会主席积极履行维护职工合法权益的基本职责,为基层工会主席排忧解难，维护基层工会主席的合法权益，市总工会设立市属基层工会主席保障资金。资金由市总工会筹集，用于补助为维护职工合法权益而遭受不公平待遇或因天灾人祸、大病重症造成基本生活困难的基层工会主席。共筹集资金 63250 元。2004 年 4 月支出 500 元,用于一名基层工会主席病故慰问。

第二章　参政议政

参政议政是工会基本职能之一。在此期间,市总工会依靠市委领导和市人大、市政府、市政协支持,通过向市委常委会汇报工作、参加市委召开群团工作例会、参与市人大政协工作、参与市政府有关领导机构、与市政府召开联席会议等方式,做好高层次民主参与,做到机制健全、渠道通畅、作用明显,从源头上维护职工合法权益,发挥好党和政府联系职工群众的桥梁纽带作用,使工会成为职工群众有组织、有纪律、有领导地参政议政的民主渠道,在维护改革、发展、稳定大局,构建和谐嘉兴中发挥重要作用。

第一节　相关文件

嘉兴市委、市政府重视工会参政议政,先后下发重要文件,为工会参政议政提出一系列政策意见,创造良好外部条件。

市委相关文件

1990年,中共嘉兴市委下发《关于加强和改善党对工会、共青团、妇联工作领导的意见》,要求县级以上党委专门听取工、青、妇汇报,讨论研究工、青、妇工作,每年不少于两次;各级党组织召开讨论本地区、本部门、本单位全局性工作,以及制定涉及职工、青年、妇女切身利益的重大会议(包括常委会、委员会和工作会议),应吸收工、青、妇的党员主要负责人列席或参加;市和县(市、区)委在提名党委委员候选人时,应考虑工会、共青团、妇联的党员负责人。乡(镇)及企事业单位的工、青、妇党员主要负责人,符合条件的可考虑进入同级党委(总支)班子。各级人大、政协在确定常委会委员候选人时,应考虑工会、共青团、妇联代表。各级政府及其有关部门,在研究制定经济和社会发展计划以及重大政策、措施时,要有同级工会、共青团、妇联代表参加,在充分听取他们的意见后,再作出决定;凡涉及群众切身利益的重大问题,各级政府或政府有关部门,可以与同级工会、共青团、妇联分别或共同联署发布文件。

1997年,市委下发《关于全心全意依靠职工群众推进企业改革的若干意见》,明确"工会要参与企业改革工作的全过程","企业工会主席应为企业改革领导机构成员"。

2004年,市委下发《关于贯彻〈中共浙江省委关于加强和改善党对新世纪新阶段工会、共青团、妇联工作领导的意见〉的实施意见》，把工会建设纳入党的建设的总体格局，加大人大、政府、政协支持工会工作力度。

2006年，市委办公室、市政府办公室联合下发《关于加强工会维权机制建设，切实维护职工合法权益的意见》，提出完善工会源头参与机制，充分发挥工会组织参政议政作用。包括要完善市、县(市、区)政府与工会的联席会议制度，共同商讨涉及职工利益的重大问题；进一步完善政府、工会和企业代表三方协调机制；建立工会参政议事机制等。

市政府相关文件

1997年，市政府发出《关于在政府工作中进一步发挥工会民主参与和社会监督作用的通知》，要求各部门、各单位尊重工会的地位和权利，支持工会参政议政，依法维护职工的合法权益。

2007年，市政府办公室发出《关于进一步支持工会工作的通知》，要求各级政府及其有关部门在研究制定本地区、本部门经济和社会发展计划、重大方针政策和各项改革方案时，凡涉及职工切身利益的，应请同级工会参加；在制定劳动、工资、社会保险、劳动保护、文化管理、住房等政策以及进行较大的物价调整时，应请同级工会参与，充分听取工会意见。有些决定可由政府有关部门与工会联署发布；上述这些方面的政策协调机构及劳动仲裁机构，应吸收工会参加。

第二节　参加同级党委和政府领导机构

参加同级党委

1991年，全市各级工会正副主席有162人按同级党政副职配备，104名党员负责人为同级党委委员。市委《关于加强和改善党对工会、共青团、妇联工作领导的通知》下发后，工会党员主要负责人参加同级党委的工作取得新进展。到2010年年末，全市各级工会主席有3111人按同级党政副职配备。1967名党员负责人为同级党委委员，其中地市级地方工会党员负责人为同级党委委员1人，县级地方工会2人，地市和县级产业(局、公司)工会24人，乡镇街道级工会43人，社区工会5人。全市基层工会主席按同级党政副职配备3066家，工会党员负责人为同级党委委员1893家。

参加政府领导机构

1991年后，涉及职工切身利益的社会保障制度、劳动用工制度和住房等改革逐步展开，各个领域改革全面推进。市总工会参加政府各类领导机构，代表职工参与政策制定，反映职工利益诉求。1991年–2010年，市总工会共参加38个市政府各类领导机构。

表 4-6　1991 年-2010 年市总工会参与市政府领导机构情况(主要部分)

年份	机构名称	参加人	任职
1991	嘉兴市劳动竞赛委员会	邵美温 张元甫 孙　陵(1998) 张建荣 张钰良(2000) 张建荣 邵建华(2004)	副主任 成员 副主任 成员 副主任 成员 成员
1991	嘉兴市社会文化管理委员会	谭春晓	委员
1992	嘉兴市促进企业集团发展领导小组	谭春晓	成员
1993	嘉兴市转换企业经营机制工作领导小组	谭春晓	成员
1993	嘉兴市安全生产委员会	邵美温 谭春晓(1994) 张钰良(2001)	副主任 副主任 委员
1994	嘉兴市劳动争议仲裁委员会	陈长庆 邱敏华	副主任 委员
1994	嘉兴市住房制度改革领导小组	孙　陵 陈长庆(1998)	成员 成员
1995	嘉兴市推行劳动合同制和集体合同指导小组	陈长庆	副组长
1995	嘉兴市建立现代企业制度试点工作协调小组	卢苗法	成员
1995	嘉兴市企业退休职工管理委员会	潘嘉荣 张钰良(2000)	副主任 副主任
1995	嘉兴市社会保险委员会	潘嘉荣	委员
1996	嘉兴市妇女权益保障委员会	潘嘉荣	委员
1997	嘉兴市优化资本结构试点工作联席会议	卢苗法	成员
1998	嘉兴市企业下岗职工基本生活保障和再就业领导小组	卢苗法	成员
2000	嘉兴市住房公积金领导小组	张钰良 陈长庆(2004)	委员 成员
2000	嘉兴市劳动模范评选委员会	张钰良	委员
2000	嘉兴市城镇职工基本医疗保险制度改革领导小组	张钰良	成员
2000	嘉兴市市属流通企业深化改革领导小组	张钰良	成员
2001	嘉兴市国有资产管理委员会	沈利华	委员
2001	嘉兴市住房委员会	陈长庆	成员
2002	嘉兴市社会保障管理服务体系调整领导小组	分管领导	成员

续表 4-6

年份	机构名称	参加人	任职
2003	嘉兴市住房公积金管理委员会	陈长庆 张心桥(2010)	委员 成员
2003	嘉兴市社会困难群众救助工作领导小组	主要领导	成员
2003	嘉兴市深化国有资产管理体制改革工作领导小组	主要负责人	成员
2004	嘉兴市信访工作领导小组	分管领导	成员
2005	嘉兴市居民合作医疗保险工作领导小组	分管领导	成员
2005	嘉兴市国有资产监督管理领导小组	主要负责人	成员
2005	嘉兴市社会保障监督委员会	分管领导	成员
2006	嘉兴市创建劳动关系和谐企业活动领导小组	邵建华	副组长
2009	嘉兴市深化医疗卫生体制改革领导小组	分管领导	成员
2010	嘉兴市创建省级创业型城市工作领导小组	负责人	成员

第三节　工会在人大的活动

在人大常委会任职

地方工会领导在人大常委会任职，代表职工参与国家和社会事务管理，是职工群众国家主人翁地位的重要体现。从 1991 年–2010 年，市总工会领导分别在市二、三、四、五、六届人大常委会任职，代表职工履行职责。

表 4-7　**市总工会领导担任市人大常务委员情况**

姓名	市总工会职务	市人大届数	任职时间
谭春晓	主席	二	1990 年 4 月–1993 年 5 月
谭春晓	主席	三	1993 年 5 月–1996 年 4 月
孙　陵	副主席	四	1998 年 4 月–2000 年 3 月
沈利华	主席		2000 年 3 月–2003 年 4 月
邵建华	主席	五	2003 年 4 月–2007 年 4 月
张钰良	副主席	六	2007 年 4 月–2012 年 3 月

工会人大代表议案

工会人大代表在人大会议期间与其他代表联合提出议案，就事关职工群众利益和工会建设方面问题提出议案。所提议案通过政府相关部门办理，推动事关职工群众利益的问题解决，推进工会建设。

表 4–8 **市总工会人大代表所提议案**

代表所在单位	姓 名	案 由	届 次
市总工会	沈利华等 17 位代表	关于参加“双缴双保”人员应享受失业保险待遇的提案	四届四次
市总工会	沈利华等 18 位代表	关于加强镇乡工会专职干部配备的议案	四届四次
市总工会	张钰良等 12 位代表	加强职工文化阵地建设，丰富外来务工人员业余文化生活	六届一次

第四节 工会在政协的活动

工会作为人民政协参加单位，利用政协这个政治协商、参政议政、民主监督的重要平台，通过政协常委会、界别活动、政协大会发言、政协提案等渠道，积极参政议政，反映职工群众呼声和要求，维护职工群众合法权益。

在政协常委会任职

从 1991 年–2010 年，市总工会领导分别在市二、三、四、五、六届政协常委会任职，代表职工参加政协常委会各项活动。

表 4–9 **市总工会领导担任市政协常委会委员、副主席情况**

姓名	市总工会职务	市政协届数	任职时间	市政协职务
邵美温	副主席	二	1988 年 6 月–1993 年 5 月	常委会委员
邵美温	副主席	三	1993 年 5 月–1996 年 4 月	常委会委员
孙 陵	副主席		1996 年 4 月–1998 年 4 月	常委会委员
潘嘉荣	副主席	四	1998 年 4 月–2000 年 3 月	常委会委员
陈长庆	副主席		2000 年 3 月–2003 年 4 月	常委会委员
陈长庆	副主席	五	2003 年 4 月–2007 年 4 月	常委会委员

续表 4-9

姓名	市总工会职务	市政协届数	任职时间	市政协职务
徐海荣	副主席	六	2007 年 4 月–2008 年 1 月	常委会委员
张心桥	副主席		2008 年 1 月–2012 年 4 月	常委会委员
邵建华	主席		2007 年 4 月–2012 年 4 月	副主席

工会界政协委员

第二届委员会（1988 年 6 月–1993 年 5 月）

委员 15 名

王刘龙　冯美仙(女)　朱振家

汤仁仙　吴慧中(女)

邵美温(女)　陈盘生

张金妹(女)　周月昌

姜雪芬(女)　姚维荣　黄天铭

韩小云(女)　潘建红　戴长荣

第三届委员会（1993 年 5 月–1998 年 4 月）

委员 16 名

王刘龙　王存梅(女)

尤钰芳(女)　华余昌　李荣荣

杨慧红(女)　张金妹(女)

陈盘生　邵美温(女)　周月昌

姜雪芬(女)　赵盈华(女)

姚维荣　施连荣　蒋奇雄

戴长荣

(1995 年 3 月 17 日增补孙陵为委员)

第四届委员会（1998 年 4 月–2003 年 4 月）

委员 16 名

王存梅(女)　王柏铄

王晓雄　刘庆成　苏小宁(女)

杨慧红(女)　闵智根

张金妹(女)　周群英(女)

黄锦荣　梅一鸣　梅海观

董德法　蒋福宝(女)

潘嘉荣(女)　戴长荣

(2000 年 3 月 8 日增补陈长庆为委员)

第五届委员会（2003 年 4 月–2007 年 4 月）

委员 14 名

王建芬(女)　边福荣　向伟民

苏小宁(女)　沈陈良　沈瑞华

陈长庆　郁霞莹(女)

赵盈华(女)　胡佳寅(女)

俞建平　梅一鸣　梅海观

曹坚强

第六届委员会（2007 年 4 月—20012 年 4 月）

委员 13 名

马云梅(女)　尤建忠　巴增鸿

边福荣　寿佳宝(女)

杨　莉(女)　张伟民

郁霞莹(女)　胡佳寅(女)

姚武强　钱惠祥　徐海荣

曹正华

在政协会议发言

市政协二届四次至六届五次会议期间,市总工会和工会界政协委员共在各次政协大会上发言24人次。内容涉及发展经济、发挥职工主人翁作用、完善医疗保险制度、推行工资集体协商、重视女职工劳动保护等。

表4–10 **大会发言目录**

届次	题　　目	发言单位或个人	发言人
二届四次(1991.4)	努力扭转企业亏损提高经济效益	陈盘生、庄祖贤	陈盘生
	认真贯彻《女职工劳动保护规定》,发挥女职工在振兴嘉兴经济中的积极作用	邵美温	邵美温
二届五次(1992.4)	深化改革,建立新的充满活力的企业体制	市总工会	邵美温
三届一次(1993.5)	在企业转换经营机制中要重视发挥职工群众的主人翁作用	市总工会	邵美温
三届二次(1994.4)	建立大病医疗保险,促进社会稳定发展	蒋奇雄	蒋奇雄
	推进敬老院工作再上一个新台阶	市政协社会法制委员会	邵美温
三届三次(1995.4)	贯彻《劳动法》,促进嘉兴市经济和社会发展	市总工会	孙　陵
三届五次(1997.3)	关于解决城镇企业富余职工问题的建议	市总工会	孙　陵
四届一次(1998.4)	大力实施再就业工程,促进改革发展和稳定	市总工会	潘嘉荣
四届二次(1999.3)	加快完善医疗保险制度,切实保障职工基本医疗	市总工会	潘嘉荣
四届三次(2000.3)	进一步加快嘉兴市非公有制企业工会组建步伐	市总工会	陈长庆
	大力发展社会保险,切实提高保障能力	市政协社会法制和三胞联谊委员会	黄锦荣
四届四次(2001.3)	实践"三个代表"重要思想,推动"依靠"方针的贯彻落实	市总工会	陈长庆
	加强社区建设工作的几点建议	市政协社会法制和三胞联谊委员会	黄锦荣

续表 4-10

届次	题目	发言单位或个人	发言人
四届五次（2002.4）	全面贯彻实施《工会法》，进一步完善维权机制	市总工会	陈长庆
五届一次（2003.4）	维护职工权益，治理欠薪顽疾	边福荣	书面
	大力推行工资集体协商，切实维护劳动者合法权益	市总工会	陈长庆
五届二次（2004.2）	健全制度，落实措施。切实维护外来务工人员的合法权益	市总工会	王建芬
五届三次（2005.1）	创建学习型组织，建设学习型社会	市总工会	书面
五届四次（2006.1）	健全维权机制，协调劳动关系，维护职工合法权益，努力构建和谐社会	市总工会	张钰良
六届一次（2007.4）	发展和谐劳动关系，推动和谐社会建设	市总工会	书面
六届二次（2008.1）	关于工资集体协商制度的思考与建议	市总工会	书面
六届三次（2009.2）	同舟共济渡时艰，劳资携手促发展	市总工会	张心桥
六届五次（2011.2）	合力推进“两个普遍”，构建和谐劳动关系	市总工会	张心桥

政协提案

市政协二届四次至六届五次会议期间，市总工会和工会界政协委员共提出团体和个人提案243件。涉及内容广泛，为推进政府工作，促进经济社会发展起到积极作用。

表 4-11 **工会界政协委员提案**

届次	题目	提案人
二届四次（1991.4）	要求市政府根据《女职工劳动保护规定》及早制订我市《女职工劳动保护规定实施办法》	邵美温
	关于要求解决环卫经费严重不足的提案	汤仁仙
	关于修筑干河滩马路并建成文明路	周月昌
	把中山路建成文明路	周月昌

续表 4–11

届　次	题　　目	提案人
二届四次(1991.4)	要求安装东门街道周东湾荣军路路灯	周月昌
	关于嘉兴化肥厂化肥生产的问题	韩小云
	关于环保综治应以块块为主逐步解决	陈盘生
	建议创办嘉兴汽车改装厂,发展我市汽车工业	姚维荣
	要求把越秀路人行道路面修平及清除垃圾	姚维荣
	城建部门要对城北路、环城西北路修建	姚维荣
	要求扩建儿童公园	姚维荣
	要求政府制订政策解决原知青子女户粮回城及实际问题	姚维荣
	做好接待来嘉兴游览南湖的服务工作	姚维荣
	要缩小全民与集体所有之间的差别	姚维荣
	关于要求恢复嘉兴汽配厂全民体制	姚维荣
	关于建议市委加强对我市各级工会的领导，进一步落实中央198912 号文件	姚维荣
	全市人民、干部进一步深入开展学习焦裕禄、学习雷锋、学习先进人物的活动	姚维荣
	建议工商、城建局给予支持,设立市职工物价计量检查监督分站活动室	姚维荣
二届五次(1992.4)	嘉兴丁烷气厂址予以保护	周月昌
	拆除工人文化宫中间人防地面设施,以利改善文化宫建设	张金妹
	要求市府采取措施,切实落实我国城镇企业所有制条例	姚维荣
	要求恢复汽配厂全民体制	姚维荣
	加快改革开放步伐,配套措施要跟上	姚维荣
	创造条件,早建煤气管道,方便群众生活	姚维荣
	要求增加市区、郊区公共汽车的车次和班次	姚维荣
	文昌路生活小区扩建自行车棚	姚维荣
	要求政府抓好菜篮子工程	姚维荣
	要求建造南门农贸市场	姚维荣
	建立市劳动医务鉴定委员会	姚维荣

续表 4-11

届次	题目	提案人
二届五次(1992.4)	建议实行企业职工工龄补贴	姚维荣
	转变政府经济管理职能,实现精兵简政,为企业服务	姚维荣
	宣传报道工作要为大中型企业及其他中小企业改革服务	姚维荣
	建造嘉兴市工人疗养院	姚维荣
三届一次(1993.5)	美化城市,搞好绿化	尤钰芳
	对医卫制度改革的几点意见	蒋奇雄
	农田抛荒严重不容忽视	蒋奇雄
	采取优惠措施,鼓励集体所有制企业发展	姚维荣
	建议政府在房改中考虑对私房进行适当补贴	姚维荣
	要求增加公共汽车班次	姚维荣
	要求政府建造管道煤气	姚维荣
	接轨发展我市旅游业	姚维荣
	要求对离退休职工工资与物价相联系	姚维荣
	要求增加企业职工工资及实行工龄补贴	姚维荣
	呼吁赶快刹住乱摊派风,增强企业活力	姚维荣
	要求解决社会分配不公问题,纠正行业不正之风	姚维荣
	整顿市内交通营运中的乱收费	姚维荣
	要求增加嘉兴至杨庙的客运班车	姚维荣
	整顿车辆乱停乱放	姚维荣
	建议政府大力支持发展汽车工业	姚维荣
三届二次(1994.4)	建立大病医疗保险,促进社会稳定发展	蒋奇雄
	切实加强职工养老保险工作	蒋奇雄
	加强流动人口管理,稳定社会治安	尤钰芳
	各级政府要重视和依靠工人阶级,发挥工人阶级主力军作用	姚维荣
	要求政府切实采取措施,重视抓好菜篮子工程	姚维荣
	要求修好城北路百花新村路面	姚维荣
	要求政府采取有力措施减轻企业负担,增强企业活力	姚维荣

续表 4-11

届　次	题　　　目	提案人
三届二次(1994.4)	要求政府采取措施,落实城镇集体所有制企业条例,鼓励集体所有制企业发展	姚维荣
	要求恢复嘉兴汽配厂全民所有制的意见	姚维荣
	要求政府加强对医药费的管理,降低医药费用	姚维荣
	加强对"三资企业"、"乡镇企业"中的职工劳动保险、劳动保护工作	姚维荣
	建议市政府对专业人才(职称)工作三十年后提高退休待遇	姚维荣
三届三次(1995.4)	建议开办一所低智商学校	尤钰芳
	进一步加强市政交通建设加速经济发展	姚维荣
	要求市内公交车站头上增加行车时刻表	姚维荣
	要求安乐路、斜西街交叉口,斜西街、禾兴南路交叉口安装指示灯	姚维荣
	要求扩大建筑自行车棚	姚维荣
	切实贯彻《城镇集体所有制企业条例》,减轻企业负担	姚维荣
	建议成立嘉兴汽车工业集团(公司)	姚维荣
	要求政府切实关心企业退休干部的待遇	姚维荣
	要求建立嘉兴气功科学研究会组织	姚维荣
	关于加强我市推行劳动合同和集体合同的工作	姚维荣
	要求政府对原嘉兴镇蔬菜大队成员提高工龄、生活待遇	姚维荣
	要求解决百花新村 26 幢路面太低、积水	姚维荣
	要求政府制订优惠政策,给予城镇居民私房补贴	姚维荣
	要求上级党委给基层党组织部分活动经费	姚维荣
	加强农业投入,发展农业生产	姚维荣
	要求政府切实采取措施,加强物价管理,平抑物价	姚维荣
	要求政府尽快落实《企业职工生育保险试行办法》	姚维荣
	关于加强对三水湾枫杨新村、清河小区的建设管理	姚维荣
	要求政府制订政策给企业职工增加工资	姚维荣
	中年女职工队伍在深化企业改革中的弱势及对策	姚维荣
三届四次(1996.4)	建议试设卖净菜的超级市场	邵美温
	要求市府对职工文化事业给予政策上的扶持与重视	周月昌

续表 4-11

届　次	题　　目	提案人
三届四次（1996.4）	加强中巴汽车的停车管理	尤钰芳
	国庆节有条件的单位应升挂国旗	尤钰芳
	要求政府制订政策和采取措施搞活国有企业	姚维荣
	建议政府采取优惠政策扶持汽车工业发展	姚维荣
	要求政府建立嘉兴市职工扶贫帮困救急基金会	姚维荣
	要求对《劳动法》的贯彻执行并加强监督检查力度	姚维荣
	要求人民政府提高 1949 年 10 月 1 日以后参加革命工作、享受供给制待遇的企业退休人员退休金	姚维荣
	建议政府、有关部门牵线搭桥与上海桑塔纳轿车生产基地建成嘉兴汽车零部件生产基地	姚维荣
	请有关部门提高这两类管理费收缴依据的透明度	姚维荣
	要求对河东街朝南埭部分阴井疏通	姚维荣
	各级政府要重视和发挥工人阶级主力军地位和作用	姚维荣
	加强提高青年职工的技术素质	姚维荣
	建议政府重视支持旅游业、搞活旅游业	姚维荣
	建议适当降低婚前检查的费用	姚维荣
	要求解决离退人员就近医疗的意见	姚维荣
	加强对老年活动室的管理	姚维荣
	加强对食品卫生的检查监督力度	姚维荣
	要求市公安局再次开展“自行车盗窃整治”专项工作	姚维荣
	要求政府对闸前街一带淹水受灾地方给予彻底整治	姚维荣
	加强党风建设和政府机关自身建设	姚维荣
	职工医疗保险改革要适度	姚维荣
	要求开建管道煤气方便人民生活的建议	姚维荣
	建议建立生猪发展基金，鼓励农民多养猪	姚维荣
	建议市政府进一步加强扶持职工物价计量监督工作	姚维荣
	要求有关部门加强对《计量法》的检查监督	姚维荣
	建议有关部门加强对“曝书亭”保护管理	姚维荣
	建议政府提高职工生活补贴待遇	姚维荣

续表 4-11

届　次	题　　　目	提案人
三届五次(1997.3)	要求减轻职工的负担	姚维荣
	建议市政府与上海铁路局商量增加嘉兴火车站客车停、开班次	姚维荣
	机关、街道精简后,不宜再抽调企业人员无偿去做服务工作	姚维荣
	建议市委、市府给评为市级(县级)先进生产(工作)者、市劳模等先进人物退休后享受荣誉津贴	姚维荣
	要求适当提高每帖中药医药费用额度	姚维荣
	要求政府关心支持发展工会文化事业	姚维荣
	建议扩建南门农贸市场	姚维荣
	要求各级政府扶持发展香功事业	姚维荣
	关于对城南路交通、卫生整顿治理的建议	姚维荣
	要求市园林绿化公司帮助朝南埭一带树木整修	姚维荣
	要求落实集体所有制企业干部的待遇	姚维荣
	要求对中巴车加强价格管理	姚维荣
四届一次(1998.4)	关于修改我市《关于公司设立职工持股会的试行办法》的几点要求	梅一鸣
	关于深化企业改革过程中,工会组织必须建立健全	潘嘉荣
	医疗保险制度改革已迫在眉睫	黄锦荣
	再就业工作必须引起全社会的重视	黄锦荣
四届二次(1999.3)	本市应加快推进厂务公开、民主管理制度的推行	潘嘉荣
	我市新经济组织应加大组建工会力度	潘嘉荣
	关于新经济组织必须认真贯彻落实《女职工劳动保护规定》的建议	潘嘉荣
	企业改制后必须加强领导班子建设	黄锦荣
	建议加强对已改制企业规范化操作的监督和指导	梅一鸣
	加强法制宣传教育和管理,切实提高农村青年的法律意识	王晓雄
	纳入退休的倒闭企业职工春节由谁慰问	王晓雄
	有关殡葬工作的一些想法	王柏铄
	建议老环城路改造尽快恢复商业经营提供下岗职工就业	梅海观
	发展嘉兴旅游业,在参观景点门票上给予创新设计的建议	梅海观
	组织大伯大妈旅游,有利于小区精神文明建设	梅海观

续表 4-11

届次	题目	提案人
四届三次 (2000.3)	企业离退休(内退)党员应属地管理	王晓雄
	规范外来务工制度严格控制外来用工	王晓雄
	认真贯彻党的依靠方针,积极推进企业制度改革	潘嘉荣
	对进一步改善市政交通秩序的建议	王柏铄
	市政府应加大对体育投资力度	王柏铄
	对嘉兴市的交通运输车辆实施平等纳税的建议	梅海观
	城市建设规划中一定要考虑给予机动车通道	梅海观
	马路绿化隔离带内设置广告应确保交通安全为前提	梅一鸣
	治理内河噪音,造福市民	梅一鸣
四届四次 (2001.3)	关于加快建立和完善城市居民最低生活保障制度的建议	潘嘉荣
	提高认识、明确职责、落实责任,切实加强社会保障工作	潘嘉荣
	建议在东升东路美凌苑小区出口增设机动车通道口	梅一鸣
	为把嘉兴建设成为真正的旅游强市,建议设立"古文化建筑开发区"	梅海观
	防止食品污染问题不容忽视	王柏铄
	加强环保监察处理力度,彻底根除"二河污染"	王晓雄 肖福祥
	改崇福自来水厂取水口,让居民吃上放心水	王晓雄 肖福祥
	增加资金投入加快"三所"建设,促进社会稳定	黄锦荣
四届五次 (2002.4)	市委应重视非公有制企业的民主管理建设	梅一鸣
	市区道路门牌有待整顿	王柏铄
	为了市行政中心的庄严环境,精严寺应搬出该区域	梅海观
	关于加强企业退休人员社会化管理服务的建议	潘嘉荣
	关于建立医疗帮困救助机制和帮困医疗机构的建议	潘嘉荣
	关于城市生活垃圾减量化、无害化、资源化处理和有效利用的建议	潘嘉荣
	关于进一步加强保障监察机构和社会保险经办机构建设的建议	潘嘉荣
五届一次 (2003.4)	居民社区经济应接受民主监督的建议	梅海观
	关于城镇企业关闭、解体后,由企业主管部门负责管理的退休人员纳入城镇基本医疗保险的提案	边福荣

续表 4-11

届　次	题　　目	提案人
五届一次 (2003.4)	关于在秀洲区王江泾丝绸工业开发区设立交通道口的提案	边福荣
	进一步加强法院执行工作的力度	曹坚强
	对16周岁工龄计算问题的建议	曹坚强
	关于抓好安全生产和职业病防治加强劳动保护的建议	市总工会
	建议在餐饮等场所实行为慈善事业捐款的办法	俞建平
	交通警示标语要体现人文精神	俞建平
	关于要求取消机动车上牌卖号办法的建议	俞建平
	关于切实加大就业工作力度的建议	向伟民
	关于加快实施千岛湖引水工程的建议	向伟民
	尽快完善《嘉兴市城镇职工医疗保险暂行规定》	胡佳寅
五届二次 (2004.2)	关于对外来务工人员合法权益维权的建议	市总工会
	关于嘉兴市中山路改造的一点建议	沈陈良
	关于设立"嘉兴货运市场"的建议	梅海观
	建议设立对捐赠款物使用情况公开制度	梅一鸣
	建议在市区商业街多开辟一些停车位置	俞建平
	关于更多地有偿转让冠名权的建议	俞建平
	尽快出台已改制企业解决遗留问题的政策	郁霞莹
	多管齐下切实缓解中低收入职工家庭住房困难	胡佳寅
五届三次 (2005.1)	关于加快在外商投资企业组建工会,促进嘉兴经济社会协调发展的建议	市总工会
	建议更改沪杭高速公路嘉兴段的几个出口路标	俞建平
	应重视我市专业文艺团体的创建	梅一鸣
	关于完善民营企业职工工伤保险体系的建议	边福荣
五届四次 (2006.1)	清欠工程款是解决“欠薪”问题的关键	梅一鸣
	关于绿化尽量多植树的建议	梅海观
	关于委员提案及提案办理进行改革向社会公开的建议	梅海观
	关于切实关注和改善城镇贫困职工群体的建议	向伟民
	关于健全完善我市社会救助体系的建议	向伟民
	关于切实维护外来务工人员合法权益的建议	向伟民

续表 4-11

届 次	题 目	提案人
五届四次(2006.1)	关于加强生活饮用水资源整治和保护的建议	向伟民
	关于加快建立完善嘉兴市劳动保障信息服务平台的建议	向伟民
	关于切实提高企业员工素质的建议	向伟民
	关于设立我市道路交通事故救助基金的建议	向伟民
	关于要求市慈善总会完善帐户公开制度的建议	俞建平
	关于进一步做好老龄工作,提高企业离退休人员待遇的建议	俞建平
	多管齐下切实缓解职工看病难问题	胡佳寅
	建议工会费由地税代收	曹坚强
六届一次(2007.4)	关于切实保障律师在立案阶段查询阶段查询“被告”身份权利的建议	姚武强
	关于严格贯彻劳动法法规中劳动合同的试用期规定的建议	姚武强
	关于加快落实外来务工人员工伤保险待遇的建议	徐海荣
	关于建议全市范围内各保险公司应积极主动参与企业安全生产基础建设的几点建议	马云梅
	发挥国家农业科技园区作用,促进农业增效和农民增收	钱惠祥
	关于市区道路卫生及路面情况的意见建议	钱惠祥
	加强教师队伍建设 ,提高教育质量,增强教师经济收入	钱惠祥
	关于建议对民用计量器作定期检定的建议	郁霞莹
	加强对技术工人的培养	胡佳寅
	加强对企业一线技术工人再培训的建议	巴增鸿
	关于解决国企改制遗留问题的建议	杨 莉
六届二次(2008.1)	关于要求加快杭平申航道海宁段改建工程的建议	马云梅
	引导农民合理利用秸秆资源 减少城乡空气污染	尤建忠
	做好中小企业创业板上市引导工作 推进我市经济又好又快发展	尤建忠
	关于将杭州湾宁波通道北接线延伸段陶庄互通至王江泾 (07 省道)连接线列入建设计划的建议	边福荣
	新农村建设中“硬”、“软”件的双配套(地球只有一个)	张伟民
	关于《企业破产法》实施后加强破产企业职工权益保护问题的建议	姚武强
	重视老年工作和残疾人事业关心社会弱势群体	钱惠祥
	关于增设公交 11 路站点方便城乡居民出行	钱惠祥

续表 4–11

届　次	题　　目	提案人
六届二次(2008.1)	关于月河中基路历史街区防火安全设施的建议	钱惠祥
	关于南湖区七星“江南新家园”社区管理的建议	钱惠祥
六届三次(2009.2)	关于企业3545职工养老生活保障问题的几点建议	马云梅
	关于加强企业安全生产“三基”工作的建议	寿佳宝
	关于加强集体户口管理的建议	胡佳寅
	发挥律师专业优势 服务经济建设大局	姚武强
	关于加大嘉兴城北空气污染整治 提高百姓生活质量	钱惠祥
	积极开展“两分两换”试点工作 培育好农村新区建设	钱惠祥
六届四次(2010.1)	关于加强技工队伍建设 促进企业转型升级的建议	市总工会
	关于统一规划建设城市快速公交系统的建议	尤建忠
	关于城乡公交一体化出现的问题的有关建议	边福荣
	落实全市100万个淘汰煤气瓶的善后工作	郁霞莹
	关于进一步提高我市企业职工基本医疗保险待遇的建议	胡佳寅
	进一步健全欠薪保障机制,切实保障劳动者合法权益	钱惠祥
	关于增设南湖区七星镇“江南新家园”公交线路终点站的建议	钱惠祥
六届五次(2011.2)	关于加强技能型职工队伍建设的建议	马云梅
	设立交通发展建设基金 确保交通建设事业可持续发展	尤建忠
	关于城乡公交优待乘车问题的建议	尤建忠
	关于将油车港至王江泾至江苏黎里公路列入市交通补助项目的建议	边福荣
	关于开展“黑车”治理,规范营运秩序的建议	寿佳宝
	节能减排要实事求是	郁霞莹
	加快市本级污泥集中无害化处置点的投产运行	郁霞莹
	切实为广大储户着想 缓解各银行网点排长队现象	郁霞莹
	切实开展工资集体协商,加快构建和谐劳动关系	胡佳寅
	关于南湖区老社区停车难改造试点建议	钱惠祥

第五节　政府与工会联席会议

1997年1月21日，市政府、市总工会举行工作座谈会。政府方面有市长夏益昌、副市长姚金林、市政府副秘书长翁可雄及市人事局、市体改委、市财政局、市劳动局、市经委负责人参加座谈会。市总工会方面有主席卢苗法、副主席孙陵、陈长庆、潘嘉荣，市总常委、县（市）总工会主席、部分产业工会主席和劳模代表参加会议。会上，政府与工会互通情况，商议经济建设和维护职工合法权益、保障困难职工基本生活等事宜。

2001年6月1日，市政府与市总工会举行联席会议，会议确定建立政府与工会联席会议制度，原则上每年举行一次。此后除2009年度，市政府与市总工会联席会议每年举行。

2001年度市政府与市总工会联席会议

2001年6月1日，市政府与市总工会举行联席会议。出席联席会议有常务副市长陈德荣、市计委刘政贵、市体改委王马青、市财政局潘炜、市人事局吴良根、市劳动局张元甫、市工商局周清生、市社保处潘建中，市总工会主席沈利华、副主席陈长庆、张钰良、敖考权等。联席会议上，市计委通报全市经济发展情况，市体改委通报全市经济体制改革情况，市劳动局通报城镇职工基本医疗保险制度改革情况。市总工会主席沈利华通报全市工会工作情况和当前需要政府重视和关注的几个问题及建议。常务副市长陈德荣讲话。会议经过协商，就进一步建立健全政府与工会联席会议制度、加大《中华人民共和国工会法》《中华人民共和国劳动法》等法律法规的宣传和督查力度、加快建立建全劳动关系三方协调机制、进一步开展职工经济技术创新活动、落实街道乡镇工会干部编制职数、加大工会经费收缴的行政推动力度等问题形成共识。

2002年度市政府与市总工会联席会议

2002年9月26日，市政府与市总工会举行联席会议。出席联席会议有副市长王新民，市总工会主席沈利华，副主席陈长庆、葛跃新，市经贸委主任周楚兴、市体改办主任王马青、市财政局局长金锦根、市劳动和社会保障局副局长庄荣根、市计委副主任姚跃、市工商局朱国华、市审计局陈关华等。联席会议上市经贸委通报全市经济形势和发展工业基本思路，市体改办通报经济体制改革情况，市劳动和社会保障局通报健全基本养老保险制度有关情况。联席会议学习《中华人民共和国工会法》，市总工会通报全市工会工作情况和需要政府重视的问题和建议。会议经过协商，就进一步宣传贯彻实施《工会法》、加强工会组建力度、发挥三方协调机制作用、强化依法拨缴工会经费等问题形成共识。

2003年度市政府与市总工会联席会议

2003年12月29日，市政府与市总工会举行联席会议。副市长蒋仁欢、市政府副秘书长来永胜及市计委、市财政局、市人事局、市经贸委、市劳动和社会保障局、市体改办、市工商局等有关部门负责人和市总工会主席邵建华,副主席陈长庆、张钰良、葛跃新,市总各部室负责人参加会议。会议就深入贯彻《中华人民共和国工会法》、加快非公企业组建工会、提高劳模待遇与解决劳模医保、改制企业遗留问题、深入开展经济技术创新活动等问题取得一致意见,并形成会议纪要。

2004年度市政府与市总工会联席会议

2004年12月31日,市政府与市总工会举行联席会议。副市长王新民以及市计委、市人事局、市经贸委、市劳动和社会保障局、市工商局、市审计局、市地税局等有关部门负责人和市总工会主席邵建华,副主席张钰良、徐海荣、王松林以及市总工会有关领导参加会议。会议就解决因病致贫困难职工救助、加大《中华人民共和国工会法》执法力度、工会经费收缴、秀城区、秀洲区总工会组建等问题进行研究并提出相关意见。

2005年度市政府与市总工会联席会议

2005年12月23日,市政府与市总工会召开联席会议。副市长王新民,市政府有关部门领导、市总工会常委参加会议。会上,市发展改革委通报2005年经济社会发展情况,市劳动保障局通报全市社会保障及劳动者权益维护情况,市总工会通报全市工会工作情况和需要重视的问题与建议。会议就在全市企业中开展"双爱双评"、创建劳动关系和谐企业活动、全面推行工资集体协商和对未建工会的企事业单位收取工会筹备金等问题形成共识。

2006年度市政府与市总工会联席会议

2006年12月29日,市政府和市总工会举行联席会议。副市长王新民及12个市政府相关部门负责人,市总工会常委及各部室负责人出席会议。会上,市发改委和嘉兴市劳动保障局通报2006年社会经济发展和劳动保障工作情况。市总工会主席邵建华通报2006年全市工会工作情况。与会各方就将"企业工会主动参与安全生产工作"纳入市政府安全生产责任目标考核、以集体合同制度为抓手开展"要约行动"和深化职工技能带头人选聘工作等形成共识。

2007年度市政府与市总工会联席会议

2007年12月25日,市政府和市总工会举行联席会议。市委副书记、市长李卫宁到会并讲话。副市长张志伟主持会议,市政协副主席、市总工会主席邵建华通报2007年全市工会工作情况。市政府秘书长张仁贵、市财政局局长马邦伟、市国资委主任盛付祥、市人事局局长沈建华、市外经贸局局长陈利众、市发改委副主任李国明、市经贸委副主任张元甫、市劳动保障局副局长徐忠等13个部门的负责人和总工会常委及各部室负责人参加会议。市发改委和市劳动保障局通报2007年经济社会发展和劳动保障工作情况。会议就市政府出台《关于进一步支持工会工作的通知》、开展和谐劳动关系企业创建活动、建立企业职工工资正常增长机制、完善困难职工帮扶救助机制、加强对劳动模范服务管理等问题进行充分协商并形成共识。

2008年度市政府与市总工会联席会议

2009年3月19日，市政府与市总工会举行联席会议。市委副书记、市长李卫宁，副市长张志伟，市政协副主席、市总工会主席邵建华出席会议。市政府秘书长吴云达、副秘书长陈树庆和市发改委、经贸委、人事局、财政局等15个部门的主要负责人和市总工会常委参加会议。市发改委主任陈利众通报全市经济社会发展情况，市劳动保障局局长汪善明通报劳动保障和与工会有关的工作情况。会议就在全市企业中开展"协商共约"劳资携手共渡时艰活动、进一步深化厂务公开民主管理工作、加强市总工会职工维权帮扶中心建设和开展职工创新成果评选奖励等问题进行充分协商并形成共识。

2010年度市政府与市总工会联席会议

2011年1月26日，市政府与市总工会举行联席会议。市委副书记、代市长鲁俊，副市长张志伟，市政协副主席、市总工会主席邵建华，市政府副秘书长、市政府办公室主任王立仁以及市发展改革委、市经贸委、市民政局、市司法局、市财政局、市人事局、市新居民事务局、市政府法制办、市工商联、市工商局、市总工会等相关部门负责人出席会议。会上，市发展改革委通报2010年经济社会发展情况，市劳动保障局通报劳动保障以及与工会有关的工作情况，市总工会通报全市工会工作情况，并提出需要政府协调解决的有关问题和建议。会议就企业依法普遍建立工会组织和普遍开展工资集体协商进行充分协商并形成共识。

第六节　参与企业改革改制

参与企业"两项制度"改革

1991年，围绕搞好国营大中型企业，转换经营机制，把企业推向市场的深层次改革在全市逐步推开，有关企业陆续进行"两项制度"改革(改革企业劳动制度，试行全员劳动合同制；改革企业分配制度，试行岗位技能工资制)，市总工会全程参与改革。11月，市总工会召开县(市、区)、产业工会主席会议，部署工会在搞好大中型企业和"两项制度"改革中发挥好作用。市总工会主席谭春晓要求各级工会提高认识，增强参与搞好大中型企业和"两项制度"改革的自觉性；抓好全心全意依靠工人阶级指导方针落实；积极推行"两项制度"改革；提高劳动者素质，建设"四有"职工队伍；认真履行工会建设职能，继续发挥工会群众生产工作优势；增强大中型企业工会活力，加强对大中型企业工会工作指导。12月，嘉兴工人报刊登全省12家深化企业"两项制度"改革试点企业、嘉兴制丝针织联合厂厂长陆忠岳依靠职工群众深化劳动用工和分配制度改革的长篇文章，加强宣传，介绍做法，形成共识，增加改革透明度。

1992年1月，嘉兴工人报摘登市企业社教办编印的"全员劳动合同制问题解答"一书中涉及"两制改革"一些带共性和职工普遍关心的问题，供大家学习、解读、参考。2月，市总工会举办有80多位市区工建交企业工会主席和部分产业工会专职干部参加的企业“两制”改革工会主席培训班，请市劳动局四位人员分别就用工制度改革、工资制度改革、岗位技能工资和劳动保险制度改革作专题讲解，请省市“两制”改革试点企业嘉兴制丝针织联合厂工会、嘉善丝厂工会介绍企业“两制”改革和厂工会参与这项工作的做法。

全市18家省、市“两制”改革试点企业工会积极参与领导小组和工作班子工作，多途径宣传“两制”改革目的意义，认真把好改革方案制订审议关。认真开好职代会，深入车间班组了解情况，反映职工群众意见要求，做到在参与中支持，在支持中参与。全市企业工会在两项制度改革中发挥积极作用，如嘉兴冶金机械厂工会及时将内部改革有关的13个问题发放500份调查问卷，召开座谈会，征求意见，分析汇总，供厂部决策参考。嘉兴毛纺织总厂工会为适应企业深化改革，建立总厂、分厂、车间三级职代会制度，审议改革方案，提出意见建议，提高改革透明度。嘉兴丝绸服装总厂工会成立由厂工会领导和车间分工会主席组成的优化劳动组合监督小组，对准备列为待聘、试聘、编外的人员，须经监督小组讨论同意或提出建议。嘉丝联工会参与组织领导，参与思想教育，参与改革方案制订、实施。嘉兴商业大厦工会印发两制改革专题提纲，并通过征文、知识竞赛、演讲、写体会、提建议等活动，推动改革顺利进行。

参与企业经营机制改革

1993年，全市企业实行经营机制改革，市总工会及所属各级工会全面参与，推动国有工业企业贯彻国务院《全民所有制工业企业转换经营机制条例》，协助企业行政实施14项经营自主权。7月，市总工会召开二届七次委员（扩大）会议，总结回顾全市各级工会积极参与推动全市企业转换经营机制工作，要求各级工会进一步引导职工加深对转换企业经营机制重要性和紧迫性认识，积极投身到企业转换经营机制改革中去。进一步按照《中华人民共和国工会法》和其他劳动法规规定，加大参与协调企业内部劳动关系力度，努力做好化解矛盾工作。同时强调，在企业转换经营机制中，工会作用不能削弱，企业民主管理不能削弱，职代会五项职权不能削弱。

1994年，各级工会继续积极参与推进企业深化改革，转换企业经营机制。动员职工积极支持企业将各项改革推向深入。努力推进社会保障制度改革，认真做好对养老保险制度、待业保险制度、医疗制度、住房制度改革调查研究工作，反映职工意见要求，及时提出可行性意见，参与到各项改革决策和实施全过程。

参与企业改制

1997年嘉兴市被列入全国110个优化资本结构试点城市，企业改制工作全面铺开。

4月29日，市总工会召开“在深化企业改革中做好工会工作动员大会”，主席卢苗法要求各级工会迅速行动起来,参与改制工作组织领导,参与改制方案研究制定,参与改制工作宣传发动,参与企业经营者选择,参与下岗职工再就业工作,参与推进社会保障体制建设。

市总工会从调查研究入手,在全市30家改制企业中发放抽样调查表1000份,并通过《信息专报》向上级有关部门提出5条建议,为推进企业改制建言献策。9月,市委、市政府下发《关于全心全意依靠职工群众推进企业改革的若干意见》,提出牢固树立全心全意依靠职工群众办好企业的思想,坚持和完善以职工代表大会为基本形式的职工民主管理和民主监督制度,建立职工董事和监事制度,建立平等协商和签订集体合同制度,建立健全改制企业工会组织。10月,市总工会转发市委、市政府文件,要求充分发挥工会组织作用,促进我市企业改革健康发展。全市各级工会认真按照市总工会要求,以积极的姿态参与企业改制工作。海宁市总工会举办培训班,对企业改制操作中可能遇到的问题和应注意事项进行针对性辅导;制订《关于加强改制企业工会工作的若干意见》,市委办予以转发;在与市政府举行的联席会上,就改制出现的情况提出对策和建议。嘉善县总工会专门召开常委会研究充分发挥各级工会组织作用,积极推进企业产权制度改革。海盐县总工会举办城镇企业改制工会工作培训班,介绍企业改制工作情况、基本做法和有关政策,部署企业改制中工会工作任务。桐乡市总工会召开全委会部署各基层工会参与企业制度改革,落实改制企业民主管理和工会工作各项要求。市财贸工会两次召开基层工会主席座谈会,传达市总动员大会精神,学习有关文件,展开分析讨论,明确工作责任。嘉兴粮机厂工会在组织上参加、工作上参与、舆论上引导、决策上争取,先后召开两次联席会议、两次职代会,发挥桥梁纽带作用。

1998年1月,市总工会三届六次全委扩大会议要求积极推动党的“依靠”方针贯彻落实,充分发挥工会民主参与和民主监督职能,突出重点,建立和完善整体维护、法律维护、解困保障、源头参与四项机制,努力维护职工合法权益。全市各级工会组织根据市委、市政府以调整优化结构为重点、全年基本完成国有、城镇集体企业改制任务要求,参与全市189个企业改制工作。市县两级工会抽调18名干部参加政府组织的企业改制指导组,在一线参与指导服务。市总工会召开企业改制与工会工作研讨会,就企业改制具体操作形式,以及工会如何更好地适应新形势,加强企业工会工作进行交流探讨。市总工会把破产、兼并企业作为联系重点,参加市本级嘉兴绸厂、南湖布厂、建材厂、化肥厂、水产总公司等企业破产有关工作。加强对改制企业的调查研究,总结企业改制经验,及时掌握信息,积极协助处理突发性事件,共同做好稳定工作,促进全市企业改制工作顺利进行。

第三章 民主管理

企(事)业单位民主管理是社会主义民主政治建设的重要组成部分,也是依靠职工群众办好企(事)业的重要保证。在此期间,市总工会加强对基层企(事)业单位指导,健全职工代表大会制度,会同有关部门推进厂务公开。基层工会作为职代会工作机构认真履职,落实职代会各项职权,在企(事)业民主管理中发挥积极作用。

第一节 职工代表大会

20世纪90年代, 职工代表大会制度主要在国有和城镇集体企业中实施,1991年全市建立职工代表大会制度企业1241个。

1992年1月,市委办公室转发市总工会党组《关于贯彻中办发〔1991〕6号文件的几点意见》的通知,要求"各级党委和政府,特别是城市和企业事业单位的党政领导,都要牢固树立全心全意依靠工人阶级的根本指导思想,紧紧依靠职工群众办好社会主义企业事业。"强调"职工代表大会是企业职工行使民主管理权力的机构。党政领导要认真把职代会工作列入重要议事日程。认真做到该提交职代会审议的重大问题必须提交审议。"

1992年2月,省总工会、省委组织部、省委企工委、省计经委在杭召开表彰大会,表彰全省首批民主管理先进企业,嘉兴冶金机械厂、嘉善绸厂、海宁中丝三厂受到表彰。同年6月,市委组织部、市经委、市体改委、市总工会联合召开全市企业民主管理经验交流会。会上对民主管理工作成绩突出的嘉兴冶金机械厂等10家企业作出表彰决定,并授于嘉兴市民主管理先进企业称号。市总工会主席谭春晓,市委组织部副部长张汉臣、市经委副主任沈乾、市体改办副主任敖文治分别在会上发言,市委副书记丁师尹到会讲话,就全心全意依靠工人阶级, 加强企业民主管理工作,切实办好社会主义企业提出要求。1997年9月,市委下发《关于全心全意依靠职工群众推进企业改革的若干意见》,再次强调坚持和完善以职工代表大会为基本形式的职工民主管理和民主监督制度。到1997年年末,全市职代会建制率达91%, 职代会开会率达88%,企业业务招待费报告率达87%。2001年,全市职代会建制率、审议企事业改制方案率、业务招待费向职代会报告率分别达到97%、99%、96%。

1999年3月,市总工会在嘉善召开有各县(市)、产业(联合)工会负责人参加的全市工会组织(民管)工作会议,总结回顾交流全市组织工作,包括推动职工民主管理制度建立健全方面取得的成效,部署工会组织工作任务,特别是在坚持和完善企事业单位职工民主参与、民主管理、民主监督方面提出工作要求。

至2010年年末,全市建职工代表大会和职工大会的基层工会5992个, 涵盖单位16263个,涵盖职工1058050人。

表4-12 **2010年嘉兴市企事业单位职代会情况**

	建立职代会制度			建立职工大会制度			本年度召开过职代会(包括职工大会)		职代会职工代表(人)
	基层工会(个)	涵盖单位(个)	涵盖职工(人)	基层工会(个)	涵盖单位(个)	涵盖职工(人)	基层工会(个)	涵盖单位(个)	
总计	3,315	9,309	811,964	2,677	6,954	246,086	5,252	12,258	114,391
南湖区	263	1,330	98,851	296	349	14,265	545	1,663	11,980
秀洲区	333	1,122	81,197	218	297	14,417	511	1,279	14,067
嘉善县	419	761	55,540	31	131	2,103	440	876	8,921
海盐县	284	626	67,190	373	963	49,327	571	1,380	11,212
海宁市	695	1,291	141,458	468	3,209	42,533	929	1,604	18,098
平湖市	587	2,726	175,195	411	411	42,699	805	2,748	20,658
桐乡市	445	886	99,643	721	1,404	68,662	1,111	2,081	15,197
经开	49	54	8,886	22	40	1,876	41	48	1,284
港区	74	328	27,320	34	47	3,705	103	364	4,106
产业	166	185	56,684	103	103	6,499	196	215	8,868

审议企业重大问题

20世纪90年代,全市国有和城镇集体企业依照《全民所有制工业企业职工代表大会条例》, 认真履行职代会对企业重大问题的审议权。省民主管理先进企业嘉兴冶金机械厂职代会为审议好企业生产经营重大决策,把厂里一些懂生产会经营能管理的行家充实到职代会生产经营工作委员会,实行二次审议制度,即在职代会闭会期间,凡行政上有关生产经营重大决策先组织各职代会小组审议,征求意见,再提交职代会联席会审议。厂职代会先后审议《工厂方针目标》《关于参加宝钢集团的决定》《关于扩建铸钢车间方案》等,为完善决策起到积极作用。嘉兴绢纺厂职代会会议文件在会前提前几天下发职工代表,使代表充分了解思考要讨论的企业重大决策。1996、1997年涉及职工切身利益的决策和改革举措,如《嘉兴绢纺厂职工住房分配方案》《加强职工医药费管理的规定》《嘉兴绢纺厂关于富余职工下岗分流的实施意见》《嘉兴绢纺厂集体合同文本》等重大事宜均提请职代会审议通过。

企业改制后,在国有或国有控股企业,职代会审议企业重大问题的职权仍然得到较好落实。如民丰特纸根据形势变化,重新修订《民丰特种纸股份有限公司职工代表大会实施细则》及《民丰特种纸股份有限公司职工代表大会民主管理联席会议制度》等。职代会坚持一年两次如期召开,职工代表认真审议总经理行政工作报告和企业决策,提出意见和建议。嘉兴市电信分公司通过职工代表大会审议总经理工作报告、企业物资采购、基本建设和经营费支出、岗位竞争和公开招聘、员工医疗费管理办法等企业重大问题。

民主评议领导干部

嘉兴市通过职代会民主评议企业领导干部有较好基础。据前志载,1991年全市开展职代会民主评议企业领导干部单位355个,被评议干部4042人,经民主评议奖励441人,免职19人。

1991年后,市总工会加强对职代会民主评议企业领导干部工作的具体指导,及时总结经验,不断完善这项工作。各企业工会作为职代会工作机构切实履行职能,在企业党组织领导下积极探索,推动民主评议工作取得成效。嘉兴冶金机械厂每次在评议准备阶段,由厂党政领导在有关会议上进行民主评议干部工作动员,保证全厂一百多名中层以上干部认真写好个人总结和述职报告, 按进度要求交给所在职代小组,听取职工代表评议。厂党委把民主评议干部和考察、考核干部结合起来,由厂党委组织处和职代会民主评干工作委员会一起开展民主评议干部。通过联合发文,共同听评,统一反馈,增强民主评议干部力度。嘉兴电控厂在民主评议工作中事先下发评议表,让职工代表广泛征集职工意见,使评议更加客观、公正,更具有群众基础。每年年头岁尾,厂党政领导都要在民主评议会上向代表汇报一年工作,代表则通过评议,为新一年干部聘任、考察提供依据。

1998年9月,市委组织部、市经委、市总工会联合转发省委组织部、省计经委、省总工会《关于加强职工代表大会民主评议企业领导人员工作的意见》,规定职代会民主评议范围为国有企业、集体企业和以公有产权为主体的各类公司制企业;对象为企业领导班子成员,重点是厂长(经理)、副厂长(副经理),党委书记、副书记,董事长、副董事长。企业分厂(车间)、处室领导人员由本级全体职工(或职代会)评议。民主评议主要内容是以任期目标和岗位职责为依据,对企业领导人员德、能、勤、绩进行全面评议。坚持实事求是,注重工作实绩,并把是否尊重、依靠、关心职工群众和勤政廉洁等职工群众较为关注的问题,作为民主评议重要方面。

1999年后,民主评议企业领导干部

作为厂务公开的一项重要内容。2000年11月,市纪委、市经委、市总工会联合下发《关于厂务公开中进一步加强民主评议领导干部和公开领导干部年收入的通知》,提出加大企业职代会民主评议领导干部和公开领导干部年收入工作力度。2001年8月,市推行厂务公开工作办公室下发《嘉兴市职工代表大会民主评议企业领导干部试行办法》,进一步明确民主评议工作指导思想,民主评议范围对象、主要内容、方法步骤及组织领导,职代会民主评议企业领导干部工作进一步规范。

2002年,市本级经贸委下属单位均按规定召开职代会,评议考核企业领导干部75名,中层管理干部314名,并在职代会上公开评议考核结果。对4名评议不称职干部经核定后予以解聘。

职工代表巡视制度

为充分发挥职工代表作用,保证职代会闭会期间职工代表行使民主权力,自20世纪90年代起,全市各企业工会认真组织开展职工代表巡视工作。市汽车运输总公司组织职工代表对总公司所属二级企业履行集体合同情况进行巡视,促进集体合同履行,维护职工合法权益,推动企业稳步健康发展。市电力局工会制定《嘉兴电力局职工代表巡视检查工作制度》,明确巡视主要内容为职代会决议贯彻落实情况、安全生产措施落实情况,听取职工对企业工资、奖金、福利等决策意见建议等,检查汇总出的问题交有关部门解决。民丰特纸公司职工代表巡视小组每年根据不同情况开展活动,参与企业基础管理。

平湖市建立行业协会职工代表巡视制度。由行业工会联合会根据巡视内容,抽调职工代表组成巡视组对行业内所属单位进行巡视。巡视内容主要包括行业协会职代会通过的决议、决定落实情况,职工代表提案办理情况,集体合同、女职工劳动保护等协议履行情况,厂务公开民主管理制度的执行情况,劳动合同、安全生产、环境卫生、劳动保护等涉及职工切身利益事项和相关法律法规执行落实情况,职工群众普遍关心的其他问题落实情况。巡视形式分为综合巡视和专项巡视。综合巡视是在每年行业协会职代会召开后下一季度进行一次巡视。专项巡视是对涉及安全管理、生产经营、职工权益等某一问题随时进行巡视。巡视结束后,行业工会联合会召开 巡视组专门会议,对巡视情况进行分析和研究,归纳整理并形成书面材料,向行业协会和上级工会汇报,并通过一定形式向职工群众公开。

第二节 非公有制企业职工代表大会

非公企业职代会制度建设

2002年,省委办厅和省政府办公厅联合下发《关于进一步落实全心全意依靠工人阶级方针,充分发挥工人阶级主力军作用的意见》。意见要求“规模较大、党组织健全、管理规范的非公有制企业,逐步实行以职工(代表)大会为基本形式的职工民主管理制度”。

同年7月,市委办公室下发《关于转发市总工会〈关于在非公有制企业推行职工代表大会制度的意见〉的通知》。该意见明确非公有制企业职工代表大会的性质、任务、职权、组织工作制度、基本原则等,要求充分认识在非公有制企业推行职工代表大会制度的重要意义,在党组织领导下,加强宣传,积极引导,抓好试点,逐步推进,开创非公有制企业职工民主管理工作新局面。

当年,市总工会把推动非公有制企业职工代表大会制度建设作为维权工作的重要内容。组织人员对非公有制企业职代会工作进行调研,听取职工、企业经营者、工会干部、有关政府行政部门等各个层面意见。起草下发《非公有制企业职工代表大会制度实施办法》,就建立职工代表大会制度、开好职工代表大会工作程序和要求,提出实施办法,并附《非公有制企业职工代表大会实施细则(样本)》。与国有企业职代会制度相比,非公企业职代会制度在职权上弱化决定、决策功能,强调知情建议权、平等协商谈判权、评议选举罢免权和依法审议通过权。非公有制企业职代会实施范围以100人以上企业为重点,100人以下实行职工大会制。

各县(市、区)扎实推行非公有企业职代会制度。平湖市政府在市政府与市总工会召开的联席会议上要求各单位积极配合,形成“党委领导,行政推动、部门协同、企业支持”的格局,努力推进非公有制企业职工代表大会制度建设。秀城区工会办事处积极探索非公企业职工民主管理,至2002年7月底已有嘉兴市标准总厂、嘉兴市大通机械厂、嘉禾毛纺厂、嘉兴市中发无线实业有限公司、嘉兴市太阳纸业有限公司率先建立职代会制度。2002年8月,地处秀洲区洪合镇的嘉兴市有色金属压延厂举行首届职工代表大会,30名职工代表行使民主管理、民主监督职责。

至2010年年末,全市13986家非公企业建立职代会制度。

区域、行业集群职代会制度

嘉兴乡镇工业具有明显区域特色。2005年,市总工会五届三次全委(扩大)会议要求进一步完善职工民主决策、民主管理和民主监督机制,规模以下企业要建立职代会制度或通过建立区域、行业职代会进行覆盖,从而开始探索在小型企业相对集中地区和行业建立集群职代会、区域或行业职代会制度。并率先在洪合羊毛衫行业、市餐饮行业、嘉善厍浜村建立行业性、区域性职代会制度。

2005年7月20日,秀洲区洪合镇羊毛衫行业召开一届一次集群职代会,来自28家羊毛衫企业53名职工代表履行自己的民主权利,通过《洪合镇羊毛衫行业职工代表大会实施细则》和《洪合镇羊毛衫行业工资、安全生产、女职工特殊保护集体协议书》,镇工会代表羊毛衫行业职工与镇商会代表羊毛衫行业企业签订集体协议书。洪合镇羊毛衫行业集群职代会每年至少召开一次会议。主要职权是听取和讨论羊毛衫行业内企业重大经营方针、发展计划、规章制度、职工培训等,并提出意见和建议；讨论通过羊毛衫行业集体合同、工资集体协议书、安全生产与女职工特殊保护等涉及职工切身利益的重要事项；检查羊毛衫行业集体合同履行情况，监督羊毛衫行业内企业劳动合同签订和执行劳动法律法规等。对涉及职工切身利益的重大事项，羊毛衫行业集群职代会采取无记名投票方式表决，并须经过全体职工代表过半数通过方能实施。

至2010年年底，全市建立区域性、行业性职代会1803个，覆盖企业6980家，覆盖职工384546人。

第三节　建设现代企业制度中的企业民主管理

职工董事、监事制度

1995年，随着现代企业制度试点工作展开，市总工会组织有关地方、产业和试点单位工会负责人学习有关文件，探索在试行现代企业制度企业中加强职工民主管理的有效途径，并向市委、市政府提出建立职工董事、监事制度等意见，以推动现代企业制度试点工作健康发展。

1995年，市总工会与市经委、市体改委联合转发省总工会、省计经委、省体改委《关于在建立现代企业制度试点中加强工会工作和职工民主管理工作的意见》，并参与嘉兴8家省现代企业制度试点工作，督促试点企业落实职代会制度和职工董事、职工监事制度，确立现代企业制度中工会地位。2000年2月，浙江嘉化实业股份公司在企业改制中，严格按照国家和省市有关规定，依法、规范地从职工持股会中推选3名职工董事和一名职工监事参与股东大会选举，分别进入公司董事和监事会。在职代会上选择2名职工监事直接进入公司监事会。职工董事占公司董事总数57%，职工监事占公司监事会监事60%，公司工会主席和常务副主席分别被选为职工董事和职工监事。

至2010年年底，全市1561家工会所在单位建立董事会，职工董事602人，占总董事数13%。412名工会主席进入董事会。1309家单位建立监事会，职工监事630人，占总监事数26%。319名工会主席进入监事会。

职工持股

20世纪90年代前后，嘉兴市在试行股份制改革过程中为改变国有企业单一投资主体造成的所有者缺位问题，试图通过职工持股，加强企业民主管理。股份制试点初期曾实行过“内部职工股”。1994年6月国家规定停止内部职工股审批和发行，实施职工持股制度。

职工持股股份制　1988年和1989年期间，嘉兴市在5家国营、集体企业试行职工持股股份制，其中由集体所有制改建4家，即嘉兴橡胶总厂、嘉兴五毛针织绒分厂、桐乡玻璃纤维厂、海盐供电局公用电工程队。由全民所有制改建1家，即桐乡毛纺厂。

嘉兴市职工持股股份制从1993年开始发展较快，到1994年年底乡镇企业股份合作制已发展到1200多家。市本级城镇国有集体企业实行股份合作制27家。比较规范的股份有限公司如惠肯、红楼、三塔建材、新兴实业等公司,都是建立在本企业职工对公司持股的基础上建立的股份公司。还有不少有限责任公司也吸纳职工入股,如中外合资张萃丰食品有限责任公司。采取职工合股会形式让职工入股。海宁市钱江生化公司、力克公司、五交公司、盐官百货有限公司、翠丰食品公司、银河公司、锦中油脂公司、正大粮业公司、裕丰酿造公司、大远运输公司、珠峰公司等16家以职工持股股份制为转制形式的企业,国有股占总股本51.61%,企业集体股占18.04%,职工个人股占22.68%。

职工持股会　职工持股会依托企业工会设立。企业职工持股会为社团法人,20世纪90年代陆续组建登记,1998年全市职工持股会39家。1999年10月,市人民政府办公室下发《关于印发嘉兴市企业职工持股会实施细则的通知》,对工会在企业职工持股会中的地位、职能和有关要求等作出规定,明确持股会依托具有社团法人资格的企业工会设立,明确持股会以工会社团法人名义办理有关手续和承担民事责任。明确企业工会在持股会设立、募集和审批程序中的作用。2000年4月为规范运作,市总工会对全市企业职工持股会情况进行调查。7月,市总工会制订下发《关于设立企业职工持股会的实施意见》,明确设立企业职工持股会的条件、程序、原则、要求等,指导各级工会做好职工持股会工作。2001年6月4日至6日,市总工会在省总干部学校举办职工董事、职工监事和职工持股会培训班,市本级公司制企业53名职工董事、职工监事和职工持股会负责人参加培训。

随着国企改制完成,职工持股会没有法律依据、制度设计先天不足、影响决策效率等弊端日益突出。2000年7月起,民政部门不再对职工持股会给予社团法人登记,同年12月,证监会明确职工持股会不能成为上市公司股东。职工持股会完成其历史使命,企业内部职工股权向战略投资者、企业经营管理层和其他自然人集中。

第四节　厂务公开

嘉兴市于1999年开始在国有、城镇集体和国有集体资产控股及乡镇集体企业中推行厂务公开、民主监督制度。随后逐步在学校、医院、非公有企业中推行。工作中坚持“规范、深化、求实、创新”原则,以职代会、厂务公开制度建设为重点,推进全市厂务公开工作深化拓展。

领导机构

1999年4月,市反腐败斗争联席会议决定成立嘉兴市推行厂务公开工作办公室。明确推行厂务公开工作在市推行政务公开领导小组领导下进行。办公室地点设在市总工会,日常工作由市总工会牵头,市纪委、市经委参与。市纪委王善强任办公室主任,市总工会陈长庆、市经委干安宁任副主任。2004年4月调整充实市推行厂务公开办公室成员,调整后仍由市纪委王善强任办公室主任，市总工会陈长庆、市委组织部郝雪云、市国资委祝仲坤、市教育局王兆明、市劳动保障局庄荣根、市卫生局王志强为副主任。2005 年 7 月成立嘉兴市推行厂务公开工作领导小组，副市长王新民任组长，市总工会主席邵建华任副组长，成员由市政府分管副秘书长，市委组织部、市经贸委、市教育局、市监察局、市劳动保障局、市文化局、市卫生局、市委企工委、市工商局负责人组成。领导小组下设办公室(设在市总工会)，市监察局调研员王善强兼任办公室主任，市总工会副主席张钰良、市经贸委副主任吴海松、市委企工委副书记祝仲坤兼任办公室副主任。2008 年 9 月调整市推行厂务公开工作领导小组组成人员，副市长张志伟任组长，市政协副主席、市总工会主席邵建华任副组长，市政府副秘书长陈树庆，市总工会副主席张钰良等 12 人为成员。领导小组下设办公室，办公室设在市总工会，市纪委常委阙萍兼任办公室主任，市总工会副主席张钰良等任副主任。2010 年 10 月再次调整市推行厂务公开工作领导小组，市委鲁俊副书记任组长，市政府副市长张志伟和市政协副主席、市总工会主席邵建华任副组长，邵建华兼任办公室主任，市纪委常委阙萍、市总工会副主席张心桥任办公室副主任。

同时，为更好发挥市推行厂务公开工作领导小组组织协调作用，加强对厂务公开、民主管理工作的指导推动，还制定领导小组工作职责、议事规则、办公室工作职责、领导小组成员单位工作责任制等制度。

各县、区(市)也相继成立厂务公开领导机构，并不断充实完善，在全市形成党委统一领导、党政共同负责、有关方面齐抓共管、职工群众广泛参与的领导体制和工作格局。

厂务公开内容和形式

1999 年 4 月，市纪委、市经委、市总工会联合下发《关于在全市推行厂务公开制度的通知》。该通知明确厂务公开内容以关系企业发展的重大问题和群众普遍关心的热点问题以及涉及职工切身利益的问题为重点，主要有：企业重大问题决策公开，包括企业发展目标和长远规划；重大基建、技改投资、财务决算；企业改制方案等。企业干部选拔、任用和管理公开，包括各岗位干部任用条件、程序、结果；企业职代会民主评议领导干部标准、程序、结果等。涉及职工切身利益问题公开，包括职工工资、奖金和住房分配、保险福利、劳动保护措施、职工培训计划、职称评定、奖惩晋级、农转非、计划生育指标安排、劳动用工、下岗分流以及集体合同签订等。企业经营状况公开，包括企业盈亏、大宗原材料采购供应、企业业务招待费使用情况等。

2003 年 1 月，市委办公室、市政府办公室联合下发《关于深入实行厂务公开制度的通知》，深化和拓展厂务(包括校务、院务、所务)公开内容。主要有：企事业单位重大决策问题，包括企事业中长期发展规划，投资和生产经营重大决策方案，企事业改革、改制方案，重大技术改造方案以及企事业裁员、职工安置方案等；生产经营管理方面的重要问题，包括年度生产经营目标及完成情况，财务预决算，企业担保，大额资金使用，工程建设项目的招投标，大宗物资采购供应，产品销售和盈亏情况，承包租赁合同执行情况，企业内部经济责任制度落实情况，重要规章制度的制定等；涉及职工切身利益方面的问题，包括劳动法律法规的执行情况，集体合同、劳动合同的签订和履行，职工工资奖金福利分配，职工养老、医疗、工伤、失业、生育等社会保障基金缴纳情况，职工招聘、专业技术职称评聘，评优选先的条件、数量和结果，职工购房、售房的政策和住房公积金管理以及企业公积金和公益金使用方案，安全生产和劳动保护措施，职工培训计划等；与企事业单位领导班子建设和党风廉政建设密切相关的问题，主要包括民主评议企事业单位领导层人员情况，中层人员、重要岗位人员的选聘和任用情况，干部廉洁自律规定执行情况，企业业务招待费使用情况，企事业单位领导层人员工资(年薪)、奖金、兼职、补贴、住房、用车、通讯工具使用情况，以及出国出境费用支出情况等。

厂务公开根据不同内容采用多种形式，主要载体是职工代表大会。凡涉及职代会职权范围的企事业重大决策、职工切身利益问题、民主评议干部、业务招待费使用情况等，都应在职代会上报告，并经职代会审议、同意或决定。厂务公开的日常形式还包括厂务公开栏、厂情发布会、党政工联席会和职代会联席会、企事业内部信息网络、广播、电视、厂报、墙报等。

非公有制企业厂务公开内容一般包括：企业发展规划和经营方针，重大技术改造方案，职工技术培训计划等涉及企业重大决策的问题；职工福利基金使用，职工辞退和处分，职工养老、失业、工伤、医疗等社会保险费的缴纳情况，劳动安全卫生保护情况等涉及职工劳动权利和其他合法权益的事项；企业重要规章制度的制定和执行情况；集体合同及工资集体协议的签订、修订、续签及履行情况等。

厂务公开工作开展情况

1999年4月，市纪委、市经委、市总工会联合下发《关于在全市推行厂务公开制度的通知》。5月，市纪委、市经委和市总工会联合召开全市厂务公开制度试点工作会议，宣布在全市国有企业、集体企业、公有制产权控股的公司制企业和股份合作制企业逐步推行厂务公开制度，三年内完成。全市确定24家国有、集体及国有集体控股企业作为第一批厂务公开试点单位，全市厂务公开工作正式启动。9月24日召开全市厂务公开试点工作经验交流会暨第二批厂务公开动员大会，民丰集团公司、嘉爱斯热电公司、嘉控公司、平湖天龙集团、海盐第二丝厂、海宁金潮集团、桐乡化工总厂等首批试点单位作经验介绍。会后全市第二批厂务公开165个企业推广工作全面启动。11月市厂务公开办公室举办厂务公开工作培训班，第一批试点单位民丰集团公司等作介绍，市厂务公开办作《企业民主管理、职代会制度和厂务公开制度》专题业务辅导，厂务公开办领导布置工作，来自基层94家单位的138位党政工会领导参加学习培训。到年底，全市推行厂务公开企业单位累计达222个，覆盖全市5县2区及市本级经委、城建委、教委、交通局、二轻公司、商业局、粮食局、外经委、供销社等9个系统，占应建总数57.8%，超额完成省委省政府提出1999年推行三分之一的工作目标。

2000年3月24日召开全市厂务公开工作会议，总结1999年度全市厂务公开工作，布置2000年目标任务，同时公布全市第三批推行厂务公开企事业单位共91家。8月，市纪委、市经委、市总工会联合下发《关于深入学习贯彻“三个代表”重要思想，进一步深化完善厂务公开工作的意见》。该意见针对前阶段存在的问题与不足，提出要认真学习贯彻“三个代表”重要思想，充分认识实行厂务公开的重要性和必要性；坚持从实际出发，突出重点、求真务实，推动厂务公开工作不断向深入发展；认真总结、逐步规范，把厂务公开要求纳入依靠职工办企业的体制、机制和制度中去；加强领导、落实职责，切实发挥厂务公开办公室作用四个方面的要求。11月，市纪委、市经委、市总工会联合下发《关于厂务公开中进一步加强民主评议领导干部和公开领导干部年收入的通知》，就进一步规范全市厂务公开内容提出六项要求。至年底，全市281家国有集体及其控股企业全部实行厂务公开，推行面100%。526家科教文卫事业单位中有505家实行校务(院务、所务)公开，推行面96%。

2001年全市厂务公开有三个方面新进展：在公开范围上由国有、集体企业向学校、医院、科研事业单位全面延伸，从公有制企业逐步向非公有制企业延伸。在公开层次上由公司(局、院)一级逐步向分厂(分公司、车间、科室)以及班组、教研室等延伸。在公开内容上由生产经营、职工关心热点和干部廉洁向大宗物资采购、教学仪器和药品采购、财务管理、干部聘用等专项延伸，全市厂务公开工作进一步深化。

2003年，市委办、市府办下发《关于深入实行厂务公开制度的通知》，要求大力推进非公有制企业厂务公开工作。至年底，全市共有1397家企事业单位实行厂务公开，其中国有集体及其控股企事业286家，学校、医院、科研单位526家，非公有制企业585家。

2008年6月–8月，为总结全市厂务公开工作推行十年的经验，深化全市厂务公开工作，市厂务公开办公室开展全市厂务公开民主管理工作调研。12月市人民政府下发《关于进一步深化全市厂务公开民主管理工作的意见》，提出继续深化国有集体及控股企事业单位厂务公开民主管理工作，大力推进非公有制企业厂务公开民主管理工作，努力扩大事业单位内部事务公开推行面。

2010年7月，为推动《浙江省企业民主管理条例》贯彻实施，全市开展厂务公开民主管理工作自查活动,总结经验,选树典型,进一步营造厂务公开民主管理良好氛围。10 月 18 日, 市厂务公开领导小组召开(扩大)会议,学习贯彻《浙江省企业民主管理条例》,回顾总结全市推进厂务公开工作,部署下一步工作任务。市委副书记鲁俊在讲话中要求突出重点,加强管理,提高建制率,深化拓展厂务公开民主管理工作。

至 2010 年年底, 全市工会所在单位实行厂务公开 5651 个, 涵盖单位 16081 个,涵盖职工 1040070 人。

表 4–13 **2010 年嘉兴市工会所在单位推行厂务公开情况**

	实行厂务公开(个)	没有实行厂务公开(个)	涵盖单位(个)	涵盖职工(人)
总计	5,651	2,648	16,081	1,040,070
南湖区	565	104	1,711	114,964
秀洲区	531	94	1,399	92,863
嘉善县	369	1,089	602	39,064
海盐县	679	157	1,544	118,370
海宁市	1,063	444	4,786	183,881
平湖市	960	240	3,102	210.406
桐乡市	1,145	319	2,311	179,351
经开	31	74	36	9,986
港区	102	13	384	35,743
产业	206	114	206	55,442

说明:资料来自工会统计年报

省以上表彰

全国先进

2003 年, 嘉化集团获全国厂务公开民主管理先进单位。

2006 年, 海盐县自来水公司获全国厂务公开工作先进单位。

2010 年, 浙江嘉兴中达集团获全国厂务公开民主管理先进单位。

省先进

2005 年, 嘉善县厂务公开办公室获省推行厂务公开工作先进单位。嘉兴电力局、海宁市人民医院、桐乡市高级中学、海盐县自来水公司获省厂务公开工作先进单位。

2008 年, 平湖市厂务公开办公室获省推行厂务公开民主管理工作先进单位。浙江长盛滑动轴承有限公司、嘉兴市高级技工学校、浙江朝晖过滤技术股份有限公司、浙江嘉兴中达集团有限责任公司、中国电信嘉兴分公司获省厂务公开民主管理工作先进单位。

第五节 教代会

1985年，市属12所学校召开首届教代会。各校教代会主要日程、议程按照省教育工会《中小学教职工代表大会暂行条例》(草案) 要求。1985年-1996年期间，各校教代会除了审议通过校长工作报告、财务工作报告外，还参照《中小学教职工代表大会暂行条例》(草案)，制订、审议通过各校《教职工代表大会暂行条例》。

1996年9月，省教委、省教育工会颁发《中小学教职工代表大会工作规程》(试行)，完善教代会四个阶段工作任务、教职工代表权利和义务，明确教代会四项职权。1997年-1998年，市教育工会在全市范围开展中小学教代会评估试点工作，并在评估试点基础上由市属推广到全市。在教代会工作中重点开展民主评议学校领导干部工作，并专门制定实施意见，使教代会评议监督权得到有效落实。到1999年6月，全市中小学教代会评估工作全面结束，全市学校100%建立教代会制度。

1999年，《全国教育工会关于推进校务公开工作的意见》下发，市教育工会按照《意见》精神和省教育工会要求，积极开展推行“校务公开”工作，探索学校(单位)教代会与校务公开工作有机结合。2007年，教代会与校务公开工作有机结合纳入市教育局出台的《市属学校招标采购监督管理暂行办法》和《市属学校校务公开暂行办法》。

2007年9月，省教育工会颁发新的《浙江省中小学教职工代表大会工作规程》，调整更新原有条款内容。此后，推进教代会工作侧重点在三个方面，一是推行票决履行通过权，使广大教职工真实表达意愿。二是校务公开向教代会报告列入学校年度考核。在年终考核中，市教育局考核组人员到校参加教代会，进行指导与监督，使民主监督落到实处。三是扩大民主评议范围。在每年教代会民主评议学校领导干部的同时，部分学校把教代会民主评议中层干部、后备干部、工会干部也纳入这一机制。到2010年，全市学校教代会制度趋于规范化、程序化、科学化，教代会成为学校筹划发展智囊，民主管理途径，和谐校园建设载体。

第四章 宣传教育

从1991年到2010年,全市各级工会围绕改革开放,按照培养“有理想、有道德、有文化、有纪律”的“四有”职工队伍目标,坚持理论联系实际,开展形式多样、内容丰富的宣传教育活动,提高广大职工思想政治素质、科学文化素质、身体素质,增强主人翁责任感,较好发挥了“学校”和“乐园”作用。

第一节 职工思想政治教育

“八五”时期职工思想政治教育

1991年-1995年,全市职工思想政治教育主要针对改革深入,组织职工学习邓小平南方谈话精神和各项改革政策,引导职工正确理解、积极参与,依靠广大职工推进改革。针对苏联和东欧剧变,开展坚定社会主义信念教育,引导职工爱国爱党爱社会主义不动摇。

“三热爱”系列活动 1991年,围绕庆祝建党70周年和全市开展“我为南湖争光辉”活动,全市工会开展以爱国、爱党、爱社会主义为主题的“三热爱”系列教育活动。5月,市委宣传部和市总工会组织生产第一线10名劳动模范分赴各县(市、区)、市属企业和市级机关举办10场报告会,听众8000余人次。6月参加全省职工“党在我心中”演讲比赛。发动职工参加全省“社会主义好”征文活动,2名职工获一等奖,4名职工获二等奖,8名职工获三等奖,获奖篇目占全省首位。市总工会获组织者奖。“七一”举办全市“职工书画展”、声乐舞蹈调演。“八一”举行戏曲小品调演。10月在全省职工文艺调演基础上举办全市《祖国颂》文艺汇演汇报演出暨授奖大会,市领导赵冰、李旭峥出席大会并为在省市职工文艺会演中获奖的代表队和演出单位、优秀演员授奖。11月举办全市“党在我心中”演讲比赛。年底市总工会评选表彰一百名优秀工人。

坚定社会主义信念教育 1992年继续深化“双基”和“三热爱”教育。针对部分职工自苏联、东欧剧变以后产生社会主义信念上的疑虑和迷惘,着重进行坚定社会主义信念教育,加深对“一个中心、两个基本点”理解,坚定建设有中国特色社会主义信心。全市建立社教领导小组和专门工作班子,制订教育实施计划,还向市本级10个大中型骨干企业派工作组。市总工会组织“七五劳模巡回报告团”“社会主义大家谈”征题征答、“坚定社会主义信念”征文、“厂歌”比赛等活动,引导职工认识坚持党的基本路线重要性，调动职工积极性和创造性。

改革系列教育 1993年1月，市总二届六次会议确定在全市职工中开展“改革系列教育”。2月，市总工会发出通知，要求围绕宣传党的十四大精神抓好“改革系列教育”，促进观念转变，发挥工人阶级主力军作用。“改革系列教育”主要内容为：关于建设有中国特色的社会主义理论；关于社会主义市场经济；关于企业转换经营机制；关于社会主义保障制度改革；全心全意依靠工人阶级推进改革；企业现代化管理；科技是第一生产力等。要求各级工会结合自身实际，有针对性地确定教育内容。这次教育活动方式是“统一部署，分散进行，重点放在基层，市总指导服务”。年中和9月分别召开“改革系列教育”情况交流会。9月16日–17日举办“改革系列教育讲座”，市体改委主任敖文治、市经委主任陈永明及有关教师宣讲社会主义市场经济和企业转换经营机制。12月举办“天声杯”改革系列教育知识竞赛。

“万看千抒百访”活动 1994年在全市职工中开展“万人看变化，千人抒情怀，百户叙家常”改革教育活动，围绕出台的重大改革措施，配合党政搞好改革中的职工思想教育。4月组织参加由全国总工会宣教部、工人日报社举办的全国“班组社会主义市场经济知识竞赛”活动，全市有5386个班组参赛，其中1630个班组答案全对。从5月开始市总工会组织“劳模事迹巡回报告团”，在市和各县（市、区）巡回演讲50多场，听众近3万人。7月市总工会召开“万看千抒百访”活动情况交流会，平湖市总工会、嘉善县总工会、市财贸工会和三家企业工会在会上交流情况，市总宣教部就下半年活动作部署。10月由市总工会和市经委、市电视台携手摄制完成一部反映市部分大中型企业改革成功之路的教育录像片《大潮》。市总工会把录像片的摄制和组织观看作为活动重要内容。平湖市总工会为90%以上职工播放此片，市财贸工会组织25场共3000多名职工观看，嘉兴航运总公司工会带录像机去基层企业一家一家播放。据不完全统计，全市有18万职工参加这次活动，各级工会干部访问9千多户职工家庭。通过思变化、叙家常、谈改革、解疑惑、送温暖，感召职工主人翁精神，起到激励斗志、凝聚人心作用。

爱国主义教育 1994年，中央下发《爱国主义教育实施纲要》。9月，市总工会召开有市各产业工会和部分企业工会参加的学习贯彻“纲要”座谈会，充分认识实施纲要的深刻现实意义和深远历史意义。各级工会组织发挥工会教育职能，开展经常化、具体化、形象化爱国主义教育活动。1995年是纪念世界反法西斯战争、中国人民抗日战争胜利五十周年。年初，市总工会二届十一次全委会确定在全市职工中开展爱国主义教育，深化“万看千抒百访”活动，弘扬“敢为人先、和衷共济、负重拼搏、敬业奉献、振兴嘉兴”的嘉兴精神，推动“我为嘉兴添锦绣”活动深入开展。9月，

市总工会宣教部、《嘉兴工人报》联合举办有近万名职工参加的“爱我中华”百题知识竞赛。同月，市总工会、市教委、市集邮协会联合在文化宫举办“爱我中华”纪念抗日战争胜利50周年集邮展览。12月举办嘉兴市(本级)《保龄参杯》职工爱国主义歌曲卡拉ok比赛，15个系统23支代表队128人参加比赛。各地各单位也开展形式多样的爱国主义教育活动。嘉善开展“知我嘉善、爱我嘉善、兴我嘉善”为主题的爱国主义教育系列活动。海宁市总工会举办有44个乡、镇、企事业单位参加的革命历史歌曲歌咏比赛。嘉航总公司工会在“五一”节和“五四”青年节期间举办“爱我中华”百首爱国主义歌曲卡拉ok演唱活动。

“九五”时期职工思想政治教育

1996年–2000年，全市职工思想政治教育主要围绕实施“九五”规划纲要和迎接新世纪，引导职工解放思想、开拓进取、艰苦创业、敬业奉献，为发展嘉兴经济建功立业。

“敬业、创业、干九五”系列教育活动　1996年是实施“九五”计划第一年，也是承上启下为实现全市中长期宏伟目标的开局之年。为响应市委、市政府“开好头、起好步、夺取九五开门红”号召，1月初，市总工会制订下发“敬业创业干九五”系列教育实施意见，进行专门部署。下旬，市总工会三届三次委员扩大会议号召在全市职工中广泛开展“敬业创业干九五，为发展嘉兴经济建功立业”劳动竞赛活动。会后，市总工会下发《关于动员全市职工广泛开展敬业创业干九五，为发展嘉兴经济建功立业的决定》，要求各级工会加强对活动的组织领导和督促指导。一季度各级工会着重抓“八五”成果和九五规划及2010年远景目标宣传。二季度举办以宣传劳模先进和南湖百杰为主要内容的“创业者风采”摄影作品展，和电视台联办“庆五一”系列专题节目，举办有各行各业模范先进代表，干部职工代表参加的“庆五一”联欢晚会。三季度开展以“四德”(职业道德、社会公德、家庭美德、个人品德)教育为主要内容的职业道德教育，开展争做“八种人”活动，即“爱岗敬业的好工人、埋头苦干的实干人、勤俭持厂的好主人、艰苦奋斗的创业人、革新挖潜的聪明人、优质高产的有功人、助人为乐的热心人、弘扬正气的带头人”。四季度开展敬业创业干九五争做“八种人”评选活动，评选总结百名职业道德明星和20个职业道德明星班组，并以此为基础，开展“职业道德双十佳”评选活动，评出10名市十佳职工职业道德建设先进个人和10个市十佳职工职业道德建设先进集体。年底举办活动成果展览，开展三“十佳”评选，评出10名全心全意依靠职工办好企业的优秀党政领导干部，10名为科教兴市做出贡献的科技工作者，10名在生产经营、管理第一线的优秀职工。

“学习刘雪珍，争当创业先锋，争做文明职工”活动　1997年，市总工会结合1995、1996年度劳动模范、职工职业道德建设“双十佳”和先进集体评选表彰工作,总结推广嘉兴富源制衣有限公司横机挡车工刘雪珍先进事迹。2月初,市总工会三届五次全会扩大会议讨论通过关于开展“学习刘雪珍,争当创业先锋,争做文明职工”活动的决定。8月,市总工会和市委宣传部联合发文,在全市广大党员、干部和职工群众中广泛深入地开展学习、宣传刘雪珍先进事迹活动。组织“刘雪珍先进事迹报告团”,在全市巡回演讲20多场,一万多人次参加听讲。市委副书记徐良骥,市委常委、宣传部部长沈子松接见报告团全体人员,称赞刘雪珍先进事迹体现了当代工人主人翁风貌,具有鲜明时代特点和感召力,是爱国主义精神具体体现。各地把学习宣传刘雪珍先进事迹与“讲文明、树新风”活动、机关党性党风教育活动、学习身边先进人物结合起来,立足本职干好工作,争当创业先锋,争做文明职工,在自身岗位多做贡献。

“学树创建迎”主题宣传教育活动 2000年,全市开展“面向新世纪、建设新嘉兴”活动。1月下旬,市总工会四届二次全会扩大会议通过《关于开展“学树创建迎”主题活动决议》,号召全市各级工会广泛开展“学新知识,树新形象,创新业绩,建新嘉兴,迎新世纪”主题活动。为推动活动深入开展,在职工中组织开展“学理论、学文化、学科学、学技术、学管理、学法律”六学活动,引导职工努力学习和掌握新知识、新技术和新技能。4月市总工会举办工会干部“WTO”知识讲座,7月举办嘉兴市职工“思源更思进,建设新嘉兴”百题知识竞赛,历时一个多月,一万人参赛。9月举办全市职工电脑比赛,从33名选手中产生4名组队参加10月全省比赛,获优秀组织奖,获个人二、三等奖各1人,选手方耀入选省队参加全国比赛。10月市委宣传部、市总工会等单位举办“大红鹰杯”《唱响主旋律、迎接新世纪》嘉兴市职工歌手比赛,18名歌手获奖并参加全省比赛,其中3人获二等奖,2人获三等奖。12月举办“展示新风采,畅想新世纪”全市职工演讲比赛,19支代表队42名选手参加。市教育工会开展“以良好的师德、风貌回报社会,以出色的工作迎接新世纪”活动。市交通工会一手抓参与,协助做好企业改制工作,配合做好职工思想政治工作;一手抓解困,履行好特困职工第一责任人职责,发放慰问金23800元。年底,市总工会举办“学树创建迎”成果展览,展示全市各级工会组织在推进工会基层组织建设、协调劳动关系、维护职工合法权益等重点工作取得的实绩。

“十五”时期职工思想政治教育

2001年–2005年,全市职工思想政治教育以“三个代表”重要思想为指导,学习宣传中共十六大精神,贯彻《公民道德建设实施纲要》,开展“创建学习型组织,争做知识型职工”活动,实施职工素质工程,努力提高职工素质。

揭批“法轮功” 2001年1月31日–2月上旬,市总工会和全市各级工会以召开声讨会、座谈会等形式,声讨揭批“法轮功”邪教组织滔天罪行,拥护党中央取缔“法轮功”邪教组织英明决策。3月1日,市总工会再次召开全市工会系统深入揭批邪教"法轮功"座谈会,抨击邪教反动本质。

"树文明新风、做文明职工、创一流业绩"主题教育活动　2002年,全市各级工会把贯彻《公民道德建设实施纲要》、落实《浙江省公民道德规范》作为职工思想政治教育一项重要任务。市总工会在年初四届五次会议上决定以"树文明新风、做文明职工、创一流业绩"主题教育活动为载体,组织广大职工开展职业道德实践活动,提高职工职业道德整体水平。市总工会配合市委、市政府在元旦春节期间开展扶助困难职工群体的"爱心行动"。组织开展"结对助学"、义务献血、义务植树、义诊上街咨询等公益活动,弘扬主旋律。"五一"组织开展"庆祝五一国际劳动节暨公民道德宣传日"活动,先后举办"公民道德建设万人签名活动",举办"纲要""规范"宣传图板展览,举办"五月放歌"大型广场文艺演出,还编印《会员手册》,把公民道德建设和职业道德规范作为内容之一。

"创建学习型组织、争做知识型职工"活动　2003年7月,市总工会决定在全市职工中开展"创建学习型组织、争做知识型职工"活动(简称"创争"活动),总体目标是力争用五年时间,在全市构建起以提高和优化职工队伍整体素质为核心,机制健全、管理科学、务实高效的新型职工素质教育工程基本框架和运行体系,推动互动式学习型班组大量涌现,培养一大批具有学习能力、创新能力的知识型职工,为全市创建学习型社会打下基础。活动从2003年启动,全市重点抓好10个"创争"试点。各县(市)总工会、市产业工会和市直属基层工会都制订专项计划,每年按一定比例分期分批在不同类型企业中开展"创争"活动。12月,市总工会在民丰召开"创建学习型组织、争做知识型职工"活动试点座谈会,五县(市)二区、产业工会及试点单位等20余人参加,7个工会进行座谈介绍,市总工会领导要求以更新观念为先导,构筑终身学习理念大平台;拓宽民主渠道,构筑职工参与企业管理大平台;拓宽培训渠道,构筑职工教育培训大平台;拓宽活动渠道,构筑精神文化活动大平台,进一步广泛深入开展主题教育活动。2004年,全市试点单位扩大到180多个。

实施职工素质工程　2005年,根据省"创争"活动领导小组《2005年全省"创建学习型组织,争做知识型职工"活动意见》和省总《浙江省工会实施职工素质工程三年计划》要求,市总工会与市文明办、市发改委、市教育局、市科技局、市人事局、市劳动保障局、市财政局、市工商联共同商议决定在全市职工中实施"职工素质工程"。4月下发实施意见及相关考核评价体系,并召开嘉兴市职工素质工程推进会。8月,市总工会在海盐县召开"嘉兴市创争活动经验交流会"。各县(市、区)工会介绍开展"创争"活动、扎实推进"职工素质工程"的做法和取得成效,各试点单位交流活动中的好方法好载体。年内全市367家企事业单位开展“创争”活动,404个班组开展创建学习型班组建设。外来务工人员参加培训16336人次。

2006年4月,市创争活动领导小组制订下发《2006年嘉兴市职工素质工程行动计划》,以深入推进“创争”活动和职工经济技术创新活动为抓手,实施“三二一”工程(即抓好“三个一批”,扩大一批试点,展示一批“创争”活动成果,树立一批典型;建设“二个基地”,以市、县两级工会职校和文化宫建设为重点,带动企业加强职工技能培训基地建设;打造“一支队伍”,以评选全市高技能人才和选聘市县两级技能带头人等活动为载体,打造一支高素质、复合型人才队伍),全面提高职工素质。

外来务工人员主题教育活动　2005年,市总工会继续在南湖、秀洲两区开展外来务工人员“知情、明理、守法、创业”主题教育活动。在外来务工人员集中的镇(街道)、工业区和企业中实施“万千百十”工程,即编写发放1万份《外来务工人员手册》,使万名外来务工人员受到教育;开展经济技术创新、技术比武活动,使千名外来务工人员成为企业生产经营骨干;通过业务培训,使百名外来务工人员成为企业职业技能带头人、工资集体协商谈判代表和劳动法律监督员;评比表彰“十佳”外来务工人员。同时,通过职工帮扶中心建立外来务工人员服务平台,在知情明理、法律咨询、职业介绍、技能培训、贫困救助、劳动争议和职业安全卫生等方面给予更多关心帮助。2006年进一步加强外来务工人员教育和服务,完成已建工会企事业单位外来务工人员60%的教育面。在各县(市、区),民工公寓工会和民工集聚地职工活动中心建设取得新突破。2007年,市总工会“百万农民工‘知情、明理、守法、创业’主题教育活动”获全国职工思想政治工作创新案例一等奖。

“十一五”时期职工思想政治教育

2006年–2010年,全市各级工会组织职工认真学习贯彻胡锦涛同志关于树立社会主义荣辱观的重要讲话,学习《江泽民文选》,学习贯彻党的十七大精神,开展学习实践科学发展观活动,进一步增强职工队伍思想道德建设。

社会主义荣辱观教育　2006年3月全国“两会”期间,胡锦涛总书记发表树立社会主义荣辱观(“八荣八耻”)重要讲话。3月30日,市总工会召开“树立社会主义荣辱观”座谈会,召集市部分全国劳模、省劳模及各行各业先进代表和工会干部学习座谈贯彻胡锦涛总书记重要讲话精神,部署在全市职工中开展社会主义荣辱观教育。全国劳模巴增鸿代表与会人员宣读“知荣辱、树新风、建新功”倡议书,倡议全市百万职工走在践行“荣辱观”前列。4月下旬,市总工会组织南湖、秀洲区和市各产业(系统)、市属各基层职工2000人参加践行社会主义荣辱观签名活动。各县(市)总工会也在同一时间组织有6000多人参加的签名活动。市卫生系统把教育活动与本系统开展“双优一满意”“创建文明示范窗口”、卫生行风建设和医德医风建设结合起来，举办有17名选手参加的“树立正确社会主义荣辱观”演讲比赛。市国鸿集团工会召开先进职工座谈会,发出“知荣辱、讲文明、提素质”倡议书,开展主题征文,举办演讲比赛。加西贝拉公司工会就学习活动进行动员部署,党政工团联合下发开展学习活动通知,为每个班组配备教育读本,定期组织学习,在员工中开展“知荣辱、守准则、讲文明、树新风”讨论活动,设立“身边陋习曝光台”，形成“人人践行荣辱观、自觉遵守行为准则”良好风尚。

学习宣传贯彻党的十七大精神主题教育活动 2007年中共十七大召开前,宣传教育重点围绕以邓小平理论和“三个代表”重要思想为指导,贯彻落实科学发展观,宣传改革开放和现代化建设辉煌成就;围绕和谐劳动关系企业创建活动,在职工和工会干部中掀起学习宣传《中华人民共和国劳动合同法》热潮;宣传中国特色社会主义工会发展道路;“组织起来,切实维权”工作方针和中国特色社会主义工会维权观。十七大召开后,市总工会下发《关于认真学习贯彻党的十七大精神的通知》，要求充分认识学习贯彻党的十七大精神重大意义,深刻领会、全面准确把握党的十七大精神,紧密联系工会工作实际把党的十七大精神落到实处。11月举办党的十七大精神辅导报告会，各县（市、区)、各产业(系统)、市直属基层、市总机关共350余人听取中央党校蔡霞教授专题辅导。各级工会采取报告、培训、座谈和阵地宣传、文艺活动等形式向职工宣传十七大精神。2008年3月,市总工会组织开展全市职工学习党的十七大精神百题知识竞赛。

“世博”知识进企业活动 2010年,市总工会在全市百万职工中开展“文明服务迎世博、安全稳定创和谐”活动。作为“文明服务迎世博、安全稳定创和谐”活动之一,市总工会在全市开展世博知识进企业活动,宣传普及世博会理念与知识,提高广大职工对上海世博会认知度,激发广大职工支持、参与世博热情。3月–4月,市总工会在全市职工中组织开展世博知识竞赛活动,6万多名职工踊跃参赛,45名职工获一等奖,70名职工获二等奖,200名职工获三等奖。

其他宣传教育活动

新时期工人阶级新闻宣传 2006年,全市各级工会贯彻中宣部、全国总工会联合下发《关于进一步加强新时期工人阶级新闻宣传的意见》精神,加大对工人阶级和工会工作宣传力度。市委宣传部、市总工会联合下发《关于进一步加强“五一”期间工人阶级和工会工作宣传的通知》，要求充分认识加强工人阶级宣传的重要意义,精心组织“五一”期间工人阶级和工会工作宣传。4月,市委宣传部、市总工会联合召开市级新闻单位加强工人阶级宣传工作座谈会,统一部署和发动。五一期间,市总工会开展庆“五一”先进表彰大会暨劳模报告会，举办以展示职工职业技能、职业礼仪为主要内容的嘉兴市职工才艺比赛。举办“建功十一五,主人展风采”嘉兴市实施职工素质工程成果展

览。举办以弘扬劳模精神、红船精神、为“十一五”建功立业为主题的演讲比赛。各新闻媒体推出歌颂“劳模光荣、工人伟大”为主题的劳模先进事迹系列报道。与南湖晚报等单位联合推出“首届新嘉兴人风采”系列展示,“技能改变生活、劳动创造财富”专栏,集中宣传报道一批处于一线生产工作岗位、掌握一定技能,通过自己双手改变生活、带动群众、服务社会的技术技能型职工。

工会宣传月活动 2007年,为进一步加强工人阶级和工会工作宣传,充分展示全市职工主人翁风采和工会工作取得成效,市总工会组织开展“工人阶级和工会宣传月”活动。宣传月活动以“弘扬主人翁精神、建设和谐嘉兴”为主题,深入宣传、学习中共十六届六中全会精神,宣传劳动模范先进事迹和优秀品质,宣传工人阶级的丰功伟绩,报道各级工会工作和成绩。4月召开庆“五一”先进表彰大会。4月30日至5月1日举办梅湾街“五一”街会,主要活动有“嘉城杯”职工歌会暨第五届中国嘉兴南湖合唱节工会系统选拔赛,“嘉城杯”职工“双绳”比赛,“嘉城杯”职工游艺活动,“五送”(送岗位、送技能、送法律、送健康、送文化)等社会公益活动。

振兴中华读书活动 根据市委宣传部、市文明办、市文广局《关于进一步推进全民阅读活动的意见》,2010年7月,市总工会在全市职工中开展以“阅读、修身、励志、创业、振兴中华”为主题、以“职工书屋”为主阵地的读书活动,形成“爱读书、多读书、读好书”的文明风尚,全面提升职工素质,为振兴中华多做贡献。重点阅读政治理论、市场经济、政策法律、现代科技、文明礼仪、文学艺术和与本职工作相关的书籍。其间,市总工会组织开展全市职工“振兴中华读书活动”征文比赛和最受职工欢迎的“职工书屋”评选活动。

第二节 职工文化生活

工会开展职工群众文化工作,坚持以人为本,组织职工开展丰富多彩的文体活动,满足职工多层次精神文化需求,培养职工文明风尚,全面提高职工队伍综合素质。

职工文化活动场所

前志载,1990年底全市有工人文化宫、俱乐部84个,专职工作人员118人。1991年–2010年,全市各级工人文化宫、俱乐部充分发挥优势,开展丰富多彩、寓教于乐的群众性文体活动,丰富职工业余文化生活。至2010年年底,全市基层以上工会文化宫俱乐部34个,基层工会直属文化宫俱乐部193个,工会直属体育场(馆)148个,工会直属图书馆(藏书1万册以上)132个。

市工人文化宫 嘉兴市工人文化宫是嘉兴市总工会下属准公益类文化事业单位,在编职工12名。前志载,文化宫筹建于1952年,1956年建成大礼堂。文化宫位于嘉兴市中山东路47号,建筑面积6000余平方米,包括东西两座大楼和原影剧场。东大楼及影剧场主要是各种娱乐场馆,包括乒乓室、棋牌

(培训)室、游戏机厅、健美健身中心、舞厅、多功能厅、KTV包间等。西大楼主要以教育培训中心为主,拥有设施较为完备的教室,常年举办各种少儿、成人类文化、艺术培训。1993年–2010年,每两年一次文明单位复查中,市工人文化宫一直保持嘉兴市区级“文明单位”称号,1999年在浙江省总工会创先争优活动中获“达标工人文化宫”称号。

县(市)工人文化宫

嘉善县工人文化宫　前身为1954年建立的魏塘镇工人俱乐部,1989年2月搬迁至魏塘镇解放路1号(后因县行政区划调整,驻址更名为魏塘街道解放西路22号),4月更名为“嘉善县工人文化宫”。文化宫大楼建筑面积1941平方米,内设图书阅览室、录像放映室、舞厅、游艺室、茶室、灯光篮球场等活动场所。图书室藏书5000多册,各类报刊,杂志42份。同时,建有县职工艺术团,专职、业余演员63人。县工人文化宫坚持“工人的学校和乐园”的办宫宗旨,坚持“以商养文”理念,引入社会资源,开办瑜伽、肚皮舞、跆拳道等培训班,每年招收学员1000多名。积极开展送文化、送节目、送图书、送电影等文体活动,2010年累计送演出13场,送图书6000多册,送电影100多场。1993年、1997年县工人文化宫两次被省总工会授予“浙江省先进工人文化宫”称号。

平湖市工人文化宫　前身为1950年建立的工人图书室,1952年建立为平湖县工人俱乐部,1987年6月改名为平湖县工人文化宫,1991年6月更名平湖市工人文化宫。在编人员7名,其中大专以上学历4名,中级职称以上3名。2009年驻所在当湖街道东湖大道888号,占地面积13372.3平方米,建筑面积16208平方米,设有职工活动中心、职工培训中心、职工服务中心。活动面积4800平方米,设有乒乓球馆、桌球室、羽毛球室、图书阅览室等活动场所。图书室藏书6500册,各类报刊25份、杂志15种。文化宫建有业余文艺团队3个,队员62人,业余文艺创作队3个,创作员63人。1997年被评为浙江省优秀工人文化宫。

海盐县工人文化宫　前身为海盐县工人俱乐部,筹建于1951年8月。1987年7月1日海盐县工人俱乐部更名为海盐县工人文化宫,驻所在武原镇秀水路12号。文化宫为一幢三层结构房,建筑面积980平方米,其中活动面积540平方米,包括舞厅(180平方米)、图书室(40平方米),店面出租440平方米。为配合海盐县城总体规划和旧城改造,2005年12月海盐县工人文化宫整体拆除,随县总工会搬迁到梅园路87号一起办公,至2010年一直未建,只保留一个职工图书室正常对外开放。在编人员7人。县工人文化宫积极配合开设各种文体专题培训班和讲座,开展一系列职工喜闻乐见的文体活动,如:职工乒乓赛、职工书画展、职工摄影展、职工文艺演出、职工演讲赛、送戏送文化进企业等活动。

桐乡市工人文化宫　桐乡市工人文化宫建筑面积4100平方米,设舞厅、歌厅、网吧、图书室,每年接待职工群众15000余人次。

海宁市工人文化宫　前身为硖石镇俱乐部，成立于1950年10月。1991年8月建成职工健身中心,1997年年初成立职工业余合唱团,1998年2月成立工人活动中心,2000年10月改名为工人文化活动中心。

镇工人俱乐部　嘉兴市镇级工人俱乐部有较好基础。1989年7月,省总工会在嘉善县西塘镇工人俱乐部召开俱乐部工作研讨会,西塘镇工人俱乐部作经验介绍。1994年,全市有镇级俱乐部22个,吸引职工参加文化、娱乐、体育活动,并担负全镇大型文体活动发起者和组织者角色。20世纪90年代起,随着经济发展和群众对文化生活日益增长需要，镇工人俱乐部逐渐演变成镇“文化中心”。进入21世纪后,随着经济开发区(乡镇工业园区)兴起和外地农民工大量涌入,镇级职工文化中心建设更加形式多样。如平湖新城职工文化中心位于平湖经济开发区“外来员工公寓”内,面积2万平方米,投资250余万元,由平湖经济开发区(钟埭街道)、平湖市总工会投资建设,2006年建成。内设健身房、文体室、(含乒乓球、羽毛球、桌球、台球等场室)、图书阅览室、文教室(含外来务工培训中心)、影视厅、娱乐厅等活动场所,为500多家企业7万余外来务工人员提供文化娱乐和学习场所。海宁外来务工人员活动中心2007年建立,各类场所面积4700多平方米,中心设有电脑室、教室、图书电子阅览室、乒乓球室、桌球室、录像室、多媒体教室、多功能活动室、体育活动场(篮球、羽毛球)等职工培训和文化体育场所、每天定时向全市职工开放。至2010年,已接待职工近7万人次。

至2010年年末,全市有镇(街道)工会文化宫俱乐部18个，体育场（馆)8个。

基层单位职工文化活动场所　嘉兴市机关企事业单位普遍重视文化建设,重视职工文化生活,重视企业文化设施建设。20世纪90年代,嘉兴以五大厂为代表的大型企业大多建有规模较大的职工俱乐部,中小企业也都建有与企业规模相适应的职工俱乐部（活动室、多功能厅)。如嘉兴绢纺厂体育馆、民丰会堂、嘉丝联职工俱乐部大楼、嘉兴冶金机械厂、嘉兴毛纺总厂、嘉兴动力机厂、嘉兴汽钢厂、嘉兴电控厂职工俱乐部都是在嘉兴社会上有影响的职工文化活动场所。20世纪末21世纪初,嘉兴新经济组织大量涌现,民营经济迅速发展壮大,企业文化建设得到同步推进。如天通控股股份有限公司将原公司一栋面积几千平方米五层楼的办公楼改建为集教学培训、文化活动和会议接待于一体的天通公司“党员职工活动中心”,使这一“硬件设施”成为天通公司内强素质、外树形象的企业文化中心。

至2010年年底，全市基层工会直属文化宫、俱乐部193个,体育场(馆)148座,藏书1万册以上图书馆132座,建立职工书屋1102个。

表 4–14 **部分基层单位职工文化活动场所情况**

单位名称	职工人数(人)	活动场所名称	建筑面积(平方米)	开放年份	活动项目
海盐格莱美服装有限公司	350	职工之家	1200	2009	健身器材,台球,图书室,乒乓球
海盐泰利森药业有限公司	280	职工之家	450	2008	图书室,乒乓球
浙江嘉丰机电有限公司(嘉善)	836	康乐室、图书馆、电脑房、电视房、篮球场、多功能厅	总6000余平方米	2007	健身器材、电脑室、图书阅览、音乐厅、电影厅、舞蹈室等
浙江昱辉阳光能源有限公司(嘉善)	4146	职工书屋、羽毛球乒乓球馆	150平方米、550平方米	2009	图书借阅、羽毛球、乒乓球
巨石集团(桐乡)	4875	巨石集团体育中心	3220	2007	篮球、乒乓球、羽毛球、足球、大合唱、排舞等
恒基建设集团有限公司(桐乡)	108	职工活动中心	2000	2008	乒乓球、篮球、羽毛球、台球、健身房、图书阅览、卡拉OK等
茂友木材股份有限公司(嘉兴港区)	680	茂友职工之家	1100	2008	职工书屋、职工培训、电影放映、体育活动室(乒乓球室、棋牌室)、卡拉OK、舞厅
浙江雅莹服装有限公司(秀洲)	1675	职工活动室	130	2009	乒乓球、电视、电脑、图书阅览、健身、心理咨询、瑜伽等
浙江台华新材料股份有限公司(秀洲)	1500	职工活动室	130	2008	乒乓球、电视、电脑、图书阅览、健身等
东海橡塑(嘉兴)有限公司	1100	职工文化活动中心	2200	2008	篮球、网球、乒乓球、羽毛球、舞蹈,电视电影室,阅览室、培训室
浙江东明不锈钢制品股份有限公司	750	职工之家	300	2010	阅览室、电视房、桌球、乒乓球、篮球、健身房、放映室

续表 4–14

单位名称	职工人数（人）	活动场所名称	建筑面积（平方米）	开放年份	活动项目
嘉兴东方钢帘线有限公司	1100	多功能厅	700	2010	跳舞、唱歌、乒乓球、台球
嘉兴罗马中望服饰有限公司（平湖）	880	党群服务中心	2000	2008	党员谈心室、卡拉OK多功能厅、电脑室、电视室、职工书屋、健身房、乒乓室、羽毛球场等
嘉兴新天姻服饰有限公司（平湖）	650	党群服务中心	500	2010	乒乓球、电脑室、图书阅览、卡拉OK、台球室
浙江海宁经编产业园区	600	和谐新村职工活动中心	室内730 室外600	2010	乒乓球、篮球、羽毛球、台球、健身房、舞蹈房、电子阅览室、图书室、教育培训室

职工文化活动社团

嘉兴市工人合唱团　成立于1999年1月，团员来自全市各行各业。工人合唱团先后参加多次合唱和比赛活动，2000年12月浙江省“金巴开”杯大型合唱获比赛金奖第一名。2001年6月参加中央电视台“心连心”艺术团演出。2003年12月“浙江移动”杯全省合唱比赛获银奖第一名。并参加浙江电视台“纪念毛泽东诞辰110周年大型合唱晚会”卫星直播节目。2004年8月嘉兴市“南湖放歌”百支合唱团总分第一，获特别奖。2004年10月第二届“西湖合唱节”铜奖。2005年10月第三届“西湖合唱节”银奖。2006年10月第四届“西湖合唱节”成人组铜奖。2006年11月嘉兴市本级优秀合唱团。2007年9月第五届南湖合唱节银奖。2009年10月南湖–中国城市合唱周银奖。2010年6月嘉兴市“红船杯”红歌赛银奖。

嘉兴市职工艺术团　2000年4月成立，是市总工会管理和直接领导下的群众性业余文艺团体。艺术团团部设在工人文化宫，日常事务由工人文化宫负责。下辖工人合唱团、民乐团、京剧越剧队等，基本队员150余人。职工艺术团由团体团员和个人团员组合，成立以来坚持文艺为职工群众服务宗旨，以严格的管理，较高的艺术水准，深入厂矿、企事业单位、农村、社区各个地方进行慰问演出，赢得广大职工群众、部队指战员和专业文艺工作者好评。

“金三塔”时装表演艺术团　1990年，嘉兴制丝针织联合厂工会举办“庆国庆迎中秋”文艺联欢晚会，成衣分厂职工穿着自己分厂制作的真丝服装进行服装展示,使厂长陸忠岳引发成立一支专业时装模特队伍来宣传本厂服装产品的设想。1990年12月由厂工会向社会招聘近十名符合素质要求的女青年,并从生产岗位抽调几位员工成立专业时装模特表演队。通过严格形体训练和台步表演训练逐渐培养成一支有较好表演水平的专业时装表演队伍。1992年12月因企业更名为“金三塔”丝针织集团公司而改名“金三塔”时装表演艺术团。“金三塔”时装表演艺术团先后获全市模特大赛冠军,全国企业模特大赛团体冠军,个人冠军、亚军。全国模特大赛大连赛区团体冠军、个人冠军。第二届国际模特时装艺术展示大赛获团体冠军。1992年6月应邀出访印度尼西亚、中国香港地区。1994年随市出口商品展销团出访菲律宾。应邀参加“上海之春”和在钓鱼台国宾馆举办的高规格演出。演出足迹遍及杭州、广州、深圳、珠海、福州、广元、太原、呼尔浩特、大连、牡丹江等地。2001年因企业重组,时装表演艺术团随之解散。

民丰管乐团　1959年为迎接建国10周年经厂党委批准创办民丰管乐队,共30多人。管乐队第一次演出亮相是迎国庆十周年大游行,乐队列第一方阵,轰动嘉兴。“文化大革命”期间管乐队扩大为管弦乐队,除原有管乐外增加大中小提琴、大贝司等各类管弦乐。1983年管乐队乐器进行彻底更新,规模扩大,演出阵容和档次越来越高。1991年受邀参加省武警总队首次大阅兵,担任礼仪和行进方队表演吹奏。1993年参加上海市(华东六省一市)第二届业余管乐比赛,获排名第四和优秀组织奖。1994年参加浙江省庆祝国庆45周年管乐大赛,获金奖第一名,并特邀在浙江卫视实况转播的颁奖晚会上现场表演。1997年成立有40多人参加的民丰女子管乐队,先后参加嘉兴市1998抗洪赈灾义演、海宁观潮节、第三届南湖船文化节等重大活动演出。1999年男女管乐队合成参加国庆50周年大游行,乐队横八人、纵八人,器乐齐全,给群众留下深刻影响。后在2001年浙江省纪念建党80周年主会场、2006年嘉兴南湖革命纪念馆新馆开工庆典等重大活动中都有精彩表演。后改为民丰管乐团,近10年每年演出近40场,长盛不衰。

职工文艺活动

“祖国颂”职工文艺会演　1991年,为讴歌中国共产党70年历程的丰功伟绩,歌颂祖国改革开放的丰硕成果,歌颂社会主义,市总工会举办全市职工文艺会演。8月20日-24日,由职工自编、自导、自演的声乐、舞蹈、器乐、曲艺、小品95个节目连续五天组台演出,登台演出800多人,观众5000多人。9月精选部分节目组成嘉兴市代表队参加全省职工文艺会演。10月在民丰会堂举行嘉兴市职工文艺会演汇报演出暨授奖大会,参加省职工文艺会演的节目在会上汇报演出。市领导赵冰、李旭峥出席大会并为在省文艺会演中获奖代表队和演出单位、优秀演员授奖。

市职工声乐比赛 1992年7月,市工人文化宫、市职工俱乐部协会、市天声家电销售公司、嘉兴日报社、嘉兴人民广播电台、嘉兴广播电视报、嘉兴工人报联合举办"嘉兴'天声杯'职工声乐(卡拉OK)比赛",18名歌手进入决赛圈。陈利民、缪红群、汤梦洁3位歌手分别获美声、民族、通俗唱法一等奖,6名、9名歌手分别获二等奖和三等奖。

厂歌创作演唱比赛 1992年,市总工会举办嘉兴市厂歌创作演唱比赛。嘉兴制丝针织联合厂、嘉善丝厂、民丰造纸厂、嘉兴绢纺厂、嘉兴航空箱包厂等6个单位获一等奖,平湖橡胶厂等10个单位获二等奖,嘉兴毛纺织总厂等10个单位获三等奖,嘉善丝厂等8个单位获创作奖,平湖市、海盐县、嘉善县、市交通局等4个单位获组织奖。

市体育舞蹈大奖赛 1994年9月,'94嘉兴市《三塔杯》体育舞蹈大奖赛在嘉兴绢纺厂体育馆举行,9个代表队参赛。市国标舞协获团体第一名,海宁、桐乡、秀城、绢纺、民丰分获第二名至第六名,三塔建材公司获优秀组织奖。杨敏杰、徐苏华获青年组舞厅舞第一名,吴丹国、张美玲获中年组舞厅舞第一名,王珊、韩延玲获老年组舞厅舞第一名,蔡建强、肖红梅获拉丁舞第一名,高庭怡、金惠玉获公开摩登舞第一名,虞绍初、许琦获新人摩登舞第一名,另有4人获常青奖。

"庆五一、迎回归"系列活动 1997年4月30日,市总工会在民丰会堂举行嘉兴市"庆五一、迎回归"职工文艺联欢晚会。民丰集团等11个市属单位演出音乐、舞蹈、戏剧、小品等12个节目,观众1000多名。5月29日在嘉绢体育馆举办庆"六一"迎回归趣味游戏活动,13家企事业、机关幼儿园职工子女、家长参加。5月30日在市总工会六楼会议室举办"迎香港回归与祖国统一"专题报告会。6月28日,市电力局、工人文化宫联合举办"'97迎接香港回归杭、嘉、湖京剧票友演唱会",在秀城区礼堂演出两场,观众700多名。举办"嘉兴市迎回归职工美术、书法、摄影作品展览""迎回归、爱国主义教育演讲比赛""迎回归职工游园会"等群众性文艺活动。民丰工会举办"庆七一、盼回归"系列文化活动,举办颂祖国、庆回归集邮展暨时良俊黑陶艺术展。兰宝工会举办"庆七一、迎回归"职工书画、集邮展。嘉化工会举办联谊会、集邮展、黑板报展评、知识竞赛等系列活动。

庆祝嘉兴解放50周年文艺晚会 1999年5月8日,市总工会在中山影城举办纪念嘉兴解放50周年五月赞歌文艺晚会,晚会特邀中华全国总工会文工团到嘉兴演出。市领导徐良骥、沈子松、陈德荣、范巴陵、黄济华和市总工会领导及来自各条战线上的劳模代表、工会干部、职工群众一起观看演出。

企业歌曲征集和职工歌咏比赛 2000年下半年,市委宣传部、市总工会和市烟草公司联合举办《唱响主旋律,迎接新世纪》"大红鹰杯"企业歌曲征集和职工歌手比赛活动,共征集创作企业歌曲63首,评出优秀企业歌曲10首。

全市共举办职工歌手比赛21场，参赛歌手543人,观众9000多人次。选出8名歌手组成嘉兴代表队参加全省总决赛。10月12日晚在中山影城举行“大红鹰杯”《唱响主旋律,迎接新世纪》嘉兴市职工歌手汇报演出暨颁奖晚会。

“世纪之声”嘉兴工人歌咏比赛 2001年4月28日,为迎接建党80周年和庆祝新世纪第一个“五一”国际劳动节，展示党的诞生地工人阶级时代风采,市委宣传部、市总工会联合举办“世纪之声”嘉兴工人歌咏比赛。比赛采用大合唱形式,分“星火燎原”“万象更新”“祖国万岁”三个篇章。各县(市、区)、产业和市属基层工会14个合唱团和市职工艺术团合唱团参加演出。

职工才艺展示暨庆“五一”文艺晚会 2006年4月26日晚，市委宣传部、市总工会、市广电总台在嘉兴大剧院联合举办“商业银行杯”全市职工才艺展示暨庆“五一”电视综艺晚会。市领导寿剑刚、朱伟、裘东耀、赵友六、王新民、张志伟和50名劳模代表、200名外来务工人员代表以及职工、工会干部代表1400多人观看职工才艺展示和综艺晚会。

“鸿翔杯”企业之歌合唱比赛 2009年3月,为推进全市企业职工文化建设,展示企业形象,凝聚职工力量,市委宣传部、市文广局、市总工会联合举办全市企业歌曲征集活动和“鸿翔杯”企业之歌合唱比赛。共收到参评企业歌曲24首。4月28日在海宁市体育中心隆重举行嘉兴市庆“五一”表彰大会暨“鸿翔杯”企业之歌合唱比赛。各县(市、区)、产业(系统)工会组织选拔的13个职工合唱团参加比赛，浙江正泰电缆有限公司《正泰之歌》、浙江新阳服饰股份有限公司《新阳之歌》、巨石集团《领跑未来》、南大(浙江)环保科技有限公司《绿色南大》获企业歌曲征集评选一等奖;浙江华城公司合唱团、浙江双飞公司合唱团、浙江鸿翔建设集团合唱团、浙江新阳服饰公司合唱团、戴梦得合唱团、嘉兴市商业银行银星合唱团获企业之歌合唱比赛金奖。市领导鲁俊、武亮靓、徐生荣、张志伟、邵建华出席大会,1200名干部职工观看比赛。

“嘉兴银行杯”职工排舞比赛 2010年4月29日，市总工会在市高中园区体育馆举行嘉兴市庆“五一”先进表彰大会暨迎世博迎省运“嘉兴银行杯”职工排舞大赛。30支团队700名选手参赛。会议表彰2009年度嘉兴市杰出职工、“工人先锋号”、职工“十大科技成果”、安康杯竞赛等先进集体和个人。嘉兴市第三幼儿园工会等15个代表队获金奖，嘉兴城建培训中心工会等15个代表队获银奖,嘉善县总工会等9个单位获优秀组织奖。

参加省以上职工文艺演出

浙江省第二届职工文艺会演 1991年9月20日–24日由浙江省总工会和浙江电视台联合举办。嘉兴市代表队职工自创、自编、自导、自演的8个舞蹈、器乐、声乐、曲艺小品参加大会开幕式首场演出。经大会评定,嘉兴市总工会获优秀组织奖，民丰造纸厂小品《学谁》获演出一等奖、创作一等奖，演员姚祖贻、许新忆获优秀演员奖，是77个节目中获奖最多、奖级最高的节目。另有一个节目获演出二等奖，三个节目获演出三等奖，一个节目获创作二等奖，4个节目获创作二等奖，一个节目获特邀奖。

浙江省职工文艺调演　1999年9月20日–22日，嘉兴市代表队参加由省总工会、省委宣传部、省电视台举办的"广厦杯"《祖国颂》职工文艺调演。海盐县小品节目《不是不疼你》和嘉兴第二医院歌舞《玉兰花香飘村寨》获三等奖。

浙江省市第三届"大红鹰杯"职工卡拉ok邀请赛　2002年5月12日，为纪念毛主席在延安文艺座谈会上的讲话发表60周年，由海宁市总工会、宁波卷烟厂、海宁市烟草专卖局联合举办的全省第三届"大红鹰"杯职工卡拉ok邀请赛在海宁举行，全省15个地区16支代表队44名歌手参赛。海宁市代表一队获团体金奖，嘉兴市陈霞、胡斌获民族唱法一等奖，吕雯获通俗唱法一等奖，蒋丽君获美声唱法一等奖。

浙江省企业之歌合唱比赛　2008年12月24日，省总工会、省文化厅联合主办纪念改革开放三十周年"劳动颂歌"企业之歌合唱比赛。全省12支代表队参加比赛，嘉善县浙江双飞无油轴承公司《双飞是我家》获银奖。

先进文化下基层

2007年，为配合省总工会在全省启动"向农民工送文化"活动，市工人文化宫抽调精干力量，组建"嘉兴市总工会工人文化宫电影放映队"，深入企业、农村、工地、社区为职工群众免费放映电影。市工人文化宫还利用外来职工集中居住公寓"职工文化活动中心"平台，举办周末球类、棋类、放映露天电影等系列活动，丰富职工精神文化生活。2008年全市各级工会向基层赠送图书25425册，放映电影3391场，举办各类培训959期。2009年"送文化"活动为企业职工赠送图书4万多册，放映电影200多场，职工艺术团下基层慰问演出8场，职工教育讲师团、女职工素质提升大课堂开办讲座36场，市总法律服务团为困难职工提供法律咨询服务500多人次，举行电影《铁人》首映式并组织36万职工观看《铁人》电影。配合市节庆办组织"我们的节日——端午"16个巡讲专场。

企业报评比

1991年，为加强企业精神文明建设，市总工会与市委宣传部联合举行企业报评比活动。1991年度，《海鸥集团报》《嘉绢工人》《嘉丝联报》评为优秀企业报A组（铅印报）一等奖，《煤机工人》《嘉善电声》《嘉拖报》评为B组（打印报）一等奖。《本厂评聘首批工人技师》（嘉绢 禾人）、《垃圾场上的现场会》（毛纺 欧福泰）、《葛洪升省长视察总厂》（海鸥 卞坤铭）获好新闻一等奖。另评出好通讯一等奖5篇，二等奖9篇，三等奖15篇；好言论一等奖5篇，二等奖8篇，三等奖13篇；好标题10个；好版面10个。共有245家企业报受表扬。

1992年度继续进行全市企业报评比。《嘉丝联报》被评为优秀企业报A组一等奖。《濮院工人》《煤机工人》《海丝报》获B组一等奖。《党给了她第二次生命》(濮丝工人 苏惠民)、《发工资这一天》(毛纺工人 欧福泰)、《纺织工业部操作能手农民合同工冯建文被批准"农转非"》(嘉丝联报 方建华)获好消息一等奖。

2008年,为纪念嘉兴市改革开放30周年暨嘉兴撤地建市25周年,进一步弘扬企业精神,市总工会举办嘉兴市企业报展评活动,对全市各类企事业单位编辑印制的内部报刊进行评选。共收到选送报刊71份,参评报刊统一展出,由参评报刊主编互评和专业人士评选。经评委认真评选,《昱辉报》《景兴报》《中达报》《经编视界》《桐昆报》《MINITH报》《台华风采报》《五芳斋报》《民丰报》《嘉兴商行报》获十佳企业报。另评出11个优秀企业报、十佳企业刊物、十佳副刊、十佳版式设计。

企业职工文化建设示范工程

2008年年初,为响应市委提出"创业富民、创新强市"总战略和建设文化大市要求,市委宣传部、市总工会、市文化广电新闻出版局共同在全市开展"企业职工文化建设示范工程"活动。通过实施以职工文化建设"五个一"和"百千万"为主要内容的企业职工文化建设示范工程,即开展一次十七大精神主题教育、提炼一种企业精神、唱响一支企业之歌、建设一块职工宣传教育活动阵地(俱乐部、职工书屋、企业报等)、建立一支职工文体骨干队伍;市、县(市)工会各培育100家职工文化建设示范企业;各级工会开展送百场电影、送千场培训、送万册图书活动,着力培养一大批企业职工文化建设示范企业,实现全市职工素质和企业素质同步提升,职工形象和企业形象同步凸现、职工凝聚力和企业竞争力同步增强。各县(市、区)出台相应文件和意见,召开专题会议进行全面部署,扎实推进。

7月,市委宣传部、市总工会联合召开全市企业文化建设座谈会,总结经验,分析存在问题和薄弱环节,提出进一步加强企业文化建设对策和意见。9月,市委宣传部、市总工会、市文化局在南湖区大桥镇召开企业职工文化建设示范工程创建工作经验交流会,参观大桥镇文化设施和嘉兴敏惠汽车零部件有限公司企业职工文化建设,8个部门作经验交流,市委常委、宣传部部长武亮靓就进一步加强企业职工文化建设、加强社会主义核心价值体系建设、加强学习型企业建设、加强文化载体建设、加强企业人才队伍建设提出要求。10月,市总工会举行市属大型企业职工文化建设示范工程创建工作座谈会,市政协副主席、市总工会主席邵建华要求要加强领导、整合资源、创新实践,不断推进企业职工文化建设。

2010年7月,由市总工会、嘉兴日报报业传媒集团主办、加西贝拉压缩机有限公司协办,组织开展嘉兴市企业职工文化建设巡礼活动。组织记者采访团对2008、2009两年评选产生的20家企业职工文化建设示范单位进行全方位采访。《嘉兴日报》持续三个多月刊出专版，宣传报道企业文化和职工文化建设经验和成效。市总工会组织编撰《嘉兴市企业职工文化建设巡礼》和《嘉兴市企业歌曲精选》，引导全市企业学习借鉴成功经验。10月，市总工会在市烟草公司召开企业职工文化建设示范单位现场交流会。至2010年，全市各县(市、区)和产业选树、培育255个不同类型企业职工文化建设示范企业。

市委市政府对企业职工文化建设示范工程活动高度重视，将创建工作列入市委文化大发展大繁荣规划。从2008年度开始，市委市政府每年在"三干"会议上隆重表彰全市十佳企业职工文化建设示范单位。名单如下：

2008年度嘉兴市"十佳"企业职工文化建设示范单位

浙江双飞无油轴承有限公司

浙江华城实业投资集团有限公司

浙江青莲食品有限公司

浙江洁华控股股份有限公司

巨石集团有限公司

敏实集团嘉兴敏慧汽车零部件有限公司

欣悦工业园(欣悦印染暨棉整有限公司)

嘉兴市烟草专卖局(公司)

嘉兴市文化名城投资集团有限公司

嘉兴市商业银行

2009年度嘉兴市"十佳"企业职工文化建设示范单位

五芳斋集团

嘉兴电力局

加西贝拉压缩机有限公司

浙江美声服饰辅料有限公司

浙江依爱夫纺织有限公司

海盐县特种纤维织造厂

海宁市金郑家具有限公司

浙江恒基建设发展有限公司

浙江中法投资股份有限公司

嘉兴市越龙提花织造有限公司

2010年度嘉兴市"十佳"企业职工文化建设示范单位

民丰特种纸股份有限公司

中国移动通信集团嘉兴分公司

中国人民银行嘉兴市中心支行

浙江新嘉联电子股份有限公司

天一集团股份有限公司

海盐县水务投资集团有限公司

天通控股股份有限公司

铭龙控股集团有限公司

创正防爆电器有限公司

浙江雅莹服装有限公司

第三节　职工教育

工会职工学校

1991年，市总工会和各县(市)总工会都建有职工学校。校舍总面积5318平方米，专职教师28人。至2010年年底，市总工会和县(市)总工会独立兴办职工学校6所，校舍总面积20530平方米，专职教师32人。

市总工会职工学校　前身是嘉兴

市职工业余学校,创办于1951年8月。1966年后受“文化大革命”影响停办,1979年下半年恢复办学。1985年4月经市人民政府重新立案,批准成立“嘉兴市总工会职工业余学校”,后又更名为“嘉兴市总工会职工学校”。学校由嘉兴市总工会主管,属准公益类事业单位,独立法人资格。

1991年-1995年6月,学校驻中山路市总工会办公大楼北楼一至三层,建筑面积980多平方米,有教室10间,办公室3间。1991年学校有专职教师8名,聘用人员3名,兼职教师26名。1995年7月学校搬迁至少年路264号新教学大楼。建筑面积约1150平方米。2010年专职教师7名,聘用人员6名,兼职教师56名。

学校多次获上级部门和合作学校好评。1991年被省教育委员会、省劳动厅、省计划经济委员会、浙江省人事局、浙江省总工会评为“浙江省职工教育先进单位”,1999年被中华全国总工会评为“全国工会系统示范性职业中等学校”,1999年被浙江省总工会评为工会系统“1998年度职工教育先进集体”,2004年被中华全国总工会评为“工会职业培训示范点”,2010年被中华全国总工会评为“全国职工教育培训优秀示范点”,多次被合作大学评为年度先进函授站(教育中心)。

表4-15　**1991年-2010年市总工会职工学校办学情况**

类别	项目内容		开办时间	学习人数	毕业(合格)人数
成人学历教育	成人高中		1991年—2010年	2439	1447
	电视中专		1991年—1996年	233	211
	自学考试中专助学班		1993年—2002年	454	303
	中华会计中专		1999年—2005年	339	218
	宁职院成人中专		2004年—2010年	781	664
	浙江省省级机关大学成人		1991年—2010年	1213	1191
	杭州电子科技大学	成人专科	2004年—2010年	604	585
		成人本科	2002年—2010年	251	249
	宁波职业技术学院成人专科		2004年—2010年	366	362
	嘉兴学院	成人专科	2005年—2010年	1409	1401
		成人本科	2005年—2010年	336	333
	浙江工商大学成人专科		2008年—2010年	57	52
	中国石油大学(华东)	远程专科	2006年—2010年	949	741
		远程本科	2006年—2010年	435	321
	南开大学	远程专科	2008年—2010年	177	93
		远程本科	2008年—2010年	87	57

续表 4-15

类别	项目内容	开办时间	学习人数	毕业(合格)人数
技能培训	电工培训	1991 年—2010 年	581	581
	电子技术	1991 年—1994 年	118	118
	电器维修	1991 年—1994 年	86	86
	机械制图	1991 年—1994 年	160	160
	司炉工	2001 年—2005 年	178	178
	电焊工	2006 年—2010 年	112	112
	钳工	2006 年—2010 年	83	83
	实用英语	1992 年—2005 年	691	348
	各类计算机培训	1993 年—2010 年	33000	31000
	家政服务员	2009 年—2010 年	2258	2181
	人力资源管理师	2005 年	78	78
	物业管理	2005 年	42	42
	物流师	2005 年—2006 年	65	53
全日制	职业高中	1994 年—2001 年	278	275
	职业中专	1996 年—2001 年	206	205

嘉善县总工会职工学校　1984 年 10 月创办。原名为嘉善县职工业余学校。学校位于县总工会办公大楼内。截至 2010 年，有专用教室 7 间，电脑 80 台、投影机 1 台、多媒体 1 套。教职员工 18 人(其中事业编制 2 名,聘请专兼教职员工 16 名),在校生 700 余人。设有会计、药学、机电一体化等 17 个专业。自 2006 年开始成为财政唯一指定的会计从业资格、职称报名点,县财政唯一指定的会计电算化培训点,会计学协会唯一指定的会计从业资格考前培训点。2011 年 11 月被中华全国总工会命名为“全国职工教育培训优秀示范点”。

平湖市总工会职工学校　创办于 1950 年,“文化大革命”期间停办,1980 年复校。1983 年经县人民政府批准为“平湖县总工会职工业余中等学校”,1991 年 6 月更名为平湖市总工会职工业余学校。1998 年又更名为平湖市总工会职工学校。学校坐落于当湖街道解放中路 142 号，占地 3.5 亩，建筑面积 5400 平方米。学校面向企业、面向职工,坚持多渠道、多层次办学。2010 年专职教师 7 人,兼职教师 40 人。学校获得 1992、1993、1994 年浙江省职工教育先进集体,1996 年浙江省八五期间职工教育先进集体、全国工会先进办学单位,2005 年平湖市再就业先进工作单位,2005、2006 年平湖市职工职业技能大赛“特别贡献奖”。

海盐县总工会职工业余学校　1985

年6月海盐县人民政府批准海盐县总工会职工业余学校备案。同年由海盐县财政、县总工会投资10万元新建1141平方米教学大楼。1994年起办学结构由单一型向多层次、多功能、多形式方向转变。2008年开始根据企业和职工需要,开展"点单式"培训,为职工素质和技能"双提升"提供平台。学校为"海盐县就业再就业培训基地""海盐被征地农民素质教育培训基地""海盐县劳动局培训定点单位""浙江省工会就业培训(实训)基地""嘉兴市工会培训(实训)基地""全国职工教育示范点""浙江省职工教育优秀示范点"。

海宁市职工中等专业学校　创建于1956年。1992年8月增挂"海宁市职工业余学校"牌子,2001年1月增挂"海宁市计算机培训学校"牌子。2002年4月为深化教育体制改革,市政府决定职工中专整体搬入市教育园区。2006年7月职工中专人员编制正式划入市教育局,除土地、房屋外资产作为股权投入市教育发展投资有限公司。

桐乡市职工学校　建筑面积800平方米,教室6间。2010年年底,有专业教师7人,兼职教师60人。学校与嘉兴学院、杭州市工人业余大学合作开办函授,与华东理工大学合作开办远程网络教育大专、本科学历教育,注册学员920人。学校开办免费职工高中文化、电脑操作、外贸英语、家政培训班。

工会图书馆和"职工书屋"

嘉兴市工人文化宫图书馆　1991年位处影剧场前二楼,使用面积330平方米。分设阅览室、外借处、藏书室。藏书总量4.5万册,发放图书借阅证2000余张。2001年因建造海员俱乐部图书馆内部调整关闭,2005年重新开放。2009年电子阅览与省图书馆网络联网,实现图书资源共享。图书馆还设立"流动图书箱"为军营、民工工地及外来民工集中居住地送书上门,满足不同人群阅读需要。利用图书资源开展培训讲座、咨询等服务,每年组织基层工会图书室网片活动进行经验交流。图书馆现有面积150平方米,分设采编、外借、期刊阅览、电子阅览室等,馆内另设有图书、报刊收藏室。藏书总量3.9万余册,其中科技教育、各类工具书占藏书10%,历史地理类占5%,文学艺术类占85%,各类报刊近200种。发放图书借阅证2000余张,全年平均外借图书人次3万–6万人次,阅览室1.5万人次。

"职工书屋"建设　2008年1月,全国工会"职工书屋"建设正式启动,力争用5年时间,在缺乏读书条件的基层企业单位、社区等建设"职工书屋"。3月,市总工会转发省总工会《关于开展全省工会"职工书屋"建设的实施意见》,要求各级工会高度重视职工书屋建设,把"职工书屋"打造成内聚人心、外树形象的职工文化品牌。提出嘉兴市工会"职工书屋"建设目标,明确嘉兴市工会"职工书屋"建设标准,即藏书量2000册,报刊10种以上,电子音像制品不少于50种(张),有可上网的电脑,有1至2名工作人员管理。7月,市总工会在嘉康电子股份有限公司召开嘉兴市企业职工文化建设示范工程——职工书屋建设推进会，出台职工书屋管理暂行办法，南湖区总工会等5个单位介绍经验。

各县(市、区)和市属基层工会认真开展创建“职工书屋”活动。嘉善实施“123456”工程，即建立一个运作机制；开展机关和各镇企业捐书活动；实行三级联创，重点抓省级书屋典型，规范市级书屋管理，发展县级书屋数量；做到内部管理与外部监督、自购与捐书赠书、固定与流动书屋建设、服务职工与社会四个结合；达到管理人员、固定场所、规章制度、借阅办法、管理台账“五有”创建活动，领导、时间、任务、验收、评比、表彰“六定”。秀洲区委宣传部、总工会、教文体局专门召开“职工书屋”建设现场会，参观典型，听取介绍，明确目标，制订规划，推进全区“职工书屋”建设。经济开发区采用“阶梯登高，合力推进”方式，通过多方支持、示范先行、因地制宜建好“职工书屋”。嘉康电子职工书屋总投资20多万元，面积89平方米，图书3500余册，杂志和专业书籍800余册，电教光碟200余张，免费上网液晶电脑10台。凤桥镇庄史图书流通站(中法职工书屋)总建筑240平方米，拥有6000多册图书的阅览室1个，60平方米32台液晶电脑、电子阅览室1个，60平方米可放电影、办讲座的文化信息共享室1个。

2009年3月，市总工会发文命名嘉兴市首批市级“职工书屋”102家。10月，市总工会工人文化宫职工书屋投资15万元装修一新，重新对外开放，共有藏书1万多册，拥有杂志47种，报纸27种，电脑10台。

2010年7月，市总工会和市文化局为切实解决全市“职工书屋”建设过程中普遍遇到“购书经费紧张、藏书量少、种类单一”难题，开展图书流通站和“职工书屋”共建活动。发挥公共图书馆职能，以市(县)公共图书馆和各分馆为阵地，指导图书流通站和“职工书屋”建设。9月，市总工会发文命名嘉兴市“职工书屋”163家。11月，市总工会在市图书馆举办全市“职工书屋”管理员培训班，来自全市各企事业单位的112名“职工书屋”管理员参加培训。截至2010年10月，全市建全国“职工书屋”6个，省级“职工书屋”91个，市级“职工书屋”266个，县(市)级“职工书屋”582个，省级“文化共享工程进企业职工电子书屋”50个。

“职工书屋”示范点

全国工会“职工书屋”示范点 2008年7月，全国总工会批准平湖经济开发区职工公寓职工书屋、浙江嘉康电子股份有限公司工会职工书屋为全国工会“职工书屋”示范点。2009年4月，全国总工会批准巨石集团有限公司职工书屋、浙江省海宁市金郑家具有限公司职工书屋为全国工会示范“职工书屋”。2010年7月，全国总工会批准民丰特种纸股份有限公司职工书屋、浙江中法投资股份有限公司职工书屋为全国工会示范“职工书屋”。

浙江省工会示范“职工书屋” 2008

年，省总工会批准嘉兴市22家工会职工书屋为浙江省工会示范“职工书屋”，分别为浙江昱辉阳光能源有限公司、嘉善星龙电讯产品有限公司、平湖经济开发区(钟埭街道)职工公寓、浙江省景兴纸业集团、中国电信海盐分公司、海盐三马发展有限公司、浙江洁华环保科技股份有限公司、海宁花园酒店有限公司、巨石集团有限公司、桐乡烟草专卖局（公司)、浙江中法投资股份有限公司、嘉兴秀洲工业园区(置信公寓)、嘉兴一中、嘉兴第二医院、嘉兴经济开发区振兴公寓、嘉兴市烟草专卖局（公司)、民丰特种纸股份有限公司、浙江嘉康电子股份有限公司、加西贝拉压缩机有限公司、嘉兴电力局、嘉源给排水有限公司、嘉兴市邮政局,中国联通嘉兴分公司。

2009年，省总工会批准嘉兴市40家工会职工图书阅览室为浙江省工会示范“职工书屋”,分别为嘉兴市善通运输集团有限责任公司、嘉善高级中学、嘉善县第一人民医院、嘉善县农村信用合作联社、平湖新成达制衣有限公司、平湖天龙汽车运输有限公司、平湖新仓镇双红村、平湖市华孚金瓶纺织有限公司、平湖市人民法院乍浦人民法庭、浙江金达创业股份有限公司、嘉兴中达集团有限公司、国家标准件检测中心、浙江青莲食品有限公司、浙江恒基建设发展有限公司、桐乡市供电局、浙江雀屏纺织化工有限公司、嘉兴宏麟皮化有限公司、浙江开元皮革有限公司、嘉兴森创时装有限公司、嘉兴市清河小学、海宁市金郑家具有限公司、海宁市人民医院、浙江虎霸建设机械有限公司、浙江佳力织染制衣有限公司、天通控股股份有限公司、浙江卫星控股股份有限公司、欣悦工业园、浙江南海车业有限公司、台华特种纺织(嘉兴)有限公司、嘉兴市第三中学、嘉兴市第一医院、嘉兴市城建职工培训中心、茂友木材股份有限公司、嘉兴市恒光电力建设有限责任公司、中国移动嘉兴分公司、嘉善县供电局、中国电信海宁分公司、海宁市邮政局、浙江沪杭甬高速嘉兴服务区。

2010年7月,省总工会批准嘉兴市35家工会职工图书阅览室为浙江省工会示范“职工书屋”,分别为嘉兴昱辉阳光能源有限公司、浙江星龙电讯产品有限公司、嘉兴市善通运输集团有限公司、嘉善农村合作银行、嘉善高级中学、日本电产科宝公司、平湖市新埭镇鱼圻塘村、平湖市供电局、平湖市人民法院、平湖市职业中专、海盐县供电局、海盐县工商局、海盐县邮政局、海盐宾馆、海盐县港航管理处、浙江卡拉扬商务休闲用品有限公司、海宁市高级中学、浙江鸿翔建设集团有限公司、海宁市电信局、海宁市农村信用合作联社、浙江恒基建设发展有限公司、浙江铭龙经编公司、桐乡烟草公司、桐乡新凤鸣公司、浙江雀屏纺织化工有限公司、嘉兴华宇制衣有限公司、浙江新阳服饰股份有限公司、浙江丰川集团有限公司、天通浙江精电科技有限公司、嘉兴市中华化工有限责任公司、嘉兴王店人民医院、浙江鼎美电器有限公司、嘉兴蓝特光学有限公司、秀洲区王江泾镇田乐联合工会、嘉兴市跃龙提花织造有限公司。

第四节　职工体育

职工群众体育活动

20世纪90年代初期，职工业余体育活动主要为篮球、乒乓球等，基层单位之间亦开展比赛。市总工会建有灯光球场，经常在晚上组织比赛。随着工会组织健全发展，为丰富职工业余生活，营造健康向上的企业文化，市各系统和直属企业基层工会经常组织职工开展各项体育活动。如1991年9月市教育工会在市体育场举办广播操比赛，市区各大、中、小学校千余名教职员工参赛。市级机关工会从2005年开始在机关职工中开展“1+1”活动，即人人参加一项文体活动的行动计划，组建文体兴趣小组230个，30个种类、4000余人次参加。同时各系统工会独立或协助行政定期举办各类运动会，到2010年年底，机关工会举办7届机关运动会。卫生系统工会于2006年11月举办第三届职工运动会，来自市属各医疗单位、市卫生局机关12支代表参加运动会，402名运动员分别参加红十、趣味接力、保龄球、篮球、跳绳、飞镖、乒乓球等七个项目比赛。2005年市建设系统第三届职工运动会历时三个月，26个代表队、1766名选手参赛。比赛设置乒乓球、网球、篮球、羽毛球、游泳、田径、拔河、广播操等13个比赛项目。2005年7月，市总工会和市体育局联合举办“嘉兴市职工桥牌比赛”。各县(市、区)、产业、市属单位18个代表队90名选手参加比赛，比赛选拔出优秀选手组队代表嘉兴市参加浙江省第四届职工运动会桥牌比赛。2005年9月16日–18日，市直机关工会在精英羽毛球活动中心举办2005年市直机关工会迎“国庆”羽毛球比赛，30家单位172名运动员参加比赛。2005年9月，民丰特纸工会、人力资源部、团委联合举办迎中秋大学生保龄球比赛。嘉兴电力局每年举办两次由各县(市)供电局参加的系统体育比赛，两次在嘉兴直属单位组织职工体育比赛，每年各分工会都组织丰富多彩的职工文体活动。

职工体育竞赛

参加省职工体育竞赛　1992年6月，浙江省“震洲杯”健美操比赛在湖州举办。嘉兴绢纺厂获团体第二名。其中男女混合自选和三人自选操均获第一名，规定动作和双人动作分获第二和第五名。

1992年10月在杭州举行“一洲杯”第六届西湖桂花国际马拉松赛，来自全国各地及德、日等国和地区1050名长跑选手参赛。国家二级马拉松运动员、嘉兴化肥厂职工蒋禾生获46周岁以上男子壮年组10公里第三名。国家三级马拉松运动员、市区环城粮管所退休干部胡国珍获60周岁男子马拉松半程赛第四名。嘉兴冶金机械厂女职工何丽珍获46岁以上中年女子10公里第八名。

1994年7月，市职工健美操代表队参加“舟纺杯”职工健美操比赛暨省十运会成年部健美操比赛。由嘉兴绢纺厂健美操队为主组成的市职工健美操代表队获六人操、双人操第二名，团体总分第二名，同时获精神文明道德风尚奖。

1994年10月，来自民丰、化工、市电台6名选手赴温州参加省羽协第四届“金融杯”羽毛球赛。周爱芬夺得女子单打亚军，潘永华、许莉敏获混合双打第四，陈国庆和汪孝华列男子双打第六。

1995年10月，第九届杭州西湖桂花节马拉松赛在省体育场开幕，来自日、德、美、朝等国和上海、杭州、宁波、温州、衢州、嘉兴等省市运动员参加比赛。加西贝拉队何丽珍获B3组10公里赛第五名，队长胡国珍获A4组10公里赛第7名，双双捧回“桂花杯”。

1995年11月，省第三届工人运动会男子篮球“奥托康”杯比赛在金华举行。由市总工会、上海大众特约维修站为主组成的嘉兴桑塔纳队获第六名，为嘉兴建市以后最好成绩。

2003年10月，浙江省“体饮杯”企业职工乒乓球赛在丽水市举行。嘉兴市工会职工乒乓球队取得男女混团第五名，市中国银行陈南英、嘉善县体育培训中心金兰分别夺得女子单打第二名、第五名，华源兰宝集团公司周向阳夺得男子单打第三名。

2005年9月，市总工会、市体育局选拔运动员组团参赛省第四届职工运动会。分别参加田径、乒乓球、健美操、围棋、羽毛球、钓鱼、射击、象棋、男篮、桥牌10个项目比赛，并承办健美操比赛。嘉兴市代表团共取得一金、四银、六铜，总分126分列全省第六名，比赛成绩创历史之最，并获运动会优秀组织奖和优秀赛区奖。

2010年9月20日-21日，浙江省首届职工健身排舞大赛在杭州黄龙体育馆浙江音乐厅举行。市总工会选拔22名运动员组团参赛。

本市职工体育竞赛 1991年5月，由嘉兴市总工会和市体委联合举办、嘉善县体委承办嘉兴市职工羽毛球比赛。民丰造纸厂获男、女团体冠军，电控厂徐冲获男子单打第一名，民丰造纸厂周爱芬获女子单打第一名。

1992年5月，市总工会、市体委和团市委在嘉兴电控厂礼堂联合举办嘉兴市“大发杯”职工健美操比赛，嘉兴绢纺厂获团体第一名，机电部36所获团体第二名。

2000年9月，市总工会、市工商局和市个私协会联合举办“嘉兴市首届个私企业职工体育运动会”，来自5县(市)2区和市属8个代表团近300名运动员参加篮球、乒乓球、呼啦圈等六项比赛。

2001年，市总工会，浙江华源兰宝有限公司和市乒乓球协会联合举办“华源兰宝杯”乒乓球比赛，33个代表队118名运动员参加比赛。

2005年7月，市总工会和嘉兴市体育局举办职工桥牌比赛，“水穿石”队获第一名。

2006年国庆前夕，市总工会、市体

育局、市规划与建设局和嘉兴经济开发区管委会联合举办首届新嘉兴人健身运动会,28 支参赛队，近 700 名来自江苏、安徽、四川、湖南、湖北等地外来务工人员参加拔河、飞镖、跳绳等七项比赛。

2008 年,市总工会、市羽协举办五一迎奥运市“谁与争锋”职工羽毛球电视大赛。

2010 年 4 月,市总工会举办“嘉兴银行杯”庆“五一”全市职工排舞比赛。

第五节　工会宣传

工会宣传载体

嘉兴工人报　创刊于 1989 年 4 月,是在原市总工会宣教部主办的《联合活动月报》基础上改版升级为市总工会机关报。内部报刊准印证(浙)字第 002-007,是全国 30 家地市级工人报中创刊较早一家。1991 年《嘉兴工人》被市委宣传部评为“好内刊”。1992 年《嘉兴工人》由月刊改为双周刊。改版后《嘉兴工人》开辟“工人论坛”“工会建设”“班组生活”“女工园地”“群众生产”“好人好事”“批评与建设”“文化宫”“企业报文稿”等栏目,同时增设副刊。1993 年 2 月 25 日(总第 62 期)起改刊名为《嘉兴工人报》。9 月,《嘉兴工人报》被接纳为中国工人报刊协会会员,并为理事单位。

1993 年 12 月,《嘉兴工人报》编委会组成,主任孙陵,副主任章柏年,编委吴谓荪、张元甫、陈如季、陈民镒、潘嘉荣、丁伟民,主编吴谓荪。1994 年 8 月,《嘉兴工人报》召开创刊第 100 期座谈会,祝愿《嘉兴工人报》更上一层楼,更好为全市工运事业和广大职工服务。1997 年 6 月沈禾丰任《嘉兴工人报》主编,1999 年 7 月丁伟民任《嘉兴工人报》主编,2000 年 8 月杨平杰兼《嘉兴工人报》主编。

2001 年年底，根据上级有关精神,《嘉兴工人报》停办,转办《嘉兴工运》。至 2001 年 12 月 20 日,《嘉兴工人报》共出刊 286 期。

嘉兴工运　2002 年 1 月创刊,16 开本,市总工会机关内部刊物,每月出刊 1 期,旨在宣传党的方针政策、服务经济发展大局、服务职工群众、指导工会工作。2008 年 1 月,《嘉兴工运》版式改为“大 16k 本”彩色胶印刊物,每期 30-40 页。常设栏目有卷首语(扉页)、要闻、专题报道、调查研究、交流平台、政策法规、职工园地。非常设栏目有劳模风采、五一专栏、送温暖工程、创建和谐等。

市工会网站　2005 年创办嘉兴市总工会门户网站和工会内部局域网,网址 www.jxzgh.gov.cn。通用网址:嘉兴市总工会。网页设置:工会概况、工会新闻、组织民管、宣教文化、和谐创建、权益保障、建功立业、工运天地、文件资料、政务公开、服务专区。

社会媒体宣传

电视　2003 年结合劳模评选表彰,市总工会和市电视台联合组织劳模先进参加“面对面”栏目专题节目一期。参与市文明办等 13 家单位联办“弘扬敬业奉献精神,争当好公民”电视谈话节目一期。

广播　2000年1月起,市总工会与嘉兴人民广播电台新闻综合台联合推出“工会之声”。节目以人物专访、典型事件、热点探讨等形式,全面报道全市工会组织围绕中心、突出维护所开展的各项工作。

网站　2008年4月,市总工会联合“嘉兴在线”举办“创业创新争先锋、转型升级立新功”职工演讲比赛,10月圆满结束。

“五一“新闻奖

为调动广大新闻工作者和工会宣教干部积极性,加大工人阶级和工会工作宣传力度,市委宣传部、市总工会、市新闻工作者协会从2007年度开始开展“五一”新闻奖评选活动。

2007年度嘉兴市“五一”新闻奖　《金点子促使企业赢得高效益》等2件作品获一等奖,《五一劳模胡晓丽:桐昆集团年龄最小的技术“厂花”》等3件作品获二等奖,《海盐工会创建活动让企业和职工双受益》等5件作品获三等奖,《职工文化建设:工作着、快乐着》等12件作品获优秀奖。

2008年度嘉兴市“五一”新闻奖　《平湖市总工会实施协商共约行动》等2件作品获一等奖,《面对灾难,我们的心永远在一起》等3件作品获二等奖,《海盐职工技能带头人能领政府津贴》等10件作品获优秀奖。

2009年度嘉兴市“五一”新闻奖　《4000多家企业与员工“协商共约”》等2件作品获一等奖,《平湖九成规模非公企业薪酬全透明》等3件作品获二等奖,《危机前面,一批优秀员工为企业发展注活力》等5件作品获三等奖,《和劳模一起坚守岗位》等11件作品获优秀奖。

2010年度嘉兴市“五一”新闻奖　《工会组织下乡,助力农民转身》等2件作品获一等奖,《我市形成“三位一体”帮扶工作新格局》等3件作品获二等奖,《六名农民工为市长颁奖》等5件作品获三等奖,《海盐工会为11万工人提供“营养餐”》等12件作品获优秀奖。

第五章　经济建设

1991年-2010年，全市各级工会围绕党委和政府各个时期的中心工作，发挥工会组织优势，动员和组织职工投身经济建设主战场，广泛开展社会主义劳动竞赛和经济技术创新活动，引导职工群众发挥主人翁责任感和聪明才智，立足本职，敬业奉献，为推动全市经济又好又快发展作出了积极贡献。

第一节　劳动竞赛

组织领导机构

1986年成立嘉兴市劳动竞赛指导委员会，由分管副市长任主任，市总工会主席任副主任，办公室设在市总工会。1991年更名为嘉兴市劳动竞赛委员会。

1991年，市政府调整市劳动竞赛委员会，主任赵冰，副主任马文龙、邵美温、翁可雄，其他成员为奚佩荪、吴骞、顾树人、敖文治、张克谦、龚之雄、黄锦荣、冯水华、周玉洁、张元甫。市劳动竞赛委员会下设办公室，负责日常工作。张元甫任办公室主任。1993年、1998年、2004年市劳动竞赛委员会又作数次调整。1993年调整后姚金林为主任，朱加椿、邵美温、周正勇为副主任，张元甫兼办公室主任。1998年调整后陈德荣为主任，周志迪、俞四兴、孙陵、周正勇为副主任，张建荣兼办公室主任。2004年调整后由市委副书记徐士珍任主任、副市长王新民任副主任。成员由市委、市政府分管副秘书长、市委组织部、市委宣传部、市文明办、市发展改革委(重点办、信息产业局)、市经贸委、市科技局、市财政局、市人事局、市劳动保障局、市规划建设局、市交通局、市外经贸局、市卫生局、市委企工委、市旅游局、市安监局、市总工会、人行嘉兴市中心支行负责人组成。竞赛委员会下设办公室(设在市总工会)，邵建华任办公室主任，王松林任办公室副主任。

劳动竞赛内容

“质量、品种、效益年”活动　1991年，国务院号召全国职工开展“质量、品种、效益年”活动。1月30日，市总工会二届三次委员扩大会议通过《关于动员全市职工广泛开展以“质量、品种、效益”为主要内容的社会主义劳动竞赛的决定》，要求各级工会动员职工积极投身到“质量、品种、效益年”活动中去，以主人翁姿态在“质量、品种、效益年”为主要内容的社会主义劳动竞赛中努力争先夺冠，为振兴嘉兴经济，实现“八五”计划第一年各项任务创立新功。

全市各级工会贯彻市总工会决定，制订实施方案，广泛开展多种形式以

“质量、品种、效益”为主要内容的社会主义劳动竞赛。海宁市总工会抓住行业间竞赛这个龙头,在丝绸、纺织、轻工等十个行业开展“质量品种效益”综合杯赛和三个单项流动杯赛。开展争当“质量标兵”和“革新能手”活动,评选表彰一批市级“质量标兵”和“新产品开发革新能手”。协助政府拟订海宁市关于贯彻落实《合理化建议和技术进步奖励条例》实施意见,把合理化建议活动作为突破口。加强班组建设,举办班组长、生产骨干“创造学”培训班,开展“文明班组”和“全合格班组”升级赛。桐乡县总工会组织开展以“质量、品种、效益年”为主要内容的合理化建议大奖赛,针对经济发展和生产经营上的“薄弱”环节,发动职工踊跃献计献策。组织企业开展“质量、品种、效益”单项流动杯和综合流动杯竞赛,对获得单项和综合流动杯的企业进行表彰,同时评选表彰一批质量标兵和新产品开发、技术革新能手。建立县职工技术进步奖励基金,筹集资金25万元,奖励在合理化建议和技术革新、技术发明中作出贡献和成绩的干部职工和科技人员。举办首届职工技术成果发布会,表彰奖励一批优秀技术成果。

在“质量、品种、效益年”活动中,基层企业工会充分发动职工群众积极参与。丝绸行业针对原料茧质低,组织缫丝职工开展岗位技术操作练兵,提高操作技术水平,组织技术人员开展新产品开发竞赛,以新品种促旺销不衰。化工、塑料企业以工序质量和操作质量竞赛为主体,形成全员、全过程竞赛热潮,嘉兴塑料总厂第一季度就扭亏为盈。海宁制革厂开展“千张无削伤,万张无色花”质量减损活动。机械、纺织、轻工行业开展新产品开发合同赛、销售承包超标赛、质量攻关揭榜等形式多样竞赛活动。嘉兴电池厂开展“双增双节献计献策”活动,其中改进锌筒厚度和推广塑料薄膜彩印商标二项,年节资达96万元。嘉兴冶金机械厂工会根据生产任务不足和销售收入回笼少,造成资金不足、效益下降的情况,主动和厂计划经营科签订实现经营销售指标双保合同,并和计划经营科联合举办销售人员“多接任务多回收销售收入”劳动竞赛。

7月23日,市总工会在毛纺总厂召开全市“质量、品种、效益年”竞赛活动工作会议,全市各级工会分管主席及专职工会干部130人参加会议。嘉兴毛纺织总厂工会、桐乡化肥厂工会、市建总公司工会与全国合理化建议积极分子、浙丝一厂朱祖柯在会上交流上半年“质量、品种、效益年”竞赛活动经验。市委副书记丁师尹,市竞赛委主任、副市长赵冰到会并讲话。

“我为嘉兴添锦绣”活动 1994年,市委、市政府决定全市开展“我为嘉兴添锦绣”活动。作为活动发起单位之一,2月17日市总工会召开常委会,要求全市各级工会发动和组织全市职工结合本地区、本行业、本单位实际,广泛参与这项活动,振奋精神,鼓足干劲,负重拼搏,立足岗位奉献,为嘉兴经济新飞跃添砖加瓦,为嘉兴更加秀美娇艳再添锦绣。会后,市总工会向各县(市)、区及市属各企业、行业、市属企事业单位工会组织下发开展《我为嘉兴添锦绣活动实施意见》。3月29日，市总工会在海盐召开各县(市、区)分管副主席、生产部长会议，交流、部署“添锦绣”活动。

桐乡市总工会根据“我为嘉兴添锦绣”活动要求，在全市企事业单位开展以“双爱、双保、双支、双争”为主要内容的“四双”活动。双爱：职工爱企业，做转换企业经营机制的主力；厂长爱职工，做维护职工合法权益的支柱。双保：职工在企业提供正常工作条件下，保证生产工作任务的完成；企业在提高经济效益的前提下，保证职工收入逐年增长。双支：职工支持企业的行政指挥权威，支持企业的各项改革；企业行政支持工会独立自主开展工作，支持职工民主管理。双争：职工敬业爱岗，勤恳奉献，争当优秀职工；企业开拓进取，艰苦创业，争夺“成效”企业。嘉善县总工会在全县开展“让银嘉善再创辉煌”活动，组织发动万名职工群众围绕企业方针目标，针对企业生产和发展中的重点、难题、关键开展科技攻关、技术比武、技术扶贫、岗位练兵、合理化建议、安全生产等内容的劳动竞赛。海宁市工会组织“万名职工弘扬主人翁精神劳动竞赛”活动。以提高企业职工技术素质和经济效益为目标，立足基层车间、班组，开展质量创优型、产品开发型、攻关解难型、献计献策型等各种形式的劳动竞赛、合理化建议、技术比武活动。平湖市总工会结合平湖市开展的“学、作、创”(学理论、作奉献、创新业)活动，动员组织广大职工积极参与“我为嘉兴添锦绣”活动。海盐县总工会组织广大职工积极投入“万看、千抒、百访”改革系列教育和“竞赛、评优”活动。

当年，“万看、千抒、百访”改革教育、企业劳动竞赛“成效杯”和争当“百名优秀职工”活动，形成全市工会组织开展“我为嘉兴添锦绣”活动主旋律。7月16日，市总工会在兰宝国际毛纺集团公司召开劳动竞赛现场会。兰宝集团公司工会、嘉善索具厂、海宁塑料厂工会、平湖橡胶厂竞赛委员会分别介绍上半年开展社会主义劳动竞赛的经验和成效，并对上半年全市28项竞赛成果予以表彰。市领导童炽昌、沈子松、姚金林及市总工会主席谭春晓等向获奖单位发奖。

我为企业扭亏增盈献计献策活动　1995年7月21日，市委市政府召开“扭亏增盈攻坚战电视电话会议”，部署开展工业企业扭亏增盈攻坚战。25日，市总工会召开迅速投入扭亏增盈攻坚战动员大会，要求全市各级工会组织和广大职工立即行动起来，开展“我为企业扭亏增盈献计献策”活动，群策群力，当好扭亏增盈攻坚战的主力军。献计献策活动主要围绕企业促销、回笼资金、加强管理、调整产品结构等方面找出亏损原因，通过双增双节、节能降耗、开源节流、小改小革，控制原辅材料投入，降低成本；通过开发新产品、采用新工艺新技术，提高产品质量和档次，提高市场占有率；通过健全完善岗位责任制，加强班组建设，加强生产经营管理。

全市各级工会组织迅即行动，层层发动职工群众投入这项活动。海宁中丝三厂面对丝绸行业严重滑坡,原料价格与产品价格倒挂,企业出现亏损,厂党政工联合发起“挖潜、扭亏、增效”活动,全厂9个生产车间、部门开展不同类型小指标竞赛,自加压力,献计献策,踏实苦干。海盐荣昌制丝制衣有限总公司瞄准市场,以劳动竞赛、技术攻关为主要措施,努力提高丝质品位,使AAAA级出口丝达到75%以上。嘉兴冶金机械厂开展“十大金点子”评选活动和“创工时、保合同、讲质量、增效益”劳动竞赛,为企业稳定发展作贡献。

“敬业创业干九五”建功立业竞赛活动 1996年是实施“九五”计划第一年,为响应市委市政府“开好头、起好步、夺取九五开门红”号召,市总工会在全市职工中开展敬业创业干九五,为发展嘉兴经济建功立业立功竞赛活动。1月26日,市总工会在三届三次委员(扩大)会议期间举行“动员全市职工为发展嘉兴经济建功立业誓师大会”。加西贝拉压缩机股份有限公司工会等十五个基层工会代表宣读“发挥工人阶级主力军作用,开展‘敬业创业干九五’立功竞赛活动,为发展嘉兴经济建功立业”倡议书。加西贝拉压缩机有限公司工会、嘉兴塑料橡胶总厂工会在誓师大会上发言。副市长姚金林到会并讲话。

市劳动竞赛委员会部署全市劳动竞赛主要有“万家企业、百万职工立功竞赛”“操作技术比武、推广先进操作技术活动”和“市以上重点工程立功竞赛”三个部分,要求各县(市)区,市区各主管局(公司)组织开展一次职工岗位练兵、技术操作比武活动,推广一项先进操作技术。桐乡市组织全市基层单位分两个阶段开展五大项操作比武、四大项劳动竞赛,共有18个主管局、84家企业、148名选手参加大比武市级决赛。基层组织开展大比武147项,有6756人参赛。嘉善县在金融、粮食、商业等窗口单位开展十个项目操作大比武。海宁市突出抓好合理化建议立功竞赛,评选100个“金点子”。海盐、平湖及城郊两区结合“我为嘉兴添锦绣”活动,把立功竞赛重点落实到基层。市女职工委员会组织开展“三为”巾帼奉献活动,各行各业女职工开展各种形式劳动竞赛、技术比武498项、提合理化建议2510条,可计算经济效益114.8万元。民丰集团公司工会为在市场竞争中提高卷烟纸质量档次,组织进行卷烟纸分切工操作比赛。兰宝集团公司一毛厂工会,以打工妹为主要对象,采取结帮成对的形式,开展“争创操作一级手、消灭无级手”的达标、创优、升级竞赛。加西贝拉公司工会瞄准五月份产品旺销的有利时机,提出“奋战一个月,超额完成13.5万台压缩机”劳动竞赛的新目标。坚持日、中、夜三班连轴赛,创造月产13.7万台压缩机新纪录,且质量、消耗低于考核指标。

重点建设工程立功竞赛 1996年9月,市劳动竞赛委员会办公室,市重点工程领导小组办公室联合发出通知,决定在全市范围内组织开展市以上重点工程立功竞赛活动。要求市重点建设有关单位及项目主管部门围绕《嘉兴市国民经济和社会发展第九个五年计划

和2010年远景目标纲要》,为加快嘉兴市基础设施、基础产业建设和重大技术改造,优质、高效、按期完成嘉兴市重点工程建设项目。重点工程建设立功竞赛以“比前期准备、比工期、比质量、比安全、比生产准备、比效益、比队伍建设”为主要内容,竞赛单位根据比赛内容,确定本单位竞赛目标,提出实施方案,分解到工程内部各部门。市竞赛办、市重点办根据立功竞赛内容和竞赛实绩每年进行一次评比奖励。

2004年4月,市总工会、市发展计划委员会联合下发《嘉兴市重点工程立功竞赛实施办法》,重点工程立功竞赛分施工、监理、设计科研、组织管理四个类别进行,各类按各自的竞赛内容进行考核评比。施工单位竞赛比工程质量,看单体工程一次性合格率;比工程进度,看生产计划完成率;比合同管理,看执行合同严肃性;比安全生产,看人身、设备事故发生率;比文明施工,看施工管理水平。监理单位竞赛比建章立制,赛监理工作规范化程度,比监理手续,赛现场监理的到场程度,比监理业绩,赛监理工作的实际成效;比人员素质,赛监理人员业务素质和职业道德水平。设计科研单位竞赛比提交设计科研成果的准时性,看是否满足协议合同和工程进度的需要;比设计科研成果质量,要求设计优化、设计变更少,不突破设计限额,能保证安全施工;比现场服务,要求现场有数量足够、专业齐全的技术人员及时解决各种技术问题,配合业主和监理单位进行有效的技术管理。组织管理单位竞赛比管理水平,要求工程管理单位能够对工程质量、进度、安全生产、项目资金等方面进行有效管理,管理措施不断完善,管理方式不断创新;比组织协调,要求管理单位能够有效解决工程施工中的困难和问题,协调各种纠纷和矛盾;比自身建设,要求管理单位树立为工程服务意识,内容制度健全,人员团结,重视廉政建设。

2006年,全市49个项目200多个单位报名参加重点建设立功竞赛活动。2007年,全市51个项目200多个单位报名参赛。市总工会直接参与组织杭州湾跨海大桥、嘉绍跨江大桥等国家、省重点工程立功竞赛活动,被省政府评为省重点工程立功竞赛优秀组织单位,连续五年被市政府评为嘉兴市项目推进服务优秀单位。

创建“工人先锋号”活动　2007年11月,根据全国总工会和省总工会统一部署,市总工会下发《关于深入开展创建“工人先锋号”活动的实施意见》,在全市范围开展创建“工人先锋号”活动。各级工会层层行动,加大宣传发动力度,制订具体办法和实施细则,加强工作指导和推进力度,使创建活动在全市上下蓬勃开展,成为凝聚职工力量、激发职工活力、引导职工建功立业的重要载体。到2010年年末,全市涌现一大批各行各业创建先进集体,其中全国工人先锋号5个,浙江省工人先锋号16个,嘉兴市工人先锋号90个(名单见《人物篇》)。各县(市、区)总工会也分别评选命名一批县级工人先锋号。

百万职工“文明服务迎世博、安全稳定创和谐”活动　2010年,根据市委市政府总体部署,市总工会组织开展百万职工“文明服务迎世博、安全稳定创和谐”活动。活动分“世博知识进企业、素质提升迎世博、文明服务作奉献、平等协商促和谐、安康竞赛保平安”等五项内容。“世博知识进企业”活动利用工人文化宫(俱乐部)、职工学校、职工培训中心、职工书屋、工会网站以及各类活动中心、活动室等职工活动阵地,在全市职工中开展万人世博知识竞赛活动,宣传世博会“理解、沟通、欢聚、合作”理念,宣传世博会“城市,让生活更美好”主题,宣传各级党委、政府对世博的高度重视和积极支持,激发广大职工支持参与世博热情。“素质提升迎世博”活动突出服务世博主题,举办第三届职工技能运动会,深入实施技能培训、技能练兵、技能比武、技能晋级和职业技能带头人选聘“五位一体”职工技能素质提升工程。“文明服务作奉献”活动通过“金锤”技术服务队、技师俱乐部、技师工作室形式,发挥“工人先锋号”示范带动作用,组织职工参与各类平安志愿服务。“平等协商促和谐”活动通过发动职工群防群治,加强安全生产、安全保障群众性监督工作,推动建立维护社会稳定长效管理机制。健全与有关方面沟通协调机制、矛盾排查机制,发挥工会劳动关系预警和应急事件处置机制作用,从源头上治理和化解矛盾,促进社会和谐稳定。“安康竞赛保平安”活动以完善工会劳动保护基层组织、健全基本制度、强化基础培训为目的,以参赛企业实施工会主动参与安全生产工作机制为手段,引导广大职工自觉遵章守纪,提高安全生产意识和自我保护意识,助推平安嘉兴、平安世博。

6月,市总工会成立五个调研组,开展“创建和谐劳动关系与共保平安世博”排摸调研月活动。调研以创建劳动关系和谐企业为主线,围绕劳动就业、工资分配、安全生产、社会保障和思想动态等方面进行认真排摸,全面掌握情况,配合做好劳资矛盾化解工作,在创建和谐劳动关系和共保平安世博中发挥工会组织独特优势和作用。

第二节　技术创新和合理化建议

1990年,全国总工会十一届六次主席团会议作出决议,号召各级工会动员广大职工开展创造发明和合理化建议活动。嘉兴市总工会作出相应部署,在全市广泛开展技术创新和合理化建议活动。2010年,全市通过工会组织的技术创新和合理化建议活动,实施技术革新900项,发明创造246项,获国家专利285项,推广先进操作法427项。提出合理化建议20586件,实施9024件,产生效益45837万元。

技术创新和“五小活动”

职工技术创新和“五小”活动围绕企业挖潜增效、增收节支、提高产品质量和安全生产水平等项工作展开。各级工会组织职工开展技术发明、技术协作、技术改造、技术攻关和“小革新、小发明、小改造、小设计、小建议”等活动。20世纪90年代这些活动主要是“万米无疵呢、疵绸”“设备五好”“安全达标”“扩销增益”“优质服务”等。形式有设计赛、台阶赛、对口赛等。1989–1994年全市取得各项技术革新成果3054项,可计算经济效益2402万元。

进入21世纪,技术创新和“五小”活动又有新的主题和重点。2000年以后这一活动重点是“节能减排”“创新创牌”“转型升级”。许多企业建立专门研发部门,在调动专业技术人才积极性同时,也制订出一些鼓励岗位创新的政策制度,着眼于调动和发挥全体员工创造性和积极性。如加西贝拉公司建立新品奖励制度,重奖开发人员。树立“人人都能创造奇迹”理念,针对不同层面不同岗位员工分别设立“同心协力奖”“未来希望奖”,鼓励全员创新、全面创新。海盐中达集团、桐乡新凤鸣集团等企业建立专项创新基金,用于奖励职工开展“五小”活动和合理化建议活动。部分企业实行用员工名字来命名创新成果的做法,如浙江晨光电缆公司的“其芳系列操作法”、海宁市供电局的“陈新益线路工技能培训法”、加西贝拉公司的“黄利华转子压铸操作法”等等。1999年至2004年,全市开展经济技术创新活动企业面达90%以上,开展技术革新、技术攻关900余项,提出合理化建议7万余条,创造经济价值6亿多元。

2009年,市总工会、市科技局、市经贸局、市劳动保障局联合在全市范围内开展评选“十大职工技术创新成果”活动。经过推荐评审,新凤鸣集团股份有限公司赵春财“内环吹技术在熔体直纺长丝装置中的应用项目”、浙江景兴纸业股份有限公司章爱其“10#机污水处理系统改造项目”、海宁市纺织机械厂缪朝晖(沈加海、张少民、陈华、赵虹、屠小芳参与完成)“MA477型宽幅起毛机项目”、嘉兴市峰佳吉晨实业有限公司陈伟强及科研小组成员“系列高精密数控车床项目”、浙江亚特电器有限公司钱兴桂“具有新型离合器的电动工具的研究与开发项目”、海盐县通惠地质矿山机械有限公司李国建“PY–1218型单缸液压圆锥破碎机项目”、海盐联合钢锯厂季胜华“高速钢锯条低温淬火热处理工艺项目”、民丰特种纸股份有限公司王平军“卷烟纸包灰性能的研究与产品开发项目”、加西贝拉压缩机有限公司陆龙泉、姚辉军、王文智等“加西贝拉NS1112Y型环保高效压缩机项目”、浙江嘉化集团股份有限公司纪宝琳、吴忠、李林、董工兵等“精胺和乙酰甲胺磷废水处理新工艺项目”获嘉兴市“十大职工技术创新成果”。

岗位练兵和技术比武

1992年5月,市总工会举办嘉兴市第二届职工操作技术运动会。技术操作运动会设17个竞赛项目,分别为纺织:棉纺织保全保养、针织排车档车;丝绸:立缫、织绸档车、准备档车(络、并、捻、摇、整络);机械:钳工、铣工;电力:维修电工、高配电工;邮电:邮政营业、电信营业;财贸:日化营业员、烟糖营业员、粮食保管;金融:储蓄记息、点钞、计算机技能。竞赛分别取前三名或前六名，由市劳动竞赛委员会授予市级优秀操作能手称号，颁发证书。技术操作能手赛前工资等级低于比赛等级的获第1名至第3名晋升一级工资；获第4名至第6名上浮一级工资，上浮时间2年。技术操作能手赛前工资等级等于或高于比赛级别的，获第1名至第3名上浮一级工资；获第4名至第6名上浮半级工资，上浮时间2年。第二届职工操作技术运动会历时5个月，于1992年10月3日闭幕，共有30余万名城乡职工参加比赛，3200多名不同层次操作能手受到表彰奖励。其中98人代表嘉兴市参加省级比赛，65名优胜者获得嘉兴市操作技术能手称号。

1994年11月22日–27日，由市劳动竞赛委员会办公室和市丝绸公司组织6位省、部级立缫操作技术能手组成省丝绸公司立缫操作技术推广队在嘉兴市区和桐乡、平湖举行先进操作技术推广比武。全市53家企业1449名立缫操作工人参加推广活动，其中32名立缫操作尖子与省、部级操作能手展开穿磁眼、捻鞘、除类捻添和接结咬结四项基础操作技术比武。省推广队浙江省"三·八"红旗手、中国丝绸总公司操作能手、海宁丝厂陈彩萍以除类捻添30只的优异成绩，打破该项目28只的省记录。桐乡梧桐丝厂杨丽华在捻鞘项目中以27只成绩平省推广队能手现场比赛水平。平湖丝厂朱雪珍以单手捻添31只的新纪录与省推广队能手比个平手。

2001年9月24日，"食在浙江"烹饪大赛嘉兴赛区选拔赛在市就业管理服务局大厅举行，14名来自五县（市）两区饭店、餐馆的选手在现场制作美味佳肴，切磋技艺，交流经验。经过"应知"(理论考试)和"应会"(操作比赛)比赛，杨志、李玉勇、戚鹄宇、江明祥、顾剑军五名选手获个人赛前五名。戴梦得酒店获本次选拔赛一等奖，阳光大酒店和洪波宾馆获二等奖。

2007年5月19日，嘉兴市"劳动者光荣"职工职业技能电视大赛在市广电总台举行启动仪式。大赛由市委宣传部、市总工会、市广电总台主办，各产业工会承办比赛。大赛从2007年5月开始，为期一年，每月产生一名职业技能冠军及若干名优胜者，当月总奖金1万元。

从2008年起，由市劳动竞赛委员会、市总工会、市劳动保障局联合组织举办全市职工技能运动会。旨在通过举办职工技能运动会，推动技术培训、岗位练兵、技能比武、技能晋级，为高技能人才和优秀技术工人脱颖而出开辟绿色通道。至2010年举办三届职工技能运动会，设技能比赛项目32项，5448名职工晋升技能等级，其中晋升技师261人，晋升高级工1912人。

职工技术服务队

2009年5月，为充分发挥职工技术创新技术交流成果，市总工会会同南湖、秀洲区总工会，以高技能人才、职业技能带头人等为骨干组建工会"金锤"技术服务队，开展技术交流、技术协作、技术指导等活动，为企业特别是中小企业节能减排、技术创新、转型升级提供技术支持和服务。在21日"金锤"技术服务队成立仪式上,副市长张志伟为市总工会"金锤"技术服务队授旗。桐乡等地也组建相应组织,开展技术帮扶指导活动。一些企业也出现创新做法和经验,如民丰特纸公司成立"技师俱乐部",组织技术工人开展技术交流、技术培训等。海宁供电局首创以劳模、优秀技术工人为名成立工作室,开展技术帮扶和带教培训活动。

合理化建议

职工合理化建议活动一般穿插在劳动竞赛中开展。

1991年1月,市总工会在市工人文化宫举办嘉兴市职工劳动竞赛技术协作合理化建议成果展览会,会上展出成果6000余项。同年,市劳动竞赛委员会提出"质量、品种,效益年"单项杯和综合杯竞赛后,全市各级劳动竞赛委员会和工会组织根据各地各单位实际,及时制订实施方案。各基层工会以提高质量、开发新产品、降低消耗为主要内容,针对企业生产经营中的难点重点,开展多层次、多形式的合理化建议活动。

2005年8月,市总工会、市委宣传部、市经贸委联合发出《关于开展节约资源劳动竞赛,推动工业循环经济发展的通知》,组织开展以节约资源为主要内容的职工合理化建议活动,推动产业结构、产品结构、资源消耗结构调整。在这一活动中涌现出一批节能减排先进集体和个人,受到市委、市政府表彰。

2008年,为深入贯彻中共十七大精神,全面落实科学发展观,充分发挥职工群众在加强节能减排、推动科学发展中的主力军作用,市总工会会同市经贸委、市环保局,在全市职工中开展节能减排"金点子"(即优秀合理化建议)征集、评选及宣传推广活动,共涉及企事业单位3300多家,征集合理化建议8万余条,评选并表彰节能减排优秀"金点子"20条。一批合理化建议还受到全总、省总表彰。嘉善县总工会组织开展"十万职工节能降耗大行动"得到市委书记陈德荣批示肯定。市总工会被评为全市节能减排工作先进单位。

职业技能带头人

嘉兴市职业技能带头人由市劳动竞赛委员会评聘,评聘工作始于2004年。2007年1月,市政府印发《嘉兴市人民政府办公室关于印发嘉兴市职业技能带头人评选和管理办法的通知》,明确评聘对象为在所从事的专业(工种)岗位上职业技能水平居全市领先地位的优秀技能人才,享受特别津贴200元/月,荣誉称号有效期2年,期满后符合条件可重新申报。

2004年和2007年,全市有17人被评为嘉兴市职业技能带头人。2004年7人为平湖市曹桥街道畜牧兽医站二级技师兽医师范夫、嘉兴市中医院中药师方瑞华、嘉兴市汽车技校驾驶技师张正其、嘉兴电力局二级技师(继电保护)陈全观、嘉兴埃迪尔丝绸有限公司高级技工(维修电工)章勤贤、嘉化实业公司电气技师巴增鸿、浙江华东光电仪器公司助理技师(铣工)薛益民。2007年10人为嘉兴市开元建筑工程有限公司(砌筑工)邱正新、加西贝拉压缩机有限公司(维修钳工)钱辛慰、嘉兴电力局(变电工)卜能源、嘉兴市国鸿(集团)有限责任公司(汽车电工)李峻、浙江嘉化集团股份有限公司(有机合成工)季雨青、嘉善县立波装潢有限公司(镶贴工)冯义传、平湖市新空间装饰工程有限公司(室内设计)潘海明、海盐县新联交通有限责任公司(维修电工)董雪峰、海宁市供电局(线路工)陈新益、嘉兴市金悦大酒楼有限公司(餐厅服务员)俞芸。

先进操作法

2009 年 10 月，为鼓励职工学习知识,钻研技术,激发广大职工自主创新积极性,市总工会命名表彰一批以职工姓名命名的先进操作法。有陈新益线路工技能培训法(海宁市供电局)、骆建林工作室(嘉兴市电力局南湖供电分局)、“其芳”系列操作法(浙江晨光电缆股份有限公司)、“树连”牌导丝钩(新凤鸣集团有限公司)、孙传江曲轴箱锥度珩磨法(加西贝拉压缩机有限公司)、黄利华转子压铸操作法(加西贝拉压缩机有限公司)。

省以上荣誉和表彰

全国技术操作能手

1993 年 5 月，中国丝绸工业总公司命名 1992 年度丝绸行业全国操作能手,崇福丝厂顾小惠、钱妙娟,桐乡留良丝厂强玉英，海盐第二丝厂金秀芳,海宁丝厂陈彩萍,海宁中丝三厂戴张芬获全国缫丝操作能手称号;桐乡丝织总厂徐绢萍、朱雪芬获全国织绸操作能手称号;海盐丝厂高建萍、浙江制丝一厂姚亚萍、桐乡濮院丝厂沈丽英、崇德丝厂蒋春其、曾惠娟、梧桐制丝总厂吴丽岸、陈国萍、冯水萍获全国缫丝辅助工种操作能手称号;海宁绸厂许海芹、郭敏燕、嘉兴丝织一厂唐彩芳、桐乡丝织总厂李德芬、沈菊萍获全国织绸辅助工种操作能手称号;桐乡丝绸印染厂吴洁荣获全国炼、印、染操作能手称号。

浙江省技术能手

海宁中丝三厂蒋丽娟、许湘月、张新霞在浙江省 1995 年自动缫丝操作比赛中获浙江省丝绸行业操作能手称号，蒋丽娟还夺得全能优胜和单项除类捻滚第一名。

浙江金三塔针织集团公司朱建风、平湖丝厂朱雪珍、浙江米赛丝绸集团公司朱莲芬、嘉兴绢纺厂王莉莉、浙江兰宝国际毛纺集团公司第一毛纺织厂何志英等五位女青工分别被授予 1995 年度“浙江省首届十佳青年岗位能手”和“省优秀青年岗位能手”称号。嘉兴五芳斋公司史英俊获 1996 年度浙江省技术能手称号。

浙江省十佳能工巧匠

1999 年 5 月，嘉兴五芳斋公司史英俊获“浙江省十佳能工巧匠”称号。

2001 年度省职工经济技术创新能手

朱刑利　海宁中三丝业有限公司

谢美华　平湖华城茂麓制衣有限公司

董建林　桐乡嘉兴梅林精密机械有限公司

林建明　嘉善电信局运维部

戴美玲　浙江三环丝绸股份有限

公司海盐丝厂

朱玉良 浙江正原电气股份有限公司

郑 刚 浙江中元建设有限公司

孙云峰 嘉兴市电力局线路工区

浙江省职工技能“百行百星”(2007年)

陈秋其 室内装饰设计师 浙江装饰公司海盐分公司

冯义传 镶贴工 嘉善县立波装潢有限公司

苏金秀 粽子工 浙江五芳斋实业股份有限公司

省合理化建议先进集体、个人(1991年)

先进集体、优秀组织单位:嘉兴冶金机械厂、嘉善县索具厂、海盐农药(化工)厂、海宁纺织机械厂、平湖印刷厂、桐乡浙江华纶化纤厂。

最佳合理化建议项目:海宁皮件厂的“穿珠系列革皮时装”、嘉兴绢纺厂“梅特勒烧毛机技术改进”。

合理化建议活动积极分子:浙丝一厂朱祖柯、嘉善印刷线路厂沈定松、嘉兴绢纺厂赵立群、嘉兴凤鸣绒厂朱克耐、平湖橡胶厂俞绍成、海宁中丝三厂范乾林、嘉兴冶金机械厂阮亚海、嘉兴乳品厂张吾威、海盐农药(化工)厂盛祥生、金山水泥厂嘉善分厂管荣伟。

第三节 技术协作

职工技协组织

1991年,全市共有县(市、区)以上技协组织8个,产业技协2个,基层技协349个,其中工商登记有331个,有技协专兼职干部1500多名,中级以上职称工程技术人员2100多人,技协会员积极分子5万多人。20世纪90年代后期随着企业改制和市场环境变化,职工技协组织规模逐步萎缩。到2010年年末,全市建有职工技协组织的基层以上工会11个,建有职工技协组织的基层工会143个,技协会员3895人。

市职工技术协会 嘉兴市职工技术协会是市总工会领导下组织职工开展群众性科技活动的社团组织,成立于1984年11月,原名嘉兴市职工技术协作委员会。1989年12月更名为嘉兴市职工技术协会,具有独立法人资格,组织性质由群团组织转变为科技性社会团体。主要任务是开展技术攻关、技术交流、技术转让、技术服务、技术咨询、技术帮扶等技术协作活动;开展技术练兵、技术比赛、技术培训和科普教育活动;参与科技法律、法规制定和企业技术民主管理。

1995年6月29日召开嘉兴市职工技术协会第三次代表大会,选举产生嘉兴市职工技术协会第三届委员会。卢苗法为会长,张元甫为常务副会长,陈永明、吴建元、曹亚夫为副会长,曹亚夫兼秘书长。

2000年5月23日–24日召开嘉兴市职工技术协会第四次代表大会。选举产生嘉兴市职工技协第四届委员会。张钰良为会长,曹亚夫、沈玉娟、李明为副会长,曹亚夫兼秘书长。聘请市委常委,常务副市长陈德荣,市长助理、市经委主任敖文治,市总工会主席沈利华为名誉会长。聘请张元甫、沃亚平、张东升、周清生、林光科、朱根勤为顾问。

技协活动和成果

全市各级工会职工技协组织发挥科技人员、能工巧匠的技术优势,立足本企业,积极开展技术革新、技术攻关活动,解决一大批生产技术难题。同时,职工技协进入技术市场,扩大技术交流和技术协作,成为推动企业技术进步一支重要力量。1989年到1994年,全市各级工会职工技协共攻破技术关键3416项,创造经济效益2885万元,推广新技术550项,创经济效益1623万元。完成技协有偿服务成交额12764万元,上缴税金424万元。并通过技术、资金等途径帮困扶贫118家企业,1076个项目,产生经济效益1786万元。1995到1999年,全市职工技协完成技术协作、技术扶贫帮困项目77900余项。进入21世纪后,工会职工技协活动以立足本企业为主,继续在企业技术创新、技术攻关中发挥作用。

荣誉和表彰

嘉兴市职工技术协会1995年至1997年获浙江省职工技协创经济效益优胜奖;1996年获全国职工技协先进集体称号;1997年获第四届全国技术市场金桥奖;1998、1999年获市(地)职工技协工作一等奖。

1996年,海宁市总工会技协办主任管金甫、嘉兴城郊供电公司技协会长卜龙祥获全国职工技协先进个人,海宁纺机厂技协MF583型纱线烧毛机获全国职工技协百项优秀技术成果。

1998年,海宁纺机厂职工技协研制开发ME774型行星磨绒机,海盐电力仪表厂职工技协研制开发电子程控式三相电能表校验装置获全国职工技协优秀技术成果。

第四节　工会兴办企事业

嘉兴市工会系统兴办企事业起步较早。1988年市总工会组建嘉工城市信用社、嘉兴市职工疗休养旅游服务社。海宁市总工会1989年兴办海工童装厂。1992年在邓小平视察南方重要谈话和中央下发2号文件新形势下,全国总工会在上海召开主席团会议提出“发展工会企事业是工会工作的一项战略性任务”。1992年8月,省总工会、省计经委、省财政局、省工商局、省税务局、省人民银行联合下发《关于工会兴办企业若干问题的规定》,该规定就工会兴办企业的原则、兴办范围、审批程序和登记注册、税收与留利分配、资金来源和劳动工资、财务管理、企业管理7个方面作出具体规定。市总工会、市计经委、市财税局、市工商局、市人民银行联合转发。9月下旬召开全市工会企事业工作会议,会议传达全省工会企事业工作会议精神,交流工会兴办企事业经验,提出到1995年全市工会企事业规模扩大两倍,利税翻两番。到1993年年底,全市共有646家工会组织兴办708家企业,从业人员7284人,其中安置城镇待业青年、企业富余人员达57%。1993年,全市工会企业营销总额68384.3万元,利税1969.32万元,资金利润率14%,为企业积累资金374,57万元,营销总额和利税额在全省仅次于宁波列第二位。1994年全市工会企业销售额10亿多元,创利税3000多万元,居全国地(市)之首。

1995年后,针对全市工会企事业产业结构失衡、后劲不足问题,市总工会对工会企事业工作提出“三个转变”“两个提高”要求,即工作重点由量的增加向质的提高转变,企业规模由小打小闹向规模效益型转变,经营模式由以商贸型为主向新型服务业和工贸一体化转变;提高市场占有率和投入产出率。至1996年年底,全市工会企事业420家,比1994年减少41%,营业收入增长23.3%。商贸流通型企业占比从1994年85%减少到51%,工业企业和加工行业占比从15%增加到49%。随后,市总工会制定出台《嘉兴市工会企事业管理暂行办法》和《嘉兴市工会企业行政管理费收缴、使用和管理暂行办法》,加强财务管理,确保工会企事业的集体利益。1998年6月开始清理甄别挂靠工作,市区挂靠工会企事业单位改为集体企业单位。从2001年开始,随着工会三产减免税优惠政策逐步取消,工会三产企事业生产经营活动走向市场化。

市总工会直接创办企事业有嘉工城市信用社、嘉工旅行社、嘉兴市城市住房合作社、佳工法律服务所、嘉总职工服务中心、嘉总后勤服务中心、嘉兴市国际海员俱乐部等。

嘉工城市信用社

嘉工城市信用合作社于1988年8月由嘉兴市总工会牵头筹建,是经浙江省人民银行批准的集体金融机构。同年12月开业,行政隶属于嘉兴市总工会,体制上实行理事会领导下主任负责制,业务受中国人民银行嘉兴市分行领导管理、监督和稽核,经济性质属于自主经营、自求平衡、自负盈亏、独立核算的集体企业。经营办理集体工商企业、工会第三产业、工会技协、个体工商户存款、贷款和结算业务,办理城市居民、工会会员储蓄,代办保险、债券、保管业务和经中国人民银行批准的其他业务。理事长邵美温,监事长张元甫,法人代表先后为陈民镒、钱焕文。社址中山路47号,营业面积50平方米,1994年5月扩大为100平方米。

1997年,嘉兴市组建城市合作银行,嘉工城市信用社统一归并至城市合作银行。嘉工城市信用社建社时注册资本30万元,归并时认缴股款额为4098905.58元。

嘉工旅游社

嘉工旅游有限公司前身为嘉兴市职工疗休养旅游服务社,成立于1988年,是市总工会下属集体事业单位,经营范围主要是为职工旅游服务。2000年嘉工旅游社实行转制,性质为股份制企业,股东有嘉兴市总工会、浙江省职工国际旅行公司以及公司职工,并更名为嘉兴市嘉工旅游有限公司。2010年有工作人员10人,国家旅游局颁发经理证、导游证 11 张。2003 年至 2010 年被市旅游局评为创建“诚信旅行社”优胜单位,2006 年获“浙江省百佳诚信旅游企业”称号。

嘉兴市城市住房合作社

嘉兴市城市住房合作社由市总工会、市体改委、市住房制度改革办、市经委、市城建委、市土管局、市工商银行、市建设银行八个单位参与联合组建。1992 年 10 月 28 日成立并举行营业部开业典礼。合作社隶属于市总工会,采取“政府扶持、单位资助、个人集资、民主管理”办社原则,经济上实行独立核算、自求平衡。主要是为本市工、建、交、财贸等行业中无力解决职工住宅的中小型企业以及中低收入家庭改善居住条件提供服务。

嘉兴市城市住房合作社由参与组建的 8 个单位 11 名董事组成董事会,为合作社领导机构,挂靠市总工会。董事会设董事长 1 人、副董事长 2 人,董事长为法人代表。市总工会主席谭春晓兼任职工住房合作社董事长。

嘉兴市城市住房合作社有计划有步骤地开展集资建房工作,先后开发“真合里”“松合里”两个住宅小区。“真合里”征地 25 亩,建住房 365 套,总面积 21200 平方米,1994 年年底交付使用。“松合里”征地 46 亩,建住房 574 套,总建筑面积 4.7 万平方米,2000 年交付使用。

因“不具备房地产开发资质,不能开发建设商品房”,2003 年 10 月 23 日住房合作社召开股东大会通过决议,同意于年底终止经营,并向工商及税务注销登记。

嘉兴市佳工法律服务所

嘉兴市佳工法律服务所前身为嘉工法律事务所,成立于 1996 年 6 月,为集体事业单位,定编 5 人。经费自收自支,注册资金 3 万元(市总工会投入)。服务所由市总工会主管,接受司法行政部门业务监管。主要职责是为职工和工会组织提供法律咨询;接受委托,参加诉讼或调解、仲裁活动,代书诉讼文书及其他法律、事务文书;向职工宣传法制等。2001 年 9 月“嘉工法律事务所”更名为“嘉兴市佳工法律服务所”,法定代表人由市总工会指派担任。2005 年下半年通过吸收社会法人、自然人等民间资本改制为合伙制企业。

第五节 劳模与先进

1998 年,市委、市政府下发《嘉兴市劳动模范评选和管理暂行办法》。2005 年 5 月,市委、市政府印发《嘉兴市劳动模范评选和管理办法》,分总则、评选、命名表彰、奖励和待遇、日常管理、荣誉称号的取消、附则七章二十七条。

嘉兴市劳动模范评选委员会

1991 年,市劳动模范评选委员会主任周洪昌,副主任赵冰、毛雪龙、马文龙,办公室主任邵美温(兼)。1995 年,市劳动模范评选委员会主任杜云昌,副主任徐良骥、姚金林、朱加椿,办公室主任张元甫(兼)。1996 年,市劳动模范评选委员会主任夏益昌,副主任毛雪龙、姚金林、朱加椿,办公室主任孙陵(兼)。

2000年,市劳动模范评选委员会主任杨荣华,副主任毛雪龙、陈德荣、周志迪,办公室主任张钰良(兼)。2005年,市劳动模范评选委员会主任王新民,办公室主任王松林(兼)。2007年,市劳动模范评选委员会主任张志伟,副主任邵建华、陈树庆,市总工会分管领导担任办公室主任。

评选表彰

1991年-2010年,嘉兴市先后召开8次劳模表彰大会。2003年以前,嘉兴市劳动模范、模范集体每2年评选并表彰一次,2003年以后每5年评选表彰一次。对在全市经济社会发展中涌现出来的影响大,贡献特别突出的先进个人或先进集体,可随时按规定程序予以申报、审批、命名表彰。

2007年11月12日,市总工会下发《关于开展创建“工人先锋号”活动的通知》,决定在全市广泛开展创建“工人先锋号”活动。每年度命名表彰一批“市工人先锋号”。此后“全国工人先锋号”“省工人先锋号”和省五一劳动奖状(班组)原则上从“市工人先锋号”中产生。2008年、2009年、2010年,市总工会每年命名30家集体为“嘉兴市工人先锋号”。

1991年-2010年,嘉兴市评选出全国劳动模范35名(名单见“人物”篇,下同),全国五一劳动奖章获得者38名,全国五一劳动奖状获得者12家(含班组),“全国工人先锋号”5家。省级劳动模范100名,省模范集体19家,浙江省五一劳动奖章获得者18名,浙江省五一劳动奖状获得者6家,“浙江省工人先锋号”16家。市级劳动模范428名,市级先进集体199家,“嘉兴市工人先锋号”90家。

至2010年,全市有市级以上劳动模范1176名,其中全国劳动模范(先进工作者)52名,全国五一劳动奖章获得者48名,省劳动模范218名,省级先进生产者305名,省五一劳动奖章获得者18名,市劳动模范535名。

劳模工作

市总工会作为劳动模范具体工作部门,以高度政治责任感,积极弘扬新时代劳模精神,宣传劳模事迹,提高劳模社会地位,组织劳模参与各种活动,激励全市广大职工自觉地向劳模学习,积极投身改革开放和现代化建设。

参加重大活动 组织劳模参加全市重大政治、社会活动,如参加市委、市政府新春团拜会、联谊会、茶话会、座谈会等全市性活动。组织“劳模看嘉兴改革发展新成果”系列活动,连续组织劳模“看嘉兴新貌”“劳模看新城”、劳模“看嘉兴航道建设”、劳模“看重点工程建设”、船游嘉兴——劳模看“烟雨南湖·运河古城”等活动。组织举办劳模培训班,有关方面领导和专家给劳模讲党课、作时政形势报告,宣讲科学发展观、构建和谐社会等等给劳模“充电”。组织劳模积极参与全市职工经济技术创新活动,与职工群众一起围绕企业发展创新攻关,帮教带徒,发挥表率作用。

宣传弘扬劳模精神 1991年5月15日-21日,市委宣传部和市总工会联合组织生产一线10名劳动模范分赴嘉

兴市所属县(市、区)和市直属厂矿、市级机关作10场报告会,听众8000余人。

2005年–2009年,总结推广陈新益工作室、孙国英就业援助工作室等劳模岗位成才、岗位创新、岗位奉献的先进做法和典型经验,发挥劳模创业创新榜样示范作用。

2005年,根据市政府决定,由市总工会、嘉兴市劳模办、嘉兴市劳模协会编辑出版《嘉兴劳模》一书,入书自新中国成立至2005年5月市级以上劳动模范和先进人物。2005年9月举行首发式,向全市各级劳模赠书。

2009年国庆节前夕,在《嘉兴日报》开设"劳模的奉献价值"专题报道,寻访报道新中国成立以来不同历史时期嘉兴市10位全国劳模成长足迹和时代精神。引导广大职工学劳模精神、创一流业绩。

2010年6月,市总工会会同市委宣传部再次组织劳模先进事迹报告团,由新当选的全国劳模和省五一劳动奖章、奖状获得者等19名劳模先进代表在全市开展6场巡讲活动,近2000名职工参加听讲。巡讲结束后编印《嘉兴市劳模先进事迹报告团材料汇编》一书,发放到基层工会、学校、职工书屋。

1995年、2000年、2005年、2010年嘉兴市委、市政府与市总工会均隆重欢送全国劳模赴京出席全国劳模表彰大会,并通过媒体宣传报道。

关爱劳模 市总工会认真抓好劳模政策待遇落实,加强协调督促,确保各级各类劳模及时完整享受各项待遇。1997年1月,市政府办公室下发通知,就贯彻执行省政府办公厅改善和提高劳动模范待遇意见提出实施意见。当年,全市235名已离退休省(部)级以上劳动模范享受荣誉津贴。2000年6月,市政府办公室转发市总工会等部门关于嘉兴市级劳动模范享受荣誉津贴待遇的意见,就嘉兴市级劳模离退休后享受荣誉津贴提出6条意见。2001年9月,经市政府同意,市总工会、市财政局、市劳动和社会保障局、市体改办联合发文,一次性提取市区破产(解体、歇业)企业省(部)级以上离退休劳模、先进工作者荣誉津贴费用,以保障劳模待遇落实。2004年4月,市政府下发《关于进一步落实和提高劳动模范待遇的通知》,规定从2004年2月起,提高市级及以上劳模荣誉津贴,对劳模实行医疗补助。2005年5月,市总工会会同市财政局、市人事局、市劳动和社会保障局就市本级有关劳模待遇政策落实工作提出意见。2005年,市总工会与市卫生局联合制定劳模医疗保健服务结对活动方案,共组建100个劳模医疗健康咨询服务小组,为劳模提供专业医疗结对服务。市总工会还每年为百余名劳模赠阅报刊,丰富劳模精神生活。

全市各地总工会建立劳模先进定期分批疗休养制度。1995年9月,市总工会组织历年被全总、省总授于优秀工会工作者、优秀工会积极分子、模范职工之家、模范职工小家以及财务工作先进单位代表18人赴北京、北戴河参观学习休养。2006年,市劳模协会组织6位劳模到井冈山疗休养。2007 年 10 月，组织两批劳模到西安、郑州、太原疗休养。

2009 年国庆前夕，市总工会以“感谢你——共和国的功臣、献给你——伟大祖国 60 华诞”为主题，首次特邀全国总工会文工团举行慰问劳模专场演出。来自全市各条战线各个时期近 500 位劳模先进代表观看演出。

嘉兴市劳动模范协会

嘉兴市劳动模范协会(下称“市劳模协会”)是全市各级劳动模范、模范集体代表自愿组成的群众性社会团体。其职责是宣传劳模事迹，弘扬劳模优秀品质；加强劳模自身建设，组织理论学习和考察培训活动；组织劳动模范开展科技咨询、技术攻关、合理化建议等经济技术活动；促进劳模之间相互联系，关心他们的工作、学习、生活，帮助他们解决实际困难，维护劳模合法权益。

1998 年 12 月 9 日，市劳模协会成立，协商产生第一届理事会。理事会由姚海根、沈光良、徐祖福、陈国良、陆雅琳、张秋荣、刘勇、朱金松、陆忠岳、朱贵法、夏志生、周金根、姚贵松、陈士良、缪音多、王永初、李明、徐祖福、任大为、王鸣、张建荣等 21 人组成。会长姚海根，副会长徐祖福、李明、沈光良、陈国良、任大为，秘书长张建荣，副秘书长陆雅琳。

2002 年 4 月 29 日，市劳模协会举行第二次会员代表大会，听取一届理事会工作报告，选举产生由 17 名理事组成的二届市劳模协会理事会。会长吕士林，法人代表姚海根，副会长朱善忠、傅一鸣、刘勇，理事陈士良、朱金松、陈国良、徐祖福、张锦浩、张秋荣、陆雅琳、张岚、任大为、徐福荣、潘广通、张保根，秘书长方东军，副秘书长张建荣。2005 年 4 月 26 日，市劳模协会召开二届二次理事会，聘请市委副书记徐士珍、市政府副市长王新民为名誉会长，聘请市总工会主席邵建华为顾问。会长吕士林，副会长姚海根、朱善忠、傅一鸣、刘勇，秘书长张建荣。

2007 年 9 月 27 日，市劳模协会举行第三次会员代表大会，听取二届理事会工作报告，选举产生由 19 名理事组成的三届市劳模协会理事会。会长姚海根，副会长傅一鸣、朱金松、陈士良、朱善忠、刘勇。理事徐祖福、张秋荣、孙光兴、蒋富根、任维进、应丽斋、汪勤、步海兵、江力勤、赵其法、杨树春、金惠明、钱文云。协会聘请市委副书记朱伟、市人大常委会副主任王新民、市政府副市长张志伟、市政协副主席、市总工会主席邵建华为名誉会长。2009 年 1 月三届二次理事会聘请方东军为劳模协会秘书长。

嘉兴市勇克时艰杰出职工

2009 年和 2010 年，根据省委宣传部、省总工会统一要求，市委宣传部、市总工会组织开展“劳动伟大——嘉兴市勇克时艰杰出职工”评选宣传活动。经过层层推选，产生 20 名嘉兴市“勇克时艰杰出职工”候选人，在《嘉兴日报》、《南湖晚报》等媒体宣传报道候选人先进事迹，组织开展公众投票和社会推荐。组委会根据公众投票和专家评审，最终选出 10 名嘉兴市“勇克时艰杰出职工”并予以表彰奖励(名单见“人物”篇)。

第六章　依法维权

面对社会主义市场经济体制建立过程中经济关系、劳动关系的深刻变化,市总工会认真贯彻全国总工会突出工会维护职能,把维护作为工会基本职责的工会工作总体思路,坚持“组织起来、切实维权”的工作方针,卓有成效地开展各项维权工作。

第一节　维权机构

2005年1月,为贯彻落实胡锦涛总书记对浙江义乌社会化维权批示精神,嘉兴市建立工会维权工作领导小组,由市委副书记徐士珍任组长,副市长王新民任副组长,市总工会主席邵建华及市有关方面负责人为成员。领导小组办公室设在市总工会,由市总工会主席邵建华兼办公室主任。

市总工会维权机构

1988年12月,市总工会设立法律顾问处,聘用法律工作者11人,开展法律咨询、劳动争议调解、代写法律文书等,为职工和企业提供法律服务。1991年扩大到23人。

1996年6月,市总工会设立法律工作部负责工会法律工作,主要职责为参与市有关规范性文件和政策措施制定,参与重大劳动争议案件调处,指导企业劳动争议调解委员会组建和调解工作,为工会组织和职工提供法律服务,维护职工合法权益,配合有关部门共同做好普法宣传,负责职工来信来访接待处理。

2000年8月组建权益保障部,其职责调整为对贯彻执行《中华人民共和国工会法》《中华人民共和国劳动法》等法律法规进行监督,参与制定涉及职工利益的政策,参与重大劳动争议案件调处,对全市各级职工维权帮扶中心进行指导等。

2002年9月,成立市总工会职工援助服务中心,同年改称市总工会困难职工帮扶中心。2008年,根据省总工会《关于加强职工维权帮扶中心建设的意见》精神,统一名称为“嘉兴市总工会职工维权帮扶中心”。2009年5月经市编委批复,市总工会职工维权帮扶中心独立设置为市总工会下属事业单位,机构类别为社会公益类纯公益性,事业编制3人。

县(市、区)总工会维权机构

2003年和2004年,五县(市)总工会先后成立困难职工帮扶中心(维权服务中心)。2007年两区成立总工会后也相应建立职工帮扶中心。至2010年年底,县(市、区)总工会职工维权帮扶中心共有工作人员26名。

镇乡(街道)维权站、企业维权点

到2010年年末,全市建73个镇(街道)维权站,覆盖面100%。镇(街道)职工维权站主要职能是生活帮困、就业培训、职业介绍、信访接待、法律援助。每站配有兼职人员1至2名。全市有企业维权点1300个,并有一支职工维权信息员队伍。

第二节　维权工作

工会法制宣传教育

学习宣传贯彻"工会法"　1992年4月新《中华人民共和国工会法》颁布实施,全市各级工会迅速行动,认真学习、广泛宣传、抓好落实。4月30日,市委宣传部、市总工会、市司法局联合召开"庆'五一'《工会法》座谈会",对学习、宣传、贯彻新《工会法》作出部署。市委副书记丁师尹要求充分认识颁布实施新《工会法》的重大意义,各级党组织要加强领导,认真抓好新《工会法》的学习、宣传、贯彻和落实,各有关部门要通力合作,共同抓好。2001年10月九届全国人大常委会审议通过《关于修改〈中华人民共和国工会法〉的决定》并公布施行。12月市人大法制委员会、市劳动和社会保障局、市总工会联合下发《关于学习、宣传、贯彻〈中华人民共和国工会法〉的意见》,要求各地各部门各级工会组织认真学习,广泛深入宣传,扎实贯彻落实《工会法》。2004年6月,为配合全国人大常委会在全国开展《工会法》执法检查,市总工会成立"配合《工会法》执法检查工作领导小组",配合市人大常委会对全市《工会法》实施情况开展专题调研,进一步推进《工会法》贯彻实施。

学习宣传贯彻"劳动法"　1994年10月29日,《嘉兴工人报》刊载本报记者专访市总工会主席谭春晓,就1995年1月1日起实施《中华人民共和国劳动法》作专题访谈。31日,市总工会和市劳动局联合开展有关《劳动法》咨询活动,并向职工赠送《劳动法》手册。1995年年末《劳动法》实施近一年之际,市总工会参与由市政府及劳动部门统一组织的全市用人单位遵守《劳动法》情况检查。参与两个组检查26家单位。市政协法制委与工会界政协委员在市政协副主席陈莉贤、张海江带领下对市区企业贯彻实施《劳动法》情况进行视察与调查。1996年4月8日,市总工会、市劳动局、市工商局联合召开私营企业厂长经理座谈会,座谈讨论私营企业建立工会组织及贯彻《劳动法》,滇禾热辐射元件厂、威士实业有限公司等20家私营企业的厂长(经理)和工会主席参加座谈。当年市劳动局对贯彻执行《劳动法》有关问题提出8条补充意见。1999年1月1日《劳动法》实施4周年之际,市劳动局、市总工会联合开展法律咨询活动,常务副市长陈德荣参与宣传咨询活动。通过贯彻实施《劳动法》,全市劳动合同制度全面实施,推行集体

协商和集体合同制度取得突破性进展，新经济组织工会组建步伐明显加快，劳动争议调处工作明显加强。

学习宣传贯彻“劳动合同法” 《中华人民共和国劳动合同法》2008年1月1日起施行。1月30日市总工会五届六次全委扩大会议提出要突出“非公”和“民工”两个重点，广泛开展《中华人民共和国劳动合同法》学习宣传和培训活动，帮助职工正确运用法律行使权利，防止用人单位违反和规避相关法律法规的行为。继续实施劳动合同制度三年行动计划，帮助和指导职工签订好劳动合同。市总工会把《劳动合同法》学习列入全市工会“五五”普法教育规划，作为工会干部必训内容。各级工会通过举办培训班、举办咨询服务活动、分发《劳动合同法》单行本、参与《劳动合同法》知识竞赛等形式，推进学习宣传贯彻《劳动合同法》。

2006年–2010年，市总工会被市委市政府表彰为“嘉兴市法制宣传教育先进集体”。

工会法律服务

市总工会法律服务工作开始于20世纪80年代，90年代后为适应企业劳动关系新变化，工会法律服务逐步向法律援助延伸，通过代写法律文书、参加仲裁和调解为合法权益受到侵害的职工、工会工作者和工会组织提供法律服务。

1998年3月，市总工会转发省总工会《关于建立工会法律援助制度的决定》，要求全市县以上地方工会建立工会法律援助制度。法律援助受理范围为劳动权益受到严重侵犯且收入在当地城镇企业职工最低生活标准以下的工会会员及其他生活困难的工会会员；工会工作者以维护职工合法权益而自身权益受到侵害的；工会组织以维护职工群体利益而需要的；有其他特殊困难的本市职工。工会法律援助机构所做的主要工作为普及法律知识，提供法律咨询，代写法律文书，参与协商、调解、仲裁、诉讼代理。各级工会法律援助机构通过举办广场法律咨询活动、法律进企业、进工地活动，为广大职工提供法律服务。

2005年为适应构建和谐社会、建设“平安嘉兴”，市总工会和市司法局在市各产业工会、市属大中型企业工会内建立工会法律援助站和职工法律援助点，负责开展职工法律援助工作，接待职工来电、来访、来信，解答法律、法规、政策等问题，开展法制宣传工作，反馈用人单位侵犯职工合法权益的情况，上报符合法律援助条件的案件，检举用人单位在安全生产、职业病防治等方面存在的重大隐患。设立首批16家职工法律援助点、126名职工维权信息员、110只维权信息箱。2007年，通过与嘉兴子城律师事务所签订合作协议，在市本级范围内对低于上一年度全市企业职工平均工资的困难职工（包括外来务工人员）提供劳资纠纷范围内的法律服务，包括法律咨询，代书有关法律文书及劳动争议案件非诉讼代理，诉讼、仲裁案件代理等。同时，邀请专业律师到职工维权帮扶中心提供免费咨询服务和代拟文书服务。至2010年年底,全市基层以上工会建有法律援助服务机构46家，其中市、县(区)总工会7家,县产业(局)工会1家,乡镇(街道)工会17家,村(社区)工会21家。工会法律援助服务机构工作人员65人,取得律师或法律职业资格证书工会干部2人。2011年12月,市总工会被全国总工会命名为“全国工会职工法律援助等维权服务示范单位”。

工会劳动法律监督

从1996年开始，全市基层工会陆续建立劳动法律监督组织,履行监督职责。1997年3月,为深入贯彻工会工作总体思路,加强工会对《中华人民共和国劳动法》执行情况监督检查工作力度,更好地履行维护职能,市总工会成立劳动法律监督委员会,市总工会副主席陈长庆任主任。劳动法律监督委员会日常工作由法律工作部负责,具体负责组织、协调、指导全市工会劳动法律监督工作，对用人单位有关劳动就业、劳动合同、集体合同、工作时间、休息休假、工资报酬、劳动安全、劳动保护、职业培训、保险福利、女职工和未成年工保护等方面执行劳动法律、法规情况进行监督检查。2000年,市、县两级总工会全部建立工会劳动法律监督委员会。至2010年年底，全市建基层以上工会劳动法律监督组织50个，基层工会劳动法律监督组织2162个，各级工会劳动保障法律监督员5127人。2010年受理案件606件，其中自行处理422件，提请劳动监察部门处理166件。

推行集体合同

1995年,市总工会以贯彻《中华人民共和国劳动法》为契机,把推行平等协商、签订集体合同制度确定为“重中之重”的工作。3月28日–29日,市总工会举办全市工会干部第一期集体协商、集体合同培训班。听取省总干校沈伟讲师专题讲座和省集体协商、集体合同试点单位杭州医药站股份有限公司、杭州东芝机电有限公司经验介绍。4月17日,市总工会召开推行集体协商和集体合同制度座谈会,各县(市)总工会、区工会办事处、产业工会(联合会)负责人参加会议。会议传达贯彻全省推行集体协商和集体合同制度研讨会精神,讨论交流全市推行这一制度情况,研究落实试点单位。4月21日,市总工会与市劳动局联合发出《关于我市进行集体协商签订集体合同工作的意见》，就推行集体协商签订集体合同制度的工作步骤、签订集体合同的原则、集体合同的内容、签订程序和指导协调作出规定和部署。5月13日,市总工会和市劳动局在菲利普有限公司召开全市首家推行集体合同签订协议现场会,市委副书记夏益昌、副市长姚金林,省总工会副主席娄有生出席并讲话。5月17日,市政府办公室发文成立“嘉兴市推行劳动合同制和集体合同指导小组,市劳动局黄锦荣为组长,市总工会陈长庆、市经委叶云兰为副组长。6月26日,全省现代企业制度试点单位、国有大型企业浙江兰宝国际毛纺集团公司工会与企业法人代表签订集体合同。同日,全市首家私营企业海盐特种纤维织造厂签订集体合同。省总工会顾问赵景棠、市总工会主席卢苗法、海盐县委副书记袁世和等领导出席并讲话。全国"五一"劳动奖章获得者、省人大代表、特纤厂厂长赵荣华发言。7月3日,市总工会召开全市集体合同试点和推广工作会议。菲利普集团公司、兰宝国际毛纺集团公司、平湖皮件厂介绍进行集体协商、签订集体合同的做法和体会,各县(市、区)工会和产业工会汇报工作进度和做法。市总工会主席卢苗法在总结发言中要求充分运用试点经验,任务落实到位,做好指导服务。到年底全市签约企业361家,其中国有企业165家,现代企业制度试点企业2家,股份制企业13家,集体企业139家。新经济组织中签约乡镇企业26家,"三资" 企业14家, 私营企业2家。

在推行集体合同工作中,各级工会加大宣传力度, 重视发挥整体维护作用。通过签订集体合同确认职工主人翁地位, 有关职工切身利益重大事项明确规定要经职代会审议或决定,集体合同须经职代会通过, 职工合法权益尤其在劳动报酬、工作时间、休息休假、加班加点、福利保险、劳动保护和对女职工及未成年工劳动权益等,依照《中华人民共和国劳动法》得到具体落实,促使经营者更加关心职工,职工更加关心企业,增强企业凝聚力。

1996年8月,市总工会举办外商投资企业、私营企业集体合同培训班。东方钢帘线有限公司、沙龙国际宾馆、长江电子有限公司等15家企业工会主席参加培训。要求外商投资企业和私营企业工会把签订集体合同作为企业工会一段时期的主要任务,集中力量,下大力气抓紧抓好。9月20日,市总工会在嘉善县魏塘镇召开新经济组织组建工会, 推行集体合同制度工作现场交流会。市委副书记毛雪龙到会讲话,要求重点在现代企业制度试点单位和外商投资企业推行集体合同制度。嘉善县魏塘镇党委、政府、工会,海宁市总工会、平湖市总工会、桐乡市二轻工业总公司、海盐县海塘乡工会、嘉兴市总工会郊区办事处等单位作交流发言。到1999年9月末, 全市1233家企业签订集体合同, 其中外商投资企业214家,私营企业171家。

海宁市总工会从乡镇企业实际出发,1995年下半年开始进行区域性集体协商、签订集体合同的实践和探索。到1997年4月, 有6个乡镇签订区域性集体合同,共涉及37家企业,4077名职工。嘉兴市总工会在全市推广海宁经验,到1999年9月末,全市签订16个区域性集体合同和15个行业性集体合同,覆盖企业218家。

2002年9月25日, 市委市政府召开全市工会组织规范化建设暨集体合同工作经验交流会,市委副书记、纪委书记徐士珍在会上强调要深入学习贯彻《中华人民共和国劳动法》《中华人民共和国工会法》, 进一步发挥工会组织作用,依法维护职工合法权益,建立更加稳定、和谐的劳动关系。海宁市政府、秀洲区新塍镇工会、平湖景兴纸业公司等单位作经验交流。

2006年起,作为创建和谐劳动关系的重点工作在全市开展工资集体协商要约行动(详见〔工资集体协商〕)。当年,全市以改制企业和非公有制企业为重点,规范协商程序,突出协商重点,提高集体合同在各种类型企业签订率和履约率,全市规模以上企业70%实行签订集体合同制度。至2010年年底,全市签订集体合同基层工会5440家,涵盖单位13401个。

工资集体协商

2001年6月28日,市劳动局、市总工会联合下发《关于在企业中开展工资集体协商的通知》,提出要提高认识,切实加强对工资集体协商工作的指导;抓好试点,积极推进工资集体协商制度的建立;密切配合,认真贯彻《工资集体协商试行办法》。全市各地按照"通知"要求积极推进工资集体协商。海宁市总工会对全市工资集体协商工作统筹规划,确定分级试点、规范运作、以点带面、稳步推进的工作方针。全市18个乡镇确定19家试点企业,市总工会重点抓好2家试点。制订规范文本,印发基层企业参照实行。并组织乡镇及重点试点企业工会干部到省总干校业务培训。平湖市在开展工资集体协商中严格依法行事,由工会作为职工一方代表与企业经营者依法就企业内部工资分配制度、工资分配形式、工资收入水平及年度增长幅度、工资支付、奖金和津贴等事项进行平等协商,在协商一致基础上签订工资协议。到2005年年底,平湖全市有1012家非公有制企业签订工资集体协商协议。

2007年,全市各级工会在抓基层试点基础上,与劳动、经贸等部门联合召开会议,下发文件,部署开展工资集体协商要约行动,形成"一个工作链"("工会主动要约——行政应约——上级工会整改建议——劳动保障部门执法检查")、"两级要约"(基层工会主动要约和上一级工会代行要约相结合)、"三项工作制度"(工会主动要约制度、整改建议制度、一票否决制度),推动工资集体协商认识上由自发向自觉提升,内容上由单一向多项提升,标准上由低标准向高标准提升,程序上由不规范向规范提升。2007年,全市2804家企业签订工资集体协商协议,占应签数90%,其中规模以上企业1853家。

2008年10月19日,市委办公室、市政府办公室下发《关于全面推进职工工资集体协商工作,深化创建劳动关系和谐企业活动的意见》,就开展这项活动的重要意义、总体要求、基本原则和工作要求等提出明确意见。10月24日,市餐饮行业协会与行业联合工会签署行业工资集体协商协议,为全省餐饮服务行业首份行业性工资集体协商协议。协议包含行业内职工最低工资标准、加班补偿及工资增长幅度等条款。适用范围覆盖市本级南湖区、秀洲区、经济开发区的餐饮行业协会成员单位,涉及60家企业近两万名职工。10月29日,市政府召开全市创建劳动关系和谐企业活动与全面推进职工工资集体协商工作经验交流会,副市长张志伟要求各县(市、区)抓紧制定明确的实施方案,加强组织领导和工作协调,着力培育工资集体协商主体,加强考核监督、推先评优、营造良好氛围。

至2010年年末,全市签订工资集体协商协议3033份,覆盖企业6064家,其中签订行业性工资集体协商协议17份,覆盖企业907家。

第三节 劳动关系协调

劳动关系三方协调机制

1993年,国务院颁布《企业劳动争议处理条例》,嘉兴市根据"条例"三方机制原则,由市劳动局(代表政府),市计经委(代表业主),市总工会(代表劳动者)三方代表组成建立市劳动仲裁委员会,对建立和谐稳定劳动关系,促进社会稳定,维护劳动关系双方当事人合法权益发挥了积极作用。1994年《中华人民共和国劳动法》颁布后,嘉兴市积极推行集体协商、签订集体合同,至2001年,全市国有、集体及国有与集体控股企业签约率95.3%,外资企业签约率82%,私营企业签约率77.2%,从整体上规范劳动关系双方行为,发挥工人阶级主人翁作用,维护企业稳定发展。

2001年10月,经市政府同意,市劳动和社会保障局、市经济贸易委员会、市总工会联合建立嘉兴市劳动关系三方协调会议制度,其基本职能是为市政府制定有关涉及劳动关系的政策文件提供咨询建议,协调处理全市性有关劳动关系的重大问题,指导全市各级地方劳动关系协调工作。协调会议三方轮流牵头组织召开,根据实际需要和议题每年召开1次至2次会议。2002年9月,市政府与市总工会联席会议进一步就发挥三方协调机制作用形成共识,明确重点是进一步推动建立集体合同和劳动合同制度,以稳定协调的劳动关系促进全市经济发展。当年,县以上劳动关系三方协调机制全部建立。

2003年召开两次市三方协调会议,形成会议纪要。联合劳动和社会保障部门在全市开展劳动用工、签订集体合同、工资集体协商履行情况专项检查,分6个组检查不同行业、不同所有制性质单位25个。

2004年,劳动关系三方协调机制向镇乡(街道)一级延伸。形成调整劳动关系的立体网络。海宁市斜桥镇总工会联合镇司法所、经济发展办公室、派出所和劳务所建立镇五方协调会议制度,提高维权工作实效,达到职工满意、企业满意、协作单位满意。

职工维权预警机制

2004年,市总工会在企业工会主席、劳模、职工中聘用175名信息监督员,对企业工资支付等情况进行监督。当年发现并调处一批未签劳动合同、已签合同但职工手中没有文本、拖欠工资、不参加"五大保险"、发生工伤不按规定处理等问题。

2006年5月,市总工会发文建立全市工会系统劳动关系预警机制。要求各县(市、区)工会、有关产业(系统)工会定期召开分析会,分析职工信访、劳动争议处理、劳动法律监督、安全生产检查中的情况,研究倾向性问题和矛盾,并通过三方协调会议制度等,及时研究、协调处理劳动关系的重点、难点问题。有关群体性突发事件限时直报市总工会。市总工会建立劳动关系预警机制工作目标制度,列入全市工会重点工作考核。至2010年年底,全市基层以上工会建立劳动关系预警机制单位45个。

劳动争议调处

劳动争议调解　20世纪80年代后期起,不少企业根据市劳动局、市总工会、市人大法工委要求建立劳动争议调解组织,制定工作制度,落实工作人员,为化解矛盾、调处争议做了大量工作,起到了促进企业稳定发展的积极作用。

1993年11月,市总工会、市人大法工委、市劳动局联合下发《关于调整和组建企业劳动争议调解委员会的通知》。要求全市各国有企业、城镇集体企业、外商投资企业、股份制企业、有一定生产规模的乡村企业、有条件的私营企业都要逐步建立企业劳动争议调解委员会。调解委员会由职工代表、企业代表、企业工会代表组成,调解委员会主任由企业工会代表担任。调解委员会办事机构设在企业工会委员会。1995年8月,市劳动局、市总工会再次发出通知,要求抓紧建立和健全劳动争议调解组织,加强劳动争议调处工作。

1996年根据省总工会部署,全市开展企业劳动争议调解员上岗培训工作。到4月,全市举行三期市属企业调解员培训班,304名调解员领到“浙江省企业劳动争议调解员证”。各县(市、区)工会、产业工会都重视调解员培训,郊区工会办事处举办10期培训班,415名调解员取得上岗资格证书。市财贸工会与市总法律顾问处联合举办企业劳动争议调解员持证上岗培训班,107名调解员获得资格证书。

为适应乡镇经济快速发展,全市各乡镇探索建立乡镇劳动争议调解组织。乡镇劳动争议调解委员会由乡镇劳动管理所、乡镇工会、乡镇工办、乡镇法律事务所等部门选聘劳动争议调解员组成。

2010年,全市工会所在单位建立劳动争议调解委员会3338个,受理劳动争议5595件,调解成功1149件。建立区域性行业性劳动争议调解组织38个,受理争议632件,调解成功618件。

参与劳动争议仲裁　1987年7月,嘉兴市建立由市劳动局、市总工会、市经贸委、市人事局、市公安局、市司法局、市卫生局组成的嘉兴市劳动争议仲裁委员会。1994年12月,市劳动争议仲裁委员会调整组成人员。其成员工会代表2人、市劳动行政主管部门代表3人、经济综合主管部门代表2人组成。主任何大利(市劳动局),副主任陈长庆(市总工会)、张钰良(市经委)。按照“先调解、后仲裁原则,劳动争议仲裁委受理的劳动争议案件多数通过案外调解

解决。2010年全市取得劳动争议仲裁员资格的工会干部16人，受聘担任仲裁员12人，工会劳动争议仲裁员参与处理案件75件。

第四节 创建劳动关系和谐企业(园区)活动

2005年12月23日,市政府与市总工会召开联席会议,会议决定在全市非公企业中开展以“企业爱职工、职工爱企业”为主要内容的“双爱双评”活动,评选表彰一批关爱职工的优秀企业家、热爱企业的优秀员工和创建和谐劳动关系先进企业。2006年2月,市总工会会同市工商联、市委企工委、市经贸委、市台办、市劳动保障局、市外经贸局、市工商局下发《关于在全市非公有制企业中开展“双爱双评”和创建劳动关系和谐企业活动的通知》，在全市非公有制企业中评选嘉兴市创建“劳动关系和谐企业”先进单位25家,关爱员工优秀企业家和热爱企业优秀员工各25名。活动起到维护职工合法权益,促进非公有制企业劳动关系和谐稳定,推动非公有制企业健康协调发展,提高非公有制企业工会工作水平的积极作用。

2006年6月,嘉兴市成立创建劳动关系和谐企业活动领导小组。副市长王新民任组长，市政府副秘书长陈树庆、市总工会主席邵建华任副组长,市有关方面负责人为成员。领导小组下设办公室(设在市总工会),负责“创建劳动关系和谐企业”活动的日常组织、管理和协调工作。各县(市、区)均成立相应的创建活动领导小组,把创建劳动关系和谐企业活动列入县(市、区)工作目标管理责任制考核的重要内容。同月,市政府办公室下发《关于做好创建劳动关系和谐企业活动有关问题的通知》，出台创建活动考核评价办法。11月29日,市创建劳动关系和谐企业活动经验交流会在行政中心举行,推广创建活动阶段性工作经验和典型,进一步明确下一步创建活动工作目标。平湖市、嘉善大云镇、桐乡崇福镇、南湖区森创时装有限公司、海盐中达集团公司、海宁宏达经编股份有限公司、秀洲区台华有限公司作交流发言。副市长王新民、省总工会副主席姚炳甫出席会议并讲话。邵建华主持会议并作会议小结。

2007年12月14日,市政协主席会议专题视察劳动关系和谐企业创建工作。

2009年12月2日，市创建劳动关系和谐企业与和谐工业园区活动表彰暨经验交流会在嘉兴宾馆举行。市创建活动领导小组组长、副市长张志伟出席会议并讲话。嘉兴敏惠汽车零配件有限公司等5家单位代表受表彰单位发言，市政协副主席、市总工会主席邵建华对下一步工作进行部署。

2010年8月,市委市政府组织两个督查小组,由副市长张志伟,市政协副主席、市总工会主席邵建华带队,到各县(市、区)开展工资集体协商、创建劳动关系和谐企业工作督查。

创建活动初始在规模以上企业中

开展,2008年扩大到50人以上建会的各类企业，并从企业向工业园区拓展。推动建立企业用工诚信体制,督促企业依法履行劳动合同、工资支付、社会保险、民主管理等法定责任。到2010年年末，全市开展创建企业6759家，达标(表彰)企业1162家。2007年嘉兴市被评为省优秀组织单位。

创建活动分工

2006年9月,市创建劳动关系和谐企业活动领导小组印发《嘉兴市创建劳动关系和谐企业活动领导小组成员单位职责任务分工》，市总工会在创建活动中负责“创建和谐劳动关系先进企业”活动的日常组织、管理工作,做好年度工作计划、总结,抓好目标实施和督导落实;按照“劳动法”“工会法”、《集体合同规定》和《浙江省劳动合同办法》要求,协助政府执法主体做好对有关各项工作的指导、监督、检查、考核工作;负责企业工会组建、职代会建立、集体合同签订、工资平等协商、劳动争议调解委员会建立、市安康杯竞赛、安全生产劳动保护监督及涉及职工权益等方面工作指导;对全市各级工会组织推进创建工作情况进行指导、检查和督促。

创建活动内容

2006年9月,市创建劳动关系和谐企业活动领导小组印发《嘉兴市市级劳动关系和谐企业考核评价办法》(试行),考核项目分基本条件,企业重视、活动有效,依法规范劳动合同,依法遵守劳动保障法律法规,建立健全劳动关系协调机制，依法加强工会组织建设，提升职工职业技能,关爱职工文化生活8大项30小项。其中企业发生非法使用童工;发生死亡1人以上(含1人)或社会影响较大的安全生产责任事故;违反劳动保障法律法规规定而发生影响社会稳定事件实行一票否决。

2008年4月部署深化创建劳动关系和谐企业活动,在创建活动内容上明确五个工作重点,即以“要约行动”为抓手,推进以工资集体协商为重点的集体合同制度；以维护职工权益为核心,强化劳动保护和安全生产,扩大职工参加社会保险覆盖面;以开展企业职工文化建设示范工程为契机,文化育人,文化强企;以完善职代会为基本形式的企业民主管理制度为保障，推进厂务公开;以推进劳动和谐关系诚信建设为举措,建立健全企业诚信评价体系。

评选命名

2007年起，按照企业自愿申报、逐级评审、社会公示、命名表彰的工作程序,市级劳动关系和谐企业每两年评选一次,三年复评一次,并进行不定期抽查。县(市、区)每年评选命名一次。对发生非法使用童工、重大安全生产责任事故、违反劳动保障法律法规而造成影响社会稳定的事件等将直接取消称号。对达不到劳动关系和谐企业标准或没有被评选为“劳动关系和谐企业”的,企业经营者不推荐评选各级劳模,不推荐企业参与全国五一劳动奖状评选。

2007年6月,市创建活动领导小组组织人员对各县(市、区)申报市级劳动和谐企业进行考核。首次评选命名加西贝拉等58家企业为2006年度市级劳动关系和谐企业。2009年3月,市创建劳动关系和谐企业活动领导小组命名民丰特纸股份有限公司等37家单位为2007年-2008年度嘉兴市劳动关系和谐企业。嘉兴工业园区、嘉善县经济开发区、平湖经济开发区、浙江省海盐经济开发区、浙江海宁经编产业园区、桐乡市洲泉工业园区、秀洲区王店镇工业园区被命名为嘉兴市劳动关系和谐工业园区。

省以上表彰

2007年,加西贝拉压缩机有限公司被劳动和社会保障部、中华全国总工会、中国企业联合会、中国企业家协会授于全国模范劳动关系和谐企业称号。

浙江双飞无油轴承有限公司、浙江景兴纸业股份有限公司、浙江嘉兴中达集团有限责任公司、浙江宏达经编股份有限公司、桐昆集团股份有限公司、浙江中法投资股份有限公司、中国移动通信集团浙江有限公司嘉兴分公司被授予浙江省创建和谐劳动关系先进企业称号。

浙江嘉兴秀洲工业园区被授予浙江省创建和谐劳动关系先进工业园区。

嘉兴市创建劳动关系和谐企业活动领导小组、嘉善县创建劳动关系和谐企业活动领导小组、平湖市创建劳动关系和谐企业活动领导小组被授予浙江省创建劳动关系和谐企业活动优秀组织单位。

2010年,浙江众成包装材料股份有限公司、浙江长盛滑动轴承有限公司、浙江嘉丰机电有限公司、西江服装后整理(嘉兴)有限公司、浙江依爱夫纺织有限公司、嘉兴永成制衣有限公司、海盐县供电局、浙江巴路漫服饰有限公司、国家标准件产品质量监督检验中心、海宁万方经编有限公司、海宁永力化工有限公司、兄弟科技股份有限公司、浙江省桐乡市烟草专卖局、巨石集团有限公司、桐乡市生辉照明电器有限公司、浙江恒基建设发展有限公司、嘉兴敏惠汽车零部件有限公司、嘉兴森创时装有限公司、嘉兴蓝特光学有限公司、台华特种纺织(嘉兴)有限公司、浙江中房置业股份有限公司、中国电信股份有限公司嘉兴分公司、浙江胜代机械有限公司、民丰特种纸股份有限公司被授予浙江省创建和谐劳动关系先进企业称号。

俞叶君、张引华、徐国清、董碧颖、张马良、胡海峰、孟伟林、宋玉曙、周民、倪婵娟被评为浙江省创建和谐劳动关系先进个人。

嘉兴工业园区、浙江嘉善经济开发区、平湖经济开发区工业园区、浙江海宁经编产业园区管委会、桐乡市洲泉工业区被授予浙江省创建和谐劳动关系先进工业园区称号。

“协商共约”活动

2008年,全球金融风暴使许多企业生产经营受到影响,职工生活也面临困境。省总工会发出《关于积极应对当前经济形势,促进经济平稳较快增长中充分发挥工会组织作用的通知》。2009年2月,市总工会调整工作重心,与市经贸委、市国资委、市劳动保障局、市工商联联合发出通知，在全市企业中开展劳资携手共渡时艰“协商共约”活动。市委市政府重视工会开展“协商共约”活动，市长李卫宁在市政府与市总工会联席会议上要求政府各部门配合支持。市政协将“协商共约”列入主席会议议题。

3月11日，嘉兴市暨南湖区“劳资携手、共克时艰”共同约定行动推进会在加西贝拉压缩机有限公司举行。50位企业代表、50位企业工会代表、100位职工代表参会。企业家代表与企业工会代表签“共同约定书”。3月27日，在市劳动关系和谐企业命名表彰暨“共同约定行动”集中签约仪式上，31家市劳动关系和谐企业与职工代表在共同约定书上签字。企业方约定执行法律法规，构建和谐劳动关系，坚持履行已订立的劳动合同、集体合同规定的内容，落实最低工资制度，及时足额发放工资，为职工缴纳各项社会保险。保障职工劳动就业权，尽量做到不裁员或少裁员。确需裁减人员20人以上或裁减不足20人但占企业职工总数10%以上的，用人单位提前向工会或全体职工说明情况，听取工会意见。协商确定报酬，保证职工基本生活。职工方约定正确认识自身权益与企业发展的关系；珍惜岗位，敬业奉献；努力学习，提升素质。

6月，市总工会下发《关于在全市企业中深化开展“协商共约”活动的通知》，要求把开展“协商共约”与平等协商机制建设相结合，与创建劳动关系和谐企业相结合，与加强长效机制建设，培育企业协商文化相结合，促进企业发展，维护职工权益，构建和谐劳动关系。9月22日，市总工会在沙龙宾馆召开全市总结“协商共约”活动，深化“协商机制”建设交流大会，嘉善县总工会等6家单位作交流发言。当年全市7600多家企业开展“协商共约”活动，覆盖职工71万多人，其中5000多家企业签订“共约书”，覆盖员工44万多人，1000多家劳动关系和谐企业全部参加“协商共约”活动。活动起到提振信心、凝聚人心、稳定队伍、促进发展的积极作用，助推经济回暖向好。

第五节　信访工作

信访机构

1991年–2000年，市总工会信访机构先后为法律顾问处、法律工作部、权益保障部。2002年9月市总工会成立职工援助服务中心，具体承接来信来访工作。2009年5月市编委同意设立市职工维权帮扶中心后由该中心负责信访工作。

信访制度

1998年4月，市总工会建立《嘉兴市总工会领导信访工作责任制》。责任制分信访工作总要求、市总领导信访工作责任制、健全信访工作制度三部分，并要求各县(市)总工会、城郊区工会办事处、市各产业工会制定相应制度，以加强对工会信访工作领导。

信访特点

1991年-2010年期间,工会受理职工来信来访呈现一些阶段性特点。

20世纪90年代中前期,劳动、人事、工资等问题信访较多,旧城改造、居民动迁一度为信访热点。历史遗留问题信访,参政议政、建议批评方面信访和党风党纪方面举报信访也占有一定比例。企业产权制度改革、厂际纠纷、社会治安、经济纠纷、管理执法部门不正之风、干部以权谋私等方面信访有所增加。

20世纪90年代中后期,企业深化改革中产生的问题引发信访和职工集体来访量猛增,要求处理的问题较集中。主要涉及困难企业职工生活、职工退休费发放、统筹费交纳、下岗职工再就业、亏损企业职工和企业领导矛盾、集资纠纷等。1999年,市总工会接待职工来访498起,来信33件,其中集体来访18起。职工来信来访主要原因是一些企业在破产、兼并和转制过程中不注意维护职工民主权利,涉及职工切身利益的问题不经职代会讨论;提前解除劳动合同不按规定给足经济补偿金;企业下岗职工生活费发放不按时、按标准发放等。

进入21世纪后,工会接待的信访以合法权益受到侵害居多,包括拖欠工资、加班加点等。劳动合同纠纷、下岗再就业、改制遗留问题、工伤等占相当比例。2010年,市总工会接待职工来信来访203件(起),办结率100%。

领导信访接待日

1998年,根据市委市政府要求,市总工会建立领导信访接待日制度。规定每月15日为领导接待职工来访日。市总工会主席、副主席和经审会主任轮流值班接待,直接听取职工意见和要求。第一季度三个接待日接访12批、36人。经与有关部门(单位)协调,职工所反映问题得到妥善处理和解决。2004年市委市政府建立信访联合接待机制后,市总工会领导每月15日到市信访局参与联合接待。

2008-2009年度、2010-2011年度,市总工会被市委市政府授予"信访工作先进集体"称号。

第六节　劳动保护和安全生产

劳动保护监督检查组织

按照企业职工劳动保护"国家监察、行政管理、群众监督"体制,市总工会重视工会劳动保护监督检查组织建设。据前志记载,1991年全市基层和基层以上工会劳动保护监督检查委员会294个,车间工会劳动保护监督检查委员会538个,工会小组劳动保护检查员7027人。到2010年,全市基层以上工会建立劳动保护监督检查组织81个,工会劳动保护监督检查员1000人。基层工会建立劳动保护监督检查委员会4125个,分公司、分厂、车间一级工会劳动保护监督检查委员会5304个,工会小组劳动保护检查员11735人。

2000年,嘉兴市成立"安康杯"竞赛组织委员会,在市政府领导下,组织、发动并指导全市各级工会组织深入开展群众性劳动保护活动。委员会由分管安全生产副市长担任组长，一位市政府副秘书长任副组长，市总工会、市安监局、市卫生局为成员单位。市“安康杯”竞赛组织委员会下设办公室，办公室设在市总工会，由市总工会分管副主席任办公室主任，处理日常工作。

2003年8月，市劳动保护协会成立。张钰良为协会会长，闻人庆、陈国荣、周建生为副会长，章金春为秘书长。2008年5月张心桥兼会长。

工会劳动保护监督检查工作

市总工会和各级工会重视安全生产劳动保护相关法律法律、政策及业务知识宣传、培训和教育活动。市总工会每年举办劳动保护工作业务培训班，对工会干部、工会劳动保护监督检查员等进行培训，邀请省总工会、市安监局、市卫生局、市劳动局等处室领导或社会培训机构专业老师担任培训老师。县(市、区)、产业以及基层工会以不同形式开展业务培训。

市总工会在全市范围内开展安全生产大检查，各企业工会开展安全生产大检查活动，与开展安全生产隐患排查治理专项行动结合起来，及时指出生产过程中存在的安全问题并提出整改意见，进一步督促落实各项安全整改措施，消除事故隐患，有效遏制重特大事故的发生。通过检查和整改，强化安全管理，从源头上抓好安全生产工作。2010年基层以上工会开展安全生产检查1843次，提出事故隐患和职业危害整改意见3228件，“三同时”审查验收项目116项。基层工会参加安全生产检查35457次，“三同时”审查验收项目540项。市总工会是市安全生产事故联合调查组成员，参与较大死亡事故或管辖内一般死亡事故联合调查活动。2010年，基层以上工会参与处理工伤事故334件，基层工会参加处理工伤事故1233件。

每年进入夏季，市总工会即下发做好夏季劳动保护和防暑降温工作的通知，要求全市各级工会重视夏季劳动保护工作，组织抓好企业防暑降温工作，督促企业行政落实有关政策和待遇，落实防暑降温措施。深入开展劳动保护监督检查，走访慰问在高温期间仍坚守岗位的广大职工。市总工会领导分组走访慰问企业一线岗位职工，送上清凉慰问品。各级工会开展高温送清凉活动和高温期间安全隐患排查工作。2010年，全市各级工会慰问企业1585家，慰问涉及职工总数21.6万人次，其中农民工16.6万人次。全市各级工会慰问款1225.2万元。

2009年，市总工会和市卫生局联合下发《关于开展企业工会主动参与职业病防治试点工作的通知》，制定《工会参与企业职业病防治试点工作考核评估标准》，在全市范围内部署开展此项工作。各县(市、区)根据当地实际情况确定工会主动参与职业病防治试点企业，全市确定51家试点企业，涉及有毒有害气体、化学危险品、粉尘、噪声等，化工、水泥、制鞋包装、热电、印染等主要危害企业职业危害人数4500人。10月14日，市总工会召集试点企业工会干部和企业负责人进行动员发动,对具体要求进行布置和培训。试点企业工会在职业病防治中主动参与,督促企业在与职工签订劳动合同过程中向职工告知工作过程中可能产生的职业病危害及后果、职业病防护措施和待遇等,并依法参加工伤保险。督促协调企业在工作场所醒目位置设立公告栏,公布有关职业病防治的规章制度、操作规程、职业病危害事故应急救援措施。对产生严重职业病危害的作业岗位，在其醒目位置,设置警示标识和中文警示说明。督促企业定期对作业场所进行职业病危害因素检测评价，并公布具体检测结果,督促企业组织从业人员到有资质的医疗卫生机构进行上岗前、在岗期间、离岗前职业健康体检。

“安康杯”竞赛

从2000年起,嘉兴市在国有、国有控股企业中开展“安康杯”竞赛活动,并针对安全生产工作中出现的突出问题,把事故高发行业、农民工聚集企业及有毒有害等危害严重企业作为“安康杯”竞赛活动重点开展对象,从中选树安全生产先进典型,以点带面,全面推进安全生产工作。

每年年初,根据省安康杯组委会要求,市总工会、市安监局、市卫生局联合下发关于开展嘉兴市安康杯竞赛活动的通知,以“安康杯”竞赛为载体,推进企业安全建设。开展职工安全健康培训教育和隐患排查及安全技能比武,提高广大职工的安全健康意识和技能,引导广大职工遵章守纪,杜绝和抵制违章作业、违章指挥、违反劳动纪律。2010年,全市开展安康杯竞赛有6977家各类企业，参赛职工60.8万人，参赛班组11700多个。

省以上表彰

全国“安康杯”竞赛优胜企业

嘉兴钢铁（集团）有限责任公司(1999年度)

海宁广源化纤有限公司(2000年度)

加西贝拉压缩机有限公司(2001年度)

嘉兴电力局(2002年度)

民丰特种纸股份有限公司（2003年度)

嘉兴电力局、加西贝拉压缩机有限公司(2004年度)

浙江移动公司嘉兴分公司、加西贝拉压缩机有限公司、嘉兴电力局(2005年度)

加西贝拉压缩机有限公司、民丰特种纸股份有限公司(2006年度)

加西贝拉压缩机有限公司、浙江嘉康电子股份有限公司、嘉兴市善通运输(集团)有限责任公司、嘉兴电力局、浙江移动公司嘉兴分公司(2007年度)

加西贝拉压缩机有限公司、浙江嘉康电子股份有限公司、浙江华城实业投资集团有限公司、嘉兴电力局、浙江移动公司嘉兴分公司、中国电信股份有限公司嘉兴分公司(2008年度)

加西贝拉压缩机有限公司、浙江嘉康电子股份有限公司、新凤鸣集团股份

有限公司、嘉兴电力局、浙江移动公司嘉兴分公司(2009年度)

加西贝拉压缩机有限公司、浙江嘉康电子股份有限公司、民丰特种纸股份有限公司、恒基建设集团有限公司、嘉兴电力局、浙江移动公司嘉兴分公司(2010年度)

全国“安康杯”竞赛优秀组织单位

嘉兴市“安康杯”竞赛组委会(2000年度)

海宁市总工会(2004年度)

海盐县总工会(2008年度)

嘉兴市总工会(2010年度)

全国“安康杯”竞赛优秀组织者

章金春　嘉兴市总工会(2004年度)

全国“安康杯”竞赛组织工作优秀个人

陈为民　嘉善县总工会(2008年度)

朱士良　桐乡市总工会(2010年度)

全国“安康杯”竞赛优胜班组

浙江海盐县自来水公司“保尔”抢修维护中心(2006年度)

浙江虎霸建设机械有限公司准备车间下料组、桐乡泰爱斯热电有限公司集中供热班(2007年度)

浙江海利得新材料股份有限公司化纤倍捻车间、中国联通嘉兴分公司运行维护部动力配套中心、桐乡市供电局梧桐供电所(2008年度)

浙江威能消防器材股份有限公司喷塑钢印班组、嘉兴信元精密模具科技有限公司检治具组(2009年度)

中元建设集团股份有限公司、嘉兴移动通信指挥楼项目部、浙江恒丰包装有限公司涂布B组、浙江秀舟纸业有限公司纱管纸车间(2010年度)

浙江省“安康杯”竞赛优胜企业

平湖新成达制衣有限公司、海盐广大纺织有限责任公司(2000年度)

加西贝拉压缩机有限公司、海宁万方经编有限公司、平湖日美制衣有限公司、嘉善发电厂、海盐广大纺织有限责任(2001年度)

民丰特种纸股份有限公司、嘉兴乐圣电子有限公司、浙江嘉兴伴宇服饰有限责任公司、浙江美大集团公司、桐乡泰爱斯热电有限公司、嘉兴市有色金属压延厂(2002年度)

嘉兴市善通运输(集团)有限责任公司、平湖华城茂麓制衣有限公司、海盐县自来水公司、海宁市供电局、浙江桐昆集团、浙江威能消防器材有限公司(2003年度)

浙江移动通信有限责任公司嘉兴分公司、嘉兴市长途电信传输局、平湖市供电局、海盐县供电局、浙江天通电子股份有限公司、桐乡市供电局、浙江友好化学工业有限公司、嘉兴郊区水泥厂(2004年度)

嘉兴市电力局、民丰特纸股份有限公司、嘉善县供电局、浙江亚鑫实业股份有限公司、浙江海利得新材料股份有限公司、浙江新都水泥有限公司(2005年度)

浙江双飞无油轴承有限公司、浙江晨光电缆股份有限公司、浙江海盐县自来水公司、浙江洁华环保科技股份有限公司、浙江桐乡化工有限公司、浙江嘉康

电子股份有限公司(2006 年度)

嘉善誉丰汽车零件有限公司、日本电产科宝(浙江)有限公司、浙江嘉兴中达集团有限责任公司、浙江卡森实业有限公司、桐乡市生辉照明电器有限公司、嘉源给排水公司(2007 年度)

嘉善鑫海精密铸件有限公司、平湖市贝斯特童车有限公司、海盐三马发展有限公司、浙江虎霸建设机械有限公司、新凤鸣集团股份有限公司、浙江中元建设股份有限公司(2008 年度)

嘉善金善印染有限公司、嘉兴广越服装有限公司、浙江欣兴工具有限公司、嘉兴新星嘉纳安实业有限公司、浙江鼎美电器有限公司、嘉兴市城市投资发展集团有限公司(2009 年度)

浙江长盛滑动轴承有限公司、海宁万方经编有限公司、海盐交通建设管理处、巨石集团有限公司、嘉兴市中华化工有限责任公司、嘉兴压力容器厂、嘉兴新嘉爱斯热电有限公司(2010 年度)

浙江省“安康杯”竞赛优秀组织单位

嘉兴市“安康杯”竞赛组织委员会、海宁市“安康杯”竞赛组织委员会(2000 年度)

嘉兴市“安康杯”竞赛组织委员会、海宁市“安康杯”竞赛组织委员会(2001 年度)

海盐县“安康杯”竞赛组织委员会、嘉兴市秀城区“安康杯”竞赛组织委员会(2002 年度)

嘉兴市总工会、嘉兴市总工会秀洲区办事处(2003 年度)

嘉兴嘉爱斯热电有限公司、嘉兴市大桥镇工会、嘉兴市总工会秀洲区办事处(2004 年度)

海盐县总工会、王店镇工会(2005 年度)

嘉兴市凤桥镇工会、嘉兴市油车港镇工会(2006 年度)

平湖市总工会、南湖区大桥镇工会、秀洲区新塍镇工会(2007 年度)

嘉善县总工会、海盐县武原镇总工会、南湖区总工会(2008 年度)

海宁市总工会、桐乡市总工会、嘉兴市建设系统工会联合会(2009 年度)

平湖市总工会、嘉兴市水务投资集团有限公司、嘉兴市公路路政管理支队高速公路大队(2010 年度)

浙江省“安康杯”竞赛先进个人

朱金松(加西贝拉压缩机有限公司总经理)、陆德胜(嘉兴电力局修试工区主任)、孙钜华(海宁市总工会权益保障部副部长)(2003 年度)

胡佳寅 (女)(民丰特种纸股份有限公司)、郭志群 (嘉兴市建设安全监察站)、朱中明(嘉兴市安全生产监督管理局)、许雪明(海盐县总工会)(2004 年度)

胡文振(浙江友好化学工业有限公司安全环保部主任)、郑步云(嘉兴市卫生监督所)、关智聪(嘉兴市安全生产监督管理局)(2005 年度)

彭建良(嘉兴市安全生产监督管理局)、顾玉芳 (嘉兴市卫生监督所)、干海明(海盐县总工会)(2006 年度)

关智聪 (嘉兴市安监局)、俞朱良(海宁市卫生监督所)、许伟兵(海盐县建筑业管理处)(2007 年度)

孙扣红(嘉兴市卫生监督所)、王涛(嘉兴市安全生产监督管理局)、王明华(秀洲区王店镇工会)(2008年度)

潘荣林(嘉兴市安全生产监督管理局)、凌建荣(嘉兴市秀洲区卫生监督所)、李金华(平湖市总工会)(2009年度)

潘荣林(嘉兴市安全生产管理监督局)、周祥荣(桐乡市卫生监督所)、储彬(嘉兴市南湖区总工会)(2010年度)

浙江省"安康杯"竞赛优胜班组

嘉兴市恒基管桩有限公司恒基乙班、平湖新成达制衣有限公司新成达义务消防队、海盐县供电局调度室、海宁市供电局硖石供电所、浙江威能消防器材股份有限公司喷塑钢印班组、嘉兴信元精密模具科技有限公司检治具班组、浙江恒基建设发展有限公司质安部、嘉兴市联运有限责任公司汽车队(2008年度)

浙江恒丰包装有限公司涂布B班、日本电产芝浦(浙江)有限公司设备保全班、嘉兴市美克斯机械制造有限公司底盘组、南大(浙江)环保科技有限公司南大环保生产部机修二组、巨石集团有限公司巨石集团四分厂燃气站、浙江秀舟纸业有限公司沙管纸班组、嘉兴蓝特光学有限公司高抛半五、浙江中顺纸业有限公司安全管理班组(2009年度)

嘉善明达纺织印染有限公司染色甲班、嘉兴永成制衣有限公司7-8组、浙江皮意纺织有限公司产品检验班组、海盐县供电局变电运行修工区、嘉兴宏麟皮化有限公司树脂车间、嘉兴市亚泰数控机械制造有限公司设备维修小组、嘉兴市天伦纳米染整有限公司M141甲班(2010年度)

省安全生产百佳班组

浙江双飞无油轴承有限公司JDB班组、嘉兴恒锋工具有限公司铣刀车间外圆磨组、嘉兴闻迪通讯科技有限公司配件科组、三江化工有限公司环氧乙烷厂二班、市联合污水公司泵站管理检修组(2009年度)

省安全生产标兵

李云平(平湖市海达化工有限公司)、沈坤祥(海宁市总工会)、朱雪荣(桐乡市总工会)、黄世根(嘉兴压力容器厂)、许永林(民丰特种纸股份有限公司)(2009年度)

浙江省"安康杯"竞赛活动示范企业

浙江华城实业投资集团有限公司(2009年度)

新凤鸣集团股份有限公司(2010年度)

第七章　生活保障工作

20世纪90年代,工会职工生活保障工作主要包括职工工资、生活福利、劳动保险、互助互济、疗休养等。随着社会主义市场经济体制逐步建立，职工生活保障由单位提供为主转为由社会统筹为主。全市各级工会积极探索转轨时期和市场经济条件下工会职工生活保障工作新路子,创新工作载体,协助党委政府做好职工工资、就业、医疗、保险、困难职工帮扶救助等工作,确保职工工资和保障水平随着经济发展得到稳定增长。

第一节　工资、保险、住房

职工工资

从20世纪80年代开始,嘉兴市工资制度进行全面改革,由集中统一管理走向统一领导、分级管理并扩大企业自主权。90年代初期起,市区全民所有制企业实行第二轮工效挂钩办法,并实行至国有企业改制时止。企业改制后,职工工资根据企业经营状况、政府规定的最低工资标准及工作岗位确定。

职工平均工资　1991年,全市城镇单位职工年均工资2538元。随着经济发展和企业效益提高，全市职工工资水平得到较快增长。1994年5348元,实现翻一番;2000年11474元，实现第二个翻番;2003年20067元，实现第三个翻番;2009年突破3万元,2010年达36319元。

表4-16　**1991年-2010年嘉兴市城镇单位职工平均工资**

单位:元

年份	平均工资	年份	平均工资
1991	2538	2001	14640
1992	2930	2002	17237
1993	3881	2003	20067
1994	5348	2004	20432
1995	6229	2005	20552
1996	6805	2006	22511
1997	7601	2007	25883
1998	8204	2008	29219
1999	9396	2009	31965
2000	11474	2010	36319

说明:资料来自市统计局

职工最低工资标准 嘉兴市从1994年开始确定职工最低工资标准为每月205元，之后多次调整提高(2009年因全球金融危机全国暂停调整)。历经16年，嘉兴市职工最低月工资标准从205元提高到980元,增长2.78倍。2003年首次确定非全日制用工工资为4.3元/小时,之后6次调整提高(2009年因全球金融危机全国暂停调整)。7年间非全日制用工最低工资标准从4.3元/小时提高到8.0元/小时。每次最低工资标准调整后,市总工会及时通过各种新闻媒体进行信息发布和宣传报道,做到全市职工周知。

表4-17 1994年-2010年职工最低工资标准

实行时间	最低月工资(元)	最低小时工资(元)	实行时间	最低月工资(元)	最低小时工资(元)
1994	205		2004.10.1	560	4.8
1995.10.1	230		2005.12.1	610	5.2
1997.1.1	250		2006.9.1	670	5.7
1999.7.1	350		2007.9.1	750	6.4
2001.4.1	410		2008.9.1	850	7.1
2003.10.1	480	4.3	2010.4.1	980	8.0

说明:资料来自市劳动和社会保障局

职工社会保险

1995年5月,为深化社会保险体制改革,加强对社会保险工作领导、协调、管理、监督,市政府成立嘉兴市社会保险委员会,由姚金林任主任,市总工会副主席潘嘉荣为委员。社会保险委员会下设养老保险、失业保险和大病统筹三个工作小组。潘嘉荣任大病统筹工作小组组长,并为养老保险、失业保险工作小组成员。市总工会根据职工呼声和要求,积极参与五大社会保险制度相关政策制定,引导职工增强社会保障意识。

职工基本养老保险 1987年4月,嘉兴市实行职工退休基金统筹。市本级12月开始实行。1992年10月贯彻国家和浙江省有关决定,深化企业职工养老保险制度改革,进一步规范职工离退休费社会统筹办法,实行职工个人与企业共同缴纳基本养老保险费制度。1993年10月,改革企业职工基本养老金计发办法,实行“三挂钩一调整”(基本养老金与社会平均工资挂钩,与职工缴纳基本养老保险费的工资、缴费年限挂钩,与职工生活费价格指数挂钩,并随着经济发展相应调整)。1995年1月,市区职工基本养老保险基金社会统筹范围扩大至城镇个体劳动者。1996年1月,建立职工基本养老保险个人账户,职工基本养老保险实行社会统筹和个人账户相结合。1998年1月,建立统一的企业职工基本养老保险制度实施办法。1999年10月，执行社会统筹和个人账户相结合,养老保险费用由国家、单位和个人合理负担。至2010年年底,全市参加城镇职工基本养老保险人数为159.19万人。

2010年,全市离退休人员1500308人,月人均养老金2435.74元。

失业(待业)保险 1986年10月–1995年,嘉兴市贯彻落实国务院颁布的《国营企业职工待业保险暂行规定》和《浙江省国营企业职工待业保险暂行规定的实施细则》,实施国营企业职工待业保险。国营企业中宣告破产企业的职工、濒临破产企业法定整顿期间被精减的职工、企业终止或解除劳动合同的工人、企业辞退的职工等4类人员享受待业保险待遇。1996年1月起贯彻实施《浙江省职工失业保险条例》。参保范围和对象扩大到国有企业和城镇集体所有制、股份制、联营、合作、私营企业、外商投资企业、镇办与街道办企业及其职工或乡办企业中非农户口人员。2004年1月贯彻实施《浙江省失业保险条例》(以下简称《条例》),凡嘉兴行政区域内的所有企业、事业单位、社会团体、民办非企业单位、有雇工的城镇个体工商户及与其形成劳动关系的职工、雇工,都应依照《条例》规定参加失业保险。国家机关及与其形成劳动关系的合同制职工依照《条例》规定参加失业保险。2009年1月起,嘉兴行政区域内所有企业、事业单位、社会团体、民办非企业单位、有雇工的城镇个体工商户、国家机关中与其形成劳动关系的农村职工(含非本市户籍的农民合同制职工),可选择参照城镇职工缴费并享受与城镇失业人员同等待遇。至2010年年底,全市失业保险参保人数为77.75万人。

1994年失业(待业)救济金发放标准为本地社会救济金额的120%–150%。1996年发放对象改为累计工作1年以上的失业职工,标准为企业最低工资的75%。2004年改为缴费满1年的,失业保险金发放2个月;1年以上部分每满8个月增发1个月,发放标准改为企业最低工资的70%,每人月336元。2010年提高到每人月686元。

职工基本医疗保险 2001年前,城镇职工医疗为企业劳保医疗和机关事业单位公费医疗两项制度各自运行。2002年起全市实施统一的基本医疗保险制度,建立基本医疗保险(统账一)、基本医疗保险(统账二)及基本医疗保险(单统)等多种类型基本医疗保险体系和包括补充医疗保险、公务员医疗补助、企事业医疗补助、特殊人员医疗保障、医疗救助等在内的多层次医疗保障体系。2004年年末,市本级基本医疗统账结合参保人数为82505人,其中在职职工49860人,退休人员32645人。2009年,适应嘉兴统筹城乡发展新形势,"城镇职工基本医疗保险"改称为"职工基本医疗保险"。2004年至2010年,参保人数年平均增长速度15.57%,2010年年末全市参保人数为133.81万人。

2010年建立门诊补助制度,对单统当年个人账户金额用完后1500元内,统账一、二2000元内,自费500元(退休300元)后给予30%–70%补助

(2011年实施)。单统住院起付标准调整为3000元，设立单统统筹基金分段支付，3000-6500元按60%-75%支付。取消职工医保统筹基金最高支付限额(2011年实施)。

职工生育保险 1997年前，嘉兴市企业对符合规定生育的女职工执行20世纪50年代国家劳动保险条例有关生育待遇的规定和1988年《浙江省女职工劳动保护暂行规定》。市本级于1997年1月起实行职工生育保险基金社会统筹，生育保险待遇主要包括生育津贴和生育医疗费用。1998年1月至2000年7月1日先后两次调整生育津贴标准。2005年12月31日起贯彻《浙江省生育保险暂行规定》，全市各类企业、国家机关、事业单位、社会团体、民办非企业单位及其职工和已经参加基本养老保险的个体经济组织业主及其从业人员均可参加全市统一的生育保险。生育保险基金支付范畴增加实施计划生育有关手术的医疗费用。全市各级工会女职工委员会按工作职责协助企业做好生育保险制度的扩面工作以及生育社会保险待遇的落实。2010年全市参加生育保险人数为97.41万人。

2010年，全市有14612人享受人均0.671万元的生育保险待遇。

工伤保险 1991年至1994年4月25日，嘉兴市企业对于职工发生工伤事故或职业病均实行20世纪50年代国家劳动保险条例关于工伤的规定。1994年4月26日起，嘉兴市执行《浙江省企业职工工伤保险暂行办法》(以下简称《暂行办法》)，启动统一企业工伤保险政策、企业自主负责补偿、政府有关部门督促管理的工伤保险制度改革。2002年4月起，嘉兴市贯彻《浙江省企业职工工伤保险实施办法》，市本级开始实行工伤保险基金社会统筹。2004年7月贯彻执行国务院《工伤保险条例》，进一步完善工伤保险制度。2005年1月推进高风险企业工伤保险覆盖面。2007年1月扩大工伤保险覆盖范围，全市除依照或参照公务员制度管理的事业单位、社会团体外的所有企业、事业单位、民间非营利组织及有雇工的个体工商户都必须依法参加工伤保险，按规定缴纳工伤保险费。2010年全市参加工伤保险人数为122.99万人。

2004年1-4级工伤职工扣除个人缴纳的医疗保险费后，实际领取的伤残津贴低于其所在地最低工资标准时，差额部分由工伤保险基金补足，未参加工伤保险的由用人单位补足。2005年执行省规定对2003年年底前已享受工伤护理费和供养直系亲属抚恤金的人员，以统筹地2002年度职工月平均工资为基数计发。

职工住房

住房制度改革以前，职工住房主要由国家和企事业单位统包。一些国营大企业和经济效益较好单位通过企业自筹资金或技改配套项目建造职工住房，按职工代表大会通过的分房办法分配给职工居住。如市区角里街两侧民丰新村、冶金新村，湖滨路南堰绢纺新村、毛纺新村都是当时有相当规模的职工住宅小区。无力建房单位职工则通过租赁房管部门统建的直管公房解决住房问题。1988年据市房改办对市区75个大系统476个单位47403户家庭住房情况调查,当年市区居民居住国家公房占18.16%,居住单位公房占67.1%,居住私房和租住私房占9.92%。

传统住房制度在低水平供给历史条件下对解决职工住房发挥了积极作用,但跟职工日益增长的住房需求差距很大。集体小企业没有力量解决职工住房问题,国营大企业也没有能力全部包下来,住房矛盾非常突出。如嘉兴绢纺厂平均每8.98名职工才拥有一套住房,民丰造纸厂职工需28年以上工龄才够条件分配住房。1988年市区住房困难户(无房户、不方便户、拥挤户)比例达20%以上。

1989年,市政府批转市房改领导小组、市建委、市总工会《关于进一步解决住房困难户实施意见的报告》,通过清查收回社会空关房解决104户人均住房4平方米以下特困户,并排出第二批解困对象1751户,建立解困档案,解决一户注销一户。

1992年10月,市政府出台《嘉兴市市区住房制度改革实施方案》,其改革目标是按照社会主义市场经济原则,改革公房低租金、无偿分配制度,逐步将住房由实物分配转变为工资分配,实现住房商品化。具体内容包括逐步提高租金,有偿分配住房,推行公积金制,买房给予优惠,集资合作建房,建立住房基金。至1992年年末,市房改办、市总工会、市体改办联合发起组建的市城市住房合作社和毛纺厂住房合作社、汽钢厂住房合作社等市区12个单位的住房合作社共集资建房2063套,面积12.38万平方米。至2010年年末,全市职工、居民享受优惠政策购得房改房161613套,建筑面积1022.48万平方米。

1992年10月,市房改办印发《嘉兴市区公积金暂行办法》,市区党政机关、群众团体、事业单位、全民和集体所有制企业固定职工、合同制职工、计划内临时工均实行公积金办法。当年职工个人公积金缴存比例为3%~5%,单位提供等额公积金。其后对住房公积金缴存基数与缴存比例进行多次调整,范围扩大至外商投资企业、私营和民营企业。到2010年年末,全市住房公积金缴存职工人数达到267621人,累计归集住房公积金161.27亿元。其中市本级113089人,61.05亿元。2010年全市城镇居民人均住房建筑面积35.24平方米,其中市区城市居民人均住房建筑面积31.48平方米,比1990年7.54平方米增加23.94平方米。

第二节　职工疗休养

20世纪90年代中期前,职工疗休养对象主要是劳动模范和先进人物,由省总工会按职工总数3%每年向市总工会下达疗休养计划。疗休养地主要是省内金华双龙、杭州云栖、三台山、舟山嵊泗等工会系统举办的职工疗养院。1991年,全市全年组织职工省内疗休养4085

人，其中一线职工3404人，占83.3%；各级各类劳模先进2087人，占51%。1992年全市全年4533人，其中一线职工3591人，劳模先进1400人。1993年全市2239人次。1994年1228人。1995年1836人。之后，随着经济社会发展和旅游业兴起，由市、县工会有计划、定时间、定人员、定地点的职工疗休养逐步转向企业自办或旅行社组织。职工疗休养对象扩大为更多员工，疗休养地也扩展到全国甚至国外。

企业员工疗休养

企业员工疗休养大多由企业工会组织开展。1994年5月30日，“嘉丝联”组织1993年度厂级劳动模范和优秀共产党员赴深圳、珠海进行为期十天疗休养，这是该厂历史上第一次职工疗休养活动，也是嘉兴较早由企业组织的职工疗休养活动。

进入新世纪后，企业员工疗休养成为企业展示形象，增强凝聚力的重要方面。嘉兴新嘉爱斯热电有限公司出台《公司年休假实施办法》。根据员工可享受年休假天数确定疗休养标准，原则上按员工人数三分之一来安排每年度参加疗休养人员数量。南湖区浙江斯帝特新能源有限公司有职工100名，从2008年开始每年安排15名职工参加疗休养。秀洲区欣悦工业园工会将疗养指标分解到各部门，先后组织169名优秀员工代表到澳大利亚、“新马泰”“港澳”、哈尔滨、北京、井冈山、台湾、黄山、海南等地疗养。嘉善浙江田中精机股份有限公司每年组织员工旅游，先后游览黄山、千岛湖、浙西大峡谷、大明山等景点。海盐县浙江友邦集成吊顶股份有限公司工会，每年春季组织全体员工出门旅游。平湖市日本电产(浙江)有限公司工会组织职工外出疗休养。目的地有宁波、上海、杭州、普陀山、三清山、黄山、北京、青岛、海南等，参加疗休养人数从最初每年200人至300人增加到1000多人，用于职工疗休养方面经费达到每年50万元至60万元。桐乡泰爱斯热电有限公司职工，两年内安排一次职工疗休养。海宁农信联社每年安排12条职工疗休养线路供职工选择，每年参加疗休养职工达数百名。

公务员疗休养

2000年前，公务员疗休养以各单位自行组织管理为主。2000年6月，市委办公室、市人民政府办公室转发《市直机关党工委关于对市直机关疗休养实行统一管理的意见》，市直机关各单位疗休养活动，由市委、市政府委派市直机关党工委统一管理。市直机关各单位每年安排疗休养的人数控制在单位总人数20%至25%，逐年安排。

市直机关公务员疗休养分普通型和优惠型两种：普通型参加者为在编干部职工，采用单位补贴与个人承担相结合，经费标准部分在各单位行政和工会福利费中列支，超标准部分由参加者自负。优惠型参加者为市委、市政府表彰或省级以上系统表彰的各类先进个人及退居二线县处级领导干部，经费在各单位行政和工会福利费中列支。

教师疗休养

1991年-1993年,教师疗休养工作属于起步阶段,没有制定和转发专门的疗休养工作相关文件。1993年10月《中华人民共和国教师法》颁发,明确规定“因地制宜安排教师进行休养”。1994年市教育工会创办“嘉兴市教育旅行社”为教育系统疗休养提供服务(2000年改制,与市教育工会脱钩)。从1995年开始市属先进教师(市级以上)疗休养活动由市教育局、市教育工会联合组织,经费由市教育局统一支出,其他各类教职工疗休养活动经费均有本单位行政支出。2004年以后,市属先进教师(市级以上)疗休养由市教育局人事部门直接组织。学校(单位)教职工的疗休养工作由学校工会自行组织安排。1991年-2010年,由市教育工会直接组织的市属先进教师(市级以上)疗休养、市属基层工会主席疗休养等活动共计22次,参加疗休养教职工752人次。

第三节　帮扶救助

随着改革不断深入,经济关系、劳动关系呈多元状态,涉及职工利益的矛盾更加突出,广大职工迫切需要工会组织帮助他们解决各种实际困难。嘉兴市各级工会履行“第一知情人、第一报告人、第一帮助人”职责,协助党委、政府开展多种形式的帮扶救助工作,工会困难帮扶工作成为社会救助体系重要组成部分。

送温暖工程

嘉兴市各级工会从20世纪80年代起建立职工生病住院时必访、女职工生育时必访、职工家庭有红白喜事时必访、职工家庭生活困难时必访、职工思想有情绪时必访的“五必访”制度,体现工会组织对职工关心和爱护,是缓解职工暂时困难的一项举措。

1992年,市总工会组织工会干部于元旦春节期间,走访慰问困难职工。此后,各级工会与党政领导一道,坚持每年元旦、春节期间开展“进万家门,知万家情,解万家难,暖万家心”送温暖活动,动员全社会伸出互助友爱之手,为困难职工排扰解难。

从1994年起,市总工会响应全国总工会号召,把送温暖活动拓展为送温暖工程,在继续开展元旦春节期间“四万”活动同时,把建立职工互助补充保险、健全职工最低生活保障体系,开展结对扶贫帮困工作,推进失业、待业职工再就业,帮助困难、亏损企业扭亏增盈等工作纳入送温暖工程。

1997年3月,为推进送温暖工作,市委、市政府决定建立市区“送温暖工程”领导小组,市委副书记毛雪龙任组长,市委常委、副市长杨荣华,市委常委、宣传部部长沈子松和副市长姚金林、杨有金任副组长。市总工会、劳动局、民政局、经委、财政局等12个部门有关领导为成员。领导小组办公室设在市总工会,由市总工会分管副主席兼任办公室主任。文件还赋予市区“送温暖工程”领导小组七项职责。同时,经市政府同意，由市总工会组织发动机关、企事业行政及工会组织以募捐、集资等形式筹集资金158万元，建立市区职工扶困救急专项资金，使嘉兴市实施送温暖工程走向经常化、制度化、社会化。1997年，嘉兴市总工会被全国总工会授予“实施送温暖工程”先进单位称号，嘉兴市总工会生活女工部被全国总工会保障部授予保障工作先进单位称号。

1998年，总工会实施送温暖工程重点健全三大机制。一是健全帮困救助机制，市、县(市)、市产业、镇及基层五级工会建立25家“扶困救急资金”，资金额650多万元；二是完善职工互助补充保险机制，全市246个单位建立职工互助补充保险，6428人次受益；三是健全促进再就业机制，经过各级工会和工会职介机构牵线搭桥，当年2000多下岗、失业职工实现再就业。

2000年，全市各级工会协助政府当好困难职工的“第一责任人”。“五一”前夕，市总工会设立全省第一部特困职工求助热线电话，根据来电反映及时调查、协调、处理。经各级工会牵线搭桥，组织社会各界与1291户困难家庭结成帮扶对子。帮助再就业2399人(次)，培训下岗、失业职工2116人(次)。

2002年，作为深入实施“送温暖工程”的重要举措，市委市政府倡导建立市“心连心”帮困救助资金，由市“送温暖工程”领导小组办公室具体负责资金发放和管理。“心连心”帮困救助资金为困难群体解决迫切需要解决的实际问题、密切党和政府与人民群众的联系、促进社会稳定发挥了重要作用（详见[“心连心”大病救助]）。

2004年起，全市各级工会开展“金秋助学”活动，帮助困难职工解决子女就学困难(详见[“金秋助学”活动])。

2006年，全市各级工会继续通过各种形式举办就业再就业技能培训，参加人数10300人次，职业介绍27075人次，其中为13520名下岗失业和农民工成功介绍工作岗位。

至2010年年底，全市基层以上工会建立困难职工档案98个，入档困难职工8396人，领导干部联系困难职工家庭1134户。建立送温暖工程基(资)金33个，结存519万元。基层工会建立送温暖工程基(资)金482个，结存767万元。领导干部联系困难职工家庭4114户。

领导送温暖　1999年1月28日，副省长吕祖善到嘉兴慰问困难企业和困难职工。2002年1月22日，省委书记张德江到嘉兴市走访慰问劳模、困难职工。2月2日，省委副书记周国富、副省长盛昌黎率省委、省政府慰问团到嘉兴慰问困难企业和困难职工。2010年2月2日，省委副书记夏宝龙、副省长郑继伟到嘉兴、海宁走访慰问下岗职工。

1992年1月12日-13日，全国总工会副主席章瑞英率全总慰问团到嘉兴慰问。1997年4月12日，全国总工会副主席腾一龙到嘉兴调查了解送温暖工程和再就业工作情况。1999年1月13日-14日，全国总工会书记处书记苏立清率全总慰问检查团到嘉兴检查深入实施送温暖工程等工作,并走访慰问市区四户困难职工。

1997年4月12日和2000年1月4日-5日,省总工会党组书记、常务副主席顾秀秀,1999年1月13日-14日省总工会主席张凤鸣,2002年1月4日省总工会副主席郤金水,2003年12月30日省总工会副主席陶君毅,2005年1月10日和2007年1月18日省总工会副主席姚炳甫,2005年12月29日省总工会副主席陈世权,2010年1月9日省总工会副主席李锦平等领导到嘉兴市向困难职工送温暖。

扶持就业再就业

20世纪90年代中后期,企业转制过程中部分职工下岗失业。市总工会把促进企业下岗职工基本生活保障和再就业工作当作头等大事来抓,在指导思想上立足于帮助下岗职工重新就业,使劳动者就业权利得到保障,在行动上协助政府做好下岗职工分流安置工作。市总工会注重源头参与,参与制定再就业政策,并配合市劳动部门对有关政策贯彻落实情况进行检查。

1997年上半年,参与市本级兼并、破产企业有关方案制定,及时提出建设性意见建议。向市电视台、嘉兴日报、南湖晚报及嘉兴工人报推荐下岗职工中自立自强典型,通过新闻媒体加强宣传,并与市电视台联手拍摄下岗富余职工实现再就业电视系列报道,在电视节目黄金时间播出。

1998年,市总工会确定协助政府和企业行政安置1000名下岗职工目标。8月,建立由市总工会主席卢苗法为组长、副主席潘嘉荣为副组长的市总工会促进再就业工作领导小组,在工会促进再就业中发挥“协调、研究、综合、指导”作用。9月在嘉善县召开由县(市、区)、市产业工会分管生活保障工作领导参加的“促进再就业工作现场经验交流会”,参观嘉善县工会组织职工群体转岗初见成效现场,启发两级工会干部推进再就业工作思路。全市累计建消费合作社20家,工会企事业从业人员4709人,其中安排下岗职工2980人,占63.3%。职工技协完成15项扶贫帮困培训下岗职工,帮助下岗职工再就业项目。各级工会免费为下岗职工举办电脑、裁剪、电器维修、保险营销、家政服务等培训班22期。各级工会建立4个再就业介绍机构,通过各级工会和工会职业介绍机构牵线搭桥,当年有1737名下岗、失业职工实现再就业。7-10月,市总工会、市劳动局、嘉兴日报联合举办“再就业双十佳”评选活动,通过嘉兴日报报道候选集体、个人的事迹和组织读者投票推选,广泛宣传下岗职工再就业的先进典型,促进再就业工作。

1999年4月,市总工会、市劳动局组织“再就业双十佳”报告团在市区及嘉善、海盐、海宁、桐乡进行典型事迹巡回报告,副市长赵友六参加在市区的报告会并讲话。

在此期间,全市各级工会特别是有关基层工会全面参与再就业服务中心工作,保证下岗职工基本生活费100%按时足额发放。市总工会《突出维护重点，推进下岗职工基本生活保障和再就业工作》作为典型经验编入省总工会编写的《再就业工作手册》。

职业介绍 1996年10月经市劳动局批准，嘉兴市嘉总职工服务中心经工商登记后成立。主要职能为职业介绍、信息咨询、搬家服务、技能培训等。2002年，市总工会把男性50周岁、女性40周岁以上下岗失业人员作为再就业援助对象。

嘉总职工服务中心运作至2009年7月，全市有9100多家企事业单位与该中心挂钩建立良好供需关系，接受求职登记3.4万人，职业介绍成功10534人。建起2000名各种技能的人才库和520名下岗失业女职工为主体的专业钟点保洁工队伍，满足市民家庭保洁要求。

2009年7月，市总工会职工服务中心停业，其职业介绍、就业培训功能移至嘉兴市职工维权帮扶中心。中心对职业介绍、就业培训在硬件和软件上进行投入，设置80多平方米接待大厅，设置滚动式电子屏、增添电脑、打印机、复印机等办公设备，并与市人力资源和社会保障局沟通后共享用工信息。

职业培训 1997年11月，市工会女职委委托嘉总职工服务中心组织举办嘉兴市首批家政服务员培训班。报名参加培训企业失业、下岗人员68人，培训合格52人，经市劳动局审核颁发家政服务员资格证书。之后，嘉总职工服务中心先后与市区多家培训学校和机构联合举办下岗失业人员转岗技能培训班，有电工、电焊工、司炉工、车床工、缝纫工、机修工、电脑等工种，共组织推荐培训人员3200多人次。

2009年，嘉兴市总工会职工学校被浙江省商务厅、省财政厅、省总工会定为定点培训单位，在市职工维权帮扶中心配合下，市职工学校开展家政服务员培训工作，共举办家政培训班25个，培训学员1500人。

特困职工优惠证制度

1996年，市总工会在劳动、工商、卫生、房管、教委、粮食、财税、广电、电力、自来水等部门支持下，推出“嘉兴市区城镇特困职工优惠证”，持证人员可享受水电、粮油、医疗、教育、房租、广电等十项优惠措施。五个县(市)也相继实行“特困职工优惠证”制度，从制度上保障家庭人均收入低于当地居民最低保障线或因本人及家庭成员患大病、重症造成生活严重困难的特困职工的基本生活。

为全面准确掌握全市困难职工情况，市总工会分别于2000年、2005年、2010年开展特困职工调查。2000年为特困职工323人发放特困职工优惠证。2005年为特困职工579人发放特困职工优惠证。2010年为特困职工550人发放特困职工优惠证。

2007年，全市困难职工档案纳入全国工会帮扶管理系统。至2010年9月，全市困难职工建档3006户。同时，全市各级工会还协助政府部门做好特困职工纳入城镇居民最低生活保障范围工作，做到应保尽保。

"爱心超市"

2002年，市总工会成立爱心超市，对困难职工(特困职工)帮扶补助,由原先实物补助为主逐渐向货币发放过渡，标准也逐年提高,从原来价值200元实物到2000元补助金和价值200元实物。2009年-2010年,爱心超市为市本级困难职工(特困职工)发放补助金和实物价值超过150万元。

结对帮扶

1994年1月，市总工会一份题为"部分职工生活贫困的原因及改善建议"《情况反映》引起市长杜云昌重视。2月9日除夕之夜,市总工会主席谭春晓及有关人员陪同市长杜云昌、副市长范巴陵走访内河航运公司、棉纺织厂贫困职工沈顺兴、王阿弟,经嘉兴日报、电视台、电台报道引起极大反响。"帮一户家庭,献一份真情"结对帮穷献爱心活动在市区兴起。从2月12日大年初三开始,市电视台将贫困职工王阿弟列为编外职工进行帮扶,富兴公司、冶金厂、鹿皮厂、航空箱包厂、商业大厦等单位与12家贫困职工家庭结成帮扶对子。3月31日,市总工会召开10家主管局、单位参加的"扶困结对会议"。至此,通过与27家主管局、单位及有关部门联系,为市区51户特困职工找到扶助单位结对帮困。到1995年年底,由市总工会牵线搭桥为困难职工找到扶助单位结对帮困增至63对,其中29名困难职工家庭开始脱贫。1997年,全市累计结对帮困462户,1998年达995户。

2002年2月,市总工会下发《关于开展结对帮困献爱心活动的通知》,建立并推动各级领导和干部、社会各界爱心人士联系困难职工户制度,依靠社会力量结对帮扶。当年,全市各级领导干部帮扶结对1000户，其中市级机关领导结对帮扶困难职工51人。经各级工会直接资助或牵线搭桥，全市有6037户困难职工家庭得到结对帮扶。

帮扶资金

1994年，结合结对帮扶活动开展，市总工会酝酿建立"扶困救急资金"。3月12日晚，市总工会召开有100多位企业党政工领导参加的座谈会,市长杜云昌、副市长姚金林参加会议。市总工会主席谭春晓通报"送温暖"情况,副主席孙陵讲解建立"扶困救急资金"的目的、意义及方法。至7月12日,由市工商银行、菲利普公司、邮电局、电力局、商业局、机械冶金局、丝绸总公司、建委等捐款累计到位45万元。1995年年底,市总工会及县(市)、镇及基层四级工会15家"扶困救急资金"筹集250万元。

1997年1月，市长夏益昌主持召开嘉兴市区建立扶困救急资金新闻发布会暨捐款仪式，要求25家单位捐款超300万元,机关干部捐款不少于1天工资。当年上半年,市区扶困救急资金到位131万元。2002年-2010年,全市帮扶项目主要为生活救助、医疗救助、助学帮扶。

表 4-18　　**2003-2010 年嘉兴市帮扶资金来源和使用情况**

年份	共筹集资金（万元）	其中政府拨款（万元）	工会筹款（万元）	中央财政拨款（万元）	省财政拨款（万元）	省总工会拨款（万元）	市财政拨款（万元）	其他筹款（万元）	帮扶职工（人次）
2003	588.32	221.14	212.15	—	—	—	—	155.03	8638
2004	652.36	300.76	217.83	—	—	—	—	133.77	10527
2005	430	61	105	—	—	—	—	264	11940
2006	496.06	—	340	25	—	5.8	4.08	121.18	10705
2007	554.56	—	332	30	—	3.53	7.5	181.53	12379
2008	701.16	—	361.05	100	40	45.8	17.5	136.81	9716
2009	382.5	—	172	121	49	6	7.5	27	9936
2010	450	—	195.5	140	63	9	7.5	35	9386

“金秋助学”活动

2004 年，市总工会在对市本级 295 户困难职工家庭全面调查基础上，排摸出 53 名困难职工家庭子女作为助学对象。8 月 4 日，市总工会与加西贝拉压缩机有限公司联合举办“情系困难职工家庭捐资助学”发放仪式，12 名特困职工子女每人助学 1000 元，41 名困难职工子女每人助学 800 元，合计人民币 44800 元。2004 年 6 月 1 日，嘉兴市电视台真情在线栏目为 5 名困难职工子女助学 2 万元。

2005 年 8 月，全国总工会启动以帮助困难职工解决子女就学困难为宗旨的全国工会“金秋助学”活动。市总工会按照“不让一户生活过不下去，不让一个困难职工子女辍学”要求，从秋季开学前开展“金秋助学”活动。2005 年市总工会发放“金秋助学”款 3.5 万元，受助 35 人。2006 年发放 5.2 万元，受助 42 人（款项由市慈善总会提供）。2007 年发放 10.3 万元，受助 50 人。2008 年发放 14.1 万元，受助 70 人。2009 年发放 7.1 万元，受助 42 人。2010 年发放 7.4 万元，受助 38 人。另一形式是“结对助学”，由市、县（市、区）产业工会联系部门和单位资助困难职工子女上学。再一形式是由基层工会组织本单位开展资助困难职工子女上学。从 2002 年-2010 年，全市各级工会为 2000 多名困难职工子女发放工会助学金 380 多万元。

职工互助保障

20 世纪 90 年代，全市工会组织开展多种形式的职工互助补充保险。至 1997 年 9 月，全市 83 家产业、企业工会推行职工互助补充保险，促进多层次社会保险体系建设。如市食品肉类中心的“职工互助储金会”、毛纺总厂的“送温暖工程基金”、嘉善索具总厂的“职工医疗互助储金会”等。开展职工互助补充保险减轻了国家和企业的负担，而且在本单位职工发生意外时除了享受国家法定社会保险待遇外,还能得到职工间的互助互济。

1997年上半年,市总工会制定出台《嘉兴市工会职工互助补充保险实施办法》。该办法分七章二十四条,规定实施对象为已建立工会组织的企业、机关事业单位及社会团体的公务员、固定职工、劳动合同制职工、临时工、农民轮换工及离退休人员。保险项目主要包括养老、医疗、伤残、死亡、生育、失业、扶贫救急、意外灾害等。资金筹集以会员个人缴费、行政资助、工会经济实体及技协活动收益和工会结余经费补贴、资金利益增值以及社会赞助等为主。另外,"办法"还对资金管理、待遇、会员权利和义务、执行与监督等作出规定。"办法"自1997年1月1日起施行。9月30日,市总工会召开"职工互助补充保险经验交流会",平湖市总工会、兰宝国际毛纺集团公司工会、嘉兴食品肉类中心工会介绍建立和发展职工互助补充保险组织的做法和经验。市总工会主席卢苗法要求各级工会进一步提高建立职工互助补充保险重要性认识,从实际出发,因地制宜扩大保险覆盖面及选择不同补充保险项目,同时加强补充保险资金管理。

2000年,中国职工保险互助会批复同意成立中国职工保险互助会嘉兴市管理委员会。

2004年,市总工会对全市基层企业建立职工互助保障机制情况作调查,全市有1441家企业建立各种补充保险,参加职工11.04万人,筹集资金770.08万元,资金支出160.21万元,结存609.87万元。2010年,全市参加本单位工会开展的职工互助互济保障活动人数49920人,本年度从职工互助互济保障活动中获得经济资助2182人,金额659.56万元。

"心连心"大病救助

2002年元旦、春节期间,市委市政府倡导开展以"心连心"为主题的"爱心行动",共募集资金1044.12万元,一次性投入市困难职工维权帮扶中心800余万元,作为大病救助资金,并制定《嘉兴市"心连心"大病救助资金管理暂行办法》。9月27日,市"送温暖工程"领导小组和市总工会举行首批"心连心"帮困救助款发放仪式,市区27名困难职工分别获得1000元–5000元不等的救助款。市委副书记、市"送温暖工程"领导小组组长徐士珍出席发放仪式并讲话。2003年起,每年分三批对符合条件的困难群众实行救助。2006年,"心连心"大病救助资金得到市慈善总会支持,从第十三批开始由市慈善总会承担50%救助款。2002年–2010年,"心连心"大病救助共救助26批,计1910人次,救助金额719.3万元。

表 4-19　　2002-2010 年“心连心”大病救助情况

批次	时间	救助人数(人)	救助金额(万元)
第一批	2002.9	27	7.3
第二批	2002.12	48	19.1
第三批	2003.1	23	8.4
第四批	2003.4	27	9.6
第五批	2003.9	52	20.2
第六批	2004.1	70	26.8
第七批	2004.6	60	23.2
第八批	2004.9	63	24.7
第九批	2005.1	65	26.8
第十批	2005.4	60	21.7
第十一批	2005.9	78	31.4
第十二批	2006.1	80	29.8
第十三批	2006.4	84	32.1
第十四批	2006.9	72	27.4
第十五批	2007.2	127	46.7
第十六批	2007.4	48	18
第十七批	2007.9	78	29.6
第十八批	2008.1	118	45.8
第十九批	2008.5	61	23.2
第二十批	2008.9	81	31.3
第二十一批	2009.1	134	51.6
第二十二批	2009.4	98	34.5
第二十三批	2009.10	86	32.4
第二十四批	2010.2	86	30.8
第二十五批	2010.4	105	37.8
第二十六批	2010.9	79	29.1

第四节　企业退休职工管理服务

机构及经费

机构　1991 年年末,嘉兴市企业退休职工人数达 72786 人,其中全民所有制退休职工 37510 人（市本级 17706 人），集体所有制企业退休职工 35218 人(市本级 10776 人)。1992 年 9 月,市政府办公室转发市总工会、市劳动局

《关于进一步加强企业退休职工管理工作的意见》，要求加强对企业退休职工管理工作领导，建立各级退休职工管理组织。同月，市企业退休职工管理委员会(以下称市退管会)成立。主任：赵冰(市政府)，副主任：孙陵(市总工会)、黄锦荣(市劳动局)；委员：沈乾(市经委)、金锦根(市财税局)、张来葆(市劳动局)、单丽蓉(市人民银行)、潘嘉荣(市总工会)。市企业退休职工管理委员会下设办公室，办公室设在市总工会。至1993年，海宁、平湖、嘉善建立县级退管组织，部分乡镇、街道也建立退休职工管理组织，实行自我管理、自我服务。企业所建退管组织大多由企业行政分管领导牵头，工会协管。退休职工较多企业设置退管办，配备专职人员。

1995年7月，市退管会组成人员调整，主任：姚金林(市政府)，副主任：潘嘉荣(市总工会)、何大利(市劳动局)；委员：叶云兰(市经委)、金锦根(市财税局)、张向明(市人行)、张来葆(市劳动局)。市退管会办公室仍设在市总工会。1997年，市政府调整部分领导小组组成人员，陈德荣任市退管会主任。

2000年，市退管会成员再次调整。调整后主任仍为陈德荣(市政府)，副主任为敖文治(市政府)、张钰良(市总工会)、张元甫(市劳动局)；委员：沈竞义(市经委)、金锦根(市财政局)、秦金顺(市城建委)、娄荣民(市人行)、潘建中(市劳动局)、吴福荣(市退管办)。张钰良兼任办公室主任，吴福荣任办公室副主任。

2003年2月25日，市人民政府专题会议纪要〔2003〕20号明确：原归口市总工会管理的市企业退休职工管理委员会办公室调整归市民政局管理，并更名为市退管办，2名事业编制随职能划转。

经费　1992年，由市劳动局从退休职工统筹基金中划拨5万元，作为市企业退休职工管理委员会活动经费，专款专用，试行一年。以后按省政府文件精神，从企业全部职工工资总额的一定比例提取，各县(市)按省政府文件精神，结合本地实际，制定经费筹集办法。企业按实有退休职工人数每人每年提取30元，全部留本单位使用。

1992年12月，市总工会、市财税局、市劳动局联合发文，从1993年起，向市属企业按职工工资总额的千分之一收缴作为市退休职工管理工作的活动经费。

1999年起，根据省政府有关文件停止向企业收缴退休职工管理工作活动经费，改由参照机关事业单位退休干部职工管理活动经费解决办法，市财政每年拨款用作企业退管办工作活动经费。

管理与服务

做好重要信息报送工作　2000年，在春节送温暖工作会议上了解到基层企业因对退休职工春节慰问费来源和发放办法不明确而普遍等待观望的现象后，市总工会迅速向市委、市政府报送《关于落实市“两办”通知精神，妥善解决离退休人员春节慰问费发放办法》，受到市委、市政府和劳动部门重视，并及时协调解决。召开退休职工座谈会，对社会化管理的问题进行专题调研，向市委、市政府报送《企业退休职工对社会化管理心存忧虑》的信息专报，并且被省总工会和全国总工会《工会信息》编发刊登。

反映退休职工呼声和要求　参与医疗制度改革方案拟定和意见征求工作，先后两次召开退休职工座谈会，归纳整理退休职工意见建议，并向市委、市政府反映。协助起草《关于逐步推进企业退休人员社会化管理进程的建议》，向市政府提出加快社会保障制度建设、大力发展社区服务、稳妥向社会化管理服务过渡的建议。1992 年，争取市政府有关部门及主管公司解决王江泾轻工塑料厂退休统筹费补足问题。1993 年，争取市政府有关部门解决市饮服公司退休统筹费补足问题、二轻系统高频瓷厂退休职工工资发放问题。1994 年，解决离退休人员中省及省以上城镇劳动模范月生活费标准补足问题。1997 年，参与离退休老干部、建国前参加革命工作老工人落实政治、生活两项待遇情况调查，1998 年 11 月市本级及县(市)均建立企业离休干部“两费”生活待遇保障机制。

坚持“五必访制度”　对患病、生活有困难退休职工开展日常走访慰问、生活救助工作，千方百计为退休职工排忧解难。发动工会、共青团组织，以契约形式，与孤寡退休职工建立帮扶关系，在精神和生活上给予经常性关心、照料，经常保持结对的有 53 人。在政治上、生活上关心退休劳模(先进)，基层退管会每逢重大节日必访，市退管办连续四年给 84 名省(部)级以上退休劳模(先进)赠阅《嘉兴日报》，并办理一份保险。基层退管组织热心为退休职工办事，排忧解难。

开展元旦、春节期间送温暖活动　2000 年给 119 名孤寡退休职工每人发放慰问费 100 元，组织 32 名适宜户外活动的孤寡退休职工举办第五次“团聚大家庭、欢度除夕夜”活动，对 58 户生活困难的退休职工家庭，每户发放慰问金 200 元。129 家市属企业(涉及离退休人员 23171 人)共计发放慰问费 4812880.80 元。

组织文体等活动　开办老年电视大学教学班，被评为市老年电大先进单位。举办“大红鹰”杯敬老养老知识竞赛，共有 5000 多人参加。1991 年–1999 年，市退管会每年在本省“老人节”期间组织医务人员举办医务咨询活动。1995 年 6 月举办“离退休人员书画展”，共展出 100 件书法、美术作品。7 月–10 月，与《嘉兴日报》合办“晚霞颂”有奖征文活动。1995 年和 1997 年两次举办庆老人节文艺演出。1998 年举办“企业退休职工歌颂党、歌颂社会主义书画巡回展”。1998 年 10 月举办 18 对“金婚佳侣”庆贺活动。1999 年 9 月 28 日，在南湖举办嘉兴历史上规模最大的“庆国庆、贺金婚”活动，市领导为 50 对“金婚佳侣”颁发证书、赠送贺礼。1998 年 6 月，市退管办在市工人文化宫开设退休职工活动室，开辟图书阅览、健身、评弹室。阅览室有各类图书杂志35种,报纸15份。健身室有乒乓球、健身器材等,多次组织老同志开展乒乓球友谊赛。评弹室保留老年人喜闻乐见的文艺项目。

省以上荣誉和表彰

1995年,嘉兴市毛纺织总厂退管会被评为"全国模范退休职工之家"。

1995年9月,嘉兴毛纺织总厂退管会、海宁富顺昌袜厂退管会、平湖市退管会被授予"浙江省模范退休职工之家"称号。张治人、姚维荣、崔荣华、顾晓亮、钱文玉、钟定观、钱佩芳、姜恩友、任大为、沈茂泉被授予"浙江省退休职工管理服务先进工作者"称号。

第五节 职工物价监督

机构和职权

前志载,1986年9月建立嘉兴市职工物价计量监督总站。市总工会主席任站长,市计量局局长、市工商局副局长、市物价局副局长任副站长。职监工作人员由单位推荐,市总工会聘请,参加市场物价计量监督检查工作。

1991年3月,嘉兴市物价检查所印发《关于委托嘉兴市职工物价计量监督总站查处价格违法行为有关事项的通知》,规定职工物价计量监督总站在一定范围和权限内行使价格监督检查和处理价格违法行为的职权。此后,市标准计量局也发文,委托职工物价计量监督总站对市场标准计量方面的监督检查和违纪查处的职权。1993年3月,为适应经济体制改革和物价放开新形势,市保留组织形式,暂停市场物价计量检查工作。1994年5月根据市场物价发展趋势,市总工会决定恢复职工物价计量监督工作。同年9月,根据市政府对粮食供应价格实行最高限价规定,组织开展粮食限价专项检查。

2000年11月,市政府调整嘉兴市职工物价计量监督检查总站组成人员,由沈利华担任站长,张钰良、戴德根、金锦根、王世平、陈秉一任副站长。总站办公室设在市总工会。吕根成任办公室主任、周玉琴任副主任。

2007年,随着市场体制不断完善,物价监督管理工作日趋专业化、法制化、规范化,职工物价监督工作进行调整,市总工会不再负责职工物价监督工作。

主要活动

1993年11月8日,嘉兴市职工物价计量监督检查总站分成两个组,对市区中山路、建国路的各商店进行明码标价专项检查。对于不执行明码标价法规商店,市职监总站发出整改通知书,限期改正。

1994年4月2日–9日,嘉兴市职工物价计量监督检查总站每天组织25名精干职监员配合物价等部门先后对市区954家店摊(包括国营19家、集体326家、个体609家)进行明码标价大检查。

1994年5月,市职工物价计量监督总站将市属19个分站、三个直属组、300多名职工物价、计量监督员分成东、南、西、北、中五个网片,集中力量进行按地域联网检查。在检查内容上突出检查明码标价、短斤缺量、以次充好三个重点。当年,市职工物价计量监督总站共组织出动职监员查市场14365人次,检查店摊22900家(其中国营4137家、集体7789家、个体10974家),查处违纪案件735件,罚款36225.50元,退换消费者金额5089.50元,没收不合格计量器具(杆秤)982支,销毁假冒伪劣商品148箱。

到1997年,全市职监组织从无到有,从小到大,由市到县、由县到较大集镇,形成物价、计量、质量、卫生、财税"五位一体"群众性综合监督检查网络。全市有23个分站,101个检查组,469名职监员。组织监督检查活动3.26万次,参加检查活动职监员13.13万人次,检查店摊66万次,发现和纠正差错9.3万多笔,查处罚没款6.87万元,退还消费者金额7.26万元,接受消费者投诉1.09万件,落实率达98%。

省以上荣誉与表彰

1991年,嘉兴市职工物价计量监督总站、嘉兴市职工物价计量监督冶金厂基层站、嘉丝联基层站和海宁市职工物价计量监督总站被评为浙江省职工物价监督先进集体;周延麟、姚维荣、许葆昌、屠淋、倪掌夫、张国光、夏家枋、孟凡慈、沈明明、王福海、季溶熙、罗有根、郁维扬、方振浩、王明坤被评为浙江省先进职工物价监督员。

1994年、1995年,市职工物价计量监督总站被浙江省总工会、浙江省物价局评为职工物价监督工作先进集体。被全国总工会、国家计经委评为全国职工物价监督工作先进集体。

嘉兴市职工物价计量监督总站吕根成和平湖市职工物价计量监督总站金金观被评为1998年–1999年度浙江省职工物价计量监督工作先进个人。

第六节　抗灾赈灾

抗击洪涝、雪灾

1991年6月中旬以后,嘉兴市连续遭受洪涝灾害。7月15日,省总工会副主席顾秀秀和市总主席谭春晓等一行,在嘉善县委和县总工会领导陪同下,到嘉善船舶修理厂、汾玉水泥厂、嘉善砖瓦厂、枫南水泥厂、金属家具厂等单位实地查看受涝现场,详细询问企业生产和职工生活情况,鼓励职工积极开展抗灾自救,把灾害造成的损失减少到最低限度。并到部分受灾职工家中进行慰问。在此期间,省总和市总领导还到桐乡乌镇及永红电磁厂,嘉兴市区八三〇〇厂、嘉兴标牌厂、交通羊毛衫厂,二航公司及受灾职工家庭走访和慰问。市总工会将省总下拨6万元救灾款送到受灾较重职工手中,以解决他们生活困难。

1991年8月下旬嘉兴市连降暴雨,一部分企业被迫停产,数百户职工家庭因住房进水,造成财产损失和生活困难。总工会要求全市各级工会紧密配合当地政府和企业行政,把防汛抗灾作为压倒一切的中心工作来抓,受灾企业工会要动员职工,克服一切困难,努力将损失减少到最低程度。市总工会机关除留少数人值班外,全部深入受灾现场帮助抗汛。

1993 年 8 月下旬,嘉兴再次遭受洪涝灾害,市总工会主席谭春晓、副主席邵美温、孙陵带领市总机关干部分赴百花、杉青闸、凌塘桥等受灾严重片区,深入到八三〇〇厂、蜜饯厂、嘉丝联、丝绸印染、丝绸服装、航空箱厂分厂、二冶、钢铁、轻纺助剂厂等十余家企业,了解受灾情况。并到钢铁、化工、标牌等企业进水职工家庭看望职工,表示慰问。市总领导要求受灾企业工会积极协同党政, 动员和组织职工做好抗洪救灾工作,努力减少损失,主动关心受灾职工,尽力帮助解决他们的实际困难。

1999 年 6 月 24 日–7 月 4 日,嘉兴遭受历史罕见特大洪涝灾害,全市所有乡(镇、街道)和 70%以上村严重受灾,受灾人口 209.6 万人, 占全市总人口 63.3%, 嘉兴市区建成区 40%以上面积严重受淹。全市停产企业 3100 多家、半停产 2300 多家。6 月 28 日、30 日,7 月 1 日,市总工会先后三次召开市属产业(系统)工会、大中型企业工会负责人和市总机关工作人员大会, 及时传达市委、市政府关于进入抗洪抢险"紧急防汛期"和省、市领导关于做好抗洪救灾工作的讲话精神,号召全市各级工会迅速行动起来,广泛发动职工群众,充分发挥工人阶级的主力军作用。7 月 1 日,市总工会组成由市总主席卢苗法、副主席孙陵、 陈长庆为领队的抗洪抢险分队,带领 23 名队员,到光明街 189 弄嘉航宿舍一带,挖土、装袋、筑河堤、堵洪水,帮助居民抗洪抢险。嘉善县总工会"工人抗洪抢险突击队" 在主席李明带领下,多次赴枫南、下甸庙等危险圩区参加突击抢险。平湖、海盐、海宁、桐乡县(市)总工会和秀洲、秀城两个区工会办事处、市财贸工会等,也先后投入大量人力、物力和财力,支援当地受灾企业抗洪救灾,并重点关心受灾职工生活安排。民丰、兰宝、华绢、金三塔、冶金、汽钢、嘉化、永庆等一些受灾企业工会,根据各单位实际情况,积极协助行政开展抗灾自救工作。7 月 6 日下午, 嘉兴市总工会机关和直属企事业单位干部职工为受灾地区捐款 8500 多元。

2008 年 2 月 1 日,50 年一遇大雪袭击嘉兴。按照市委、市政府统一部署,市总工会要求各级工会迅速调查了解各地因冰雪灾害无法返乡过年外来务工人员数量、分布及去向,协助当地政府安排好他们节日生活,帮助他们解决实际困难。工会干部对坚持在一线生产外来务工人员进行走访慰问,与外来务工人员一起开展各种联欢,过欢乐祥和春节。各级工会协助企业安排好节日前后的生产, 做好劳动安全保护工作,查找安全隐患,杜绝安全事故发生。市、县(市、区)两级困难职工帮扶中心准备方便食品和饮用水、棉衣、棉被等急需保暖用品和必备药品,为滞留在嘉兴的外来务工人员提供帮助。

长江特大洪灾赈灾

1998 年 8 月,长江流域发生罕见特大洪灾。8 月 17 日,市总工会机关和所属工人文化宫、职工学校等企事业单位

106 人捐款 7400 多元。8 月 18 日，嘉化集团公司党政工团发出向灾区人民捐款倡议，全公司有 1603 人捐款 24388 元。集团公司支援灾区 8 万多元赈灾物资。8 月 21 日，浙江兰宝国际毛纺集团公司职工捐款达 3390 元。嘉兴药业公司为灾区人民捐款 10.2 万元急需药品。

支援汶川抗震救灾

2008 年 5 月 13 日，市总工会发出紧急通知，要求全市各级工会在党委政府统一部署下，积极投入支援四川省抗震救灾工作。同日在全市权益保障工作会议上重点布置支援四川抗震救灾工作。要求各级工会关注下属企业四川籍外来务工者，了解他们家庭受灾情况，给予帮助。市总先后发出有关抗震救灾、捐款捐物、特殊会费、立功竞赛等五个紧急通知，全面发动、具体部署。

市总工会及时与县(市、区)工会和市产业工会、直属基层工会联系，统计在嘉兴务工四川籍民工情况。据不完全统计，嘉兴市共有四川籍民工 218914 人，其中受灾家庭 9631 人，家中有成员死亡的 3 人，倒塌房屋 9000 多间。各级工会走访慰问受灾地区民工，做好思想安抚工作。市政协副主席、市总工会主席邵建华专程到嘉兴家家乐有限责任公司和台华公司看望 38 位家在这次地震中受灾的四川籍职工，并送去慰问金。

在支援汶川抗震救灾中，市总工会在《嘉兴日报》和工会网站上发布职工求助热线，发动各级工会和会员开展捐款活动，各级工会组织协助行政开展捐款达 2702 万元，收到“特殊会费”92 万元。

省以上表彰

1991 年，嘉善县总工会被全国总工会评为抗灾救灾先进集体。

2008 年，浙江金汇休闲制品有限公司缝纫车间、浙江星益达增强材料有限公司涂层车间获全国抗震救灾重建家园“工人先锋号”称号。嘉兴市急救中心、浙江豪杰金属家具有限公司缝纫车间获浙江省抗震救灾“工人先锋号”称号。

第八章　女职工工作

1991年–2010年,市总工会加强工会女职工组织建设,团结动员女职工积极投身改革开放和社会主义现代化建设,在全面建设小康社会中建功立业。依法维护女职工在政治、经济、文化、社会和家庭等方面的合法权益和特殊利益,引导女职工树立自尊、自信、自立、自强精神,全面提高女职工的思想道德、科学文化技术和健康素质。发挥女职工在构建和谐社会中的积极作用,实现女职工工作的创新与发展。

第一节　女职工组织建设

1991年年底,嘉兴全市列入工会组织统计女职工16万多人,占同口径职工总数43.6%。随着经济社会发展和职工数量增长,全市女职工数相应增长。截至2010年年底,嘉兴全市列入工会组织统计女职工68万人,占同口径职工总数50.6%。女会员65.3万人,占工会会员总数51.1%。

1989年,市总工会制定《嘉兴市工会女职工委员会暂行规定》,在全市各级工会组织建立女职工委员会(以下称女职委)。到1990年6月底,桐乡县、海盐县、嘉善县工会女职委先后成立,全市基层工会女职委823个。到1991年年底,全市已建工会的市教育、财贸、机关、交通、化建、卫生、建委、物资、纺织、二轻等10多个系统均建立女职委。全市919个应建女职委的基层工会有875个建立女职委。市区320基层工会女职委通过16个系统、网片开展工作。经过20年发展,到2010年,全市基层以上工会组建女职委130个。基层工会建立女职委4555个,设女职工委员的基层工会1652个。全市工会女职工工作人员专职164个,兼职9897人。

市工会女职工委员会

前志载,1990年3月7日,嘉兴市总工会常务委员会研究决定建立嘉兴市工会女职工委员会。马仕群等31人为嘉兴市工会女职委委员,主任邵美温、副主任潘嘉荣,聘请中共嘉兴市纪检委书记陈莉贤、嘉兴市副市长范巴陵为顾问。嘉兴市工会女职委一届一次全体会议决定委员会下设维护权益、劳动保护、组织联络、宣传教育四个工作小组。

2000年3月6日,经与有关部门和单位协商,市总工会二届一次全委会同意由沈利华、闻人庆等37人组成嘉兴市工会第二届女职委。先后由沈利华、邵建华担任主任,闻人庆、王建芬、杜锦瑛担任副主任。聘请市委副书记徐士珍、副市长范巴陵、市妇联主席陆娟梅、市劳动局副局长潘嘉荣为顾问。成员由女劳模、女企业家、女知识分子、生产一线女工以及女工会工作者等多方面人员构成。

2009年3月，经市总工会同意，由邵建华等39人组成市工会第三届女职委，邵建华担任主任，王建芬、杜锦瑛担任副主任，聘请市政协副主席王淳、市委宣传部常务副部长许晴、市食品药品监督管理局局长陆娟梅、市体育局局长周梅芳、市妇联主席陆英为顾问。

根据全国总工会《女职工委员会条例》，市工会女职委每年召开委员会议1—3次，研究审议女职委工作计划和重大问题，确定女职委工作任务，表彰先进女职工、先进女职工工作者和先进女职工集体。遇有重大问题，由主任临时召集会议。

为加强女职工工作，市总工会于1984年设生活女工部，既为市总工会职能部门，也是市工会女职委工作机构，负责处理女职委日常工作。2000年8月，生活女工部归口权益保障部。2001年11月根据新的机构改革方案，设市女职工委员会办公室，挂靠在权益保障部。

女职工组织规范化建设

市工会女职委积极探索新形势下加强女职工组织建设的新途径、新措施，根据《中华人民共和国工会法》《工会女职工委员会工作条例》《企业工会工作条例》有关法律法规，进一步规范基层工会女职工组织组建工作，实行女职工组织与工会组织"三同时"原则，即同时组建、同时筹备、同时报批，并将结果报上级工会女职工组织备案，为女职工工作开展和更好地履行维权职责，奠定组织基础。

2000年7月起，市工会女职委按照浙江省工会女职委《关于加强非公有制企业工会女职工组织建设的意见》，在加强非公有制企业工会建设同时，推进非公有制企业工会女职工组织建设，扩大女职工组织履盖面。至2010年年底，全市非公有制企业建立工会女职委5430个，其中联合工会女职委901个，覆盖企业23214家，设女职工委员3427人，组建率达95.7%。

2003年，市工会女职委下发《关于深入开展基层工会女职工工作规范化建设活动的通知》，把基层女职工组织规范化建设作为工作重点，提出力争通过3年时间，使全市大多数单位特别是非公有制企业工会女职工工作进入规范化。2006年，市工会女职委下发《关于在全市工会女职工组织中深化"规范化建设"工作的实施意见》，提出深化"规范化建设"的工作措施。按照组织健全、制度完善、维权到位、活动正常、职工信赖、企业支持的基本要求规范工会女职工工作，推进"六有"女职工组织，即有班子、有人员、有制度、有台账、有经费、有活动，并将此项工作纳入全市工会重点工作考核目标。

第二节　女职工参与经济建设

"三为"巾帼奉献立功竞赛

1991年是"八五"计划的第一年，省

工会女职工委员会向全省女职工发出开展“巾帼奉献竞赛”活动的号召,得到嘉兴市广大女职工积极相应。数年中,全市各级工会女职工组织围绕“质量、品种、效益年”等活动,组织开展“为企业献计、为国家创优、为南湖增辉”“三为”巾帼奉献立功竞赛活动,发动女职工参与改革,投身建设,引导女职工岗位成才、岗位立功,在促进经济发展和社会进步中求得自身进步和发展。如卫生、建委、教育、交通等系统开展“爱心天使”“敬业奉献在岗位”“服务质量争一流”“教坛立功,岗位成才”等活动,纺织网片开展“纺织巧手技能赛”。平湖市组织女职工开展“我为节能减排献一计”“增产节能、提高效益”活动,人行工会女职委组织开展“我为双文明献一计”活动。形式多样的“巾帼奉献”立功竞赛活动使女职工在为提高企业经济效益和机关事业单位服务质量、办事效率建功立业同时,不断提高自身岗位技能和市场竞争能力。据不完全统计,每年全市开展女职工立功竞赛活动600余项,参加5万余人,提合理化建议8000余条。

“一学二争三创”活动

2004年5月,市工会女职委在各级工会女职工组织中开展以“一学二争三创”(即“学习科学文化技能;争做知识型女职工、争当经济创新能手;创工作佳绩、创女性品牌、创文明家庭”)活动为载体的建功立业活动,力争用三年的时间在全市构建以终身学习为理念、以提高素质为核心、以经济技术创新为着力点,团结务实,奉献社会的女职工运行体系。是年,市工会女职委将活动纳入年度工作意见,全面开展以经济技术创新为着力点的建功立业活动。各级工会女职工组织围绕市委提出“把嘉兴建设成为长江三角洲的经济重镇、上海南翼的港口新市、江南水乡的文化名城”目标,动员和组织广大女职工参加改革,投身建设,广泛开展技术革新、技术协作、发明创造、提合理化建议等多种形式的劳动竞赛,通过评选表彰“女职工建功立业标兵岗”“女职工建功立业标兵”活动,鼓励女职工学先进、赶先进,引导女职工岗位成才、岗位立功。据统计,全年全市各级工会女职工组织开展各类活动588次,15.3万余名女职工参加活动,提合理化建议4002条,其中被采纳1842条,可计算经济效益517.7万元。

女职工建功立业工程

2004年9月,全国总工会女职工委员会在全国女职工中实施“女职工建功立业工程”。要求用5年时间,通过开展内容丰富、形式多样的劳动竞赛和合理化建议、岗位练兵、技术比武、发明创造、技术革新等经济技术创新活动,使60%以上女职工在原有基础上,文化程度上一个档次,技术级别上一个等级,学习能力、创新能力、竞争能力和创业能力有明显提高,在全面建设小康社会进程中发挥更大作用。

根据全国总工会女职委的统一部署,2005年全市工会女职工组织引导女职工围绕企业生产和改革发展,开展多层次，多形式的岗位练兵、技术比武活动。一年中，全市有47名女职工获市"建功立业标兵"称号，27个工会女职工集体获市"建功立业示范岗"称号，95名女职工被评为县(市)级先进个人，97个工会女职工集体被评为县(市)级先进集体。2006年年底，不同类型、不同层次的企事业"女职工建功立业标兵岗"达35%以上，并树立一批"女职工建功立业标兵"。

2007年，市总工会作出《关于广泛开展"创业创新争先锋"活动，充分发挥职工群众在创业创新中的主力军作用的决定》后，各级工会女职工组织积极行动，将女职工建功立业工程融入到推动"两创"战略中，积极组织广大女职工参与"创优、增效、节能"社会主义劳动竞赛，开展操作技能比赛，开展评选"金牌工人、首席工人、技能之星"等活动，激发广大女职工争当创业创新先锋的积极性和创造性。如嘉善开展"十万职工节能减排大行动"，海盐开展"三为"劳动竞赛(为安全生产找隐患，为节能减排献计策，为和谐发展出才智)，平湖举办服装行业职工技能大赛，市教育工会开展创建"教工先锋号"活动等等。

"十一五"时期，市工会女职委认真落实《浙江省总工会关于团结动员全省职工积极投身"十一五"时期经济社会建设的决议》，组织引导女职工参与"当好主力军、建功'十一五'、和谐促发展"主题竞赛活动，开展以争当"女职工创业创新标兵"、争创"女职工先锋号"为主要内容的立功竞赛活动。各级工会女职委积极探索女职工建功立业的新方式，拓展新领域，组织开展岗位练兵、技术比武、提合理化建议等经济技术创新活动。各县(市、区)先后实施"万看、千抒、百访"工程，开展"创优、增效、节能"社会主义劳动竞赛，组织广大女职工积极参与职业技能大赛和技能运动会。尤其在女职工集中的银行、教育、服装、餐饮、医护等行业企业中开展操作技能比赛，激发广大女职工立足本职、建功立业的积极性和创造性。五年中，全市参加"女职工建功立业"女职工达20.9万人次，被评为全国劳模2名、省劳模10名、市劳模26名。192名女职工获省、市建功立业标兵，164个岗位获省、市女职工建功立业标兵岗。

第三节 维护女职工合法权益

女职工劳动保护

1992年7月，嘉兴市人民政府印发《嘉兴市女职工劳动保护实施细则》，规定细则适用范围及对女职工在月经期、怀孕期、生育期、哺乳期、更年期的保护措施，要求建立相应妇幼保健设施，并规定在贯彻执行细则中女职工及有关部门和团体的职权。全市各级工会积极协助政府和行政贯彻执行《实施细则》。

1993年8月31日，市劳动局、市总工会在市总工会召开纪念国务院《女职工劳动保护规定》颁布实施五周年会议，回顾总结全市执行规定取得的成绩，指出少数企业在女职工劳动保护方面的不足之处，部署下一步女职工劳动保护工作。市政府秘书长朱加椿到会,对做妇女职工劳动保护工作提出要求。市人大法工委副主任田敏到会并讲话。

1998 年,市总工会对部分新经济组织贯彻《女职工劳动保护规定》情况进行调查,对调查发现问题,建议相关部门强化法规制约、扩大保险覆盖面、健全监督机制。

全市工会女职工组织在企业转制、兼并重组时,注重女职工合法权益维护与劳动保护不脱节,不发生女职工在孕期、哺乳期被裁员减员现象。2006 年至 2010 年,以协调劳动关系为切入点,在签订劳动合同或集体合同过程中,把女职工劳动保护内容落实到条款之中,对不规范的合同及时向企业提出意见与要求,依法把女职工合法权益与特殊利益落到实处。

下岗女职工再就业

1999 年年底,全市有下岗女职工 6555 人。市总工会立足于推进改革、促进经济发展与维护社会稳定相统一,与突出维护职能、保障女职工劳动权益相统一,帮助女职工调整择业观念,提高竞争能力,协助政府多形式、多渠道做好下岗女职工分流安置工作。2000 年上半年举办"职业女性面向二十一世纪新发展"报告会,特邀浙江大学党委副书记童芍素教授作专题报告。组织市"再就业双十佳"典型事迹报告会,在海宁、海盐、嘉善、桐乡和嘉兴市区举行五场再就业典型事迹报告会。其中有自谋职业的下岗女职工程嘉言、王漪芯、沈水英等作报告。市工会女职工委员会根据下岗女职工,特别是 40 岁以上下岗女职工自身掌握技能单一、年龄偏大、找工作困难的情况,从 1999 年年底到 2000 年 5 月举办 8 期 284 人次免费家政系列培训和电脑培训。平湖市工会女职委根据城市创卫工作需要,培训卫生协管员 100 多人,上岗 43 人。嘉善县工会女职委多渠道收集信息,主动向用人单位推荐 100 多名下岗女职工,使他们实现跨行业再就业。海宁市工会女职委及时了解用工信息,介绍 20 名下岗女职工为皮革展览会服务员。1999 年共有 1596 名下岗女职工经各级工会女职委帮助实现再就业。

女职工权益保护专项集体合同

1995 年,全市推行平等协商、签订集体合同制度,各级工会重视女职工权益保护,将女职工劳动保护、女职工特殊保护条款纳入集体合同内容。2005 年,市总工会总结推广平湖市工会女职委开展女职工劳动保护专项协议签订工作经验,在全市推行女职工权益平等协商制度,签订《女职工权益保护专项协议》。

2007 年,根据中华全国总工会办公厅《关于推进女职工权益保护专项集体合同工作的意见》,市总工会将签订女职工权益保护专项集体合同工作列入工会重点工作,并把这项工作列入创建劳动关系和谐企业评比条件。12 月 7 日,市总工会女职委召开全市女职工权益保护专项集体合同暨女职工素质提升研讨会,对推进女职工权益保护专项集体合同作出部署。通过举办专题培训班、编印操作指南手册、总结推广典型经验，召开专题研讨会等，推进女职工专项集体合同工作深入开展。

通过推行女职工专项集体合同，加大对女职工特殊权益保护力度，大多数企业女职工享受到专项集体合同所带来的成果。已签订专项合同企业没有发生由于结婚、怀孕、产假、哺乳等引起的劳动纠纷。大多数企业对妊娠期女职工能给予适当照顾，或安排较轻工作岗位。女职工分娩后给予三个月的产假，并发给基本工资。海宁兄弟公司给女职工产假长达6个月。对哺乳期女职工，各企业都能安排宽松哺乳时间。新海新纺织有限公司尽管企业办公条件较差、财力不足，但对女职工却非常关心，不仅为女职工参加养老、医疗、失业、工伤、生育五项社会保险缴费，还为女职工修建卫生室，24小时供应热水。年底，市总工会与政府联席会议提出“推行集体协商要约行动”后，女职工权益保护专项集体合同纳入“要约行动”内容之中。

女职工“关爱行动”

2007年3月21日，由市总工会、市曙光医院主办，市中华医学基金会协办的“关爱女农民工，为万名女农民工免费妇科体检公益活动”启动。至年底，有万名女农民工在市曙光医院免费接受妇科检查。

2010年，市工会女职委响应全总女职委号召，启动女职工“关爱行动”，以困难女职工和女农民工为重点，集中力量开展爱心救助、爱心体检和心理关怀等活动，向她们送去特别关爱，开创工会女职工维权帮扶新局面。2010年对全市1671名困难女职工发放爱心救助金，其中女农民工200余人，帮助单亲困难女职工子女34人。根据困难失业女职工自主创业需要，借助市职工维权帮扶中心开展技能培训、职业介绍，使单亲困难女职工和女农民工尽快掌握新技能，开辟新的就业岗位。

第四节　提升女职工素质

女职工素质提升工程

2004年9月，全总女职委四届一次会议决定在全国女职工中实施“女职工素质提升工程”。2005年，市总工会成立“女职工素质提升工程”指导委员会，指导和协调“女职工素质提升工程”的实施、检查、监督和评估等，把“女职工素质提升工程”作为“创建学习型组织，争做知识型职工”活动的重要内容，使“女职工素质提升工程”实现社会化、群众化。

2005年–2010年，各级工会女职工组织引导广大女职工树立“四自”意识和终身学习理念，结合“创建学习型组织、争做知识型职工”活动，开展多种形式的教育培训活动，建立女职工素质提升大课堂、企业女职工学校、成立讲师团，提供菜单式的培训。依托职工学校举办学历教育、培训考证，帮助女职工自学成才，加快知识技能的更新和储备。积极引进科学理念、先进观点、时尚元素，通过网上“女性工作日记”园地、读书征文、菁英女性论坛等活动，为女职工提升综合素质构筑平台。全市共举办各类女职工教育培训讲座3071期,参加培训女职工27.36万人次。市工会女职委创建的“市女职工素质提升大课堂”获浙江省工会工作创新二等奖。

女职工素质提升大课堂

2006年,市工会女职委为进一步实施女职工素质工程,创建“嘉兴市女职工素质提升大课堂”。按照《嘉兴市总工会关于深入开展“创建学习型组织,争做知识型职工”活动实施办法》的总体要求,引导广大女职工树立“学习为本”“终身学习”“工作学习化、学习工作化”“学习化生存”等先进理念。大课堂在市总工会领导和市工会女职委指导下,实行“统一计划、会员参与、分课负责、资源共享”的会员制原则。采用“自愿、互助、结合”形式,让基层女职工和女职工组织自己选择实用感兴趣的课题,形成各女职工组织共同参与、资源共享、相互学习、共同提高的培训格局。大课堂以市工人文化宫职工培训中心为主阵地,同时在各会员单位实行流动课堂。大课堂建立教务委员会,由市工会女职委主任任教务委员会主任,市工会女职委副主任、市工人文化宫主任任教务委员会副主任。吸纳部分市产业工会女职委和市直属企事业工会女职委组成第一批大课堂会员单位12家。6月13日,市女职工素质提升大课堂开班仪式暨工会干部业务培训讲座在文华园宾馆举行。各县(市、区)总工会(办事处)、乡镇(街道)工会、市各产业(系统)工会、市直属基层工会400多人参加。

2008年,为进一步推动女职工素质提升工程的开展,加强女职工素质提升大课堂师资力量。6月23日,市工会女职委成立嘉兴市女职工素质提升讲师团。成员由14位热心女职工教育并有较高政策理论素养和相关的专业研究水平以及丰富实践经验的专家学者组成,面向全市各行各业女职工和女职工干部,提供时事政治、法律知识、创业就业指导、女性健康和社交礼仪等方面授课、宣讲和咨询服务。女职工大课堂建立以来,开办43堂大课,97堂流动讲座,参训人数达17500多人次。

在市女职工素质提升大课堂的示范带动下,大课堂的形式逐步向各县(市、区)、产业拓展,带动了一批小课堂建设,推动了各级工会女职工组织开展内容丰富的教育培训活动。

女职工干部培训工作

全市各级工会女职工组织根据各个时期的中心任务,以强化维权能力、创新工作特色、发挥组织优势的思路加强女职工干部队伍建设。每年举办各类培训班,促进女职工干部综合素质的提升。

1991年4月10日–12日,市工会女职委举办1期75名女职工干部参加的培训班,由市工会女职委负责人和市工会女职委宣传教育组委员田敏、叶云兰等任教员;1992年10月26日–27日,市工会女职委举办女职工干部培训班,由市工会女职委负责人和市总工会办公室主任章柏年、生产部部长张元甫等任教员,学习中共十四大精神等;1993年10月21日–23日,市工会女职委在中国工会十二大召开前夕举办女职工干部培训班,由市体改委主任敖文治讲解社会主义市场经济情况,电控厂工会主席周群英和市总工会生活女工部干部张美仙传达参加中国工运学院女职工工作学习情况,市工会女职委负责人和市总工会办公室主任章柏年讲解女职工工作和总结、调查报告、信息写作知识等;1994 年 11 月 24 日–25 日,市工会女职委举办女职工干部培训班,学习《中华人民共和国劳动法》及有关配套子法;1998 年 4 月 3 日举办女职工干部培训班,请破产企业失业女职工程嘉言介绍不等不靠、走自立自强之路的成功经验等;1999 年 4 月 30 日,请浙江大学党委副书记童芍素教授为市内女处级干部和工会女职工干部作“职业女性面向二十一世纪新发展”专题报告;11 月 4 日举行嘉兴市工会女职工学校建立暨女职工干部培训班,学习中共十五届四中全会精神和了解本市国有企业改革基本态势等。2006 年 3 月 29 日,邀请上海工会干部管理学院培训部主任王连祥教授和法学硕士朱懂礼授课,140 余名女职委干部参加听课。

全市各级工会女职委还不定期组织全市女职工干部学习交流、调研考察,更新女职工干部观念,强化适应能力。开设的“女职工干部的情商”“走进新时期的思考”“构建和谐社会”“压力管理与情绪调适”等女职工工作实务培训课题深受女职工干部欢迎。各级工会女职工组织结合开展作风建设活动、学习实践科学发展观活动等,解放思想,实事求是,不断增强创新能力,形成一批典型经验,推动工会女职工工作整体水平提高。2005 年–2009 年,各级工会女职工组织共形成调研报告 1074 篇,举办女职工干部培训班 1262 期,参加培训 47232 人次。

2010 年,各级工会女职工组织根据形势发展需要,按照培养学习型、服务型和创新型干部要求,继续强化工会女职工干部队伍建设。4 月 14 日–15 日,市总工会在文华园举办全市工会女职工干部培训班,各县(市、区)、市产业工会女职委主任、委员及基层工会女职委主任、委员共 100 余人参加培训。市工会女职委利用“女职工素质提升大课堂”“女职工讲师团”资源举办全市工会女职工干部培训班。各级工会女职工组织也结合实际开展形式多样的教育培训,形成覆盖面比较广的教育网络。2010 年度,全市专(兼)工会女职委委员以上 21216 人都得到不同层面培训。

附:荣誉和表彰

全国先进

1991 年度

先进女职工

全滋美　嘉兴市制丝针织联合厂车间主任

先进女职工工作者

袁顺珠　嘉兴市桐乡县总工会副主席

先进女职工集体

嘉兴市桐乡县总工会女职工委员会

1993 年度

先进女职工

周建英　桐乡市梧桐制丝总厂值班长

先进女职工工作者

贾晓燕　中国农行平湖市支行工会女职工委员会主任

1994 年度

先进女职工

钱鸣敏　嘉兴市绢纺厂班长

先进女职工工作者

孙玉如　海宁市总工会女职工委员会副主任

1995 年度

先进女职工

金丽君　海盐棉纺织厂挡车工

先进女职工工作者

张金妹　嘉兴市财贸工会女职工委员会主任

吴季光　嘉兴市化建系统工会女职工委员会主任

先进女职工集体

桐乡市总工会女职工委员会

先进女职工之友

田　敏　嘉兴市人大法工委副主任

1996 年度

先进女职工之友

王泽仁　嘉兴市教委书记

全国文明家庭

应文珍　浙江兰宝国际毛纺集团公司

1997 年度

先进女职工

程加言　嘉兴富而特玻璃雕刻厂

先进女职工集体

浙江平湖市总工会女职工委员会

1998 年度

先进女职工

马红梅　嘉兴金三塔集团公司挡车工

先进女职工集体

嘉兴兰宝国际集团公司工会女职工委员会

1999 年度

先进女职工

吴惠芳　嘉兴羊毛衫厂挡车工

2000 年度

先进女职工

蒋利娟　海宁中三丝业有限公司缫丝工

2001 年度

先进女职工集体

嘉兴市总工会女职工委员会

2002 年度

先进女职工

章梅仙　浙江华源兰宝有限公司工会主席、女职委主任

2003 年度

先进女职工

戴美玲　浙江三环丝绸股份有限公司海盐丝厂缫丝车头工

2005 年度

全国女职工建功立业标兵岗

浙江省嘉善县魏塘中学语文组

全国女职工建功立业标兵

沈赵英　海盐第二丝厂挡车工

2006 年度

全国先进女职工组织

嘉兴电力局工会女职工委员会

2007、2008 年度

全国女职工建功立业标兵岗

嘉兴市善通运输(集团)有限责任公司嘉善县客运中心售票组

浙江江南大厦股份有限公司周大福珠宝专柜

全国女职工建功立业标兵

谢亚芳　平湖市新仓中学副校长

沈　颖　嘉兴市住房保障局窗口管理科副科长

2009、2010 年度

全国五一巾帼标兵岗

中国电信嘉兴分公司 10000 号运营中心

浙江嘉善农村合作银行营业部综合柜

全国五一巾帼标兵

时美玲　嘉兴市特殊教育学校校长

胡佳寅　民丰特种纸股份有限公司工会主席、女职工委员会主任

浙江省先进

1991 年度

浙江省省工会"巾帼奉献"活动先进集体

嘉兴市工会女职工委员会

桐乡县工会女职工委员会

嘉兴制丝针织联合厂工会女职工委员会

浙江省省工会"巾帼奉献"活动积极分子

朱伟红　海盐针织厂织造挡车工

全滋美　嘉兴制丝针织联合厂车间主任

华　君　嘉兴绢纺厂挡车工

高维洁　平湖东方床罩厂副厂长

宋静珍　平湖化学纤维总厂党委委员

周娟娥　海宁富顺昌袜厂副厂长

仓招娣　浙江制丝一厂缫丝工

鲍丽琴　嘉善县丝厂扫丝工

浙江省工会先进女职工工作者

潘嘉荣　嘉兴市工会女职工委员会副主任

袁顺珠　桐乡县工会女职工委员会主任

吴慧中　嘉兴市航运总公司工会女职工委员会主任

王慧珍　嘉兴冶金机械厂工会女职工委员会副主任

董仁珍　嘉善县发电厂工会女职工委员会主任

浙江省工会女职工工作之友

姚维荣　嘉兴汽车配件厂党支部委员

1992—1993 年度

先进女职工集体

海宁市工会女职工委员会

优秀女职工工作者

姚金英　海盐县丝绸公司工会主席

俞玉珍　嘉兴市教育工会女教职工委员会副主任

马仕群　嘉兴绢纺厂工会女职工委员会主任

贾晓燕　中国农行平湖市支行工会女职工委员会主任

先进女职工

肖芳英　浙江星兴丝绸工贸公司

工人

楼银雅　嘉兴郊区农行余新营业所经济师

王洁明　海宁丝绸公司档案管理员

周建英　桐乡市梧桐制丝总厂值班长

1994 年度

女职工工作先进集体

嘉兴市总工会女职工工作丝绸网片组

平湖市工会女职工委员会

先进女职工

袁寒宝　浙江金三塔丝针织集团公司缝纫工

徐菊君　海盐丝厂党委副书记

曾应仙　桐乡市崇德丝厂高级技工

裘秀兰　嘉兴市第二医院主任医师

沈佩华　嘉兴发电厂高级工程师

优秀女职工工作者

吴建英　嘉兴市卫生系统工会女职工委员会主任

王晓明　嘉兴市二轻系统工会女职工委员会主任

赵盈华　平湖市工会女职工委员会主任

沈美娟　嘉善县工会女职工委员会副主任

顾晓亮　海宁针织厂工会女职工委员会主任

蒋福宝　嘉兴市邮电局工会女职工委员会主任

女职工之友

陈莉贤　嘉兴市政协副主席

1995—1997 年度

女职工工作先进集体

桐乡市教育工会女教职工委员会

浙江兰宝国际毛纺集团公司工会女职工委员会

先进女职工

王珍凤　嘉兴绢纺厂挡车工

沈振珍　海盐百华大楼柜组长

毛乃葳　嘉兴市建安公司医务室主任

岑　贤　嘉善市人民银行会计

优秀女职工工作者

陈松娣　嘉兴市民丰集团公司工会女职工委员会主任

王建芬　嘉兴市总工会郊区工会办事处女职工委员会干部

翁粉蝶　海宁海丝有限公司工会女职工委员会主任

女职工之友

詹嘉树　嘉兴市卫生局副局长

文明家庭

刘巧娥　嘉兴市第四中学教研组长

1998—2000 年度

先进女职工集体

嘉兴市工会女职工委员会

桐乡市工会女职工委员会

先进女职工

戴美玲　浙江三环丝绸股份有限公司海盐丝厂车头工

宋珊娣　嘉兴市裕龙纺织工贸有限公司销售科科长

徐　英　嘉兴市秀城区新丰医院总护士长

先进女职工工作者

周小芬　平湖市卫生局工会女职

工委员会主任

陈王陆　嘉善县魏塘镇工会女职工委员会专职干部

章梅仙　浙江华源兰宝有限公司工会女职工委员会主任

张　琴　嘉兴电力局工会女职工委员会主任

2001-2002 年度

先进女职工集体

海宁市人民医院工会女职工委员会

嘉兴市新丰镇工会女职工委员会

先进女职工

苏秀娟　嘉善县第一人民医院主管护师

汤嘉伟　浙江嘉控电气股份有限公司模具设计工

钱亚娟　浙江嘉兴伴宇集团有限责任公司检验员

先进女职工工作者

徐美华　浙江省电信公司海盐电信局工会女职工委员会主任

王凤珍　嘉兴市秀洲区王江泾镇工会女职工委员会主任

陆文仙　桐乡市工会女职工委员会主任

文明家庭

陈婉华　民丰特种纸股份有限公司高级经济师

女职工之友

徐士珍　中共嘉兴市委副书记

2003 年、2004 年度

女职工建功立业标兵岗

嘉兴电力局城郊供电分局用电营业厅

嘉善县魏塘中学语文组

女职工建功立业标兵

张　炜　桐乡市高级中学高级教师

沈超英　海盐第二丝厂园机挡车工

先进女职工集体

平湖市钟埭街道工会女职工委员会

先进女职工工作者

丁红涛　平湖市工会女职工委员会副主任

潘震业　浙江中元建设股份有限公司工会女职工委员会主任

周美玲　嘉兴市秀城区新丰镇工会女职工委员会主任

女职工之友

张炜芬　中共海宁市委副书记

2005 年、2006 年度

女职工建功立业标兵岗

浙江华源兰宝精纺分公司纺纱车间甲班细纱小组

浙江省电信有限公司嘉兴分公司10000 号客户服务中心

女职工建功立业标兵

王　恒　平湖市华龙实业有限公司缝纫第一车间第五小组组长

吴玉红　海宁市第一中学校长

先进女职工组织

中国教育工会嘉兴市委员会女职工委员会

民丰特种纸股份有限公司工会女职工委员会

先进女职工工作者

朱健儿　嘉兴市财政局地方税务局工会女职工委员会主任

俞娟红　桐乡市工会女职工委员

会副主任

许爱华　海盐县教育工会女教职工委员会主任

倪建红　嘉兴市邮政局工会女职工委员会委员

女职工之友

马佩莲　嘉善县人民政府副县长

刘福民　嘉兴市规划与建设局党委委员、纪委书记

2007年、2008年度

女职工建功立业标兵岗

嘉兴蒙士特服装有限公司缝纫车间第11小组

嘉兴市秀洲区机关事务管理局会展中心

女职工建功立业标兵

王　勤　嘉兴市第一中学英语教师

周　珏　浙江宏达经编股份有限公司质量管理经理

先进女职工组织

桐乡市工会女职工委员会

嘉善宇创制衣有限公司工会女职工委员会

先进女职工工作者

王建芬　嘉兴市工会女职工委员会副主任

胡佳寅　民丰特种纸股份有限公司工会女职工委员会主任

沈桂学　嘉兴市南湖区教育工会女职工委员会主任

徐　珏　浙江嘉康电子股份有限公司工会女职工委员会主任

陶　慧　海盐县城镇企业工作委员会工会女职工委员会委员

女职工之友

沈海明　中共桐乡市委副书记

2009年、2010年度

浙江省五一巾帼奖章

胡　娟　加西贝拉压缩机有限公司技术开发部高级工程师

浙江省五一巾帼标兵岗

嘉兴市辅成教育集团数学教研组

桐绲集团股份有限公司生产一车间技术创新管理组

民丰特种纸股份有限公司质量处第六检验室

浙江平湖农村合作银行当湖支行储蓄专柜

浙江省五一巾帼标兵

宋爱萍　浙江新嘉联电子股份有限公司总经理

吴　英　海宁市人民医院心内科主任

潘震业　中元建设集团股份有限公司人力资源部经理

浙江省工会先进女职工组织

嘉兴市工会女职工委员会

浙江科技工程学校工会女职工委员会

浙江省工会先进女职工工作者

钱　铃　桐乡市工会副主席、女职工委员会主任

张　琴　嘉兴电力局工会副主席、女职工委员会主任

宋　玮　中国电信股份有限公司嘉兴分公司工会女职工委员会主任

第九章　财务和经审

市总工会坚持按照《中华人民共和国工会法》和《工会章程》规定收好、管好、用好工会经费,保障工会职能履行和工运事业发展。

第一节　经费收入

1991年-1995年,市总工会本级经费总收入3017.12万元;1996年-2000年,市总工会本级经费总收入4600.44万元;2001年-2005年,市总工会本级经费总收入6829.74万元;2006年-2009年,市总工会本级经费总收入11635.83万元。2010年市总工会本级经费总收入2145.87万元。

拨缴经费收入

1991年-1996年,拨缴工会经费收入以国有、集体企业为主。市总本级拨缴经费收入从1991年317.48万元逐年增长至1996年778.14万元。1997年-1999年,国有、集体企业体制改革,部分企业破产或关停并转,工会经费收缴逐年下降,从1997年775.87万元下降至2000年675.17万元。

随着非公经济组织迅猛发展,工会组建力度不断加大,2001年-2010年市总本级工会上缴经费收入实现稳步增长,从2001年的752.59万元增长至2010年1,856.47万元(含应缴上级工会经费数),年均增长9.45%。

上级工会补助收入

1991年-1995年,市总工会本级收到上级工会补助收入379.18万元;1996年-2000年,市总工会本级收到上级工会补助收入470.78万元;2001年-2005年,市总工会本级收到上级工会补助收入740.93万元;2006年-2010年,市总工会本级收到上级工会补助收入1434.42万元。

政府补助收入

1991年-1998年,除市总本级离退休人员经费外,市总工会本级没有政府补助收入。1999年-2000年,市总工会本级收到政府补助收入13万元。2001年-2005年,市总工会本级收到政府补助收入365万元(即2005年度收到市财政给予市总大楼建设补助)。2006年-2010年,市总工会本级收到政府补助收入822.84万元。

事业收入

1991年-1995年,市总工会本级无事业收入。1996年-2000年,市总工会本级事业收入39万元。2001年-2005年,市总工会本级事业收入12万元(即2005

年度事业单位上缴收益)。2006年-2010年,市总工会本级事业收入58万元。

投资收益

1991年-1995年,市总工会本级取得投资收益11.11万元。1996年-2000年,市总工会本级取得投资收益48.22万元。2001年-2005年,市总工会本级取得投资收益95.01万元。2006年-2010年,市总工会本级取得投资收益11.51万元。

其他收入

1991年-1995年,市总工会本级取得其他收入114.78万元。1996年-2000年,市总工会本级取得其他收入396.26万元。2001年-2005年,市总工会本级取得其他收入879.68万元。2006年-2010年,市总工会本级取得其他收入2071.43万元。其他收入主要来源于房租收入、银行存款利息收入及资产处置收益等。

第二节 经费支出

市总工会经费使用坚持“统筹兼顾、保证重点;量入为出、收支平衡;真实合法、精细高效”原则,围绕工会工作大局、服务工会重点工作,准确把握工会经费的使用方向,保障工会重点工作的资金需要,优化支出结构,提高资金分配和使用有效性、安全性和规范性。1991年-2010年,全市工会用于开展职工活动、维权帮扶送温暖、工会业务和事业建设以及对下级工会经费补助等方面经费支出在总支出中所占比重逐年提高。

市工会第二届(1991年-1994年)期间经费支出

1991年-1994年,市总工会本级经费总支出2022.86万元(含上解上级工会经费数)。其中,用于职工活动支出、维权帮扶送温暖支出、工会业务和事业建设方面支出186.22万元,占总支出9.21%;工会行政费支出215.80万元,占总支出10.67%;其他支出135.10万元,占总支出6.68%;基本建设支出197.43万元,占总支出9.76%;补助下级支出402.41万元,占总支出19.89%;上解经费支出885.87万元,占总支出43.79%。

市工会第三届期间经费支出

1995年-1999年第三届期间,市总工会本级经费总支出4432.01万元(含上解上级工会经费数)。其中,用于职工活动支出、维权帮扶送温暖支出、工会业务和事业建设方面支出528.83万元,占总支出11.93%;工会行政费支出582.09万元,占总支出13.12%;其他支出293.28万元,占总支出6.62%;基本建设支出(专项资金支出)502.99万元,占总支出11.35%;补助下级支出742.04万元,占总支出16.74%;上解经费支出1782.78万元,占总支出40.23%。

市工会第四届期间经费支出

2000年-2004年第四届期间,市总工会本级经费总支出6393.82万元(含上解上级工会经费数)。其中,用于职工活动支出、维权帮扶送温暖支出、工会业务和事业建设方面支出500.74万元,占总支出7.83%;工会行政费支出888.50万元,占总支出13.90%;其他支出 622.20 万元，占总支出 9.73%；基本建设支出（专项资金支出）1532.13 万元，占总支出 23.96%；补助下级支出 777.33 万元，占总支出 12.16%；上解经费支出 2072.92 万元，占总支出 32.42%。

市工会第五届期间经费支出

2005 年–2009 年第五届期间，市总工会本级经费总支出 9925.95 万元（含上解上级工会经费数）。其中，用于职工活动支出、维权帮扶送温暖支出、工会业务和事业建设方面支出 1248.89 万元，占总支出 12.58%；工会行政费支出 1774.10 万元，占总支出 17.87%（注：从 2008 年起，市总离退休人员费用按规定从原“代管经费”科目调整列入本科目核算，当年该项支出 118.87 万元，同比增长影响较大）；其他支出 1286.54 万元，占总支出 12.96%；基本建设支出（市国际海员俱乐部和文化宫综合活动大楼建设及装修专项资金支出）327.71 万元，占总支出 3.3%；补助下级支出 1725.22 万元，占总支出 17.38%；上解经费支出 3463.48 万元，占总支出 34.89%。

市工会第六届期间经费支出

2010 年，市总工会本级经费总支出 1698.82 万元（注：2010 年 1 月 1 日起实施新工会会计制度，市总工会本级经费支出中包括离退休人员经费支出、劳模工作活动经费支出等财政性资金安排的专项支出；不含上解上级工会经费数。支出口径同比影响较大）。其中，用于职工活动支出、维权帮扶送温暖支出、工会业务和事业建设方面支出 363.99 万元，占总支出21.43%；工会行政费支出 578.20 万元，占总支出 34.04%；其他支出 319.03 万元，占总支出的 18.78%；资本性支出（办公设备等支出）6.83 万元，占总支出 0.4%；补助下级支出 430.77 万元，占总支出 25.36%。

第三节　财务管理

市总工会设财务部负责全市工会财务管理工作，具体负责“收好、管好、用好”工会经费，督促检查工会经费的收缴、上解和下拨工作；研究和制定工会及工会企事业财务管理的规章制度；负责对各级工会组织及工会企事业单位财务工作的政策指导和监督；审批县（市、区）总工会年度经费收支预、决算；审核市属产业工会和直属基层工会年度经费收支预、决算；负责对各级工会财务工作的指导和监督；具体负责市总本级预算管理工作，编制市总年度经费收支预、决算（草案）；审批市总直属事业单位年度财务预、决算；负责工会行政性资产和企事业资产的监督管理、统计工作。所属五县二区总工会均设专门机构负责财务工作。

管理体制

根据“统一领导，分级管理”的工会财务管理体制，市总工会在财务管理工作中坚持以下六项原则：

经费独立管理原则　根据《中华人民共和国工会法》关于“工会经费独立原则”和 2006 年《浙江省总工会关于基层工会财务规范化建设的意见》精神，市总工会要求各级工会切实抓好工会经费核算管理工作,依法独立建立银行账户,实行单独核算,建立预算、决算和经费审查监督制度。2007年,市总工会与市财政局联合发文《关于规范基层工会银行账户管理的通知》,进一步强调规范基层工会银行账户管理,规范工会经费收支渠道,推进基层工会财务工作规范化建设。据2010年财务年报统计,全市有基层工会8280个,实行单独建账、建立预决算制度、上报财务年报的有8182个,财务年报汇总率达98.82%;全市产业工会、镇(街道)工会财务年报汇总率100%。

预决算管理原则　根据《中华人民共和国工会法》和《工会预算管理办法》,工会经费收支均纳入预算管理。

1991年–2010年,市总工会每年根据年度工作计划,按照"统筹兼顾、保证重点;量入为出、收支平衡;真实合法、精细高效"的预算编制原则,编制市总年度工会经费收支预算草案,按规定程序经市总常委会讨论通过、经审会审查通过后,报省总工会审批后执行。市总严格执行预算和工会财务制度,严格控制行政支出,专项资金专款专用;预算执行过程中,遇有特殊情况需要调整预算收支总额时,按规定编报预算调整方案,并按规定程序报审、报批。市总在组织预算执行过程中,定期向省总工会上报相关财务报表,接受上级工会财务部门监督指导,接受市总、省总经费审查委员会定期对市总预算执行情况审计监督。市总工会同时做好对下级工会预算管理工作的监督指导,审批县(市、区)总工会年度经费收支预决算,审核市属产业、直属基层工会的年度预决算;加强对所属事业单位财务监督管理,审批事业单位年度财务预决算。

遵纪守法原则　全市各级工会财务坚持依法办事,坚决执行国家财经法规和工会财务制度规定,做到有法可依、有章可循,遵守财务纪律,健立完善并有效执行单位内控制度。

依法聚财原则　市各级工会财务坚持依法聚财,广开财源,千方百计加大经费收缴力度,努力争取政府财政和单位行政资金支持,为工会履行职责、坚定不移地走中国特色社会主义工会发展道路奠定坚实物质基础。

有效用财原则　全市各级工会财务坚持有效用财,按照"科学预算、突出重点、量入为出、强化管理"原则,强化预算编制与执行,健全审批制度,规范审批程序,坚持勤俭节约,确保资金的合理有效使用,真正把有限的经费用在服务职工群众和工运事业发展上,坚持科学发展,从资金和财力上确保工会工作全面协调可持续发展。

服务职工原则　全市各级工会财务坚持服务宗旨,服务科学发展,服务工会大局,服务职工群众,确保工会重点工作活动经费,进一步优化经费支出结构,经费向推动发展、促进和谐、服务职工、维权帮扶等方面倾斜。市总工会本级总支出中(不计上解经费支出数),用于提升职工素质工程活动、维权帮扶送温暖支出、工会业务建设和补助下级工会文化事业建设方面的支出占总支出比重从 2005 年 31.71%提高到 2010 年 46.78%，占比逐年提高。

完善管理制度

市总工会高度重视财务规范化建设，除贯彻执行好国家财经法规和上级工会有关财务政策制度规定外，不断健全完善本级工会财务管理制度，推进全市工会财务规范化建设。

完善经费收缴管理制度　2004 年，市总工会修订完善对县(市、区)工会上解市总经费按比例回拨补助和回拨奖励办法；2005 年，市总工会修订完善市直机关工会委员会经费上解目标责任制；2006 年，市总工会修订完善市属产业(包括嘉兴经济开发区、嘉兴港区)工会经费目标责任制考核管理办法。同年，市总工会修订完善基层工会经费上解管理办法等一系列制度，理顺全市经费收缴管理关系，规范经费收缴工作，促进经费收缴率提高。2007 年对市经济开发区工会经费收缴管理、补助等事项进行调整补充。嘉北、塘汇、城南街道工会经费、财务管理工作移交经济开发区总工会管理；2008 年对部分产业工会经费收缴管理政策进行调整，进一步理顺加强私企、经开、港区工会经费收缴管理工作。2008 年起，乍浦镇总工会经费收缴、财务管理工作，由嘉兴港区总工会负责管理。

完善工会财务资产管理制度　2001 年市总工会制定印发《县级工会增收留成基金管理办法》《县级工会财务专用基金管理办法》和《县级工会经审专用经费管理办法》，加强对下级工会财务工作管理和检查指导。

2006 年市总工会制定《关于市总直属事业单位经济效益指标考核的实施办法(试行)》，进一步加强对所属企事业资产监管。

2007 年，市总工会制定完善《嘉兴市工会会计电算化管理工作规定》，印发《关于推进工会财务电算化和工会财务网络建设工作的通知》，加快推进工会财务工作信息化建设。为确保中央财政拨付的困难职工帮扶专项资金及配套资金(包括市财政拨款、市总工会经费投入、社会捐助款等)规范管理、合理使用，制定《嘉兴市总工会困难职工帮扶专项资金管理办法(试行)》。部署不动产清查登记工作，下发《关于开展工会不动产产权登记工作的通知》，在全面清查核实的基础上，明晰工会资产权属。

2008 年修订市总工会机关财务制度，包括《嘉兴市总工会机关财务管理的若干规定》《嘉兴市总工会资产管理暂行规定》作为市总工会内部规章制度一并印发实施。

2010 年 7 月，全国总工会启用新工会专用收据，市总工会及时制定《嘉兴市本级工会经费收入专用收据管理实施细则》，切实加强和规范全市工会专用收据管理工作。

财务会计管理规范化建设

2006 年，修订完善《县(市、区)工会财务会计工作竞赛评比办法》，从经费收缴、管理、使用和财务基础工作等四方面明确财务工作基础规范和考核办法。2007 年年初，市总工会转发《浙江省总工会关于基层工会财务规范化建设的意见》,结合嘉兴实际,印发《关于开展基层工会财务规范化建设考核的通知》、《关于规范基层工会银行账户管理有关事项的通知》,与市财政局联合发文《关于规范基层工会银行账户管理的通知》,从经费独立管理、依法收缴经费、依法管理经费和依法使用经费四个方面予以规范。市总工会还将县(市、区)、产业工会经费收缴、财务规范化建设工作等纳入市总工会重点工作考核,促进和规范县(市、区)、市产业工会财务管理;定期开展对所属产业、镇(街道)工会和基层工会财务检查指导列入年度工作计划,规范各级工会财务基础工作。在市总工会本级工会财务会计规范化建设方面,市总工会于2008年3月建立市总工会财务部部长、会计及出纳主要岗位职责分工和工作人员轮岗制度。2008年-2010年,相继制定完善《嘉兴市总工会会计档案管理办法》《嘉兴市总工会货币资金内部控制制度》《嘉兴市总工会账务处理程序办法》《嘉兴市总工会财政票据管理办法》等一系列单位内控制度,并保证有效执行。

财务队伍建设

市总工会重视财务干部队伍建设,各级工会健全财务机构,县以上总工会均配备专职财务人员,各产业工会、镇(街道)总工会和基层工会根据实际情况配备了专、兼职财务人员。2010年年末,县以上总工会财务干部45人,其中专职30人、具有会计师以上资格6人。全市基层工会财务人员9532人,其中专职1370人、具有会计师以上资格480人。

根据财务政策制度变化,市总工会及时开展财务人员业务培训,业务培训列入财务年度工作计划并有序执行。1998年全国总工会颁发《工会预算管理办法》《工会会计制度》《工会事业单位会计制度》和《基层工会经费使用管理办法》,市总工会组织师资培训班,组织全市工会财务人员轮训学习,掌握新政策,为98版工会会计制度顺利实施打下坚实基础。2001年-2007年期间,市总工会举办多期工电算化业务培训班,加快推进工会会计电算化进程,至2007年年末,县以上工会全部启用工会专用软件电算化工作和财务办公网络系统,产业、镇(街道)工会和基层工会根据各自情况选用工会专用软件或通用商业财务软件实行会计电算化工作。2009年,市总工会与市财政局会管处(市会计学会)联合举办财务人员业务培训班,为财政部《工会会计制度》和全国总工会《工会预算管理办法》《基层工会经费收支管理办法》在2010年1月1日起顺利实施打好基础。从2009年起,市总工会将工会财务人员业务学习培训与会计人员年度继续教育相结合,聘请专家老师授课,坚持每年开展工会财务人员继续教育培训,取得较好效果。

省以上荣誉和表彰

受全国总工会表彰　2000年度嘉兴市总工会被全国总工会评为市级工会财务工作先进单位。2000年9月,平湖市总工会财务部毛力群被全国总工会评为全国工会财会先进工作者。2002—2010年度嘉兴市总工会连续九年被全国总工会评为市级工会财务工作先进单位。

受浙江省总工会表彰　1997年，海宁市总工会、嘉兴绢纺厂工会、嘉善拖拉机厂工会获“浙江省工会财务工作先进集体”称号；陆顺林、孙惠如、徐培华、张继根、王胜良、陈允中、周群英、沈伟英、吴建英、郑淡霖获“浙江省工会财务工作先进工作者”称号；海宁市委副书记陆致远获“浙江省工会财务工作荣誉积极分子”称号。

2004年，嘉兴市总工会、平湖市总工会、嘉兴市卫生系统工会联合会获“浙江省工会财会工作先进集体”称号；施可达、毛力群、管金甫、张建平、徐培华、蔡金奎、姚建荣、范毓萍、周孝贞、张雄、邹红获“浙江省工会财会先进工作者”称号；嘉兴市财政局局长金锦根获“浙江省工会财会荣誉工作者”称号。

2007年，嘉兴市总工会、嘉善县总工会、桐乡市总工会、嘉兴市交通工会联合会、民丰特种纸股份有限公司工会获“浙江省工会财会工作先进集体”称号；高红慧、朱银荣、毛力群、管金甫、张建平、王志新、常红、韩爱国、杨莉、卓志昊、徐展华、陆建学获“浙江省工会财会先进工作者”称号；嘉兴市财政局行政政法与科教文处处长李加勇获“浙江省工会财会荣誉工作者”称号。

2010年，嘉兴市总工会、海宁市总工会、海盐县总工会、中国财贸工会嘉兴市委员会、浙江嘉欣丝绸股份有限公司工会获“浙江省工会财会工作先进集体”称号；张云珍、冯波、毛力群、张彦、管伟栋、倪彩萍、李强、朱虓、竺莺、沈一斌、陈村艳、张靓获“浙江省工会财会先进工作者”称号；嘉兴市财政局行政政法与科教文处处长徐勇获“浙江省工会财会荣誉工作者”称号。

2004年–2010年度，嘉兴市总工会财务会计工作连续7年被省总工会财务会计工作竞赛考核评为优秀单位(一等奖)。省总工会授予海宁市总工会、民丰特种纸股份有限公司工会为“2010年度省级工会财务先进单位”。

第四节　工会资产

工会总资产

据2010年全市工会资产统计，2010年年末全市工会行政性资产总计20,299.00万元，其中固定资产总额6,336.81万元，占有土地面积总计51,231.20平方米，房屋建筑物面积58,898.03平方米，工会房产面积占全部房屋建筑物面积的100%。年末全市工会企事业资产总计5,339.08万元，全市工会企事业单位占地面积总计26,897.16平方米，建筑面积总计7,405.05平方米。

工会不动产

2007年，市总工会组织开展全市工会系统不动产情况调查。截至2007年10月，全市工会占有土地面积97586.35平方米（其中已办土地使用权证面积92512.6平方米）、拥有房屋建筑物面积70248.24平方米(其中已办房产证面积45672.97平方米)，房屋建筑物全部进行工会产权登记。

表 4−20 **2007 年工会不动产状况**

单位:平方米

	市(县、区)工会	物业个数	土地面积		房屋建筑物		工会房屋产权登记证面积
			总面积	已办证面积	总面积	已办证面积	
1	嘉兴市总工会	10	14345.40	14345.40	22792.70	10249.50	22792.70
2	嘉善县总工会	13	9795.90	9795.90	7017.84	6041.49	7017.84
3	平湖市总工会	8	20868.40	20868.40	4257.37	4257.37	4257.37
4	海盐县总工会	21	12136.07	12136.07	6240.28	6240.28	6240.28
5	海宁市总工会	10	16276.41	16276.41	13331.48	13320.48	13331.48
6	桐乡市总工会	10	15253.03	15253.03	10611.89	3800.27	10611.89
7	南湖区总工会	3	3060.00	−	2575.00	−	2575.00
8	秀洲区总工会	7	5851.14	3837.39	3421.68	1763.58	3421.68
	全市合计	82	97586.35	92512.60	70248.24	45672.97	70248.24

资产管理

市总工会资产管理实行“统一领导、分级管理、分工负责、责任到人、物尽其用”原则。财务部负责按财产价值分类核算、审核预算、监督检查和资产统计等。办公室负责编制预算、计划采购、验收入库、实物登记、领用发放、维修保养、调拨处置、办理不动产证等具体工作。实物资产使用部门合理有效使用、进行日常维护保管。

1995 年 3 月，市总工会成立资产管理领导小组,市总工会主要领导为组长、分管副主席为副组长,经济事业部、办公室、财务部等部门负责人为成员。领导小组下设办公室,与经济事业部合署办公。县(市、区)总工会均建立相应机制与管理机构。

1997 年，全市各级工会及所属企事业单位开展工会资产清查及产权登记工作，核发工会资产产权登记证,进行年检年审。2004 年 3 月,市总工会根据浙江省总工会《关于加强县以上工会占有使用土地资产管理的通知》精神，全面部署全市工会资产普查,加强工会占有使用土地资产管理。2007 年开展全市工会不动产清查,摸清家底,督促办理好相关权证登记,并对镇(街道)、产业(系统)工会以上工会组织工会资产核发新的“中华全国总工会工会资产产权登记证”。

第五节 经审工作

经审组织建设

市总工会经费审查委员会 嘉兴市总工会经费审查委员会由嘉兴市工会代表大会选举产生,并报浙江省总工会批准。经审会主任按同级工会副职职级配备,纳入同级工会领导干部管理序列。市总工会经审会委员实行替补制。1991年-2010年,嘉兴市工会共举行4次代表大会,选举产生4届经审会(第三届至第六届)。各届经审会由9名至11名委员组成。历届经审会主任、副主任均由经审会全体委员选举产生。

市总工会经审会每年召开2次至3次会议,听取和审查审议市总工会本级年度工会经费预算执行情况(决算)、次年工会经费预算(草案)和对有关单位审查审计情况,提出新一年度工作意见。

1995年,根据省总工会的要求,市总工会设立经审办公室,为市总工会经费审查委员会工作机构,配备兼职人员。2001年列入市总工会机关“三定”方案,配备专职人员。

县(市、区)总工会、市级产业(系统)工会经费审查委员会　县(市、区)总工会、市级产业(系统)工会召开工会代表大会时,同步选举产生经费审查委员会。至2010年年底,县(市、区)及市级产业(系统)工会共有经审委员75人,其中具有会计或审计专业职称的经审委员38人。1998年后,县(市、区)工会经审会相应建立经审办公室,配备专(兼)职经审干部,注重专业审计人员在经审干部中的比例,落实经审专用经费。

镇(街道)工会经审组织　2001年,根据工作需要,全市镇(街道)工会分别建立镇(街道)工会经审组织,充分发挥镇(街道)经审组织的中间环节作用。镇(街道)工会经审会主任或经审组长,由镇(街道)工会副主席或专职干部兼任。至2010年年底,全市73家镇(街道)级工会,全部建立经审组织,组建率100%。

基层工会经审组织　前志载,1991年全市基层工会应建经费审查组织2460个,已建2065个,经费审查干部(兼职)3720人。1992年《工会经费审查委员会组织通则》贯彻实施,全市各级工会经费审查监督工作转入正轨。当年,市总工会经审会对全市工会经审工作开展情况进行调查摸底。调查显示,大多数基层工会发挥经审组织作用,除按规定每年对工会经费审查监督外,还把工会经费收支账目定期向会员公布,接受群众监督。2002年,中华全国总工会《关于加强工会经费审查监督工作的意见》下发后,进一步明确工会经审工作指导思想、职责任务,建立健全各级经审组织。截至2010年12月底,全市建基层工会经审组织7996家,组建率达100%。

经审干部培训　1991年,市总经审会选派4名县(市)总工会经审会主任参加省总工会举办的经审干部培训班。按系统分期举办基层工会经审干部培训班7期,学员316人。1995年2月,第三届经审会工作伊始,即举办市总工会经审会委员和县、镇工会经审会主任培训班,学习经审工作职能、任务以及经审监督依据和方法。2001年,为适应工会经审工作需要,市总工会经审办编写《经审工作的性质、职能、作用和任务》《经审监督的依据和方法》《怎样做好经审工作》等讲课提纲,对市总工会经审会委员,县、市属产业(局)、镇工会经审会主任等进行培训。全市各级工会经审会共举办经审业务培训班44期，参加培训人员1495人次。2002年6月,为提高工会经审干部的素质,市总工会举办全市工会经审工作经验交流会，有13个基层工会作专题交流。

特邀经审员　长期以来,工会经审干部的配备与所承担的工作任务不相匹配。市总工会经审会整合社会资源,多渠道吸纳懂业务、会审计的专业人才充实到经审组织中来,采取专职与兼职结合、经审干部与财务干部结合的办法,建立起借助国家和社会审计力量以及工会内部财务人员为工会经审工作服务的运作机制。

1995年,为适应工作需要,市总经审会从产业和基层工会中聘请35名有财会专业职称,且又从事工会经审工作多年的同志为特邀经审员。1996年5月,在市总基层企事业单位中按行业建立3个经审互助组。2006年,市总工会经审会下发《工会特邀经审员管理制度》,对特邀经审员聘任、聘期,应具备的条件,履行的职责、履行职责的法律依据,对特邀经审员管理与工作要求等方面作出明确规定。到2010年年底,市总工会经审会聘有114名懂财务、会审计的专业人员担任市、县两级工会“特邀经审员”。

经费审查审计

工会经费预算,预算执行情况(决算)审查审计　全市工会经审组织每年开展对本级预算执行情况(决算)审计,促进开源节流和增收节支。开展对本级预算执行情况审查,保证预算编制的合理性、可行性,强化预算约束力。审计情况向同级经审会报告,由其审查并形成决议。

市总直属企事业单位财务收支审查审计　根据《工会企业事业单位财务收支审计暂行办法》要求,市总工会经审会每年对市总工会本级3个事业单位(市总职工学校、市工人文化宫和市职工技术交流站)、4个企业单位（嘉工城市信用社、职工服务部、嘉工旅行社和职工服务中心）的年度财务收支、目标管理进行审查审计。审计覆盖面达到100%。

工会经费计拨上解审查审计　1991年7月,市总工会、市审计局、市财政税务局联合发出《关于开展对工会经费计拨情况审查的联合通知》，在全市工会系统开展机关、企事业单位行政1990年以来计拨工会经费情况的审查。此项任务由各级工会经费审查委员会具体实施。截至年底，全市2313个基层工会中有1687个基层工会进行自查，对427个单位审查出漏、欠交工会经费进行收缴。

1998年根据省总经审会关于“对全省建立工会组织的企事业、机关计拨上解工会经费情况进行一次检查”的要求,到12月底1215个单位进行计拨上解经费的自查、互查工作。1999年,市总经审会印发《基层工会经费计拨情况自查(互查)报告表》,下发到各基层工会,各级工会经审会积极组织实施。

在各个年份中,市总经审会把开展

工会经费计拨审查工作作为服务工会大局的一项主要工作来抓。通过自查、抽查,及时发现漏、欠拨工会经费的单位并做好补交工作。

工会经费下审一级的审查审计　1995年-1999年的五年中,市总工会经审会对市本级所属企事业单位工会的财务收支进行15次审查，提出建议和意见26条。全市各级工会经审会对所属企事业单位工会财务收支进行142次审查,提出建议和意见153条。2006年各县(市)、市产业(系统)工会经审组织共对106个单位进行审计,提出审计意见和建议214条。

2009年,市总工会经审会加大“下审一级”审计力度。对各县(市、区)总工会、市产业(系统)工会每两年进行一次审计。2009年主要对4个区总工会、8个市产业(系统)工会经费收支情况进行审计。通过以上项目审查审计,提出86条审计意见和建议，被审计单位高度重视,积极整改,并在规定时间内反馈审计整改措施。各县(市、区)总工会和市产业(系统)工会经审会开展下审一级全年共108个,提出审计意见或建议256条。

工会基本建设维修改造工程竣工决算审计监督　1996年下半年,市总工会实施工会基建工程项目审计制度。按照省总工会《基本建设和维修改造竣工决算审计暂行办法》的规定,市总工会经审会会同嘉兴市审计师事务所对市总工会在1995年9月建造的综合楼(共四层、计12289.24平方米)进行了审计，该综合楼工程预算造价为913885元,审定后决算造价为776819元,通过审计核减金额为137066元，核减率为15%。

1998年-1999年,市总工会基本建设和维修改造工程审计项目三项,经审金额122.7万元，审计后核减金额16.2万元。

任期经济责任审计与离任审计　市总工会根据省总工会《关于印发<浙江省各级工会领导干部离任审计暂行办法>的通知》精神和《关于加强县以上工会领导干部离任审计工作的通知》要求,对全市各级工会组织的主要负责人以及其他负有经济责任的工会企事业单位法定代表人，进行任期或离任审计。审计内容为:任期内本级工会经费的收入、上解、管理和使用情况;财务管理体制、预算管理、财产管理、会计制度、财务纪律执行以及工会资产的管理和保值增值等情况。审计按照分级管理、严格程序、客观评价、加强监督的要求全面实施。

对基层工会领导干部任期、离任经济责任审计　2001年8月6日-13日，嘉兴市总工会经审办、嘉兴电力局审计处和嘉兴电力局工会经审会组成联合审计组,对嘉兴电力局工会主席离任实施经济责任审计。审计组本着“实事求是,客观公正”的原则,通过查阅凭证、账册及有关经济资料,对1996年-2000年任期内的经济业务、财务核算、内控制度执行等情况进行就地审计。

2002年2月26日-28日，对海盐

县总工会主席离任实施经济责任审计，具体审查海盐县总工会1999年1月–2001年12月期间财务收支情况。本次审计还对海盐县总工会下属的工人文化宫、职工学校、技术协会(含技术交流站)、海盐县财贸工会等4个事业单位1999年1月–2001年12月期间财务收支情况。

2005年3月19日–20日，市总经审会派出审计组,对浙江华源兰宝有限公司工会原主席章梅仙2000年8月–2005年11月任职期间经济责任履行情况实施审计。

专项资金自查审计　市总工会根据全国总工会办公厅《关于切实做好中央财政专项帮扶资金自查审计工作的通知》精神,组织开展2006年、2007年度中央财政专项帮扶资金自查审计工作,并把自查结果向省总报告。2009年,市总工会经审会配合保障、财务部门进行市级工会间对中央财政拨付的专项资金使用、管理的对口互审互查。

经审组织规范化建设

根据省总工会对经审工作规范化建设要求,市总工会经费审查委员会于2002年10月印发县(市)级工会经审工作考核办法。考核内容分组织建设工作、制度建设和指导服务工作、实务审计监督工作等3项。县(市)总工会经审工作统一纳入市总重点工作考核范围。2005年9月和2006年9月4日，市总经审会两次下发文件,对经费审查工作规范化建设考核作进一步完善。

2010年,嘉兴市总经审会制订《嘉兴市镇(街道)工会经审工作规范化建设标准》,规定审查审计工作量化目标。聘请108位同志担任工会特邀经审员，对各镇(街道)工会经审会主任和特邀经审员进行工会经审、财务业务方面的培训,扩大下审一级的覆盖面。要求一届任期内要完成对所属基层工会的一次审计。通过采取这些措施,使镇(街道)工会的审计工作取得较好的效果。2007年以来，嘉兴市总工会经审会在全省地市级工会经审工作规范化建设年度考评中持续荣获一等奖。

省以上荣誉和表彰

全国总工会表彰　1992年,嘉兴冶金机械厂工会经审会主任刘成雄被授予全国工会经审工作者荣誉证书,并出席全国工会经审工作经验交流暨表彰大会。

1996年,嘉善县总工会经费审查委员会被全国总工会授予全国工会经审工作先进集体称号。

2003年,嘉兴市总工会经费审查委员会被授予全国工会经审工作先进集体称号。

2007年,嘉兴市总工会经审会主任徐海荣被授予全国工会经审工作先进工作者荣誉称号。

浙江省总工会表彰　1997年,嘉兴市总工会经费审查委员会、平湖第一针织厂工会经费审查委员会获省工会经审工作先进集体称号。朱国仁、卓钰初、高丽娜(女)、竺琍琍(女)、许祖耀获省工会经审工作先进工作者称号。

2000年，嘉兴市总工会经审会、海

宁比尔特针织有限公司工会经审会获省工会经审工作先进集体称号。卓钰初、俞行天、陆文仙(女)、陈强(女)、陈积铮获省工会经审工作先进工作者称号。

2004年，嘉兴市总工会经审会、嘉兴市交通工会经审会、桐乡市总工会经审会获省工会经审工作先进集体称号。高红慧(女)、苏小宁(女)、黄敏(女)、成根良获省工会经审先进工作者称号。

2007年，嘉兴市总工会经审会、海宁市总工会经审会、平湖市总工会经审会、桐乡市总工会经审会、加西贝拉压缩机有限公司工会经审会获省工会经审工作先进集体称号。王建芬、姚建忠、钱玲、黄云妹、寿佳宝、丁洪涛、钱欣、冯炳海、沈楚良获省工会经审工作先进工作者称号。

2010年，嘉兴市总工会经审会、海宁市总工会经审会、平湖市总工会经审会、桐乡市总工会经审会、加西贝拉压缩机有限公司工会经审会获省工会经审工作先进集体称号。沈禾丰、王建芬(女)、金风劼(女)、钱玲(女)、孙钜华、徐培华(女)、杨振玲(女)、马立申、袁敏中(女)获省工会经审工作先进工作者称号。

第十章 工会信息和工运研究

市总工会重视工会信息和工运研究。20世纪80年代中期,全市逐步建立健全以市总工会为纽带,纵向联系上下级工会,横向联系党政有关部门、定向联系基层直报点的信息工作组织网络。进入新世纪后,市总工会把信息工作作为履行职责的重要途径,要求各级工会进一步增强搞好工会信息工作责任感主动性,强化基础工作,强化考核,确保工会信息有序高效运行。同时强化工会理论和工作研究,将决策建立在充分的调查研究上,有效提升工会工作的科学化水平。

第一节 工会信息

工会信息刊物

《工运信息》 1986年3月5日利用原《嘉兴工运简讯》试出信息刊;1986年4月《嘉兴工运简讯·信息普刊》正式出刊;1986年5月,《嘉兴工运简讯·信息增刊》正式出刊。1987年10月,《嘉兴市工运简讯·信息普刊》改名《工运信息》,上报下发。主要反映工会高层动态、市总工会工作情况、介绍基层工会工作经验和工会会员维权要求等不同方面信息,提供基层参考。1997年4月,每月定期在《嘉兴工人报》开设"工运信息专栏",原单独出刊的《工运信息》停编。

《情况反映》 1987年10月,《嘉兴工运简讯增刊》改名为《情况反映》,不定期出刊。主要向上级党政和工会领导机关报送内参型信息。一事一编,主要反映职工群众关心的热点、难点、敏感和带有普遍性的重大问题以及请求、建议等。发送范围为市委办信息处,市府办信息处,省总办公室,市有关领导,市总领导。2000年1月停编,内容并入《信息专报》。

《领导参阅》 1990年创刊,不定期出刊。一事一编,主要反映决策反馈、突发事件和重大社情民意等重要信息,供市领导参阅。发送范围为市委办信息处,市府办信息处,市有关领导,市总领导,各县(市)、工会领导,各部室负责人。1999年编印8期后停编。

《今日重要信息》 1991年10月创刊,在原有《情况反映》基础上创办,不定期出刊。主要反馈党和政府重大改革措施在贯彻执行过程中职工群众反应,重大突发性事件及侵害职工切身利益问题。至1993年12月出刊22期。主要送省总政研室、市委办、市总工会领导。

《信息专报》 2000年1月创刊,不定期出刊。一事一编,主要反映决策反馈、突发事件和重大社情民意等重要信息,供市委、市政府参考。发送范围为市委办信息处,市府办信息处,省总工会办公室,市有关领导,市总工会领导。2009年3月改出《嘉兴工会信息专报》,当年出刊13期。2010年出刊《嘉兴工会信息专报》9期。

工作重点

1991年-1993年,工会信息工作着重围绕"两项制度"改革、国营和合作商业"四放活"中职工思想状况及相关信息。1991年4月粮油调价职工反应等。

1994年-1996年,市总工会贯彻中央"抓好机遇、深化改革、扩大开放、促进发展、保持稳定"的20字方针,发挥工会民主参与和社会调节作用。工会信息着重向市委和上级工会反映职工群众呼声,提出工会的意见和建议。1995年重点反映贯彻实施《中华人民共和国劳动法》过程中出现的问题、好的经验措施等。

1997年-1998年,各级工会加强调查研究,对各有关困难行业、困难企业、困难职工中的突出问题,破产企业及长期亏损、拖欠职工工资企业的情况等热点和倾向性问题,通过工会信息及时向市委、市政府反映。

1999年,工会信息着重围绕依靠职工办好企业,积极支持、参与国有企业改革,以及国有企业下岗职工基本生活保障和再就业工作积极反映情况。

2001年-2005年,工会信息工作从不同角度反映困难职工生活状况,维护困难职工群体利益,引起市委、市政府重视。反映签订集体合同、协调劳动关系机制建立和推广等方面的信息。从2004年开始,工会信息员承担职工维权信息监督的职责,将报送信息范围扩大到维权各个领域。

2006年-2007年,总结交流和推广实现再就业典型经验,反映外来农民工合法权益维护工作中存在问题和建议,各县(市、区)出台帮扶困难职工措施等。

2008年-2010年,工会信息着重反映各级工会应对全球金融危机,开展"创业创新争先锋,转型升级立新功"活动取得的成效、典型。反映深入开展工资集体协商"要约行动",建立职工工资共决机制,推动和谐劳动关系建设。反映职工群众反映强烈、亟需党政和上级工会帮助解决救助的问题等。

信息采用和批示

市总工会每年向同级党政和上级工会报送信息数百篇,许多信息被采用。1992年配合市区房改方案出台,连续报送职工对省房改方案和市房改方案的修改完善意见的多条信息,先后被市委、市府、省总工会采用,并在修订市房改方案时被采纳。1992和1993两年,市委、市府领导在23条工会上报信息上批示,促成一些问题的解决。1989年-1993年,被市委、市府、省总工会、省委办、省府办等上级有关部门信息刊物录用信息663条。

1994年春节,全市组织上百名工会干部走访调查困难职工状况所形成的信息引起市长杜云昌重视,杜云昌和副市长范巴陵等除夕夜专程走访慰问特困职工,推动全市开展"结对帮穷献爱心"活动。

1995年,市长杜云昌在市总工会

《情况反映》第26期报送《部分职工对推行全员劳动合同的反映》一文作出批示，要求市劳动局、市总工会会同宣传部门积极做好宣传工作，使广大职工进一步了解推行全员劳动合同制重要性和必要性。劳动部门进行调查研究后出台一些规定，既有利解决职工后顾之忧又有利于操作。

2010年10月23日，市长鲁俊在市总工会信息《农民进城、工会下乡》一文中批示：市总工会在推进统筹城乡基层工会组织建设方面，体现了很强的前瞻性和创新性，望进一步探索，为嘉兴城乡一体化建设发挥积极作用。

2010年11月10日，副省长陈加元在嘉兴市府办转报市总工会《嘉兴市延伸基层工会触角搭建城乡一体新社区居民转型创业平台初显成效》一信息上批示：嘉兴市把工会触角延伸到农村新社区的做法值得称道和关注。

2010年12月23日，副省长陈加元在嘉兴市府办转报市总工会《嘉兴市创新构建"三位一体"帮扶体系实现困难职工服务零距离》一信息上批示：嘉兴三位一体的困难职工帮扶体系富有特色，到位到家，值得肯定。

工作制度

1991年，修订完善全市工会信息工作竞赛考核办法。1994年，全市工会信息工作会议提出增强全会信息意识，在人力和物力上给予充分保证，采取切实有效措施，形成全会办信息新局面。1997年，在全市各级工会中开展信息工作"达标创先"竞赛活动，明确工作标准和信息数量、质量有关要求及记分、评比表彰办法。2005年，修订工会系统信息报送工作考核制度和办法，信息工作列入市总工会年度目标责任考核。市总工会办公室对各县(市、区)总工会、市产业(系统)工会和市总工会机关各部室报送信息的数量、质量和采用情况定期公布，每年进行信息工作考核，对年度信息工作先进单位、先进个人给予表彰和奖励。2010年依据《中共中央办公厅关于进一步加强信息工作的意见》《全国工会信息工作暂行条例》和省总工会、市委信息工作有关规定，制定《嘉兴市总工会信息工作实施细则》，该实施细则分总则、组织体制、信息工作制度、考核评比制度、信息处理、信息队伍建设和资金保障、工会信息的职责权利七章二十四条。

从1991年开始，为及时准确掌握职工队伍状况和工会工作情况，市总工会建立定期报告制度。县(市、区)总工会、市产业工会、市直属企业工会每半年向市总工会报告本地区、本产业、本单位工作情况。1991年5月，省总工会发出《关于从1991年第二季度开始实行基层单位突发性事件报告制度的通知》，市总工会从当月开始建立信息必报制度。报送信息内容包括：重大决策贯彻落实情况和职工反映；在改制过程中，涉及职工利益的改革措施和政策实施情况及职工反映；侵犯职工合法权益的突出事例及处理结果；集体上访、请愿、游行、停(罢)工等突发性事件；重大伤亡事故、重大自然灾害、严重疫情及非法组织等情况。

信息发布会(交流会)

嘉兴市总工会自1992年起采用信息发布会(交流会)形式,收集信息,锻炼队伍,提高信息质量,推动工会信息工作。信息发布会(交流会)邀请省总工会和市委、市政府主管信息工作的部门领导到会面对面指导,供需见面,提高信息采用率。

首次信息发布会　1992年6月13举行,共发布信息39篇,评出最佳信息3篇,优秀信息5篇,好信息14篇。市委办、市府办、省总工会政策研究室、湖州市总工会、扬州市总工会信息行家到会指导。

第二次信息发布会　1993年11月26日举行,共发布信息50篇。嘉丝联工会"建议增加在农民合同工中择优'农转非'的数量"等3篇获一等奖;桐乡市总工会"低水平重复投资遍及缫丝行业,加强宏观调控刻不容缓"等5篇获二等奖;嘉善县总工会"九月份电价调整对化肥行业带来严重影响"等10篇获三等奖。

第三次信息发布会　1994年12月23日举行,"《劳动法》实施前待解决的几个问题"等3篇获一等奖;"平湖市第一针织厂对农民合同工实行储蓄性保险"等5篇获二等奖;"海宁市总工会建立海宁市职工解困救急资金四点做法"等21篇获三等奖。

1995年工会信息交流会　12月15日举行,共交流49篇信息。"海宁市政府决定对城镇特困职工实行八项优惠政策"等2篇信息获一等奖;"养老保险统筹亟待调整完善"等8篇信息获二等奖;"注意发挥集体合同的潜在效应"等10篇信息获三等奖。

1996年工会信息交流会　共交流50多篇信息。嘉善县总工会《嘉善城镇国有、集体企业下岗、待业职工现状及其建议》和市财贸工会《目前旧城改建中国有商业网点设置碰到的问题和建议》获一等奖;海盐县总工会《当前企业职工心态趋向》等8篇获二等奖;市兰宝集团公司工会《退休干部和退休工人待遇应一致》等15篇获三等奖;另有25篇获鼓励奖。

1997年工会信息交流会　11月5日举行,共交流信息72篇。省总工会办公室副主任张汉林、市委办公室副主任章柏年、市总工会副主席孙陵担任评委,并作现场点评。

1998年工会信息交流会　10月22日举行,共交流信息42篇。信息内容主要有国有城镇集体企业改制工作中的难点与建议以及下岗职工管理和再就业服务机构建设、开展送温暖做好困难职工生活保障、劳动争议处理等工作面临的矛盾和问题。省总工会办公室主任沈竹洲、市总工会副主席孙陵、市委办信息处和市府办信息处等有关领导担任评委,并现场点评信息稿。会上评出信息一等奖2篇、二等奖4篇、三等奖8篇。

2008年工会信息交流会　12月12日举行。会上公布2008年度全市工会信息获奖结果,部分信息员进行交流。市委办信息处处长张月琴和市府信息处处长崔伏良为信息员进行培训,并对部分信息稿件进行点评。会前,市总工会办公室对各级工会上报的100多条信息进行汇总,经省总工会办、市委办、市府办信息处评选,36篇信息好稿获奖。其中,《平湖市农民工同城待遇的探索和实践》等6篇信息获一等奖;《措施得力,成效显著,嘉善县开展"十万职工节能降耗大行动"》等10篇信息获二等奖;《新丰镇工会三措施立体式推进厂务公开工作》等20篇获三等奖。

2010年工会信息好稿交流会　11月16日举行。共收到信息稿件72篇,评出信息好稿21篇,其中,一等奖3篇、二等奖6篇,三等奖12篇。平湖市、南湖区、嘉善县总工会三篇信息分别获一等奖。

成绩和荣誉

1991年在全市党务信息工作竞赛中被评为先进单位。

1991年在全省工会信息工作考核中名列第一。

1994年度获市政务信息工作先进单位,沈禾丰被评为先进个人。

1998年被市委办、市府办评为先进集体,在全省工会系统被评为优胜奖。

2000年度获市政务信息工作先进单位,吴福荣被评为先进个人。

2009年度获省总工会信息工作考核一等奖,嘉兴市政府办公室信息工作进步奖。

2010年度获省总工会信息工作考核二等奖,嘉兴市政府办公室信息工作三等奖。

第二节　工运理论研究与调研

理论研讨

1992年10月,市总工会俱乐部协会在嘉善魏塘镇召开"以十四大精神为指针,积极发展职工文化"理论研讨会,18个成员单位和各县文化宫主任参加研讨。

1997年3月,全省集体协商、集体合同研讨会(嘉兴分会场)在嘉兴举行,百余名嘉兴、湖州两地工会工作者与德国同行研讨交流集体协商、集体合同制度。

2002年3月,市厂务公开办公室召开理论研讨会,收到关于厂务公开的论文、调研报告共42扁。经评选,评出一等奖3名,二等奖5名,三等奖7名。

2006年7月,市总工会召开加强企业工会建设研讨会,市总工会领导和县(市、区)工会主席、部分产业(系统)及市属基层工会负责人、市总工会部室负责人30多人参加。

2007年10月15日,市总工会召开企业职工民主管理工作研讨会,回顾交流有关单位职工民主管理工作的做法和取得的成效,研究探索如何进一步创新载体,拓展内涵,强化全市职工民主管理工作。嘉化集团、电力局工会作主题发言。

2008年,市推行厂务公开办公室召开全市厂务公开民主管理研讨会,收到调研理论研讨文章15扁,选送省开办7篇。

2010年7月,市总工会召开嘉兴市企业职工文化建设研讨会。交流开展活动的经验,进一步深化全市企业职工文化建设示范工程,提升企业职工文化建设水平,促进企业转型升级创新发展。

工会领导干部读书会

为提高工会领导干部的政治理论和业务素质,指导工作实践,市总工会从2006年起每年举办工会领导干部读书会,参加人员为各县(市、区)工会主席、市各产业(系统)工会主席、市总工会各部室负责人。

2006年12月,市总工会召开学习交流务虚会,市总机关各部门及部分党员干部20多人参加。会议学习交流六中全会精神,联系各部室职能就做好新一年工作进行交流发言。

2007年7月25日-26日,市总工会在舟山嵊泗举办全市工会主席读书会,学习胡锦涛总书记一系列重要讲话精神,着重探讨创建劳动关系和谐企业、企业职工文化建设、工会"三级联创"和开展"要约行动"等专题。

2007年11月,市总工会在行政中心和世茂花园大酒店两个会场举办学习贯彻党的十七大精神读书会,学习十七大文件,听取辅导报告,交流全年工作,探讨2008年工作思路。

2008年6月24日-27日,市总工会在上海中国浦东干部学院举办全市工会主席读书会。听取专家学者关于宏观经济形势、领导干部沟通能力、创新能力和法律思维等方面讲座。赴浦东新区总工会学习取经,并实地考察浦东新区、上钢街道总工会、世博职工服务基地等。

2009年9月3日-7日,市总工会在北京中国劳动关系学院举办全市工会主席读书会。听取工会专家教授关于职工代表大会制度、劳动关系与工会、非公企业工会的任务与自身建设和《中华人民共和国公司法》《中华人民共和国工会法》《中华人民共和国劳动法》相关关系等方面的讲座,听取北京市总工会关于职工素质工程建设的经验介绍。

2010年8月,市总工会召开各县(市、区)工会、市产业工会主席和各部室负责人参加的学习交流会,学习讨论座谈全国总工会十五届四次执委会和全省工会领导干部学习会精神,总结交流工会特色工作。

工作调研

1991年1月,市总工会对纺织、机械、化工、电子、交通、轻工、二轻、城建等八个系统及下属动力机厂等9个单位进行企业生活情况和停工半停工情况调查。6月,调查组根据全国总工会抽样调查"改革承受能力和职工经济负担"撰写《关于物价住房改革承受能力的调查报告》。8月,市总工会全心全意依靠职工办好企业专题调查组赴嘉丝联调查,调研报告"以人为本,开掘企业活力源泉"上报省总工会。

1997年,市总工会围绕企业改制中工会工作、职工思想状况、行业分配、工会维护职能、企业离退休干部等课题进行调研。

1998年,市总工会根据市委、市政府和上级工会要求,结合自身工作实际制定20个调研课题,内容有下岗职工基本生活保障和再就业、全心全意依靠职工办企业、职工持股会、市级劳动模范现状、企业改制中分配形式与职工权益、加强劳动争议调处、保护职工劳动权益、新经济组织女职工劳动保护等。市总工会领导带头深入调查研究、各职能部门精心组织、各级工会积极配合,调研课题全部完成。各县(市、区)总工会,市产业工会和基层工会也认真开展调研。年底市总工会办公室举行优秀论文调研报告评比。

1999年,市总工会围绕工作重点和难点,就职工医疗保障、女职工素质、职工持股会和私营企业工会等工作进行专题调查,提出工会的意见和建议。

2000年5月,市总工会开展调研月活动。各职能部室组成5个调研组,由市总工会分管领导带队,就开展"工会基层组织建设年"活动、集体协商和集体合同工作、实施送温暖工程、职工民主管理工作、经费收缴工作、宣传工作、经济工作、女职工工作、工会企业经营和发展、调研信息工作、加强技协建设等进行调研。通过对各县(市、区)总工会调研,召开乡镇、企业工会座谈会等形式,了解掌握情况,督促落实工作,挖掘总结经验,现场指导服务。

2001年,市总工会确定8月–10月为深入基层调研月。确定17个调研课题,各部室结合自身实际,深入开展调研。

2002年,结合开展作风建设年和调查研究年活动,市总工会下发关于切实加强调查研究工作的通知,确定23个调研课题,其中市总工会党组成员牵头重点课题10个。

2003年,市总工会开展转变作风、提高效能建设活动,组织机关干部深入基层,加强调查研究和服务指导。主要对职工生产生活中的突出问题,市、县联动开展重点课题调研,形成一批有质量的调研报告和论文。

2004年,为深入开展"效能建设年"活动,市总工会下发《关于健全联系点制度和加强调查研究工作的通知》,确定15个调研课题,8月份完成调研报告。

2005年,结合先进性教育活动,市总工会确定3月为"工会工作调研月",及时准确掌握影响职工生产生活中的突出问题和工会工作面临的新情况。

2007年,全市各级工会开展工会理论研究和调查研究工作,收到县(市、区)总工会、产业(系统)工会、基层工会的论文、调研报告39篇。

2008年,全市工会确定10个调研课题,同时拟定全市工会调研参考课题25个,各县(市、区)总工会、产业(系统)工会、有关基层工会、市总机关各部门结合实际完成调研工作。

2009年,结合学习实践科学发展观活动,确定6个重点调研课题,组织机关干部,深入60多家企业开展调研活动。

2010年,市总工会成立5个调研组,从6月10日–30日在全市开展"创建和谐劳动关系与平安世博"工会排摸调研月活动。市政协副主席、市总工会主席邵建华等市总领导亲自带队赴各地各产业和基层工会开展集中调研。主要以创建劳动关系和谐企业为主线,围绕职工在劳动就业、工资分配、安全生产、社会保障和思想动态等突出方面,对完善平等协商、民主管理、集体合同制度建设和劳资矛盾隐患、工会主动参与安全生产劳动保护和可能引发职工心理失衡等情况进行认真排摸,全面掌握状况,积极配合做好劳资矛盾化解工作。

理论研究与调研成果

1997年,省总工会组织第三次优秀论文、调研报告评选。市总工会法工部《建立区域性劳动争议调解组织的思考和探索》获二等奖;孙陵、杨平杰《关于职工思想道德建设的几点思考》获三等奖;沈跃华、丁伟民《职工心态与民主管理》,市总法工部《强化监督检查机制是保证集体合同履行的重要环节》,市总工会经济工作部《对部分国有中小型企业改革情况的调查分析》《嘉兴市建国以来省部级以上劳模现状调查》,孙陵《社会主义市场经济与工人阶级的思想观点》,市总工会组织部《关于我市国有大中型企业业务费使用情况向职代会报告制度实施情况的调查》,市总工会生活女工部《关于社会保障问题的调查报告》分获优秀奖。

1998年,市总工会办公室撰写《关于县级工会源头参与情况的调查》在《工人日报》刊载。

1999年,在省总工会第四次优秀论文和调查报告评选中,市总工会推荐有7篇获奖。

2006年,在省总工会第七次调研报告(论文)评选中杜锦瑛《论劳动关系的变化与工会工作的主要目标》获一等奖。另获三等奖3篇。

2007年,在省总工会第八次调研报告(论文)评选中邵建华《关于我市开展创建劳动关系和谐企业活动的实践与思考》获二等奖。另获优秀奖5篇。

2010年,省举办厂务公开民主管理优秀调研论文评选,海盐县总工会干海明《关于加强以职代会为基本形式的厂务公开民主管理建设,推进基层民主政治的调查与思考》获二等奖,平湖市总工会徐志良、丁红涛《非公企业民主管理工作创新发展的思考》获三等奖。

第三节　工会志编纂

嘉兴市工会志

1987年秋着手编撰《嘉兴市工会志》,1989年7月完成初稿,1994年10月付印,字数24万。全书上限自1927年初嘉兴首次出现工会组织,下限至1991年12月,记录跨度64年,分概述及大事记、工会组织、工会工作、人物、文献资料五篇。

县(市、区)工会志

1993年11月,《海宁市工会志》(解放前后-1990年)编纂完成并出版。2010年4月,《海宁市工会志》(1991年-2010年)编纂工作启动。

2006年7月,平湖市总工会成立平湖市工会志编纂委员会,着手《平湖市工会志》编纂工作。《平湖市工会志》编纂年限自1912年起至2005年止,全书分概述、大事记和解放前工会、机构、工作活动、人物名录、文献资料五编。2013年10月由中国文史出版社出版发行,全书230千字,发行500册。

第十一章　对外及对港澳台交流交往

20世纪90年代后,工会的国际交往和境外交流逐年增多。市总工会通过友好访问、组团考察、学习交流、接待来访等工作,实现与国际、境外工会间相互了解、增进友谊、促进合作的目的。

第一节　国际交往

随团出访

1991年以后,嘉兴市总工会派员随团出访人数逐年增多,主要是选派工会领导干部随全国总工会、浙江省总工会或嘉兴市代表团出国友好访问、参观考察、业务培训。

1994年11月,市总工会副主席孙陵随全国总工会组团前往法国友好交流。

1996年5月,市总工会副主席陈长庆,市总工会副主席、女职工委员会主任潘嘉荣参加“浙江技术市场考察团”出访美国。

1997年12月,市总工会副主席孙陵随嘉兴市友好访问团出访日本。

1997年8月,市总工会徐海荣随中国工会消费合作社赴日培训团去日本参加消费合作项目培训。

2000年12月,市总工会副主席张钰良随全国总工会团前往澳大利亚进行劳动保护培训。

2001年5月,市总工会主席、市职工技术协会会长沈利华随中国科技开发院浙江分院和省生产力促进中心组织的“2001年第十七届世界发明和新产品展览”考察团赴美国考察。

2002年10月,市总工会副主席陈长庆随省总工会友好访问团赴西班牙访问。

2002年12月,市总工会经审会主任、秀城秀洲区办事处主任徐海荣随全国总工会组团去德国进行工会业务培训。

2004年6月,市总工会主席邵建华随省总工会友好代表团赴古巴和墨西哥进行友好访问。

2004年11月,市总工会副主席葛跃新随中国工会劳动福利事业赴奥培训团前往奥地利培训。

2006年11月,市总工会党组副书记、副主席张钰良,市总工会组宣部部长杨平杰随省总工会赴德国进行劳动合同与劳动权益维护培训。

2007年6月,市总工会主席邵建华随省总工会友好访问团赴西班牙、葡萄牙友好访问。

2007年11月，市总工会副主席王松林随中国工会基层组织建设工作者培训团赴澳大利亚进行工会业务培训。

2009年10月，市总工会副主席张钰良随浙江省总工会组团赴挪威、德国交流访问。

2010年8月，市政协副主席、市总工会主席邵建华带团赴加拿大、美国进行友好访问，市总工会经审会主任沈禾丰随团出访。

组团出访

1994年7月，市总工会主席谭春晓率市总工会职员友好访问团7人应日本富士市市长邀请，前往日本东京、富士、静冈、京都、大阪进行为期7天友好访问交流。

2005年，应澳大利亚亚洲太平洋联合工会和新西兰中国团体联合会的邀请，市检察院检察长王祺国任团长、市总工会经审会主任徐海荣为副团长的市、县及企业工会干部共7人组成嘉兴市总工会访问团，赴澳大利亚、新西兰等国考察了解发达国家工会在市场经济条件下协调劳动关系，维护劳动者权益的成功经验和做法。

接待来访

1991年10月17日，日本静冈县富士市职员工会执行委员长野沢洋先生一行三人到嘉兴市友好访问，与市级相关工会干部进行座谈交流，游览参观南湖风景区。

1992年5月16日，日本静冈县劳福协友好访问团在省总工会副主席胡永吉陪同下到嘉兴访问。静冈县劳福协副会长、县劳动金库理事长生田友次郎在市总工会作静冈县劳动金库成长史、组织结构、经营方式讲座。

1994年6月6日，日本连合静冈事务局长石井水穗先生为团长的连合静冈友好访问团一行5人到嘉兴参观访问。市总工会主席谭春晓、副主席孙陵、陈长庆参加接待，陪同参观益友冰箱厂、民丰造纸厂。

1995年11月6日–8日，日本自治劳富士市职员组合访中团一行十四人到嘉兴访问。访中团一行分别拜会市政府领导和市总工会，参观南湖和国际兰宝毛纺集团公司。访中团团长真野清与市总主席卢苗法互赠礼品。

1997年3月31日–4月11日，德国五金工会汉堡管理部第一主席支劳斯·梅伦斯博士一行四人到嘉兴参加“集体协商、集体合同研讨会”，主席卢苗法、副主席陈长庆陪同游览南湖，参观加西贝拉压缩机有限公司。

2001年7月4日–5日，以路易·吧依绍协调员(系工会主要负责人)为团长的葡萄牙赛杜瓦尔总工会代表团一行2人到嘉兴友好访问，受到市总工会热烈欢迎。代表团参观嘉兴丝绸企业丝织一厂、丝绸服装总厂，游览桐乡乌镇。

2003年4月12日，俄罗斯伏尔加州工会代表团访问嘉兴。

2003年11月10日，古巴马坦萨斯省总工会第三次友好访华团到嘉兴参观访问。

2004年9月9日–11日，以财津孝雄为团长的日本富士市市民友好之翼访问团一行17人到嘉兴访问。10日到市总工会参加两市市民友好座谈会,会后参观市民家庭。

2004年9月25日，法国罗阿大区矿业能源工会协调会第2次友好访华代表团一行5人来嘉兴访问。

2007年9月13日，以主席亚力克斯·邦尼为团长的加纳工会大会代表团一行五人访问嘉兴，市政协副主席、市总工会主席邵建华,副主席王松林会见代表团一行。代表团参观考察嘉康电子股份有限公司,游览乌镇景区。

第二节 与港澳台交流

台湾苗栗县工会代表团到嘉兴交流

2007年3月，应浙江省总工会邀请,台湾苗栗县工会第五次代表团一行16人到浙江省参观访问。15日-16日，代表团在苗栗县工会荣誉理事长陈国珍带领下，到市总工会与市总领导及有关部室负责人就两岸工会工作进行交流。双方各自介绍工会组织情况和工作情况，并就工会在协调劳动关系中的角色和地位进行座谈。市总工会主席邵建华,副主席张钰良、徐海荣、王松林,调研员陈长庆及市总各部室主要负责人参加交流接待。代表团还参观秀洲农民画展览、游览桐乡乌镇景区。

随团赴台交流访问

2004年12月，市总工会副主席张钰良随省总工会友好代表团前往台湾友好访问。

2006年11月，市总工会主席邵建华随省总工会代表团赴台湾友好访问。

2008年11月,市总工会副主席张心桥随省总工会代表团赴台湾交流访问。

2010年10月,市总工会副主席周春锋随省总工会代表团赴台湾交流访问。

第三节 友好城市工会交流

2000年9月，以市总工会主席沈利华为团长的嘉兴市工会代表团赴新疆吐鲁番地区考察,经座谈磋商,双方缔结工会友好关系。

2001年9月，市总工会应邀组团，前往吐鲁番工会进行友好访问和学习交流活动。市总工会副主席陈长庆向吐鲁番工会赠送《嘉兴工会画册》。

2002年8月,吐鲁番地区工会干部首期嘉兴培训班在市总工会进行。培训期间就两地工会工作进行广泛交流,参观游览南湖和乌镇,并考察民丰等企业。

2003年12月5日-6日,无锡市总工会主席余炳源一行到嘉兴交流工会工作,两市工会缔结为友好工会。

2009年5月11日举行嘉兴昆明缔结友好工会签字仪式,两市工会结为友好工会。

九城市友好工会工作交流

起始于2006年绍兴、无锡、桂林三市"工会论坛",当年主题为在构建社会主义和谐社会中发挥工会作用。2007年扩大为绍兴、无锡、桂林、嘉兴、南通五城市。以后随步扩大到绍兴、无锡、桂林、嘉兴、南通、泰州、辽阳、伊犁、扬州，称“九城市友好工会工作交流”，每年确定一个主题，由一个城市主办。2010 年九城市友好工会论坛在辽阳市举行，嘉兴市首次组织各县（市、区）总工会主席参会。

2011 年 9 月 21 日–24 日，“九城市友好工会工作交流会” 在嘉兴举办，主题为努力推进工会“两个普遍”，充分发挥工会组织在加强和创新社会管理中的重要作用。八城市（扬州缺席）工会 60 余人参会。

第十二章　机关自身建设

1991年-2010年,是嘉兴改革开放取得重大进展的时期,也是工会工作创新发展的重要时期。在此期间,市总工会高度重视自身建设,加强理论学习和作风效能建设,坚持与时俱进,自觉增强党的领导意识、服务大局意识、创新意识,使全市工会工作沿着正确方向不断开创新局面,取得新成绩。

第一节　领导班子建设

制度建设

市总工会重视通过制度建设,提高领导工作的规范化、科学化水平。

在加强领导班子民主集中制建设方面,1997年3月,市总工会党组制订《嘉兴市总工会关于加强领导班子自身建设的若干措施》。

2000年4月,经市总主席办公会议讨论通过印发《市总工会常委会议和主席办公会议制度》《市总工会行政例会制度》《市总工会全市性会议管理办法》等10个制度,提高重大事项决策民主化科学化程度。同年7月,市总工会党组修订和制订《市总工会党组议事规则》《市总工会关于干部管理、人事调配的若干规定》《市总工会机关工作人员加强党风廉政建设的若干规定》等五项制度,进一步巩固"三讲"教育成果。

2001年,为进一步密切与基层工会和职工群众的联系,加强工作指导和协调,建立市总常委责任联系点制度。2002年将联系基层制度扩大到机关全体工作人员,明确联系人的主要任务和考核办法,以进一步加强调查研究工作。

2004年,市总工会党组印发经修改和重新制定的《嘉兴市总工会议事规则》《嘉兴市总工会机关工作人员准则》《嘉兴市总工会机关工作人员加强党风廉政建设的若干规定》《嘉兴市总工会信访接待守则》《嘉兴市总工会机关调查研究工作若干规定》等19个规则、制度、规定、办法,切实加强领导班子和机关内部建设,

2005年10月,市总工会党组制订印发《嘉兴市总工会建立健全惩治和预防腐败体系工作方案》,对2005年-2010年市总工会党风廉政建设和反腐败工作进行规划安排。

2010年,市总工会党组印发《嘉兴市总工会关于进一步加强党风廉政建设责任制的实施细制》等29个规章制度,进一步加强党风廉政建设,提高工作效能。

中心组学习

市总工会重视党组中心组学习，每年年初参考市委中心组理论学习计划，制定市总工会党组中心组理论学习计划，确定中心组理论学习的总体要求、学习内容、集中学习时间和学习形式等。在学习时间上每1–2月安排1次，每次1–2天，全年不少于12天，并在适当时间举办一次扩大到县(市)工会主席、市产业(系统)工会负责人和部分大中型企业工会主席参加的市总理论学习读书会。学习形式以分散自学为主，集中学习、研讨为辅。集中学习时按专题进行研讨交流，安排中心发言。酌情请有关专家作辅导讲座。2003年5月，市总工会党组根据市委《进一步完善县(处)级党委(党组)中心组学习制度的意见》，下发《关于进一步完善市总党组中心组学习制度的意见》，明确党组中心组主要由市总工会党政领导班子成员组成，吸收市总工会职能部门中层以上干部作为中心组列席人员。党组书记任中心组组长，党组副书记任副组长。中心组根据中央、省委、市委要求和本部门实际，每年制订年度学习计划和阶段性学习安排，明确学习主要内容和具体实施办法。每季上报一次学习情况，年底写出总结报告上报。中心组建立学习考勤制度和学习交流制度，年度集中学习研讨不少于10次，累计时间不少于12天。

2002年，重点学习新修改的《中华人民共和国工会法》《公民道德建设实施纲要》和WTO知识，下半年重点学习党的建设和十六大精神，专题辅导6次。

2003年重点学习中共十六大精神、“三个代表”重要思想、中国工会十四大精神及有关法律法规。

2004年，采取主题学习会、理论研讨会、专题报告会形式深化中心组学习。邀请市委办、市委组织部、市委宣传部、市府办、市经贸委、市劳动局、市委党校、省总工会有关专家和领导专题报告8次。10月份组织开展“科学发展观与工会工作”大讨论。

2005年，中心组学习围绕十六届四中全会提出“党的执政能力建设”，结合工会实际组织实施。主要安排有“加强党的执政能力建设专题辅导”、学习“保持共产党员先进性教育读本”“工会工作热点和难点问题研讨”“胡锦涛总书记关于义乌维权社会化经验批示学习研讨”等。

2006年，中心组学习重点为树立和落实科学发展观、把握党的执政能力建设和嘉兴“富民强市”目标、实施“五大战略”、建设“平安嘉兴”。

2007年，中心组重点学习科学发展观理论体系和主要观点、构建社会主义和谐社会重大战略思想和中共十七大精神。

2008年，中心组重点学习中共十七大精神，全面领会中国特色社会主义道路和理论体系的深刻内涵。并以读书会形式，组织县(市、区)和市产业(系统)以上工会主席一起在上海浦东干部学院培训，并和上海浦东新区总工会工作交流和研讨。

2009年,中心组重点学习中国特色社会主义理论体系,学习实践科学发展观,围绕全市工作大局,增强宗旨意识、大局意识、责任意识、机遇意识、创新意识,使工会工作更好融入改革发展全局。继续以读书会形式组织县(市、区)和市产业(系统)以上工会主席一起在中国劳动关系学院培训,并和北京市总工会进行工作交流和研讨。

2010年,中心组重点学习实践科学发展观,践行社会主义核心价值体系和学习型党组织建设,深入学习市委市政府关于深化城乡统筹综合配套改革,探索城乡统筹新形势下嘉兴工会工作创新发展。

第二节　文明单位创建

2000年3月,市总工会制订下发《关于开展创建文明机关活动的意见》,明确指导思想、组织领导、活动内容。由沈利华任创建领导小组组长,陈长庆、敖考权任副组长,建立检查考核管理机制,制订考核细则,对部室和个人进行考评。机关各部室围绕“创优质服务、创优良作风、创优美环境”扎实开展创建工作。2001年6月经市直机关党工委考核并发文命名市总工会为2000年度市级文明机关。

2001年年初,市总工会提出创建市级文明单位目标,建立领导小组,召开动员大会,广泛宣传发动,并对照市级文明单位标准,制订创建实施意见。同时精心设计创建载体,通过开展文明部室、文明员工和“三位一体”(即创建先进党组织、创建市级文明单位、创建合格职工之家)创建活动,提升市总工会机关整体形象。经认真创建,2002年年底由市文明委考核发文,被市委、市政府命名为市级文明单位。

2003年7月,市总工会党组研究决定在市总工会机关深化文明单位创建工作,开展“文明单位、先进党组织、先进职工之家”三位一体创建活动。

2005年年初,市总工会制订2005年-2006年创建省级文明单位规划,提出各项目标任务。7月印发《嘉兴市总工会创建省级文明单位任务分解表》,分领导班子坚强有力、工会工作有新突破、思想道德风尚良好、工作环境整洁优美、单位安全状况良好、创建工作扎实有效六大项49小项创建任务,明确分管领导,落实责任部室。29日召开创建省级文明单位动员大会,主席邵建华要求充分认识创建工作深远意义,明确总体目标和具体任务,扎实有效做好各项创建工作。

第三节　“五型”工会创建

2007年4月,市总工会下发创建“五型”工会(机关)实施意见,召开动员大会。市政协副主席、市总工会党组书记、主席邵建华在会上提出活动主要任务是大兴学习之风,建设学习型工会;切实转变作风,建设效率型工会;增强创新意识,建设服务型工会;倡导奉献精神，建设和谐型工会；坚持严以律己，建设廉洁型工会。5月开展如何树新形象、创新业绩，打造“五型工会”大讨论。下半年，认真查找创建中存在的不足和差距，征求意见建议，健全完善机关各项规章制度，完成《市总工会制度汇编》。

2008年，为深入学习贯彻中共十七大精神，认真落实市委关于全面推进创业富民、创新强市战略部署，市总工会在机关开展“创业服务年”“创新推进年”活动，并以打造学习型、创新型、服务型、效能型、廉洁型工会为目标，推进“五型”工会建设。年初市总工会党组下发实施方案，召开动员大会，部署机关开展以争创“五型”工会为目标，以提高党员干部队伍素质为重点的“创业创新争先锋”主题实践活动，加强工会干部队伍建设，推进全市工会工作创新创优，再上新台阶。活动中，开展一次十七大精神主题教育活动、一次以“创业创新争先锋”为主题的大讨论，一次下基层走访调研，一次金点子征集评选活动，一次创先争优活动。建立工作流程明示制、首问责任制、服务承诺制、限时办结制、全员信访接待制五项工作制度。

2009年3月–8月，根据市委统一部署，市总工会机关及直属事业单位开展深入学习实践科学发展观活动。在学习调研阶段，通过中心组、党支部集中学习、听取辅导讲座等方式深刻领会科学发展观的精神实质和基本内涵。领导班子成员根据工作分工确定六大重点调研课题，带队深入60多家企业进行调研，研究提出加强工会工作体制机制建设意见。在分析检查阶段，领导班子广泛征求意见，通过个别谈心、座谈会、设立意见箱和网上征询等形式，收集干部职工意见建议，查找影响和制约工会工作科学发展、职工反映强烈、党性党风方面违背科学发展观要求的突出问题。班子成员撰写发言材料，召开班子主题民主生活会和支部组织生活会，查找突出问题，撰写分析检查报告，并开展民主评议。在整改提高阶段，针对存在的问题，制订15项整改措施。

2009年、2010年按照市考评办要求，继续开展创建五型工会（机关）活动，每年制订年度工作目标责任暨“五型机关”创建考核职责分工，抓好各项创建工作落实。2010年在机关全体党员和干部职工中开展“创建学习型工会组织，争当学习型工会干部”活动。

第四节 机关党组织建设

1996年11月，市总工会建立党总支，下设四个党支部。

组织建设

1998年，根据市直机关党工委关于开展规范化党支部建设的要求，市总工会党总支在机关开展“规范化党支部”建设活动，制订活动意见，建立领导小组，开展创建活动。1999年2月，市级机关党工委授予市总工会党总支部为规范化建设先进党组织，授予市总工会党总支机关第一党支部、企业党支部、事业党支部为规范化党支部。至2000年，党总支所属五个支部全部评为规范化党支部,并经党工委多次复查,一直保持规范化党支部称号。

2003年,根据市委和市级机关党工委要求,市总工会党组决定在市总机关开展创建"党建工作先进单位"活动。制定实施意见,分解创建项目任务。通过创建活动,加强领导班子自身建设,提高领导水平;加强机关党的建设,提高党建工作水平;加强机关党建工作的针对性,发挥机关党组织的作用;加强机关党的思想、组织、作风建设,增强市总机关党组织创造力、凝聚力和战斗力。

2005年8月,根据《中共嘉兴市委关于在全市共产党员中推行"一员双岗"制度的通知》精神,市总工会在全体党员中推行以"勤奋工作敬业岗"和"服务职工奉献岗"为主要内容的"一员双岗"制度,并制订实施办法,要求党支部、党小组、党员联系职工,每位党员联系若干家企业,每年走访1-2次,在联系、宣传、教育、服务职工过程中做职工贴心人。设立党员服务岗,分别有工作示范岗,立足本职,出色完成本职工作;社区奉献岗,根据自身情况,在居住地社区选岗,参加社区志愿者队伍;维权服务岗,由在职党员轮流在市总工会困难帮扶中心上岗值班。

思想作风建设

1997年,市总工会机关党总支根据市委和市直机关党工委要求,在机关党员干部队伍中开展党性党风教育。教育分三个阶段,第一阶段为学习教育阶段,认真学习十五大文件,新党章及有关文件,听取市总工会领导关于"政治方向和理想信念""宗旨观念和职业道德""艰苦奋斗和廉洁自律"三个专题辅导。第二阶段为党性分析和评议阶段,每位党员干部撰写党性分析材料和思想小结。第三阶段为整改提高阶段,针对党员干部中存在的薄弱环节,制订落实整改措施。

1998年,根据市委《关于在全市党政机关党员干部中进行思想、作风教育和整顿的通知》精神,市总工会建立教育领导小组,制订实施方案,召开动员会议,扎实开展教育活动。第一阶段全体党员干部认真学习必读书目,举办专题讲座,明确调研课题。第二阶段开展振兴嘉兴、重塑形象大讨论,围绕"工会干部应树立什么样的形象""振兴嘉兴重塑形象要解决什么问题""工会干部为振兴嘉兴重塑形象做些什么"等组织党员参观学习,深入讨论。第三阶段以"一弘扬五反对"为重点,进行思想、作风、纪律教育整顿,查找突出问题,研究落实整改措施,建立健全岗位责任制。

2005年1月,市总工会按照市委统一部署,开展以"树先锋形象,做职工贴心人"为主题的先进性教育活动。2月召开动员大会,开展学习教育讨论。4月进入分析评议阶段,广泛征求意见,开展谈心活动,撰写党性分析材料,党支部开好组织生活会,党组开好民主生活会。5月转入整改提高阶段,制订整改意见方案,落实整改内容和完成时间,并进行督办检查。

2009年9月19日,市总工会党总支全体党员、机关工作人员和离退休党员代表到市农科院听取全国劳模姚海根先进事迹介绍，参观实验田，寻访劳模足迹，学习弘扬劳模精神。

2010年，根据中央、省、市委关于开展创建先进基层党组织、争当优秀共产党员活动的统一部署，市总工会在市总工会机关、直属事业单位党组织和全体党员中开展以学习实践科学发展观、建设服务型党组织为主要内容的“红船先锋”创先争优活动。党总支精心组织，开展党组织和党员承诺活动、“三思三查”（思“投身工运事业为了什么”，查宗旨观念强不强；思“发展工运事业想了什么”，查改革创新的动力足不足；思“服务工运事业做了什么”，查工作作风实不实，成效好不好）、“机关精神大讨论”等活动，收到良好效果。

表彰和荣誉

1991年度，章金春被评为市级机关优秀共产党员。

1992年度，章金春被评为市级机关优秀共产党员。

1993年度，章柏年被评为市级机关优秀共产党员。

1994年度，潘嘉荣被评为市级机关优秀共产党员。

1995年度，邱敏华被评为市级机关优秀共产党员。

1996年度，潘嘉荣被评为市级机关优秀共产党员。

1997年度，潘嘉荣、夏建新被评为市直机关优秀共产党员。

1998年–1999年度，张如山、胡志敏被评为市直机关优秀共产党员。

2000年–2001年度，沈禾丰、闻人庆被评为市直机关优秀共产党员，张如山被评为市直机关优秀党务工作者。

2002年–2003年度，张钰良，沈禾丰被评为市直机关优秀共产党员，张如山被评为市直机关优秀党务工作者。

2003年6月，章金春被评为嘉兴市优秀党员。

2004年–2005年度，市总工会机关党总支和离退休支部委员会被评为市直机关先进基层党组织，章金春、赵守荣被评为市直机关优秀共产党员，张钰良被评为市直机关优秀党务工作者。

2006年–2007年度，市总工会机关党总支被评为市直机关先进基层党组织，胡志敏、王春勤、章金春被评为市直机关优秀共产党员。

2006年–2007年度，市总工会获嘉兴市委颁发的党建工作先进单位称号。

2008、2009、2010年度，市总工会获市党建工作先进单位称号。

2008、2009、2010年度，王春勤被评为市直机关五带头优秀共产党员，胡志敏被评为市直机关五好优秀党务工作者。

2010年2月，市总工会党总支开展的“千万农民工援助行动”被市直机关党工委评为2009年度“当满意公仆”十佳事例。

2010年度，市总工会第二支部“三位一体”帮扶体系，实现困难职工零距离服务被市直机关工委评为“双强争先”优秀实践案例。李金发（市总工会职工维权帮扶中心工作人员）被评为闪光党员之星。

第五篇　人　　物

第一章　工会组织人物

第一节　嘉兴市出席中国工会代表大会代表名录

出席中国工会十二大代表

(1993.10.24-10.30)

谭春晓　嘉兴市总工会主席

李　明　嘉善县总工会主席

章梅仙（女）　嘉兴毛纺总厂工会主席

出席中国工会十三大代表名单

(1998.10.19-10.24)

卢苗法　嘉兴市总工会主席

李　明　嘉善县总工会主席

章梅仙（女）　嘉兴兰宝集团公司工会主席

出席中国工会十四大代表名单

(2003.9.22-9.26)

沈利华(女)　嘉兴市总工会主席

宋有林　桐乡市总工会主席

盛延林　嘉化集团党委副书记、工会主席

出席中国工会十五大代表名单

(2008.10.17-10.21)

邵建华(女)　嘉兴市政协副主席、市总工会主席

曹正华　平湖市总工会主席

胡佳寅（女）　嘉兴民丰特种纸股份有限公司工会主席

第二节　嘉兴市当选全国总工会执委名录

张金妹(女)　嘉兴市总工会常委、市财贸工会主席 全国总工会第十一届执委

第三节　嘉兴市当选浙江省总工会委员、经审会委员名录

浙江省总工会第十届委员会

(1992.11—1997.12)

委员：

谭春晓　嘉兴市总工会主席

赵　群　海宁市总工会主席

章梅仙（女）　嘉兴毛纺总厂工会

主席

毛亚萍（女） 平湖棉纺织厂细纱挡车工

经审委员：

王存梅(女) 嘉兴市总工会经审会主任

浙江省总工会第十一届委员会(1997.12—2003.4)

委员：

卢苗法 嘉兴市总工会主席

沈玉娟(女) 海宁市总工会主席

章梅仙（女） 嘉兴毛纺总厂工会主席

来乐春 嘉兴秀洲区农科所

经审委员：

王存梅(女) 嘉兴市总工会经审会主任

浙江省总工会第十二届委员会(2003.4—2008.4)

委员：

沈利华(女) 嘉兴市总工会主席

史丹夫 海宁市总工会主席

胡佳寅（女） 民丰特纸股份公司工会主席

陈振德 嘉兴市正原机电成套设备有限公司

经审委员：

徐海荣 嘉兴市总工会经审会主任

浙江省总工会第十三届委员会(2008.4—)

委员：

邵建华(女) 嘉兴市总工会主席

史丹夫 海宁市总工会主席

胡佳寅（女） 民丰特纸股份公司工会主席

全建增 浙江嘉康电子股份有限公司工会主席、党委书记

经审委员：

沈禾丰 嘉兴市总工会经审会主任

第四节 全国优秀工会工作者、优秀(荣誉)工会积极分子

全国优秀工会工作者

陈金龙 嘉兴钢铁股份有限公司工会主席（1993年）

朱雪春 浙江米赛丝绸集团公司工会主席（1995年）

史祖光 平湖市新仓镇工会副主席(1998年)

张沈良 海盐县财贸工会主席(1998年)

盛延林 浙江嘉化实业股份有限公司工会主席(2003年)

宗士良 嘉兴市新丰镇工会副主席(2003年)

曹正华 平湖市总工会主席(2008年)

宋有林 桐乡市总工会主席(2008年)

周建生 加西贝拉压缩机有限公司工会主席(2008年)

胡佳寅（女） 民丰特纸股份公司工会主席(2009年)

全国优秀工会积极分子

王荣贵 平湖市供电局党委副书记、工会主席(1993年)

黄美蓉（女） 嘉善县有机氟制品厂厂办主任、工会主席(1993年)

胡银根 嘉兴冶金机械厂机动分

厂兼职工会主席(1995 年)

夏利生　海盐县教育局干部兼工会副主席(1995 年)

陈耀明　嘉兴粮食机械厂党支部书记、工会主席(1998 年)

姚建民　海盐县教育局人事科干部、工会副主席(2003 年)

贾剑培（女）嘉兴市建设局办公室副主任、系统工会副主席(2003 年)

谢兆林　浙江省海盐县供电局党委副书记、工会主席(2008 年)

孙国浩　浙江洁华环保科技股份有限公司副总经理、工会主席(2008 年)

马立申　嘉兴市南湖区财政局副局长、区机关工会主席(2008 年)

杭　琴（女）浙江禾城农村合作银行监事长、工会主席(2008 年)

全国荣誉工会积极分子

陆忠岳　浙江金三塔丝针织集团公司总经理(1993 年)

第五节　浙江省优秀工会工作者、优秀(荣誉)工会积极分子

浙江省优秀工会工作者

1991 年

沈思熙　嘉兴市冶金机械厂工会主席

章梅仙（女）嘉兴市毛纺织总厂工会主席

冯　勇　嘉兴市农药厂工会主席

唐一鸣　嘉兴市塑料橡胶总厂工会主席

张如山　嘉兴市肉类联合加工厂工会副主席

祝福堂　海宁市纺织机械厂工会主席

钟毓瑾　嘉善县味精厂工会主席

郑淡霖　平湖县第一针织厂工会主席

徐建时　海盐县印染厂工会副主席

杨　彧　桐乡县商业局工会副主席

1992 年

陈金龙　嘉兴钢铁股份有限公司工会主席

陆星华　嘉兴石油机械厂工会专职干部

刘庆成　浙江菲利普自行车有限公司工会主席

曹亚夫　嘉兴市化工建材工会联合会副主席

蒋福宝（女）嘉兴市邮电局工会主席

甘凤英（女）嘉兴市饮食服务公司工会主席

吴敏康　嘉善丝厂工会主席

戚其芳　平湖市农业银行工会主席

杨彰荣　海盐县二轻公司工会主任

周燕中　海宁机床厂工会主席

朱雪春　浙江制丝一厂工会副主席

袁顺珠(女)　桐乡县总工会副主席

陈伟利　嘉兴市郊区农业银行工会副主席

1997 年

吴来宝　嘉兴市电力局工会主席

陈林福　嘉兴市建筑安装工程公司工会主席

金生利　嘉兴绢纺厂工会俱乐部

主任

徐国荣（女） 嘉兴市五交化总公司工会主席

王建芬（女） 嘉兴市总工会郊区办事处副主任科员

徐冠军 嘉善县索具总厂工会主席

史祖光 平湖市新仓镇工会主席

张沈良 海盐县财贸工会主席

卜健聪 桐乡市教育工会副主席

章敬言 桐乡市煤矿机械厂工会主席

翁粉碟(女) 海宁丝厂工会主席

胡伟达 海宁纺织机械实业总公司工会主席

2003 年

胡佳寅（女） 民丰特种纸股份有限公司工会主席

俞建平 中国人民银行嘉兴市中心支行工会主席

张加林 浙江华源兰宝有限公司工会副主席

盛延林 浙江嘉化实业股份有限公司党委副书记、工会主席

林家蓉(女) 嘉兴港区工会副主任

施方观 嘉兴市糖业烟酒有限公司工会主席

严天鹏 嘉善县农村信用合作联社工会主席

盛永连 嘉善县陶庄镇工会副主席

吴卫平 平湖市全塘镇工会副主席

沈文英（女） 平湖市华城茂麓制衣有限公司党支部副书记、工会副主席

陈丽英（女） 浙江金达创业股份有限公司党总支副书记、工会主席

姚建民 海盐县教育工会专职副主席

张国松 海宁市教育工会主席

吴伟达 海宁纺织机械厂党总支副书记、工会主席

寿 平（女） 桐乡市交通系统工会主席

沈瑞华 桐乡市梧桐街道工会主席

钱玉坤 嘉兴市秀洲区王江泾镇工会副主席

宗士良 嘉兴市秀城区新丰镇工会专职副主席

2008 年

钟迪良 嘉善县总工会组宣部长

史根兴 嘉善县卫生局系统工会主席

张宏燕（女） 平湖市交通局工会主席

俞卫平 平湖市当湖街道工会主席

干海明 海盐县总工会主席

许爱华 海盐县教育局工会常务副主席

王瑞英(女) 海宁市盐官镇总工会主席

沈培根 海宁市直属机关工会工作委员会主任

董爱民 桐乡市卫生工会副主席

陈朱清 桐乡市屠甸镇工会主席

沈桂学（女） 嘉兴市南湖区教育工会常务副主席

王明华 嘉兴市秀洲区王店镇工会专职副主席

陈 虹（女） 嘉兴市交通工会联合会副主席

黄文生　嘉兴经济开发区总工会常务副主席

王伟强　浙江嘉化集团股份有限公司工会主席

张　琴（女）　嘉兴电力局工会副主席

浙江省优秀工会积极分子

1991 年

马志安　嘉兴市化工建材工业公司经理助理、化工建材工会联合会主席

吴季光（女）　嘉兴市化工建材工业公司办公室主任、机关工会主席

谢芳琴（女）　嘉兴市公共交通公司会计、工会副主席

王刘龙　嘉兴市第三运输装卸公司党总支副书记、工会主席

郑遂明　嘉兴市第二医院党委副书记、工会主席

沈福良　嘉兴市航运总公司工人、工会组长

沈文杰　民丰造纸厂车间人事员、分工会主席

沈明华　嘉兴自行车厂车间统计员、分工会主席

赵建华　嘉兴制丝针织联合厂工段长、分工会主席

李跃庆　嘉兴绢纺厂工人、工会组长

屠　琳　嘉兴毛纺织总厂供销科干部、分工会副主席

姜梅丽（女）　嘉兴棉纺织厂一车间主任、分工会主席

朱勇观　嘉兴汽车钢圈厂二车间主任、分工会主席

沈荣华　嘉兴第二毛纺厂设备科副科长、分工会主席

朱丽华（女）　嘉兴电气控制设备厂车间调度员、分工会主席

葛萍秋（女）　嘉兴塑料橡胶总厂厂办副主任、工会副主席

沈建新　嘉兴市邮电局计财科会计、局工会委员

费　驹　嘉兴电池厂基建组组长、厂工会委员

徐宝奎　浙江省嘉兴农业学校总务处主任、工会主席

张文娟（女）　嘉兴市面粉厂人保科长、工会主席

钱景镐　嘉兴市农业生产资料公司副经理、工会主席

崔伟生　嘉兴市粮油进出口公司行政科副科长、工会主席

杨章春　嘉兴市轻工电镀厂副厂长、工会主席

许善光　嘉兴市供销社郊区办事处集体商业股股长、工会副主任

张凤婷（女）　嘉兴市桥梁工程队党支部副书记、工会主席

冯生荣　嘉兴市海鸥电扇总厂团委书记、俱乐部主任

刘冬生　嘉兴市政协办公室副主任、机关工会主席

洪若兰（女）　嘉兴市农机公司财务科长、工会副主席

李　军（女）　嘉兴丝织一厂党支部副书记、工会主席

吴　芬（女）　浙江制丝一厂自缫带班长、分工会主席

卜良珍（女）　浙江海宁中丝三厂

车间党支部书记、厂工会委员

周海石 海宁市饮食服务公司人事秘书股股长、工会主席

印一平 海宁市市级机关党委副书记、机关工会主任

张庆中 浙江省海宁市布厂保卫干事、厂工会委员

姚富松 海宁市祝场乡学校教导、工会主席

朱家鹿 海宁第二丝厂副厂长、工会主席

周家俊 海盐农药厂行政科干部、工会副主席

张铭桂 海盐县糖业烟酒公司人事秘书股股长、工会主席

许 敏（女） 海宁县武原中学教师、工会主席

王自强 浙江华伦化学纤维厂副厂长、工会主席

郦佩青（女） 桐乡县工业局劳动人事股副股长、局女职工委员会副主任

杨玲玲（女） 桐乡县梧桐丝厂工人、厂工会委员

冯关华 桐乡县糖业烟酒公司工业集体商业股干部、工会主席

杨恩明 桐乡县梧桐镇小学教师、工会主席

陆敬文 平湖印刷厂副厂长、工会主席

姚引昌 平湖味精厂党支部副书记、工会主席

俞 仁 平湖县胜利粮管所党支部副书记、工会主席

顾德钧 平湖师范学校总务主任、工会主席

屠树德 平湖县水利农机局人事秘书股副股长、工会主席

陈俊星 嘉善县沪西日用化学品厂副厂长、工会主席

顾宏胜 嘉善县建筑涂料厂厂办主任、工会副主席

许国英（女） 嘉善县饮食服务公司财务计划股副股长、县经费审查委员会委员

蔡保明 嘉善县第一中学教师、工会主席

沈雪华 嘉善县机关党委办公室干部、工会主席

1992 年

黄秀华（女） 嘉兴毛条厂人保科长、女职工委员会主任

沈明强 嘉兴市运输装卸公司旅游服务部分工会主席

严家斌 嘉兴房地产开发公司计财科长、工会主席

戚阿狗 嘉兴航空箱厂保卫科干部、工会副主席

徐永松 嘉兴市城区东门街道办事处副主任、工会主席

冯镇生 嘉兴市新塍饲料厂财务科长、工会副主席

杨耀祖 嘉兴市余新供销社业务组长、工会副主席

江志龙 嘉兴饲料厂副厂长、工会主席

何佩芳（女） 嘉兴市中山路中心小学教师、工会主席

詹嘉树 嘉兴市卫生局副局长、系

统工会主席

陆建明　嘉善县供电局办公室干部、工会主席

周友林　嘉善县二轻工业总公司党委办公室干部、机关工会副主席

徐　坚　嘉善县实验小学副校长、工会主席

黄在奎　平湖市东湖小学教师、工会主席

王荣贵　平湖市供电局党委副书记、工会主席

钱雷兴　平湖制药厂厂长办公室主任、工会主席

许炳荣　海盐县县级机关党委书记、工会主席

吴火良　海盐县工业局组织人事干部、工会主席

曾雪芳（女）　海盐冷拉型钢厂统计员、工会主席

张培铭（女）　海宁市二轻工业总公司秘书科副科长、女职工委员会委员

顾伟民　海宁市人民医院党总支书记、工会主席

张逸民　海宁市工商银行办公室主任、工会副主席

王慧春（女）　桐乡县纺织品公司党支部书记、工会副主席

孙秉华　桐乡丝绸印染厂医务室医师、工会主席

卜健聪　桐乡县教师进修学校副校长、县教育工会副主席

周　迅　嘉兴市审计局审计科副主任科员、工会委员

1997 年

王杜林　嘉兴市建委纪委书记、工会主席

吴兴根　嘉兴市纺织工业局党委副书记、工会主席

方松林　嘉兴冶金机械厂人教处助理统计师、分工会主席

陈耀明　嘉兴粮食机械厂党支部书记、工会主席

何亦虎　嘉兴民丰集团公司化工分厂工段长、分工会主席

蔡德明　嘉兴市公路管理处党办主任、工会主席

吴建英（女）　嘉兴市卫生局人事处副处长、工会副主席

颜毓庆　嘉兴化肥厂机修车间钳工班班长、分工会主席

朱福林　嘉兴中山饭店党支部委员(分管人事、保卫)、工会主席

张凤婷（女）　嘉兴市桥梁工程队党支部副书记、工会主席

胡莉菊（女）　浙江嘉善三方玻璃钢(集团)公司行政科长、工会副主席

吴敏康　嘉兴银丝纺织集团有限公司党委副书记、工会主席

陈伟新　嘉善县教育局副局长、工会主席

郎家华　平湖市汽车运输有限公司副总经理、工会主席

沈恺华　平湖市邮电局计财科长、工会主席

俞飞观　平湖市工业局局办副主任、工会副主席

赵贵生　海盐县医药总公司基建负责人、工会委员

王海良 海盐丝厂教育干部、工会副主席

朱和荣 桐乡市义马乡人大主任、工会主席

金守梅 桐乡市二轻总公司纪检委员、工会副主席

刘智跃 桐乡市财税局办公室主任、女职委主任

张萍萍（女） 海宁市食品公司党支部书记、工会主席

丁月芬（女） 海宁丁桥镇党委副书记、工会主席

孙正德 海宁自来水公司修建科长、工会主席

曾光陵 海宁高级中学高级教师、工会主席

2008 年

王秋儿 嘉善经济开发区管委会主任、开发区总工会委员

陆才华 嘉善县劳动和社会保障局局长、局工会委员

朱剑文 平湖市规划与建设局工会副主席、建设管理科科长

王亚英（女） 平湖市林埭镇工会副主席、残联副理事长

高云瑛 浙江海利控股集团工会主席、办公室主任

朱亚华 浙江中达集团工会主席、人力资源部主任

沈天法 海宁市周王庙镇总工会副主席、信访负责人

徐海英（女） 浙江钱江生物化学股份有限公司工会主席、党委副书记

施掌林 桐乡市教育工会主席、副局长

张建根 桐乡市凤鸣街道办事处党委副书记、街道总工会筹备组组长

刘福云（女） 浙江卫星控股集团工会主席、党支部书记

张松明 嘉兴市桥梁工程队工会主席、支部书记、副队长

全明华 嘉兴港区工会工作委员会副主任、政治处副主任

程克强 嘉兴市社会发展投资集团有限公司工会主席、综合部主任

叶 红(女） 嘉兴市水务投资集团联合工会副主席、办公室副主任

全建增 浙江嘉康电子股份有限公司工会主席、党委书记

高荣伟 中国移动嘉兴分公司市本级工会委员、会计

第六节 省以上工会(职工)之友

全国优秀工会之友

徐士珍（女） 嘉兴市人大常委会主任(2008 年)

全国外商投资企业“双爱双评”活动优秀职工之友

陈福荣 嘉兴东方钢帘线有限公司副总经理(2000 年)

浙江省优秀职工之友

赵友六 嘉兴市人大常委会副主任(2003 年)

徐士珍（女） 嘉兴市人大常委会主任(2008 年)

戴洪基 嘉兴市邮政局局长(2008 年)

第七节　长期从事工会工作者

1992 年颁发证书

1992 年 9 月,省总工会向全省 173 名从事工会工作 30 年以上的工会干部颁发“浙江省工会工作三十年荣誉证书”。嘉兴市有 5 人获荣誉证书，他们是:张广明、徐克恕、项祖明、马新玉、姚兆腾。

2005 年颁发证书

2005 年，全国总工会在全总成立 80 周年之际对全国各级工会组织中从事工会工作 30 年以上的工作人员,颁发工会工作者荣誉证书和纪念章。嘉兴市有 10 人获此荣誉,他们是:

沈炳章　嘉兴市总工会
周月昌　嘉兴市总工会
项祖明　嘉善县总工会
张广明　海宁市总工会
徐克恕　海宁市总工会
王经农　海宁市总工会
杜以治　海宁市总工会
李雅芬(女)　海宁市总工会
汤国俊　嘉兴市市食品肉类中心
潘洪生　平湖市总工会

2007 年颁发证书

2007 年“五一”国际劳动节期间,省总工会对从事工会工作 25 年以上的工会工作者颁发工会工作者荣誉证书。嘉兴市有 65 人获工会工作者荣誉证书,他们是:

卓钰初　嘉善县总工会
项祖明　嘉善县总工会
俞行天　平湖市总工会
金金观　平湖市总工会
查伟豪　平湖市总工会
陈平华　平湖市总工会
郎家华　平湖市天龙汽车运输有限公司
江富龙　平湖市天龙汽车运输有限公司
李丽俐(女)　平湖市水务投资(集团)公司
潘洪生　平湖市总工会
安幸泉　海宁市总工会
孙钜华　海宁市总工会
诸有能　海宁市工人文化宫
祝淳华　海宁市工人文化宫
黄利群(女)　海宁电信分公司
吴伟达　海宁山山集团海宁纺织机械厂工会
徐有章　海宁比尔特针织有限公司工会
徐克恕　海宁市总工会
王经农　海宁市总工会
杜以治　海宁市总工会
李雅芬(女)　海宁市总工会
张广明　海宁市总工会
乔振刚　浙江米赛丝绸有限公司
杨树荣　桐乡市国有城镇企业管理办公室
寿富鑫　桐乡市总工会
张建平(女)　桐乡市总工会
沈　坚　桐乡市总工会
吴永火　桐乡市总工会
彭俊炼　桐乡市总工会
张金生　桐乡市总工会

张乃录　桐乡市总工会职工学校

何志发　桐乡市总工会

何瑞华　桐乡市总工会

曹庆卿　桐乡市总工会

崔伟生　浙江银茂进出口股份有限公司

郭郑美（女）　嘉兴青龙机械有限责任公司

汤国俊　嘉兴市食品肉类公司

甘凤英(女)　浙江五芳斋集团公司

杨平杰　嘉兴市总工会

夏建新　嘉兴市总工会

章金春　嘉兴市总工会

王建芬(女)　嘉兴市总工会

张建荣　嘉兴市总工会

陆亚光　嘉兴市工人文化宫

张明文(女)　嘉兴市工人文化宫

施可达　嘉兴市总工会

邱敏华(女)　嘉兴市总工会

陈学康　嘉兴市总工会

卞瀛生　嘉兴市总工会

金南通　嘉兴市总工会

顾祖鹏　嘉兴市总工会

吴渭荪　嘉兴市总工会

王存梅(女)　嘉兴市总工会

沈炳章　嘉兴市总工会

周月昌　嘉兴市总工会

陈如季　嘉兴市总工会

张如山　嘉兴市财贸工会

石　宏（女）　民丰特纸股份有限公司工会

于生生　原民丰集团公司工会

苏慧新(女)　原民丰集团公司工会

王家慈(女)　原民丰集团公司工会

金加华　浙江嘉兴三塔材料股份有限公司

程有信　嘉兴市海鸥纸品有限公司

吴锦福　浙江华源兰宝有限公司

李永平　中国工商银行嘉兴分行

2010 年颁发证书

2010 年 7 月，省总工会再次对从事工会工作 25 年以上的工会工作者颁发工会工作者荣誉证书，嘉兴市有 20 人获工会工作者荣誉证书，他们是：

钟迪良　嘉善县总工会

涂小林　嘉善县工人文化宫

张萍萍(女)　海宁市食品有限责任公司

朱来有　海宁市总工会

管金甫　海宁市总工会

谈利英(女)　海宁市公路管理段

曹天授　海宁市金潮实业有限公司

赵守荣　嘉兴市秀洲区总工会

张建兴　嘉兴市烟草专卖局(公司)

陈银松　嘉兴市南洋箱包有限公司

李小明　民丰特纸股份有限公司

钱永清　国营 602 厂

楼九如　国营 602 厂

陈　卫　嘉兴市妇幼保健院

刘忠德　嘉兴市第二医院

沈光明　嘉兴市总工会职工学校

朱春皓(女)　嘉兴市工人文化宫

李嗣良　嘉兴市工人文化宫

陈　铨　嘉兴市工人文化宫

沈燕贤(女)　桐乡市总工会

第二章　先进模范人物

第一节　“劳动模范”名录

全国劳动模范(先进工作者)

1995 年(9 名)

曹如玉　海宁纺织机械厂

冯勤娃(女)　海盐三环丝织有限责任公司

娄建新　平湖市机械制造有限公司

陆雅琳(女)　嘉兴好雀针织服饰有限责任公司

王吉林　嘉兴冶金机械厂

陆忠岳　浙江金三塔丝针织集团公司

戴喜根　嘉善县魏塘镇智果村

姚贵松　浙江天女集团

来乐春　嘉兴秀洲区农科所

2000 年(8 名)

吴惠芳(女)　嘉兴好雀针织服饰有限责任公司

傅一鸣(女)　嘉兴职业技术学院

吕士林　民丰集团公司

蒋利娟(女)　海宁中三丝业有限公司

单志荣　海宁市公安局

郁　伟　海盐电力仪表厂

周阿龙　桐乡市濮院镇红旗洋村

李勤夫　茉织华股份有限公司

2005 年(8 名,不含已撤消 1 名)

任维进　浙江中元建设股份有限公司

张火荣　浙江嘉康电子股份有限公司

巴增鸿　浙江嘉化实业股份有限公司

陈士良　浙江桐昆集团

孙光兴　海宁市农技推广中心

王建林　平湖市公安局

陆　英(女)　海盐县人民医院

周惠英(女)　嘉兴市秀洲区油车港杨溪生态鳖养殖公司

2010 年(9 名)

王志康　嘉善县西塘镇星建村

张伟萍(女)　平湖市农业银行

姚红飞　浙江欣兴工具有限公司

陈新益　海宁市供电局

曹阿二　桐乡市坝桥养鸭专业合作社

褚富宝(女)　南湖区余新镇甜瓜合作社

徐新泉　嘉兴高级中学

朱金松　加西贝拉压缩机有限公司

葛加美(女)　嘉兴市妇幼保健院

浙江省劳动模范

1992 年(浙江省“七五”劳动模范 6 名)

张钿荣 嘉兴嘉化实业公司

赵维屏 平湖水泥厂

陆忠岳 浙江金三塔丝针织集团公司

乐松观 嘉善殡仪馆

李林甫 嘉兴新丰镇竹林村

沈富荣 桐乡县青石乡东田村农机水综合服务公司

1994 年(15 名,不含已撤消 1 名)

曹如玉 海宁纺织机械实业总公司

冯勤娃(女) 海盐丝织厂

潘建平 桐乡煤矿机械厂

娄建新 平湖水泵厂

杨颖琦 嘉善拖拉机厂

徐国强 嘉兴秀城公安分局

寿章元 嘉兴余新镇中心小学

王吉林 嘉兴冶金机械厂

张春芳(女) 嘉兴南湖布厂

戴喜根 嘉善里泽乡智果村

王正祥 嘉兴七星镇博山村

黄荣林(女) 平湖新埭镇大齐塘村

叶根荣 海盐牛蛙养殖总场

曹浩强 海宁雪豹集团

姚贵松 浙江天女集团公司

1999 年(24 名,不含已撤消 2 名)

周金根 海宁金潮实业公司

蒋利娟(女) 海宁中丝三厂

陈士良 浙江桐昆集团

范亮华(女) 桐乡崇德丝厂崇福分厂

丁士林 平湖航运公司

戚建弘 平湖中医院

李勤夫 平湖茉织华集团

单志荣 嘉善县公安局

韩明华 嘉善供电局

朱金高 海盐广大纺织公司

郁 伟 海盐电力仪表厂

周小明 嘉兴市公安局秀洲分局

沈雨明(女) 嘉兴秀洲区洛东丝厂

张秋荣 嘉兴市公安局治安支队

张火荣 嘉兴市电子陶瓷厂

陆松春 嘉兴市第一医院

王国伟 嘉兴市房地产物业总公司

吴惠芳(女) 嘉兴羊毛衫厂

吕士林 嘉兴民丰集团

尤 源 浙江正原电气公司

周阿龙 桐乡新生乡红旗漾村

谢仁兴 海盐百步镇万胜村

应华伦 嘉兴凤桥镇三星村

朱国尧 海宁围垦养殖场

2004 年(26 名)

孙汉忠 嘉兴市中级法院

朱金松 加西贝拉压缩机公司

商人龙 民丰特纸公司

郁影萍(女) 五芳斋实业股份公司

应丽斋(女) 嘉兴日报新闻中心

张乃愚 嘉善浙江中成热电公司

金炳华 嘉善县农业经济局

柴金甫 嘉善大云镇东云村

张伟萍(女) 农行平湖支行

王建林 平湖市公安局

朱在龙 平湖浙江景兴纸业公司

姜仁英(女) 海盐浙江三环丝绸公司

张金良 海盐元济高级中学

周金连 海盐葡萄果业合作社

姜发挥　桐乡市公安局刑侦大队
楼亚梅(女)　桐乡市第一医院
曹阿二　桐乡市洲泉镇坝桥村
李明华(女)　海宁浙江卡森公司
胡娟英(女)　海宁市人民医院
孙光兴　海宁市农业技术推广中心
张觉民　嘉兴市秀洲区文化馆
周惠英（女）　嘉兴秀洲区杨溪生态鳖养殖公司
徐新泉　嘉兴市高级中学
黄佳平　嘉兴南湖国际实验学校
钟伟华　嘉兴市公安局秀城分局
严凤祥　嘉兴交通工程质量监督站
2009 年(26 名)
王秋儿　嘉善县经济开发区
周引春　浙江双飞无油轴承有限公司
王志康　嘉善县西塘镇星建村
徐福生　平湖市供电局当湖供电所
沈根付　平湖市缘绿生态农业科技园
卢　明　海盐县元济高级中学
刘　瑾（女）　海盐县武原镇农技水利服务中心
殷新平　海盐县香溢大酒店
吴关炳　海宁市科技局科技信息中心
姚岳良　浙江鸿翔建设集团有限公司
祝瑞甫　海宁市信访局
沈炳荣　桐乡市石门镇殷家漾村
张　炜(女)　桐乡市高级中学
胡红丽(女)　桐乡灯具厂
赵其法　浙江中法投资股份有限公司
褚富宝(女)　南湖区余新镇
李建明　秀洲区王店镇建林村
沈月根　秀洲区疾病预防控制中心
沈小荣　嘉兴市公安局交警支队
王建华(女)　嘉兴市住房保障局
黄锦法　嘉兴市种植技术推广总站
方建义　嘉兴市公路管理处
曹浩强　浙江省嘉兴市第一医院
石　斌　嘉兴市特种设备检测院
周建生　加西贝拉压缩机有限公司
王宏亮　浙江嘉化集团股份有限公司

浙江省模范集体

1992 年(3 个)
嘉兴绢纺厂精纺车间精纺乙班
海宁中丝三厂缫丝十六小组
海盐县武原镇庆丰村
1994 年(4 个)
海宁富顺昌袜厂织袜四车间缝头二组
海盐荣昌制丝制衣有限总公司缫丝一组
嘉兴书场
桐乡河山镇东浜头村经济合作社
1999 年(4 个)
海宁大厦家电批发站
浙江五芳斋实业股份有限公司五芳斋粽子厂
浙江嘉兴嘉化集团有限责任公司农药分厂
桐乡市芝村乡五丰村
2004 年(4 个)
海宁市公安局刑侦大队

海盐广大纺织有限责任公司
嘉兴市中华化工集团有限责任公司
嘉兴电力局
2009 年(4 个)
嘉兴碧云花园有限公司
海盐县广播电视台新闻综合频道
海宁市公安局看守所
桐乡市崇福镇联丰村

嘉兴市劳动模范

1991、1992 年度 (51 名,不含已撤消 1 名)

高智伦 民丰造纸厂
秦丽萍(女) 嘉兴制丝针织联合厂
何志英(女) 嘉兴毛纺织总厂
朱金松 嘉兴钢铁股份有限公司
张翔元 嘉兴水泥厂
王士顺 嘉兴市运输装卸公司
王吉林 嘉兴冶金机械厂
程冠松 浙江菲利普自行车有限公司
陈林平 嘉兴市副食品总公司
蔡苏梅(女) 嘉兴公共交通公司
丁尔传 嘉兴人民剧院
蔡永琪 嘉兴中等专业学校
沈生观 嘉兴市公安局
李金军 嘉兴农业科学研究所
陈彩萍(女) 海宁丝厂
曹玉如 海宁纺织机械厂
周志萍(女) 海宁市星火百货商店
周金根 海宁化肥厂
沈生龙 海宁市汽车客运公司
贾华明 海宁市湖塘镇畜牧兽医站
曹浩强 浙江雪豹实业公司
夏志生 海宁市耀明电器总厂
潘建平 桐乡煤矿机械厂
顾小惠(女) 桐乡崇德丝厂
谭炳法 桐乡梧桐镇城南初级中学
王 军 桐乡市农业银行
周阿龙 桐乡市新生乡红旗洋村
杨良如 桐乡河山绢纺厂
姚贵松 桐乡造漆厂
范有林 桐乡毛针织总厂
娄建新 平湖水泵厂
沈纪福 平湖市乍浦第一中学
陈照龙 平湖市城北乡花园村
柳文祥 浙江省穗轮实业公司
王维中 嘉善县丝厂
俞光荣 嘉善县第一人民医院
戴希根 嘉善县里泽乡智果村
宋朵妹(女) 嘉善县魏塘镇六丰村
张健康 嘉善县汾玉水泥厂
冯勤娃(女) 海盐丝织厂
胡顺金 海盐县第二商业公司
叶根荣 海盐县牛蛙养殖总场
步雪文 海盐永安实业总公司
袁忠民 嘉兴市安达车架厂
朱金荣 嘉兴市郊区八字乡长安村
赵德贵 浙江艾博不锈钢器械有限公司
陶卫忠 嘉兴市城区物资总公司
陆顺观 嘉兴市城区塘汇乡百花村
朱文虎 嘉兴市城区文虎酱鸭厂
徐才甫 嘉兴市新丰第二建筑工程队
沈福观 海盐武原镇小观剪刀五金店

1993、1994 年度 (51 名,不含已撤消 1 名)

张海虹(女) 海宁市针织厂

王秉琪 海宁市制革厂

徐 红(女) 海宁市中丝三厂

朱云生 海宁市钱塘江镇云龙村

戴铁民 海宁市明球企业集团公司

张美华(女) 海宁市袁花镇环境卫生站

季巧珍(女) 桐乡梧桐制丝总厂

徐汉珠(女) 桐乡梧桐镇城南初级中学

王新江 武警桐乡市中队

闻金根 桐乡市芝村乡

冯老虎 桐乡浙江雅蝶集团公司

陈士良 桐乡市化学纤维厂

樊金伦 桐乡河山镇东浜头村

王根法 平湖市第一人民医院

姚志良 平湖市公安局钟埭派出所

王海荣 平湖磷肥厂

徐 达 平湖市新仓镇人民政府

郦丽华(女) 嘉善浙江星兴丝绸工贸公司

王秋儿 嘉善洪峰建材实业总公司

李雪金 嘉善百货纺织品总公司

李 明 嘉善县总工会

卜雪珍(女) 嘉善县西塘镇库港村

张浩良 海盐无线电标准件总厂

黄利萍(女) 海盐布厂

王天明 海盐县海塘乡畜牧兽医站

吴李明 海盐浙江超同化纤集团公司

吴遇时 嘉兴市郊区步云乡中学

张建林 嘉兴市公安局郊区分局交警大队

徐福祥 嘉兴市针织内衣厂

沈风金 嘉兴市郊区田乐乡永聚村

杨真元 嘉兴市城区中心门诊部

曹志龙 浙江凯林瑞制衣有限公司

王贵富 嘉兴市嘉北乡木桥港村四组

朱善忠 嘉兴市麂皮厂

沈光良 嘉兴市富兴服装有限公司

华炳林 嘉兴市交通运输集团有限责任公司

蒋培根 嘉兴市邮电局

袁寒宝(女) 金三塔丝针织集团公司

许先嘉 嘉兴市粮油批发市场

汪 勤 嘉兴市百货纺织品批发公司

徐呈祥 嘉兴市高等专科学校

傅一鸣(女) 嘉兴三中

陈遂平 嘉兴市市政工程公司

高寅华 嘉兴市粮油食品土畜产进出口公司

仲荣祥 嘉兴市木材总公司

王才根 嘉兴市第一医院

韩忠海 嘉兴市公安局特巡警支队

严明富 嘉兴市农科所

潘炳生 嘉兴市蚕种场

许伟旭 中国工商银行嘉兴市分行

缪音多 平湖市重型机械厂

1995、1996 年度(48 名,不含已撤消 4 名)

洪根林 民丰集团公司机修分厂

骆建林 嘉兴电力局城郊供电公司

吴慧芳(女) 浙江兰宝国际毛纺集团公司嘉兴羊毛衫厂

吕妙章 桐乡市杭嘉湖南排工作

指挥部
徐清泉 嘉兴市进出口公司五机化医分公司
袁通海 嘉兴市城南谢友烟杂店
贾 澍(女) 交通银行嘉兴市支行
朱建华 嘉兴百货纺织品批发公司
陈国良 浙江欣欣饲料股份有限公司
俞玲玲(女) 嘉兴市第二医院
郝淑琴(女) 嘉兴第一中学
张雅琪(女) 嘉兴市嘉北中心小学
张秋荣 嘉兴市公安局特巡警支队
潘炳生 嘉兴市蚕种场
杨尧城 嘉兴市农业科学研究所
高建国 桐乡市崇福粮油工贸公司
姜发挥 桐乡市公安局濮院派出所
许伟民 桐乡市屠甸中学
周阿龙 桐乡新生镇红旗漾村
沈生荣 桐乡市河山镇资产经营总公司
马彩仁 桐乡化工总厂
张 明 平湖电视台
朱雪珍(女) 平湖丝厂
顾大雄 农业银行平湖市支行
马保良 平湖市广陈镇第一农牧场
戚志英(女) 乍浦镇牛桥村
郁 伟 海盐电力仪表厂
高乐群(女) 海盐县武原中学
凌红(女) 海盐丝织地毯厂
任维明 浙江金达丝绸集团公司
黄国金 海盐石泉镇新桥村
朱永其 嘉兴西猛人造毛皮集团有限责任公司
张乃愚 浙江省嘉善发电厂
张根荣 嘉善县财政局西塘税务所
邱志华 浙江太和时装有限公司
沈生龙 海宁市大元运输有限责任公司
许顺发 海宁伊桥乡硖西村
蒋利娟(女) 浙江海宁中丝三厂
杨奎中 海宁市翠丰食品有限责任公司
韩云程 海宁液压工具实业公司
王小新 海宁市人民医院
顾玉仁 海宁市庆云镇华丰村
徐福祥 嘉兴市梦迪集团有限责任公司
虞明生 嘉兴市郊区洛东乡圣阳村
周小明 嘉兴市公安局郊区分局王江泾派出所
屠继成 嘉兴市不锈钢制品总厂
朱文虎 嘉兴市秀城区文虎酱鸭总厂
王贵富 嘉兴市嘉北乡木桥港村

1997、1998 年度 (58 名)

吕士林 民丰集团公司
叶国祥 嘉兴电力局
王金法 浙江兰宝国际毛纺集团公司嘉春毛纺有限公司
李柏华 嘉兴市汽车运输总公司
朱炳鑫 浙江金三塔丝针织集团公司
倪蔚天 嘉兴市人民检察院
吴晓东 嘉兴市计算中心
陈月华 嘉兴市内河航道改造工程指挥部
陆海禾 嘉兴宾馆
于政雄 浙江省烟草公司嘉兴分

公司

任维进 嘉兴市市政工程公司

王国伟 嘉兴市房地产物业总公司

何南杨 嘉兴市农业科学研究院

陈振德 嘉兴市正原机电成套设备有限公司

沈振明 嘉兴市进出口公司五机化医分公司

张火荣 嘉兴市电子陶瓷厂

姚 瑶(女) 嘉兴市第三中学

沈建兴 嘉兴人民广播电台

陈琴华(女) 中国银行嘉兴市分行

陆松春 嘉兴市第一医院

许美英（女） 浙江嘉兴圣历毛纺集团有限责任公司

黄国良 嘉兴市乍浦港务管理局

陈其林 海宁市体育运动委员会

吴慕涛 浙江钱江生物化学股份有限公司

陈金甫 海宁市金潮实业有限公司

朱成源 海宁市丁桥镇一新村

张金生 海宁市长安镇褚石村

张伟民 海宁市长安镇第二中心小学

张锦芳 浙江省海宁纺织机械厂

楼亚梅(女) 桐乡市第一人民医院

范根娜 桐乡市乌镇环境卫生管理所

冯棣华 桐乡煤矿机械厂

张泉华 桐乡市炉头双桥蔬菜厂

曹阿二 桐乡市洲泉坝桥养殖场

朱春富 桐乡市微特电机厂

范亮华(女) 桐乡市崇德丝厂

李勤夫 茉织华(实业)集团有限公司

王建林 平湖市公安局城关派出所

丁士林 平湖市航运公司

王雅观 平湖市新埭中学

张志芳(女) 平湖市食品公司

马付元 平湖市前进乡农技站

周根孝 嘉善县西塘粮管所

薛祥龙 嘉善县惠民镇王埭村

董文松 嘉兴拳王实业有限公司

周启宗 嘉兴银丝纺织(集团)公司嘉善包覆丝有限公司

周留扣 嘉善县交通运输有限责任公司

谢仁兴 海盐县横港乡万丰村

朱金高 海盐棉纺织厂

方亚琴(女) 海盐县人民法院

陆 英(女) 海盐县人民医院

朱胜良 浙江一星集团有限责任公司

沈圣龙 嘉兴龙源绢麻纺织有限公司

蔡惠民 嘉兴市效区新丰镇佳惠畜禽食品实业公司

沈雨明(女) 嘉兴市洛东丝厂

应华伦 嘉兴市郊区凤桥镇三星村

蔡福康 嘉兴市秀城区华康工贸公司

张炎根 嘉兴市东栅电杆厂

1999、2000 年度（56 名，不含已撤消 1 名）

金炳华 嘉善县农林局

杨顺化(女) 嘉善县公安局

张志明 日升电子(嘉善)有限公司

胡锡弘 嘉善县第二中学

顾金明　嘉善县干窑镇俞曹村

谢剑忠　平湖市华神皮革(集团)有限公司

张保根　浙江星阁建材集团有限公司

许春法　平湖市公安局

朱敬东　平湖市艺术小学

金爱英（女）　平湖市金瓶纺织有限责任公司

金玉明　平湖市新仓镇战斗村

潘永跃　海盐县自来水公司

金惠明　浙江嘉兴中达集团有限责任公司

张金良　浙江元济高级中学

金建康　海盐县供电局

周金连　海盐县于城镇八字村

许永明　海宁市供电局

黄人健　海宁纺织机械厂

何菊良　海宁市水利农业机械局

潘广通　浙江天通电子股份有限公司

李明华(女)　浙江卡森集团

徐礼达　海宁市丁桥镇一新村

沈祖兴　海宁市长安镇东方红村

张肖华　桐乡市人民检察院

胡根仙（女）　桐乡市崇德丝厂梧桐分厂

成建林　桐乡市威泰纺织有限责任公司

宋匡乾　桐乡市第一实验小学

吴应发　浙江新都水泥有限公司

罗赛金（女）　桐乡市新生乡油车桥村

傅生荣　桐乡市乌镇镇陈庄村

吕　声　嘉兴市秀洲区人民检察院

张觉民　嘉兴市秀洲区文化馆

徐新泉　嘉兴高级中学

许水林　嘉兴市豪杰金属家具有限责任公司

董见麟　嘉兴市秀洲区王店镇红联村

沈桂妹（女）　嘉兴嘉益精品针织有限公司

汪泽韵（女）　嘉兴市秀城区人民政府建设街道办事处

姜锦富　嘉兴市新阳真丝针织厂

张贵明　嘉兴市秀城区余新镇吕塘村

姚建元　秦山核电公司

戚国水　嘉兴发电有限责任公司

鲁　俭(女)　民丰集团公司

邵生富　浙江嘉化实业股份有限公司

孔庆雨　加西贝拉压缩机有限公司

蒋若峰　嘉兴市司法局

夏金凤（女）　嘉兴市供销合作社幼儿园

周立秀　嘉兴市食品肉类有限公司

王惠萍（女）　嘉兴市城建职工培训中心

方柏如　嘉兴市城市建设监察支队

李云泉　嘉兴市气象局

王　震　嘉兴市粮油食品土畜产对外贸易公司

吴颖生　嘉兴市第一中学

章水强　嘉兴市南湖革命纪念馆

张　岚（女）　中信实业银行嘉兴支行

徐　青(女)　嘉兴市第二医院
王　洪　嘉兴市公路运输管理稽征处
2001、2002年度（60名）
马　炎　浙江钱江生物化学股份有限公司
钱怡松　浙江洁华环保科技有限公司
胡娟英(女)　海宁市人民医院
孙光兴　海宁市农业技术推广中心
俞海鹰　海宁大厦
王得强　海宁周王庙镇石井村
陈永发　桐乡市胖子蔬菜有限责任公司
董志超　桐乡市印刷有限公司
陈士仙(女)　浙江桐昆集团
毛莉君(女)　桐乡市高级中学
俞建跃　桐乡市供电局石门供电所
吴明松　桐乡市梧桐街道安乐村
姚海滨　浙江天女集团稀土永磁有限公司
朱在龙　浙江景兴纸业集团公司
杨树春　平湖市人民法院
陆引华(女)　平湖市新仓镇医院
张伟萍(女)　中国农业银行平湖市支行
纪爱玲（女）　平湖市金瓶纺织有限责任公司
沈根付　平湖新埭镇丁桥二组
叶菊明　嘉兴市善通运输(集团)有限公司
孙志华　浙江双飞无油轴承有限公司
张志良　嘉善县公安局治安大队
朱玉林　嘉善县陶庄镇汾南村
柴金甫　嘉善县大云镇东云村
姜仁英(女)　海盐丝厂
马雪明　海盐三马发展有限公司
刘　瑾(女)　海盐县武原镇农技站
许旦红（女）　中国工商银行海盐县支行
陈其昌　海盐县澉浦镇中心小学
钱文云　嘉兴元丰纺织有限公司
沈菊生　嘉兴市秀洲区新塍镇洛西村
叶炳钰　嘉兴市秀洲区建筑工程管理处
马火林　浙江龙源纺织有限公司
刘吉平　嘉兴市秀洲区妇幼保健所
赵其法　嘉兴市天线实业有限责任公司
李文琴（女）　嘉兴森创时装有限公司
施俊发　嘉兴市秀城区农业经济局
钟伟华　嘉兴市秀城区公安分局
蔡天法　嘉兴市秀城区余新镇农业技术推广站
章昌江　浙江电信嘉兴市分公司
孔繁钢　嘉兴电力局
商人龙　民丰特种纸股份有限公司
张茂水　浙江嘉康电子股份有限公司
巴增鸿　浙江嘉化实业股份有限公司
郁影萍（女）　浙江五芳斋实业股份有限公司粽子厂
孙汉忠　嘉兴市中级人民法院
骆小民　嘉兴市建筑业管理处

袁银祥 嘉兴市园林绿化工程公司
黄锦发 嘉兴市土壤肥料工作站
杜庆花（女） 嘉兴市新正方国际贸易公司
孙祥良 嘉兴市农业科学研究院
王雪根 浙江科技工程学校
孟嘉伟 嘉兴日报社广告中心
李爱良 中国太平洋人寿保险股份有限公司嘉兴中心支公司
葛嘉美(女) 嘉兴市妇幼保健院
徐金瑞(女) 嘉北街道天河社区
顾建明 嘉兴市教育局基建管理处
张益平 浙江中基世航乍浦港口有限公司
张建成 秦山核电公司
吴献忠 电子科技集团公司36研究所

2003—2007年度（96名）

王志康 嘉善县西塘镇星建村
杨永兴 嘉善县西塘镇中心小学
程六妹(女) 嘉善县魏塘镇环境卫生管理所
许忠明 浙江长盛滑动轴承有限公司
阳丽平(女) 嘉善县魏塘镇新居民事务所
潘菊明 嘉兴碧云花园有限公司
周引春 浙江双飞无油轴承有限公司
李全良 嘉善梅园大酒店
吴雪军 嘉善县公安局惠民镇派出所
徐福生 平湖市供电局当湖供电所
王 彤 浙江比例包装股份有限公司
费永华 平湖市悦春毛衫制衣有限公司
黄德荣 浙江伴宇实业股份有限公司
俞仿明 平湖市新仓镇秦沙村
刘建英（女） 嘉兴永成制衣有限公司
沈守贤 浙江景兴纸业股份有限公司
刘云良 平湖市保丽洁服务有限公司
胡徐燕(女) 平湖市福臻中学
时新华 平湖市曹桥街道办事处
殷新平 海盐香溢大酒店有限责任公司
卢 明 海盐元济高级中学
张李生 海盐县于城鳖业合作社
张会芬（女） 嘉兴海棠电子有限公司
梁光耀 浙江海利普电子科技有限公司
张海锋 海盐县西塘派出所
金永生 嘉兴市博莱特纸业有限公司
周阿囡(女) 海盐县农作物管理站
步志根 海盐黄沙坞柑桔合作社
毛伟华 海宁万方经编有限公司
姚岳良 浙江鸿翔建设集团
徐红雨 浙江卡拉扬商务休闲用品有限公司
方 明 海宁市郭店绿园苗场
郁国民 海宁市超越养殖场
张 虹（女） 海宁华联大厦有限

公司

冯叙庆　海宁市公安局刑侦大队

吴少华　海宁日报社

陈新益　海宁市供电局

姚　晶（女）　海宁市旅游有限责任公司

曹建维　海宁市金潮实业有限公司

蒋林娜　桐星集团

卫松根　浙江申河水泥有限公司

庄奎龙　浙江新凤鸣化纤有限公司

张永根　桐乡市董家茭白专业合作社

沈炳荣　桐乡市石门镇殷家漾村

沈林标　桐乡市公路管理段养护公司

胡红丽(女)　桐乡灯具厂

张　炜(女)　桐乡市高级中学

张小英（女）　桐乡市公安局城南派出所

徐心群（女）　中国农业银行桐乡市支行

钟钰平(女)　桐乡市妇幼保健院

程　柳(女)　桐乡市骑塘丝厂

林红波　南湖区城市管理行政执法局

沈福良　嘉兴市福良蜗牛生产经营合作社

居丽华(女)　南湖区余新镇中学

朱福观　浙江大华包装集团有限公司

谢炳良　南湖区七星镇博山村

刘锐锋　浙江新阳服饰股份有限公司

盛富林　浙江金悦王朝投资有限公司

孙国英（女）　南湖区解放街道虹桥社区

钟张明　嘉兴亚华印刷机械有限公司

翟景梅(女)　嘉兴高级中学

李建明　秀洲区王店镇建林村

沈月根　秀洲区人口计划生育与卫生局

包国伟　秀洲区公安分局王江泾派出所

陶剑慧（女）　秀洲区人事劳动社会保障局

庄凤翔　浙江海利士电器有限公司

张文芳　浙江南湖建设有限公司

杨永芳（女）　嘉兴经济开发区嘉北街道阳海社区

丁家红　嘉兴市港务管理局

顾巧明　嘉兴港区乍浦镇天妃小学

殳董良　嘉兴检验检疫局乍浦办事处

王德源　浙江烟草公司嘉兴分公司

沈霞芳(女)　嘉兴市地方税务局

石　斌　嘉兴市质量技术监督局

方建义　嘉兴市公路管理处

徐　鸿　嘉欣丝绸公司

董关巨　嘉兴市电信分公司

尤志江　浙江金丰果品有限公司(嘉兴农产品市场)

龚晓峰　加西贝拉压缩机有限公司

李建荣　民丰特种纸股份有限公司

王宏亮　浙江嘉化集团股份有限公司

沈海良　浙江禾欣实业集团股份

有限公司

查人光 嘉源给排水有限公司

金 平 嘉兴市社会发展投资集团有限公司

袁 民 中国移动浙江有限公司嘉兴分公司

边永高 嘉兴市农经局

王建华(女) 嘉兴市房地产管理处

姚建星 嘉兴三中

刘 霞(女) 嘉兴市妇幼保健院

单国强 嘉兴市劳教所

李森祥 嘉兴市艺术创作研究所

查雪梅(女) 农行嘉兴秀洲支行

张海标 嘉兴市电力局秀洲供电分局

陈吕军 浙江清华长三角研究院

陈秋荣 中科院嘉兴中心

赵士雄 嘉兴市劳动和社会保障局

2005 年

张康杰 嘉兴国鸿集团

嘉兴市先进集体

1991、1992 年度先进班组 (30 个)

嘉兴市机械研究所第二研究室

嘉兴电力局王店供电站

嘉兴市邮电局电缆班

嘉兴市第二冶金机械厂冶炼三班

嘉兴市中山粮油食品商场五号柜

嘉兴市郊信用合作社嘉北信用社中山储蓄所

嘉兴市进出口公司纺织品分公司纺织品科

嘉兴市建筑安装工程公司预制厂砼班

海宁市公路管理段新仓道班

海宁市人民医院外一科(组)

海宁富顺昌袜厂织袜四车间缝头二组

海宁中丝三厂缫丝车间十六小组

海宁市邮电局程控班

海宁制革厂一车间削匀组

桐乡市屠甸供销社生资商店肥药部

桐乡市第一人民医院六病区医疗小组

桐乡市文化体育用品商店文具柜

浙江华伦化学纤维厂前纺丁班

桐乡市公安局通信组

平湖二轻水泥厂技改安装组

平湖化肥厂造气四班

平湖电视台有线电视组

嘉善县玻璃钢总厂金工车间动力组

嘉善百货纺织品批发公司第二百货商店针织柜组

嘉善油脂化工厂锅炉操作班

海盐机械厂经营科销售组

海盐县第二丝厂缫丝车间一组

海盐县建筑工程公司李伟高班

嘉兴市不锈钢制品总厂三分厂铝瓶班

嘉兴市公安局城区分局新兴派出所治户政组

1993、1994 年度先进班(柜)组 (25 个)

嘉兴送变电工程公司变电队

民丰集团公司波特贝纸业有限公司十号机乙班

嘉兴冶金机械厂钻具分厂磨床八班

嘉兴化工四厂固化剂组

嘉兴一中数学组

江南大厦床上用品柜

嘉兴市人民检察院贪污贿赂侦查局

嘉兴市土地管理局地籍管理科

嘉兴图书馆外借部

嘉兴电视台社教部

海宁富顺昌袜厂织袜车间弹力织袜甲班一组

海宁丝厂立缫甲乙班1组

海宁纺织机械实业总公司装配分厂油漆组

桐乡毛纺织有限公司粗二车间乙班

桐乡玻璃纤维厂新产品试制小组

桐乡南日供销社史桥农资门市部

平湖橡胶厂五车间四辊班

平湖百货公司中百商都服装部精品柜

嘉善大厦鞋帽柜

嘉善县索具总厂销售科

海盐县运输公司海盐运13号轮

海盐县丝织地毯厂绘图设计组

王店人民医院外科

嘉兴红楼商厦副食品部速冻柜

嘉兴避雷器厂新产品开发小组

1995、1996年度先进班(柜)组(25个)

浙江嘉兴钢铁(集团)有限责任公司第一轧钢车间一工段轧机班

嘉兴绢纺厂织绸分厂甲班一组

嘉兴市城郊航运管理所思古桥监控站

嘉兴市物价局物价检查所

嘉兴市人民检察院反贪污贿赂局

嘉兴市秀州中学物理教研组

嘉兴市园林绿化工程公司三塔花圃

嘉兴市新华书店教材发行部

嘉兴市工业品总公司日化批发站

嘉兴市五交化总公司交电商店

中国银行嘉兴市分行储蓄专柜

浙江海宁中丝三厂自缫车间第七小组

海宁市星火百货商店小百货柜组

海宁市高级中学数学教研组

桐乡煤矿机械厂减速箱生产装配小组

桐乡市供电局调度所

桐乡市高级中学高三年级组

平湖第一人民医院门诊部注射室

平湖市公安局城关派出所户籍内勤室

嘉善县汽车运输装卸公司装卸操作十一班

嘉善县魏塘环境卫生管理所城东片清扫组

海盐农药厂锅炉班

海盐棉纺织厂细纱车间丙班第三生产小组

浙江嘉兴红楼股份有限公司文体用品柜

嘉兴市福泰塑胶制品有限公司注塑班

1997、1998年度先进集体(30个)

海宁市金潮实业有限公司科研所

海宁市妇幼保健院产科病区

海宁大厦家电批发站

中国工商银行桐乡市支行东门储蓄所

桐乡市南日供销合作社农业生产资料商店

桐乡水泥厂双锤针织有限公司经编工段

平湖市金瓶纺织有限责任公司二纺前纺丙班工段

平湖市信用联社计划信贷科

嘉善县医药总公司长春药店

嘉善县第一人民医院外三科

海盐丝厂自缫6台甲班

海盐县医药总公司武原分公司健民药店

嘉兴市郊区新丰中心医院外科

嘉兴市郊信用联社王江泾信用社营业部

嘉兴市南洋箱包旅游用品厂科技攻关小组

嘉兴嘉化(集团)有限责任公司电化厂电解工段

嘉兴电池厂四车间四组

嘉兴市机械研究所制冷技术开发服务部

嘉兴市电信局中山路电信营业厅

嘉兴市公安局特巡警支队

嘉兴市杭嘉湖南排工程总指挥部

嘉兴市教育委员会基建管理处

浙江欣欣饲料股份有限公司生产技术部

浙江江南大厦股份有限公司衬衫柜组

嘉兴中房建筑设计研究院建筑室

嘉兴市园林绿化工程公司百花苗圃绿化班

嘉兴市农业科学研究所水稻育种研究室

嘉兴市栅堰小学青年教科组

嘉兴市南湖革命纪念馆接待科

嘉兴经济开发区工程建设管理处

1999、2000 年度先进集体 (30 个)

嘉善地税魏塘中心所办税服务大厅

嘉善黄酒股份有限公司销售科

浙江平湖莎普爱思制药有限公司药物研究所

平湖市工商行政管理局企业登记注册科

海盐广大纺织有限责任公司前纺车间乙班

浙江金达创业股份有限公司精炼车间甲班

海宁市华联大厦购物中心食品部

海宁市人民医院妇产科

海宁市金潮实业有限公司发酵分厂

桐乡市中洲化纤有限责任公司生产设备科

桐乡市人民法院民事审判庭

桐乡煤矿机械厂大金工车间立车组

嘉兴市桥梁工程队第九施工队

嘉兴市秀洲区田乐农村信用合作社

嘉兴市公安局秀城区分局建南派出所

嘉兴欣欣油脂有限公司生产技术部

嘉兴市机械研究所第一研究室

嘉兴市电力局线路工区带电一班

嘉兴禾欣化学工业有限公司生产技术部

嘉兴市医药集团有限公司中成药分公司

嘉兴市公安局国内安全保卫处

嘉兴市计算中心

浙江欣欣饲料股份有限公司销售部

嘉兴宾馆 2 号楼服务班

嘉兴市城市建设管理处

嘉兴市市区旧城改造指挥部

浙江嘉康电子股份有限公司电子陶瓷研究开发中心

嘉兴市教育委员会教研室

嘉兴有线广播电视台网络传输中心

嘉兴经济开发区管理委员会经济发展局企业服务科

2001、2002 年度先进集体 (30 个)

浙江天通电子公司销售公司

海宁市公安局刑侦支队

海宁市信用社硖石城南分社

桐乡市第一人民医院脑外科

桐乡市健民过滤材料有限公司过滤器材技术中心

桐乡第一中学高三年级组

平湖市地方税务局当湖征管局

平湖市供电局新仓供电营业所

中国银行嘉善支行储蓄专柜

嘉善第二高级中学政教处

海盐宇星螺帽公司冷镦车间

海盐县元济高级中学数学教研组

嘉兴市公安局秀洲分局治安大队

嘉兴市秀洲区文化馆美术辅导部

嘉兴市清河中学政教处

嘉兴市秀城区新嘉街道西马桥社区

民丰特种纸股份有限公司六分厂造纸工段

浙江嘉信医药公司药品销售分公司

浙江移动通信有限责任公司嘉兴分公司市场部

浙江江南大厦股份有限公司黄金珠宝部

嘉兴宾馆二号楼服务班

浙江禾欣实业股份公司技术中心

嘉兴市公安局交警支队三大队

嘉兴市房管处产权交易服务大厅

嘉兴市公共交通公司 3 路线组

浙江正原电气股份有限公司机电高新研究开发中心

嘉兴市实验小学语文教研组

嘉兴市少体校田径教研组

嘉兴市社会保险事业局征缴一科

韩泰轮胎有限公司生产二科成型工程 A 组

2003-2007 年度先进集体 (29 个)

嘉兴市善通运输(集团)有限公司客运中心售票组

浙江弘安纸业有限公司

平湖市新埭镇水利农技服务中心

浙江川电钢板加工有限公司冲压课(制造二部)

海盐县广播电视台新闻综合频道

人行海盐县支行营业室

浙江虎霸建设机械有限公司

海宁市地方税务局硖石分局

中国工商银行海宁工人路支行

浙江新都绿色能源有限公司

桐乡市乌镇旅游开发有限公司导游服务中心

浙江天女集团制漆有限公司炼油车间树脂合成班组

嘉兴市区(96345)社区服务求助中心

嘉兴市中华化工有限责任公司邻·对硝车间

秀洲区畜牧兽医监督管理局

浙江大树置业股份有限公司营销部

嘉兴市港口开发建设有限责任公司

嘉兴市社会福利院儿童部

嘉兴市科技馆

加西贝拉压缩机有限公司

嘉兴农产品交易中心开发建设有限公司综合业务部

嘉兴市文化名城投资集团有限公司房建工程部

嘉兴市粮食收储有限公司

嘉兴市园林绿化工程公司

秀洲中学

嘉兴市卫生监督所

嘉兴市人民检察院民事行政监察处

嘉兴广电总台新闻频道

中国人民银行嘉兴市中心支行国库科

第二节　五一劳动奖章(奖状)获得者名录

全国五一劳动奖章获得者

1991 年(2 名)

毛亚萍（女）　平湖棉纺织厂细纱挡车工

陆忠岳　嘉兴制丝针织联合厂厂长

1992年(2 名)

朱祖柯　浙江制丝一厂车间主任

杨莉华（女）　桐乡县梧桐丝厂缫丝工

1993 年(2 名)

来乐春　嘉兴市郊区农业科学研究所副所长

蒋建中　嘉兴化工厂造冰小组组长

1996 年(3 名)

李　明　嘉善县总工会主席

张锦浩　嘉兴市桥梁工程队队长

徐　红(女)　海宁中丝三厂缫丝工

1997 年(2 名)

傅一鸣（女）　嘉兴市第三中学副校长

刘雪珍（女）　嘉兴富源制衣有限公司挡车工

1998 年(2 名)

朱雪珍(女)　平湖丝厂缫丝工

洪根林　嘉兴民丰集团起重工

1999 年(1 名)

谭炳法　桐乡市第一中学校长

2001 年(2 名)

陆　英（女）　海盐县人民医院儿科副主任、副主任医师

朱善忠　浙江禾欣实业股份有限公司董事长兼总经理

2002 年(2 名)

张　岚（女）　中信实业银行嘉兴支行会计

黄人健　浙江省海宁纺织机械厂组长

2003 年(2 名)

任维进　浙江中元建设股份有限公司排水设施所所长

朱敬东　平湖市艺术小学教师

2004 年(3 名)

葛嘉美（女）　嘉兴市妇幼保健院产科主任

巴增鸿　浙江嘉化实业股份有限公司工段长

陆金星　嘉善县疾病预防控制中心传染病防治科科长

2006 年(3 名)

朱屹峰　嘉兴市南湖区大桥镇江南村绿江葡萄专业合作社秘书长、高级农技师

沈文标　浙江同力重型机械制造有限公司车间主任、助理工程师

步海兵　嘉兴市港航管理局副局长、高级工程师

2007 年(3 名)

陆鑫泉　嘉兴市秀洲区新塍镇政府民政助理

江力勤　嘉兴市第一医院副院长、主任医师

朱张金　浙江卡森实业有限公司技术中心主任,高级经济师

2008 年(3 名)

金惠明　嘉兴中达集团有限责任公司董事长

殳董良　嘉兴出入境检验检疫局乍浦办事处二科科长

程六妹(女)　嘉善县魏塘环境卫生管理所公厕保洁班班长

2009 年(5 名)

沈守贤　浙江景兴纸业股份有限公司党委副书记

陈新益　海宁市供电局工人

胡晓丽(女)　桐昆集团股份有限公司工人

沈振明　浙江汇信进出口股份有限公司副总经理

张毓强　巨石集团有限公司董事长

2010 年(1 名)

董长杰　嘉兴市城市投资发展集团有限公司总经理

全国五一劳动奖状获得者

1991 年(1 个)

海宁布厂织造车间丙班一组

1992 年(2 个)

嘉兴制丝针织联合厂

嘉兴化工厂造冰小组

1996 年(1 个)

民丰集团浙江波特贝纸业有限公司十号机台乙班

1999 年(1 个)

嘉兴民丰集团公司

2001 年(1 个)

浙江欣欣饲料股份有限公司生产技术部

2003 年(1 个)

加西贝拉压缩机有限公司铸造车间熔化组

2004 年(1 个)

桐昆集团公司

2006 年(1 个)

浙江正原电气股份有限公司技术中心

2007 年(1 个)

加西贝拉压缩机有限公司

2008 年(1 个)

嘉兴市南湖区民政局 96345 社区服务求助中心

2009 年(1 个)

嘉兴电力局

浙江省五一劳动奖章获得者

2007 年(6 名)

商阿根　嘉兴银城精细化工有限公司班长

胡晓丽(女)　桐昆集团副班长

吴建林　嘉兴市港航管理局城郊

处三塔检查站副站长

王幸平 嘉兴市第三中学校长、中学高级教师

沈锦坤 嘉兴市芽芽水泥有限公司董事长、高级经济师

冯晓科 嘉兴电力局副总工程师、高级工程师

2008 年(6 名)

金新宇（女） 浙江省海宁市高级中学副校长、中学高级职称

汤志忠 嘉兴市富胜达染整有限公司叉车工

魏建铭 嘉兴市园林绿化工程公司苗木公司经理、高级工

陆继华 民丰特种纸股份有限公司浆纸工段长、技师

李 冶（女） 浙江省桐乡市广播电视台广播节目中心副总监、主任编辑

张志芳 嘉兴市恒光电力建设有限责任公司变电安装工、工程师

2010 年(6 名)

宋福才 嘉善县公路管理段养护工、技师

于立新 平湖市交通工程建设管理处主任、工程师

王金良 海盐县农业技术推广中心常务副主任、高级农艺师

孟凡国 浙江清华长三角研究院院长助理、研究员

邱金泉 嘉兴市国鸿汽车运输有限公司客运分公司大客驾驶员

张伟聪 中国移动嘉兴分公司党委书记、总经理、高级经济师

浙江省五一劳动奖状获得者

2007 年(2 个)

浙江景兴纸业股份有限公司

海盐县自来水公司抢修维护中心

2008 年(2 个)

浙江嘉兴中达集团有限责任公司

嘉兴市嘉源给排水有限公司营业厅

2010 年(2 个)

新凤鸣集团股份有限公司

浙江洁华控股股份有限公司技术部

第三节 “工人先锋号”获得者名录

“全国工人先锋号”获得者

2008 年(3 个)

嘉兴市城郊港航管理处思古桥港航管理检查站

桐昆集团浙江恒盛化纤有限公司聚合一车间中控室

嘉兴市南湖区民政局嘉兴市区(96345)社区服务求助中心

2009 年(2 个)

加西贝拉压缩机有限公司技术开发部

嘉兴善通运输(集团)有限公司客运中心售票组

“全国抗震救灾、重建家园‘工人先锋号’”获得者

2008 年(1 个)

浙江金汇休闲制品有限公司缝纫车间

浙江省“工人先锋号”获得者

2008 年(6 个)

嘉兴市城郊港航管理处思古桥港

航管理检查站

桐昆集团浙江恒盛化纤有限公司聚合一车间中控室

嘉兴市南湖区民政局嘉兴市区(96345)社区服务求助中心

江南大厦股份有限公司周大福珠宝分店

嘉兴市善通运输(集团)有限责任公司嘉善县客运中心售票组

加西贝拉压缩机有限公司技术开发部

2009 年(5 个)

民丰特种纸股份有限公司第六造纸分厂

中国移动通信集团浙江有限公司嘉兴分公司网络部网优中心

浙江烟草公司嘉兴分公司配送中心

嘉兴市中华化工有限责任公司邻对硝车间

嘉兴蓝特光学有限公司长条车间

2010 年(5 个)

嘉兴电力局修试工区继电保护一班

中国电信股份有限公司嘉兴分公司 10000 运营中心

07 省道嘉兴征费管理所 07 省道嘉兴收费站

洁华控股股份有限公司技术部

巨石集团三分厂拉丝工段

浙江省抗震救灾“工人先锋号”获得者

2008 年(2 个)

嘉兴市急救中心

浙江豪杰金属家具有限公司缝纫车间

嘉兴市“工人先锋号”获得者

2008 年(30 个)

嘉兴市善通运输(集团)有限责任公司客运中心售票组

浙江昱辉阳光能源有限公司单晶四车间一班

浙江星阁集团有限公司化验室物检组

浙江川电钢板加工有限公司冲压课

海盐县港航管理处办证中心

浙江海利控股集团精诚纺织生产部

浙江锦达新材料股份有限公司杰玛湿发班组

海宁市社会保障管理中心

桐乡烟草公司市场部

桐昆集团浙江恒盛化纤有限公司聚合一车间中控

浙江大华包装集团有限公司包装四车间印刷班

浙江卫星控股集团财务审计部

嘉兴捷顺旅游制品有限公司研发中心

浙江禾城农村合作银行营业部综合柜

嘉兴市质量技术监督稽查支队

嘉兴市第一医院 ICU

浙江正原电气股份有限公司整机车间

浙江省烟草公司嘉兴分公司配送中心

嘉兴广播电视大学办公室(科研处)

07 省道嘉兴征费管理所监控中心

嘉兴市园林绿化养护公司(绿化队)

嘉兴市港口发展投资有限公司技

术工程部

浙江江南大厦股份有限公司周大福珠宝分店

民丰特种纸股份有限公司第六造纸分厂

中国电信股份有限公司嘉兴分公司10000号客服中心

嘉兴市嘉源给排水有限公司营业厅

嘉兴电力局500千伏王店变电所

加西贝拉压缩机有限公司技术开发部

浙江嘉化集团股份有限公司变电所

中国人民财产保险股份有限公司嘉兴市分公司第一营业部

2009年(30个)

加西贝拉压缩机有限公司市场营销部

嘉兴市公共交通公司8路线组

中国银行股份有限公司嘉兴市分行营业部储蓄专柜

中国移动通信集团浙江有限公司嘉兴分公司网络部网优中心

嘉兴新嘉爱斯热电有限公司运行部运行甲值

浙江嘉化集团股份有限公司农药分厂氯化物工段

嘉兴电力局修试工区继一班

浙江省嘉兴市地方税务局第一税务分局办税服务大厅

嘉兴市第二医院康复医学中心

韩泰轮胎有限公司生产三部二科B组

嘉兴市烟草专卖局专卖稽查大队

嘉兴市教育装备与信息中心《嘉兴教育网》组室

嘉兴市公路运输管理处行政许可办证中心

嘉兴市城建职工培训中心客房部

浙江合盛化工有限公司DCS中央控制室

中石化杭浦高速海宁服务区加油南站

嘉兴天马打印机耗材有限公司高新技术研发中心

嘉兴市商业银行嘉善支行营业部

平湖市96345社区服务中心

天一集团股份有限公司技术中心

海盐县工商行政管理局工商注册窗口

中国电信股份有限公司海盐分公司客户支撑中心

海宁市民政局婚姻登记处

浙江海利得新材料股份有限公司塑胶事业部

浙江鼎坤服装有限公司套口车间

巨石集团三分厂拉丝工段

闻泰集团有限公司品保部

嘉兴市中华化工有限责任公司邻对硝车间

嘉兴蓝特光学有限公司长条车间

嘉兴市工商行政管理局秀洲分局注册窗口

2010年(30个)

加西贝拉压缩机有限公司动力安全部

嘉兴电力局南湖供电分局红船服务队

民丰特种纸股份有限公司民丰山打士 #19 机浆纸工段

中国联合网络通信有限公司嘉兴市分公司网络建设部

嘉兴新嘉爱斯热电有限公司运行丙值

中国电信股份有限公司嘉兴分公司 114 号码百事通运营中心

中国移动嘉善分公司网络部

嘉兴职业技术学院纺织与艺术设计分院

嘉兴中宝碳纤维有限责任公司浸胶乙班

嘉兴市烟草公司营销中心订单部

嘉兴市戴梦得购物中心有限公司超市收银组

嘉兴日报经济新闻部

嘉兴市公共交通公司 3 路线组

嘉兴市公路路政管理支队高速公路大队杨彬分队

嘉兴市中医医院门诊服务中心

浙江世航\五洲乍浦港口有限公司工程技术部电气维修班

嘉善县烟草专卖局西塘专卖管理所

嘉善县太浦河管理所陶庄管理站

平湖市劳动和社会保障局劳动仲裁院

平湖市行政服务中心招投标中心

海盐县港航管理处白苎港航管理所

海盐县供电局调度室

洁华控股股份有限公司技术部

浙江锦达新材料股份有限公司钳帮车间

嘉兴市圣丹丽鞋业有限公司钳帮车间

桐乡市思源纺织有限公司精纺车间细纱工段

嘉兴南湖南方水泥有限公司粉磨二线

浙江威能消防器材股份有限公司技术中心

浙江三十秋服饰有限公司套口车间

浙江豪杰金属家具股份有限公司技术中心

第四节 “嘉兴市勇克时艰杰出职工”名录

2009 年(10 名)

程　柳(女)　桐乡骑塘丝厂自动缫挡车工

王文智　加西贝拉压缩机有限公司技术开发部主任工程师

钟张明　嘉兴亚华印刷机械有限公司质检科科长

许忠明　浙江长盛滑动轴承有限公司金模车间车工组长

王国付　嘉兴中达进出口贸易公司钢管组组长

邱金泉　国鸿汽运客运分公司快客驾驶员

吴春锋　浙江依爱夫纺织有限公司电工

陈根富　嘉兴市芽芽水泥有限公司粉磨二线机修班班长

刘　伟　嘉兴联通公司移动运维部网优中心主任

蒋 帆 海宁市顺达印花装饰品有限责任公司生产部副主任

2010 年(10 名)

朱洪春 嘉兴南湖供电分局“红船服务队”队长

许 栋 浙江禾城农村合作银行洪合支行营业部柜员

仲顺金 嘉兴市保安服务公司出租车中心嘉兴市的士爱心车队车队长

步海锋 浙江华城集团公司员工

严敏娟（女） 中国联合网络通信有限公司嘉兴市分公司集团客户经理

英语教研组 嘉兴南湖国际实验学校英语教研组 14 名年轻女教师

徐明群 海盐联合钢锯厂研发中心主任

唐爱英（女） 嘉兴嘉诚动能设备有限公司焊接组班长

曹应标 巨匠建设集团有限公司项目经理

潘敏珠（女） 海宁市第三人民医院妇产科主任

第六篇 丛 录

第一章 地方党政重要文件

市委办公室 市政府办公室 转发《关于加快组建外商投资企业工会的意见》的通知

市委办〔1993〕53号

各县(市、区)委,县(市、区)人民政府,市级机关各部门,市直属各单位:

市总工会,市外经委《关于加快组建外商投资企业工会的意见》,已经市委、市政府同意,现转发给你们,请结合实际,抓紧组织实施。

中共嘉兴市委办公室
嘉兴市人民政府办公室
一九九三年十月四日

关于加快组建外商投资企业工会的意见

市委、市政府:

随着我市改革开放的不断深入,全市外商投资企业有了较快发展。到目前为止,全市已批准的外商投资企业累计达到548家。这对利用国外资金、资源和先进技术,推动我市经济发展起到积极作用。

为了加快我市外商投资企业工会的组建进程,加快外商投资企业工会工作,根据《工会法》、《中外合资经营企业法》、《浙江省外商投资企业工会条例》的规定,提出以下意见:

一、要充分认识在外商投资企业组建工会的重要性和必要性。

兴办外商投资企业是实行改革开放方针的一项重要措施。抓好外商投资企业工会的组建工作,加强外商投资企业工会工作,是依靠工人阶级,扩大对外开放,办好外商投资企业的需要;是建立稳定的劳动关系,改善投资环境,更好地吸引外资工作的需要;是适应对外开放,提高职工群众素质,加强职工队伍建设的需要;也是加强党在外商投资企业的工作,保证党的方针政策贯彻落实的需要。因此,做好这项工作,既是改革开放形势发展的需要,又是法律赋予外商投资企业职工和工会的权益,是合情合法,十分必要的。

二、加强对外商投资企业组建工会工作的领导。

各级党委和企业主管部门,要把外商投资企业组建工会列入工作议事日程,加强领导,统一部署,协调和帮助解决外商投资企业工会筹建工作中碰到的一些问题。县(市、区)总工会、乡镇工会及各系统(产业)工会联合会,要把外商投资企业组建工会作为近阶段一项重要工作来抓,切实做好外商投资企业组建工会的指导和审批工作。外商投资企业应当尊重职工的合法权益,积极支持本企业职工依法建立工会。

外商投资企业工会的组建,应由本企业提出建立工会组织的申请,报上一级工会同意,由上一级工会与企业协商,指导职工组建工会。外商投资企业工会会员人数在 25 人以上的,设立工会委员会,工会委员会主席、副主席、委员,由会员大会或会员代表大会民主选举产生,报上一级工会批准。外商投资企业工会会员人数不足 25 人的,由会员民主选举组织员 1 人,组织会员开展活动。

外商投资企业职工人数较多的(200 人左右),企业工会经与企业协商,设置专职工会工作人员。

外商投资企业女职工人数在 25 人以上的,设女职工委员会。

外商投资企业应按《工会法》等有关规定,向企业工会拨交工会经费,为工会的办公和活动提供必要的场所和设施。

外商投资企业工会应当尊重企业投资者的合法权益,支持企业搞好生产和经营管理。并从本企业实际出发,勇于实践,积极探索适合本企业实际的工会工作方法和途径。

三、加快外商投资企业组建工会的进程。

凡是我市已投入正常生产而尚未建立工会的外商投资企业,均应按《工会法》、《中国工会章程》规定,在明年年底以前建立工会组织。

四、外商投资企业工会的地位、权利和义务。

外商投资企业工会的法律地位、组织原则、权利和义务、以及活动保障,均按《工会法》、《中国工会章程》、《浙江省外商投资企业工会条例》的规定执行。

以上意见如无不当,请批转执行。

嘉兴市总工会
嘉兴市外经委
一九九三年九月七日

关于在政府工作中进一步发挥工会民主参与和社会监督作用的通知

嘉政发〔1997〕137 号

为了进一步发挥工会在政府工作中的民主参与和社会监督作用,增强政府决策的民主性和科学性,更好地调动广大职工的积极性,推进改革的深入和社会经济的发展,根据省人民政府浙政

发[1996]201号《关于在政府工作中进一步发挥工会民主参与和社会监督作用的通知》精神,结合我市实际,特作如下通知:

一、各部门、各单位应当尊重《中华人民共和国工会法》规定的工会的地位和权利,支持工会参政议政,保障工会依照国家法律和工会章程开展活动,依法维护职工的合法权益。

二、各部门、各单位在研究制定本部门、本单位重大方针政策和改革方案,以及召开关系全局的重要会议时,应根据需要邀请工会参加。

三、各部门、各单位在制定职工教育、劳动、工资、安全生产与劳动保护、社会保障以及其他涉及职工切身利益等重大政策、措施时,应邀请工会参与,广泛听取工会意见。

各部门在开展再就业工程、物价监督、文化管理和劳动争议仲裁等工作中,应充分发挥工会组织的作用。

四、在深化企业改革中,凡涉及企业合并、被兼并、拍卖、破产等重大事项时,应吸收工会参与,企业改制方案应提请职代会审议,听取工会意见和职工群众的反映,以保证改革措施的顺利实施。

五、各部门、各单位要加强同工会的联系,定期、不定期地通过与工会召开座谈会或联席会议等形式,通报政府的一些政策及本部门、本单位的规章制度和重要工作部署,研究解决工会反映涉及职工群众切身利益的重大问题,切实为工会工作解决一些实际困难。

六、各部门、各单位要进一步支持工会在民主参与和社会监督中的作用,经常听取工会对改进本部门、本单位工作的意见和建议。对于严重侵犯职工合法权益和工会干部为维护职工合法权益而受到打击报复的人和事,应按照有关法律、法规的规定,严肃查处。

嘉兴市人民政府
一九九七年八月十四日

关于全心全意依靠职工群众推进企业改革的若干意见

市委〔1997〕17号

为推进我市国有和城镇集体企业改革,根据我国《工会法》、《劳动法》、《公司法》、《全民所有制工业企业法》、《城镇集体所有制企业条例》等法律、法规的规定,结合我市的具体情况,对全心全意依靠职工群众推进企业改革的若干问题,提出如下意见:

一、牢固树立全心全意依靠职工群众办好企业的思想

1. 各级领导尤其是企业的领导班子要牢固树立依靠职工群众办好企业的思想,在政治上保证职工群众在企业中的主人翁地位,在制度上保证职工行使民主参与、民主管理、民主监督的权利。要建设一个全心全意依靠职工群众推进企业改革和发展的好的领导班子,各级党政领导机关及企业主管部门要把民主意识、民主作风、群众观念作为衡量企业领导者的基本政治标准之一。在考核和考察企业领导班子时，要召开职工代表大会(以下称职代会)或职工代表座谈会，广泛听取职工代表的意见。企业应建立和完善职代会对企业行政领导人员的民主评议制度，并把评议结果作为奖惩和任用干部的重要依据。

2. 发挥职工群众在改革中的主力军作用。企业改革方案和措施应广泛、充分地征求职工群众的意见，并经职代会审议。集体企业的改革方案须经职代会审议、通过。企业改革方案的设计既要考虑现代企业制度的要求，又要探索和建立依靠职工群众办企业的机制。

3. 工会要参与企业改革工作的全过程，协助企业党政认真细致地做好职工群众的思想教育工作，促使职工转变观念，积极支持、参与企业的改革。企业工会主席应为企业改革领导机构成员。工会要全过程参与企业内部劳动制度、工资分配、职工福利等方案的研究与制定。改制企业章程中应有加强工会工作的内容。

二、坚持和完善以职工代表大会为基本形式的职工民主管理和民主监督制度

4. 国有、集体企业和国有资产占主导地位的企业，应坚持和完善以职代会为基本形式的职工民主管理和民主监督制度。其他有限责任公司和股份有限公司，可以采取职代会、劳资协商会议以及工会或者职工代表参加或列席有关董事会、总经理办公会等多种形式，组织职工参与民主管理和民主监督。股份合作制企业实行职工股东大会制度。职工股东大会是企业的权力机构，职工股东大会选举产生董事会和监事会成员。企业也可不设董事会，由职工股东大会选举产生或聘任总经理。企业的年度预、决算和利润分配方案、重大投资事项、企业分立、合并、解散等重大决策必须经职工股东大会批准。实行承包、租赁经营的企业，也应组织职工进行民主管理，加强民主监督，以维护职工合法权益。

5. 国有小企业具备条件的可由职工民主选举企业经营班子，并报主管局批准。经营管理不善的国有企业，职代会可以对经营者提出罢免的建议。域镇集体企业要按《城镇集体所有制企业条例》的规定，由职工民主选举和罢免企业经营者和管理人员。

6. 需要建立职工持股会的企业，应根据省总工会、省计经委和省体改委联合下发的《关于在建立现代企业制度试点中加强工会工作和职工民主管理的意见》(浙总工字[1995]58 号)文件和浙江省工商行政管理局浙工商企[1995]42号文件精神，由工会负责建立职工持股会，但会长应民主选举产生。职工持股会要依照有关法规制定章程，在企业工会指导下开展活动。若上级有关部门对职工持股会有新的意见，按新规定办理。

三、建立职工董事和监事制度

7. 国有独资公司、两个以上的国有企业或者其他两个以上的国有投资主体投资设立的有限公司，其董事会成员中应有一定数量的公司职工代表。公司制企业监事会中应有一定数量的职工代表。董事会、监事会成员中的职工代表由公司职工民主选举产生。

8. 企业工会主席一般应作为职工代表经过法定程序进入董事会。未进入董事会的工会主席,则应列席讨论涉及到职工切身利益等问题的董事会议或经理办公会议。也可在适当时候,由党组织和上级工会在进入董事会的党委成员中选择符合条件的人作为工会主席候选人,通过法律程序,选配好工会主席。工会副主席一般应作为职工代表经过法定程序进入监事会。

9. 职工董事、监事在任职期间,享有与其他董事、监事同等的权力和义务,承担同等的法律责任,在参与企业决策时应充分表达职工群众的意见。企业应为职工董事、监事提供培训和工作条件。企业不得无故解除其劳动关系或作不利其工作条件的岗位变化。职工董事和职工监事应定期向职代会报告工作,并接受职代会的监督。

四、建立平等协商和签订集体合同制度

10. 改制企业都要依照《劳动法》同步建立平等协商和集体合同制度。涉及劳动标准、劳动条件等劳动关系方面的问题,应通过工会代表职工与企业行政方面进行平等协商和签订集体合同来确定。集体合同(草案)须经过职代会或职工大会审议通过。已签集体合同的企业,要加强集体合同履行情况的监督检查。改制企业要做好改制前签订的集体合同的调整衔接工作。

11. 工会要积极帮助指导职工与企业签订好劳动合同。职工个人与企业签订的劳动合同中劳动条件和劳动报酬等标准不得低于集体合同的规定。

12. 企业应按《劳动法》规定,建立健全劳动争议调解委员会,其成员由职工代表、公司行政代表和工会代表组成。职工代表和工会代表人数不少于总数的三分之二,工会代表任主任,以利发挥工会在调处劳动争议中的作用。

五、建立健全改制企业的工会组织

13. 要继续加快新经济组织的工会组建步伐,所有企业都应依法建立工会组织,并支持工会按照法律和章程独立自主地开展工作。会员不足25人的企业,可选举工会主席、副主席主持基层工会工作。

14. 企业职工在200人以上的,应设专职工会干部。企业工会主席、副主席任期未满,不得随意调动其工作。工会主席、副主席应按有关规定分别享受本单位行政副职和中层正职的政治、经济待遇。企业女职工在25人以上的,应根据《工会女职工委员会条例》建立工会女职工委员会,女职工委员会主任享受工会副主席待遇;女职工在25人以下的,可配备兼职女工委员,依法代表、维护女职工的合法权益和特殊利益。

15. 工会组织受法律保护。依据《工会法》、《工会章程》规定,企业在改革过程中不得随意撤销或将工会合并于其它部门,不得随意占用工会的办公设施、活动场所及所属财产,也不得将其挪作它用。企业应依法按月向工会拨交职工工资总额2%的工会经费，改制过程中不得间断。凡实行承包、租赁的企业，应将拨交工会经费列入承包、租赁合同之内。

16. 工会要从企业实际出发，围绕实现企业发展目标，组织职工开展社会主义劳动竞赛和合理化建议等群众性生产技术活动，积极参与和推动企业劳动用工、工资分配、人员分流、社会保险等项改革，协助行政搞好下岗职工的转岗培训和再就业工作，实施“送温暖”工程。

17. 在深化企业改革过程中，企业党组织要定期听取工会工作的汇报，讨论、研究工会工作，及时协调解决工会工作中遇到的新情况、新问题。企业行政要支持工会为加强职工队伍建设所开展的各项活动，在活动的场所和设施、经费、时间等方面创造必要的条件。

中共嘉兴市委
嘉兴市人民政府
1997年9月16日

中共嘉兴市委
关于切实加强我市新经济组织
工会组织建设的意见

市委〔1999〕24号

随着我市新经济组织的发展，越来越需要在这些企业中建立工会组织，并通过工会来协调劳动关系，从而进一步调动职工积极性，推动企业的健康发展。但目前我市的新经济组织工会组建工作还远远滞后于新经济组织迅速发展的现状，依法组建工会的任务相当繁重。为此，根据《中华人民共和国工会法》、《中国工会章程》规定和省委[1998]22号文件精神，现就加强我市新经济组织组建工会工作提出如下意见：

一、充分认识新经济组织建立工会组织的重要性与紧迫性

工会是工人阶级的群众组织，是党和政府联系职工群众的桥梁和纽带，也是社会主义国家政权的重要社会支柱。在新经济组织中组建工会和开展工会活动，是国家法律所规定的，不仅符合企业广大职工的意愿和要求，也是企业自身发展的客观需要。有利于加强党对企业的联系领导，有利于企业建立和谐的劳动关系，有利于加强企业的管理，促进企业健康稳定发展。各级党委、政府和工会、工商、劳动等有关部门以及各新经济组织都要从经济发展的战略高度、从讲政治的高度、从新时期加强党的建设的高度来认识加强新经济组织工会建设的重要性和紧迫性，统一认识，加强领导，把私营企业、外商投资企业等组建工会工作列入重要议事日程。

市、县(市、区)工会，要把新经济组织组建工会作为重点工作来抓，充分发挥指导、参谋、督促作用，采取切实有效措施，加快新经济组织组建工会的步伐，做到“哪里有企业，哪里有职工，哪里就有工会组织”，不留空白。

二、采取"整体推进"等有效办法，使全市新经济组织的工会组建工作有突破性进展

市、县(市、区)党委、尤其是各乡镇、开发区党委、政府和工会组织要坚持从实际出发,确立整体推进的组建工作思路，采取切实有效措施开拓创新，促进我市私营企业等新经济组织组建工会的快速发展。凡在本市区域内依法注册登记、已开业投产、职工队伍相对稳定、符合单独建立基层工会组织的企业,都要尽快建立工会组织;各新经济组织在建工会同时，有女职工 15 人以上的应建立工会女职工委员会。今后新开办的新经济组织须在开业半年内把工会组织建立起来。对人数少、规模小的企业,要积极采取几个企业组织一个基层联合工会的办法,把职工组织到工会中来。

市和县(市、区)工会要充分发挥乡镇工会、开发区工会和私企工会联合会等中间环节的作用,处理好条块工会关系,联系实际调整组建工作思路。在组建形式上，针对我市目前私企规模小、职工人数少的特点,采取以乡镇、系统工会为依托,以村或市场为单位组建联合工会的做法。各县(市、区)工会要在重点抓好试点乡镇工作基础上,及时总结推广点上的经验,适时召开新经济组织组建工会工作现场交流会。要建立目标考核责任制,一级抓一级,确保任务达标,力争工会组建工作有突破性的进展。争取用三年时间,基本完成非公有制企业工会组建任务。

三、依法开展工会活动,充分发挥工会的作用

新经济组织工会要认真贯彻实施《劳动法》和《工会法》,团结教育和引导职工树立国家主人翁精神,遵守劳动纪律和职业道德,抓好安全生产,支持企业依法管理,努力完成生产任务,为企业发展献计出力。同时要按照《劳动法》和有关政策规定,代表职工与企业建立平等协商、签订集体合同制度。就有关劳动报酬、保险福利等方面应享有的权利和待遇问题进行协商谈判。在协商一致的基础上,签订集体合同或单项合同,以维护企业和职工双方的合法权益。

新经济组织工会要协助企业行政,努力提高职工素质,建设"四有"职工队伍。积极开展"职工之家"建设,发挥工会积极分子的作用,实行会员群众办工会,积极开展有利于提高企业经济效益的劳动竞赛、合理化建议活动,共谋企业发展，增强工会的吸引力和凝聚力。为确保工会工作的开展,新经济组织应依法按职工工资总额 2%拨交工会经费。

四、加强领导,通力合作,确保和支持新经济组织工会工作顺利开展

各县(市、区)委和乡镇党组织要加强领导,要把新经济组织组建工会工作作为党的建设重要组成部分,纳入党委的重要议事日程,在研究、部署、总结工作时一并安排。要把乡镇工会工作列入乡镇、开发区党建目标责任制考核的内容。要加强乡镇工会组织建设,尚未建立工会的乡镇、开发区,要积极筹备,尽快建立工会组织。要配齐、配好乡镇工会干部,做到有机构、有制度、有活动,支持工会依法开展工作。乡镇企业发达的,有基层工会在10个以上,职工总数在1000人左右的乡镇要配工会专职干部。乡镇工会主席任职期间,应享受副职待遇。

各级政府和有关部门要加强配合,为新经济组织组建工会提供方便。各级人大、政协要加大执法力度和民主监督力度,对新经济组织贯彻执行法律、法规情况进行检查,对企业发展及劳动关系状况进行调查,发现问题及时提出意见,交有关部门加以解决。各级工商部门要在注册登记或年检时,宣传和督促新经济组织依法建立工会和拨交经费。各级劳动部门要加强对新经济组织劳动合同的规范化管理和集体合同的审查,在加强劳动执法的同时,督促新经济组织及时组建工会。统战部门要支持工商联做好私营企业主的思想政治工作,教育和引导他们遵章守纪,依法办事,为工会工作提供必要的条件。

各县(市、区)工会和乡镇(系统)工会要依靠党组织的重视和政府(行政)的支持,积极主动地开展工作。并与有关部门通力合作、互相支持、密切配合,加强调查研究和督促检查,切实抓好试点和推广工作,为促进我市新经济组织的健康发展作出贡献。

中共嘉兴市委
1999年9月29日

关于转发市总工会《关于在非公有制企业推行职工代表大会制度的意见》的通知

嘉委办〔2002〕57号

各县(市、区)委,市级机关各部门党委(党组),市直属各单位党委:

市总工会《关于在非公有制企业推行职工代表大会制度的意见》已经市委领导同意,现转发给你们,请认真贯彻执行。

中共嘉兴市委办公室
2002年7月11日

关于在非公有制企业推行职工代表大会制度的意见

市总工会

为了全面贯彻落实党的全心全意依靠工人阶级的根本指导方针,切实维护非公有制企业职工的合法权益和民主权利,保持社会稳定,促进我市非公制企业的健康发展,根据党的十五大精神以及《工会法》、《劳动法》等国家有关法律法规及政策的规定,结合我市实际,现就在非公有制企业推行职工代表大会(或职工大会,下同)制度提出如下意见:

一、充分认识在非公有制企业推行职工代表大会制度的重要意义

改革开放以来,我市非公有制经济得到迅猛的发展,已成为嘉兴市经济的重要组成部分。党的十五大报告指出:“非公有制经济是我国社会主义市场经济的重要组成部分”,“非公有制企业的基层民主政治建设是社会主义民主政治建设的重要组成部分”,“非公有制企业的职工是有中国特色社会主义事业的建设者”。在非公有制企业推行职工代表大会制度,是贯彻落实江总书记“三个代表”要求,发挥党的政治优势,发展和加强基层民主政治建设的需要;是贯彻全心全意依靠工人阶级指导方针,发挥和调动职工积极性和创造性,形成合力,提高企业经营管理水平、科学决策水平,促进非公有制企业快速健康发展的需要;是适应社会主义市场经济发展要求,建立协调企业内部劳动关系的有效机制,维护安定团结政治局面的需要;是在新的历史时期,不断探索企业民主管理,促进工运事业发展的需要。因此,各级工会必须充分认识在非公有制企业建立职工代表大会制度的重要性和必要性,增强政治责任感,本着积极稳妥、因企制宜、循序渐进、分类指导、逐步规范的原则,积极推进非公有制企业职工代表大会制度的普遍建立。

二、非公有制企业职工代表大会的性质和任务

非公有制企业职工代表大会的性质:非公有制企业职工代表大会是企业实行民主管理的基本形式和基本制度,是协调企业劳动关系的重要机制,是依靠职工办好企业的重要途径,是职工行使民主管理权利的机构。职工代表大会接受党组织的领导和上级工会的指导。

非公有制企业职工代表大会的主要任务:动员和组织全体职工参与企业管理,监督有关法律法规政策在企业的贯彻执行,依法维护职工的合法权益,保证职工政治权利和经济利益的落实,协调理顺职工与企业劳动关系,调动和发挥职工积极性,共同促进企业发展。

三、非公有制企业职工代表大会的职权

非公有制企业职工代表大会可结合企业实际,行使下列职权:

1. 知情建议权。对包括企业资产变更、调整经营方向及生产技术改造等重大经营决策在内的涉及职工根本利益的经营内容,以及企业执行涉及劳动关系、涉及职工切身利益方面的国家法律法规的情况,有了解知情并向经营者提出合理化建议的权利。

2. 平等协商谈判权。对涉及职工劳动时间、薪酬、休息休假、福利、劳动安全卫生、劳动保险、技能培训、职工聘用和解聘等重大决策,有提出意见和举行平等协商谈判、共同决策的权利。

3. 评议选举罢免权。对参加平等协商和工资集体协商的职工方代表和参加董事会、监事会的职工代表有选举权和罢免权,对企业中层干部有民主评议、民主监督的权利。

4. 依法审议否决权。对涉及职工切身利益的企业各种规章制度,根据法律法规和政策的规定有审议、通过和否决权。

四、非公有制企业建立职工代表大会的组织工作制度

非公有制企业推行职工代表大会制度,是职工代表大会制度在非公有制企业拓展的新领域。非公有制企业建立职工代表大会制度,可结合企业实际,制定实施细则。企业工会作为职工代表大会的工作机构,承担闭会期间的日常工作。一般情况下:

1. 企业职工人数在100人以下的,可实行职工大会制,也可实行职工代表大会制度;100人以上的企业一般应实行职工代表大会制度。

2. 职工代表的人数。可根据企业职工人数的多少和生产经营的组织形式适当确定,一般占企业职工总数的5-30%为宜,但最低不少于30人。职工代表中应有一定比例的女职工代表;一线工人的代表人数应不少于代表人数的60%;科技人员和一般管理人员不超过30%;企业的主要经营者及其聘任的高级管理人员,应占10%。

3. 职工代表的条件。拥护党的领导,热心于群众工作,思想品德好,作风正派,有一定参政议政能力的享有政治权利的职工可当选为职工代表。

4. 职工代表的产生。职工代表应当以班组或部门为单位,由职工直接选举产生。经企业工会资格审查通过,张榜公布。未经选举通过不得担任职工代表。职工代表对选举单位的职工负责,选举单位的职工有权监督或者撤换本单位的职工代表。职工代表实行常任制、替补制,可以连选连任。

5. 职工代表大会每届届期3年或5年,每年至少召开1次会议,每次会议必须有三分之二以上的职工代表出席。经企业主要经营者、工会委员会或三分之一以上职工代表提议,可召开临时职工代表大会。

6. 职工代表大会与工会会员(代表)大会可以实行有机结合,绝大多数职工持股的企业,职工代表大会可以与股东大会结合,根据不同的议题和各自的职权分段召开会议。

7. 职工代表大会闭会期间,需要临时解决的重要事项,可由企业工会委员会通过召开民主协商会议等多种形式实行日常管理,协商处理结果提交下一次职工代表大会予以确认。职工代表大会的议事方式应以无记名投票方式进行表决。

8. 非公有制企业建立职工代表大会制度实行向上一级工会备案制。上级工会有指导、支持和维护职工代表大会正确行使职权的责任。

五、在非公有制企业推行职工代表大会制度的基本原则和工作要求

在非公有制企业推行职工代表大会制度的基本原则:

1. 建立制度、健全机制的原则。通过建立职工代表大会制度,推行平等协商、集体合同制度,建立健全工会参与调整企业劳动关系,维护职工合法权益的机制。

2. 围绕中心、共谋发展的原则。通过广泛的职工民主参与,集思广益,调动职工的积极性和创造性,与经营者合作共事,促进企业健康发展。

3. 继承创新、积极探索的原则。在基本形式、基本权利不变的前提下,实事求是,注重实效,努力引导非公有制企业的管理在社会主义市场经济中向现代企业的民主化、科学化方向健康发展。

在非公有制企业推行职工代表大会制度的工作要求:

1. 加强宣传,积极引导。通过各种形式大力宣传在非公有制企业职工参与管理,建立职工代表大会制度的重要意义。积极取得党政组织、企业管理部门、行业协会的重视和企业经营者的理解支持。

2. 抓好试点,逐步推进。要选择一批党组织和工会组织比较健全、职工人数50人以上、具有一定生产规模、生产经营正常、管理制度比较健全的非公有制企业,开展建立职工代表大会制度的试点工作。各级工会组织要切实加强对试点企业的指导,帮助试点企业建立职工代表大会制度,组织职工参加民主管理工作。要认真总结和推广试点企业好的做法和经验,发挥典型示范的作用,促进非公有制企业建立职工代表大会制度的普遍推广。

3. 提高工会干部和职工代表的素质,发挥职工代表大会作用。各级工会要组织工会干部和职工代表学习党的方针、政策及国家法律法规、现代企业管理、公司业务以及工会工作和职工民主管理等方面的知识,不断提高工会干部的组织协调能力和职工代表参政议政的能力。

在非公有制企业推行职工代表大会制度,是一项崭新的工作,各级工会组织要在党组织的领导下,坚持从实际出发,重在协商,形成共识,稳步推行。努力开创非公有制企业职工民主管理工作的新局面,为加强和发展企业民主政治建设作出新的贡献。

中共嘉兴市委关于贯彻《中共浙江省委关于加强和改善党对新世纪新阶段工会、共青团、妇联工作领导的意见》的实施意见

嘉委〔2004〕32号

为认真贯彻落实《中共浙江省委关于加强和改善党对新世纪新阶段工会、共青团、妇联工作领导的意见》(浙委[2004]10号)精神,更好地发挥工会、共青团、妇联的重要作用,结合嘉兴实际,提出如下实施意见。

一、从提高党的执政能力的高度,充分认识加强工会、共青团、妇联工作的重要意义

1. 加强对工会、共青团、妇联工作的领导是提高党的执政能力的必然要求。工会、共青团、妇联是党领导下的工人阶级、先进青年和各族各界妇女的群众组织,是党联系人民群众的桥梁和纽带,是国家政权的重要社会支柱。随着我市改革开放和社会主义市场经济的不断发展,经济社会生活“四个多样化”更加凸现,职工队伍和青年、妇女群众

状况发生许多新变化，工会、共青团、妇联工作面临许多新情况。在新形势下，加强党对工会、共青团、妇联工作领导，对于实践“三个代表”重要思想，夯实党的执政基础，改善党的执政方式，提高党的执政能力和水平，增创新优势，推进新跨越，全面建设小康社会，提前基本实现现代化，都具有十分重要的意义。各级党委一定要统一思想，提高认识，加强领导，狠抓落实，努力开创我市工会、共青团、妇联工作的新局面。

二、着力构筑党对工会、共青团、妇联工作领导的新格局

2. 建立健全党对工会、共青团、妇联工作的领导机制。进一步完善党建带工会、共青团、妇联建设机制。把工会、共青团、妇联的建设纳入党的建设的总体格局，统一规划、统一部署、统一落实、统一督查、统一考核。建立健全党委研究工会、共青团、妇联工作制度。县(市、区)党委常委会和镇(乡、街道)党委每年一到两次听取工会、共青团、妇联工作汇报，讨论和研究工会、共青团、妇联工作。党委分管书记每年定期召集工会、共青团、妇联负责人和有关部门负责人讨论研究工会、共青团、妇联工作，协调落实有关政策，帮助解决有关问题。

3. 加大人大、政府、政协支持工会、共青团、妇联工作力度。各级人大要重视有关职工、青少年、妇女儿童合法权益法律法规执行情况的监督检查。规范政府领导联系工会、共青团、妇联工作制度，各级政府要确定一名领导联系工会、共青团、妇联工作。建立健全工会与政府联席会议制度，充分发挥未成年人保护委员会、妇女儿童工作委员会的协调作用。政府在研究制定涉及职工、青少年、妇女儿童切身利益的重大政策措施时，应充分听取同级工会、共青团、妇联的意见。政协要为工会、共青团、妇联拓宽工作渠道加大支持力度，发挥工会、共青团、妇联在民主政治协商中的重要作用。

4. 形成各方支持工会、共青团、妇联工作的合力。司法机关和执法部门要依法打击侵害职工、青少年、妇女儿童合法权益的行为。组织部门要定期听取工会、共青团、妇联关于推荐优秀年轻干部和女干部情况汇报。广播、电视、报纸等新闻媒体要开设专题专栏，加大宣传力度，为工会、共青团、妇联工作营造良好的舆论氛围。党校、行政学院要开设群团和群众工作课程，提高各级领导和广大干部对群团组织和群众工作的认识。

5. 建立工会、共青团、妇联工作目标考核制度。将工会、共青团、妇联工作作为单位年度综合考核的内容，纳入党建工作目标考核体系，并实行必要的工作目标管理，考核各级、各有关部门开展工会、共青团、妇联工作的情况。

三、切实加强工会、共青团、妇联干部队伍建设

6. 加强工会、共青团、妇联领导班子建设。各级党委要坚持“四化”方针和德才兼备原则，配齐配强工会、共青团、妇联领导班子，把年富力强、善于做群众工作的优秀干部提拔交流到工会、共青团、妇联领导岗位上来。经济发达、职工人数多的县(市、区)在提名党委常委候选人或人大常委会、政协副职候选人时,应根据本人条件考虑同级地方工会主要负责人。加强对工会、共青团、妇联领导干部的管理,坚持完善以同级党委管理为主,上级工会、共青团、妇联协助管理的干部管理体制。党委推荐、提名同级工会、共青团、妇联领导班子人选时,应当同其上一级工会、共青团、妇联充分协商,取得一致意见后确定。因工作需要调动工会、共青团、妇联任期未满的领导干部,应事先征得其上一级组织的同意。

7. 加大培养使用年轻干部和女干部力度。各级党委要把培养使用年轻干部和女干部列入干部工作总体规划,摆上重要议事日程。各级党政领导班子都要按规定配备一定数量的年轻干部和女干部。市、县(市、区)党委、政府工作部门中,50%以上的领导班子应配备女干部,并逐步提高部门正职女领导干部的比例。进一步加大工作力度,不断把优秀干部输送到工会、共青团、妇联中来,让他们在群众工作第一线经受锻炼,在社会实践和艰苦环境中成长成才,努力使工会、共青团、妇联成为培养和输送干部的重要基地。各级领导班子的新进人选,同等条件下应优先考虑年轻干部和女干部。

8. 重视做好工会、共青团、妇联干部的培训和交流工作。各级党委要把工会、共青团、妇联干部的培养、选拔和交流纳入党政干部队伍建设的整体规划,通过党校培训、下派锻炼、高等院校进修等形式,提高他们的思想政治素质和组织领导能力。各级党委要把工会、共青团、妇联干部的培训列入党校培训计划的主体班次。工会、共青团、妇联干部要进行适当交流。要重视各级工会、共青团、妇联干部特别是共青团机关中层干部的转岗使用问题。

9. 落实好工会、共青团、妇联干部的政治生活待遇。团的县级及县级以下各级委员会书记,企事业单位的团委书记,是党员的,应列席同级党的委员会和常务委员会传达和学习上级党委重要会议和文件精神,研究有关经济工作、社会发展、精神文明建设和党的建设等重大事项的会议。在提名党委委员、人大常委会委员、政协常委会委员候选人时,应考虑工会、共青团、妇联的负责人。非公有制企业比较发达的镇(乡、街道)可增设工会工作职位,镇(乡、街道)工会主席(主任)可由党委分管党群工作的副书记或组织委员兼任。镇(乡、街道)专职工会主席(主任)任职期间,享受同级行政副职待遇;企业工会主席、副主席应按有关法律法规的规定配备并落实相应待遇。镇(乡、街道)团委(团工委)书记、妇联主席要按照同级党委(党工委)委员条件配备,在任职期间享受相应待遇。拓宽职工、青年、妇女参政议政渠道,各级人大代表和政协委员候选人中,产业工人和妇女的比例要逐步提高。积极为妇女进入村两委会,参与村级事务管理创造条件。在解决村干部的误工报酬补助和养老保险问题时,应考虑村级妇女干部的相应待遇。乡镇一级工会、团委、妇联采取直选办法当选为专职书记或主席的，在职期间作为选聘干部并享受相应待遇。

四、扎实推进工会、共青团、妇联基层组织网络建设

10. 加强基层工会组织建设。按照省委提出的“在大多数企业组建工会，把大多数职工组织到工会中来，实现非公有制企业工会建设质的提高，使工会建设水平与经济发展水平相适应、会员发展与职工队伍变化相适应”的目标要求，加大非公有制企业工会组建力度，工会组建率和职工入会率分别达到和保持在90%以上。扎实开展先进县(市、区)工会、示范镇(乡、街道)工会、先进基层工会“三级联创”活动，力争通过三年时间的努力，有60%以上的县（市、区）工会达到市级以上先进工会；有50%以上的镇(乡、街道)工会达到县级以上示范工会；有10%以上的基层工会达到省模范工会和市、县先进工会。

11. 加强团的基层组织建设。要适应经济社会结构和青年群体分布的变化，从实际出发，进行合理的调整，通过联合、挂靠、区域建团等方式灵活设置基层团的组织，努力实现组织体系的优化和完善，不断扩大团组织的覆盖力和影响力。要在巩固现有组织体系，充分发挥乡镇、学校、机关事业单位等基层团组织优势的同时，进一步加大非公有制企业和社区团组织的建设力度。力争经过三年努力，全市98%以上符合建团条件的非公有制企业和100%的城市社区要建立健全团的组织体系，全市90%以上的基层团组织要达到“五有团支部”创建标准。

12. 扩大基层妇女组织的有效覆盖。巩固完善镇(乡、街道)、村(社区)妇女组织网络，确保镇(乡、街道)、村(社区)妇女组织组建率达到100%。深化党政机关、事业单位妇委会建设，实现组建率100%。各级工会女职工委员会要认真履行妇联团体会员的权利和义务，妇联组织要加强业务指导，提高妇女组织的有效覆盖。扎实开展基层妇女组织规范化建设活动，力争通过三年努力，使基层妇女组织基本达到规范化建设的要求。

五、努力为工会、共青团、妇联开展工作创造良好条件

13. 提供必要的经费保障。要根据经济社会发展和职工、青年、妇女事业发展的需要，落实必要的工作经费。凡建立工会组织的企业、事业单位、机关，要依照《中华人民共和国工会法》和《浙江省实施〈中华人民共和国工会法〉办法》，按时足额向工会拨交经费，政府有关部门要积极支持工会依法收缴工会经费。各级共青团、妇联必需的业务经费和重要的活动经费，要列入同级财政预算。机关、企事业单位要落实工会、共青团和妇女工作专项经费，并纳入本单位年度预算，实行专款专用。

14. 抓好活动场所和设施建设。将职工、青少年、妇女儿童活动场所和设施建设纳入当地经济社会发展规划。支持工会、共青团、妇联按照法律和政策规定，推进服务性、公益性企事业的发展。在规划城市和农村公共设施建设时,要坚持统筹安排、综合利用、资源共享的原则,搞好职工、青少年、妇女儿童活动阵地建设,为工会、共青团、妇联开展各类健康有益的群众活动,丰富广大群众的精神文化生活创造条件。各级政府和有关部门要制定优惠政策,吸纳资金,利用市场机制,鼓励和支持社会力量兴办各类群众活动场所。

六、充分发挥工会、共青团、妇联在三个文明建设中的重要作用

15. 充分发挥工会、共青团、妇联在思想政治、维权和服务工作中的作用。各级工会、共青团、妇联要面向广大职工、青年和妇女深入开展“三个代表”重要思想学习宣传教育活动,使“三个代表”重要思想成为他们开拓进取、团结奋斗的精神力量。要把维权工作摆上突出位置,把竭诚为职工、青少年和妇女儿童服务作为工作的出发点和落脚点。积极参与有关维护职工、青少年和妇女儿童合法权益政策法规的制定,提出依法维护职工、青少年和妇女儿童权益的议案和建议;建立维权工作载体,健全维权工作网络,为广大职工、青少年和妇女儿童提供法律援助和社会救助。要从帮助解决实际问题入手,扩大服务领域,提高服务能力,多为职工、青少年和妇女儿童办实事、办好事。特别要重视关心困难职工、青少年和妇女儿童的生产、学习和生活问题,做好扶贫帮困送温暖工作。

16. 充分发挥工会、共青团、妇联在加快富民强市、全面建设小康社会、提前基本实现现代化中的作用。各级工会、共青团、妇联要围绕党委、政府的工作重点,坚持以经济建设为中心,紧密结合自身实际,广泛深入开展职工经济技术创新、巾帼建功、青年志愿者行动等各类富有特色的主题活动,动员和组织广大职工、青年和妇女为加快发展贡献聪明才智。要围绕建设“平安嘉兴”,积极协助党委、政府做好宣传引导、理顺情绪、化解矛盾的工作,努力促进社会和谐稳定。

17. 充分发挥工会、共青团、妇联在培养人才、提高群众素质中的作用。各级工会、共青团、妇联组织要积极协助党委、政府做好新形势下提高广大职工、青少年、妇女的思想道德素质和科学文化素质工作。要按照创建学习型城市的要求,通过开展各种形式的学习、培训活动,引导广大职工、青年和妇女树立终身学习的观念。要把职工、青年和妇女人才资源的培养和开发作为一项重要工作任务,纳入工作计划,为我市实施“人才强市”战略作出积极贡献。要积极为党组织发展党员做好“推优”工作,特别要为党组织培养、推荐和输送在生产一线的职工、青年和妇女中的优秀。

18. 积极探索工会、共青团、妇联工作的新路子。各级工会、共青团、妇联组织要创新工作思路,使工作更好地体现党的要求,符合时代发展的需要,在“党政所需,群众所盼,工会、共青团、妇联所能”上精心谋划工作思路。要创新工作机制,防止群团工作行政化、机关化倾向，面向基层、面向群众，建立开放型、务实型的群团工作新机制和社会化、群众化的群团工作新格局。要创新工作载体，积极探索市场经济条件下服务群众社会化、实体化、项目化的新路子，努力把我市工会、共青团、妇联工作提高到一个新水平。

中共嘉兴市委

2004年9月20日

关于加强工会维权机制建设切实维护职工合法权益的意见

嘉委办〔2006〕4号

为深入学习贯彻胡锦涛总书记关于义乌工会维权经验的批示和党中央关于工人阶级和工会工作的一系列重要指示精神，打造“平安嘉兴”，构建和谐社会，现就加强工会维权机制建设，切实维护职工合法权益工作提出如下意见。

一、充分认识加强工会维权机制建设、维护职工合法权益的重要性和紧迫性

去年11月，胡锦涛总书记对我省义乌市总工会维权工作作出了重要批示：“完善在工会组织领导下的维权机制很有必要。要注意总结经验，不断强化职能，更好地为职工服务。”最近，胡锦涛总书记又强调指出：“工会组织要不断扩大覆盖面，增强凝聚力，维护好职工群众的合法权益，维护好职工队伍和社会政治的稳定。”胡锦涛总书记的重要批示，充分体现了党中央对工人阶级和工会工作的高度重视，对维护职工权益的高度关注，为做好职工维权工作指明了方向。全国工会维权机制建设经验交流会要求进一步深化义乌工会维权经验，把工会维权机制建设落到实处。这对各级党委、政府和工会组织在社会主义市场经济条件下协调劳动关系、维护职工合法权益、推动构建和谐社会提出了新的更高的要求。在新的形势下，加强工会维权机制建设，维护职工合法权益，对于实践“三个代表”重要思想，坚持全心全意依靠工人阶级的指导方针，落实以人为本的科学发展观，打造“平安嘉兴”，加快构建和谐社会具有十分重要的意义。各级党委、政府要从政治和全局的高度，充分认识加强工会维权机制建设，维护职工合法权益的重要性和紧迫性，切实把工会组织领导下的维权机制建设好、完善好，把职工的合法权益实现好、维护好、发展好，把职工群众的积极性和创造性调动好、引导好、发挥好。

二、全面把握加强工会维权机制建设、维护职工合法权益的基本要求

加强工会维权机制建设、维护职工合法权益，必须以邓小平理论和“三个代表”重要思想为指导，牢固树立和落实科学发展观，坚持“重在建设，依法维权”要求，学习义乌工会维权经验，加大依法维权工作力度，拓宽依法维权渠道，创新依法维权手段，提高依法维权

实效,落实好职工群众的政治、经济、文化和社会权益,努力把我市工会依法维权工作提高到一个新水平。

(一)完善工会源头参与机制,充分发挥工会组织参政议政作用。要完善市、县(市、区)政府与工会的联席会议制度,共同商讨涉及职工利益的重大问题,帮助工会解决工作中遇到的困难。进一步完善政府、工会和企业代表组成的劳动关系三方协调机制,推进“三方协商会议”机制向镇(乡、街道)延伸,逐步形成劳动关系“主体协商、三方主导、政府调控、依法规范”的格局。建立工会参政议事机制,政府各部门在研究制定劳动就业、职业安全卫生、社会保障、职工教育和业余教育等涉及职工切身利益的政策措施时,要认真听取工会代表意见。

(二)建立职工生产生活信息反馈机制,畅通联系渠道。各级工会要经常深入基层,深入职工,了解他们的困难和问题,倾听他们的疾苦和呼声,反映他们的要求和愿望。各级政府对职工反映的困难问题和合理的要求愿望,凡能解决的,应及时予以解决;解决起来有一定难度的,要积极创造条件解决;受客观条件限制,暂时不能解决的,也要给职工群众一个合理的解释,确保职工的思想稳定。要建立工会与信访部门联合的职工信访联系机制,进一步畅通职工群体性事件信息通道,妥善处置职工群体性事件。

(三)完善企业职工民主管理机制,维护职工的政治权益。进一步巩固和规范国有、集体企事业单位的职工代表大会和厂务公开制度,国有、集体企业改制方案必须提交职工(代表)大会审议,职工安置方案须经企业职工(代表)大会审议通过。事业单位改制方案须经职工大会或职工代表大会审议,主管部门审核后按规定报批。进一步加大非公有制企业特别是外商投资企业组建工会工作的力度,把职工群众最大限度地组织到工会组织中来,探索和完善非公有制企业民主管理的形式,保证非公有制企业职工的知情权、参与权和监督权,切实保障职工的政治权益。

(四)完善平等协商和集体合同制度,维护职工经济权益。建立完善平等协商和集体合同制度是促进企业建立稳定和谐劳动关系的重要途径和方式。各级劳动部门和工会组织等要加强协调,把工资集体协商工作作为完善平等协商和集体合同工作的重中之重来抓,积极探索行业性、区域性工资集体协商和集体合同的有效形式,推进职工收益与企业发展挂钩机制的建立,确保职工收入增长。切实维护外来务工者的合法权益,继续妥善解决拖欠职工工资问题,实现嘉兴无欠薪的目标任务。

(五)完善劳动安全监督检查机制,保障职工的生命安全和身体健康。各级政府和企业要认真贯彻《安全生产法》、《职业病防治法》等有关法律法规,落实安全生产和职业卫生工作责任制。执法部门要加大执法力度,完善执法机制,提高执法水平。各级人大、政协以及劳动、安监、卫生等部门要加强对《工会法》、《劳动法》、《工伤保险条例》等相关法律法规的监督检查,提高企业主的守法意识,及时查处侵害职工权益的案件。要花大力气抓好企业工会,特别是非公企业工会主动参与安全生产和职业卫生工作,发挥工会组织在推进职业安全卫生工作中的独特作用。

(六)完善困难职工帮扶机制,切实解决困难职工的实际问题。进一步深化"送温暖工程",实现帮扶形式的多样化,在生活救助、医疗救助、助学救助、技能培训、法律援助、再就业等方面开展帮扶工作。要从单纯的节日慰问、送钱送物,向"送政策、送岗位、送技能、送法律、送生活"的立体帮扶发展,形成多层次、全方位的帮扶救助机制。

(七)完善工会社会化维权机制,不断优化维权工作环境。各级党委、政府要重视支持工会做好职工法律维权中心工作,在机构设置、人员编制、经费保障上给予必要的支持。劳动部门要会同工会在镇(乡、街道)建立健全劳动关系协调组织,负责区域内的劳动争议调处工作,与工会劳动监督工作形成互动,相互配合、形成合力;司法部门要加强与工会的联系沟通,在各级地方总工会建立人民调解委员会,依法对辖区内的劳动争议案件进行调解;政府法律援助中心要密切与工会和职工法律维权中心的联系,相互沟通情况,形成职能上互补、业务上配合、工作上支持的互联机制。人民法院要开通劳动争议案件依法快立、快审、快结、快执行的"劳动争议案件司法处理快速通道",提高审判效率。充分运用主流媒体的宣传作用,营造职工维权的舆论氛围,支持工会社会化维权工作,从而真正形成"党委重视、政府支持、工会运作、社会配合、职工参与"的工会维权工作大格局。

三、加强领导,努力把工会维权机制建设落到实处

工会维权工作是一项社会系统工程,是一项繁重而艰巨的任务。各级党委、政府和有关部门要深化认识、加大力度、各方配合,扎实推动我市工会依法维权工作迈上新台阶。

(一)切实加强领导。各级党委、政府要认真学习胡锦涛总书记的批示和全国工会维权机制建设经验交流会的精神,大力支持工会建立健全工会组织领导下的维权机制,认真分析和研究影响职工队伍稳定的新情况和新问题,进一步完善和落实涉及职工群众切身利益的各项措施,及时帮助解决在依法维权过程中遇到的困难和问题,为工会组织扩大覆盖面、增强凝聚力创造有利条件和外部环境,充分发挥工会组织在依法维护职工合法权益、构建和谐社会中的重要作用。

(二)坚持因地制宜。各地建立完善工会维权机制,要坚持一切从实际出发,积极探索建立适应本地经济发展和职工需要的维权机制,立足实用、实在、实效,着眼于服务职工、推动发展、促进和谐,真正使广大职工群众受益、满意。要尊重基层和群众的首创精神,支持、鼓励和引导各级工会大胆冲破传统模式,积极探索适应社会主义市场经济的新的维权机制,对于基层创造出来的成功经验,要认真总结,大力宣传和积极推广。

(三)加强队伍建设。建设一个坚强有力的工会领导班子,培养造就一支高素质的工会干部队伍,是工会组织履行基本职责、充分发挥职能作用的根本保证。各级党委要加强工会领导班子的建设,注意选用、配备和培养专门人才充实到工会干部队伍中去,不断提高工会干部敢于维权和善于维权的能力和水平。各级工会组织要在党的领导下,深入贯彻"组织起来,切实维权"的工作方针,以改革的精神不断加强自身建设,创造性地开展工作,为嘉兴经济社会快速健康发展、构建和谐社会作出新的更大贡献。

中共嘉兴市委办公室
嘉兴市人民政府办公室
2006年1月26日

嘉兴市人民政府办公室关于做好创建劳动关系和谐企业活动有关问题的通知

嘉政办发明电〔2006〕70号

各县(市、区)人民政府,市级有关部门(单位):

今年以来,根据市总工会等八部门联合下发的《关于在全市非公有制企业中开展"双爱双评"和创建劳动关系和谐企业活动的通知》(嘉总工发〔2006〕5号)精神,各县(市、区)人民政府、市级有关部门(单位)组织开展了创建劳动关系和谐企业活动(以下简称创建活动)。为认真贯彻落实《浙江省人民政府办公厅印发关于开展创建劳动关系和谐企业活动的意见》(浙政办发〔2006〕70号)精神,结合我市实际,现就我市开展创建活动有关事项通知如下:

一、统一思想,加强领导

(一)构建社会主义和谐社会,是党中央、国务院从全面建设小康社会、开创中国特色社会主义事业新局面的全局出发提出的一项重大任务。开展创建劳动关系和谐企业活动,是落实科学发展观、构建社会主义和谐社会的重要切入点,是加强协调劳动关系,维护职工合法权益,推动建立规范有序、公正合理、互利共赢、和谐稳定的新型劳动关系的重要途径。各地、各部门要进一步统一思想,提高认识,把创建活动列入重要工作日程,确保创建活动抓出实效。

(二)为加强对创建工作的领导,市政府决定成立嘉兴市创建劳动关系和谐企业活动领导小组(以下简称市创建活动领导小组),由王新民副市长任组长,市政府副秘书长陈树庆、市总工会主席邵建华任副组长,市委政法委(综治办)、市经贸委、外经贸委、市公安局、市劳动保障局、市卫生局、市国资委、市安监局、市台办、市总工会、市工商联、市工商局分管领导为成员,领导小组办公室设在市总工会,由市总工会分管领导兼任办公室主任。各县(市、区)和嘉兴经济开发区、嘉兴港区要建立相应的工作机构,加强组织领导,协调各有关部门加强配合,各司其职,共同推进,开展好创建活动。

二、因地制宜,扎实推进

(一)各级、各部门要认真抓好浙政办发〔2006〕70号文件精神的贯彻落实,结合嘉总工发〔2006〕5号文件关于开展创建劳动关系和谐企业活动的要求上,进一步完善和明确创建活动的原则、评选范围和条件、方法步骤及工作要求等相关内容。在创建活动过程中,各地、各部门要把工作重点放在私营企业、外商投资企业等劳动关系相对复杂的非公有制企业上,指导帮助这些企业尽快达到劳动关系和谐企业的标准,扩大劳动关系和谐企业的覆盖面,切实维护职工群众的合法权益,实现企业劳动关系的和谐稳定,促进企业的健康发展,推进社会主义和谐社会建设。

(二)各地、各部门要遵循“因地制宜、逐步推进,实事求是、公正公平,注重实效、促进发展”的原则,结合本地实际,制订具体的实施方案和可操作的评估办法,对创建活动的内容进行细化、补充。企业有以下情况发生的,应实行一票否决:1.非法使用童工;2.发生重大安全生产责任事故;3.违反劳动保障法律法规的规定,发生影响社会稳定的事件。市级劳动关系和谐企业的考核评价办法、申报标准和时间安排,由市创建活动领导小组办公室另行制定。

(三)2006年各地参加创建活动的企业原则上不少于企业总数的50%。各地要根据省、市创建活动工作部署,认真做好宣传发动工作,加强对劳动保障法律、法规和政策的宣传,使广大职工学法、懂法、守法;要督促企业按照劳动保障有关法律、法规和创建活动的要求,加强管理,完善制度,及时发现和改进问题,把创建活动作为企业依法经营、促进企业健康发展的有效载体;要调动企业和职工参与的积极性,形成工作声势。

(四)市级劳动关系和谐企业原则上每年评选一次,由市创建活动领导小组授予“嘉兴市劳动关系和谐企业”称号,并予以通报。创建活动的结果将作为今后评定(授予)诚信企业、先进集体和个人、五一劳动奖状和劳动模范、五一劳动奖章、优秀企业家等荣誉称号的重要依据之一。劳动关系和谐企业如发生有一票否决情况的,由原授予单位(组织)取消其称号。

三、强化督查,完善机制

(一)各级、各部门要密切配合,加强协作,坚持高标准、严要求,创造性地开展工作,把创建工作落到实处。对创建活动中发现的共性问题和劳动关系问题突出的企业,要加强监督检查,有针对性地提出加强和改进的意见和措施,督促企业制订整改方案,健全制度,强化管理;对有法不依、严重侵害职工合法权益的,要严肃查处,并在新闻媒体予以曝光。

(二)市创建活动领导小组办公室要加强对各地创建活动的检查指导,及时总结各地经验,不断完善创建活动的内容和方式,探索建立促进劳动关系和谐的长效机制。

(三)各县(市、区)及市级有关部门(单位)要在2006年6月25日前将创建活动方案报市创建活动领导小组办公室备案(联系电话:2089083、2089324)。

嘉兴市人民政府办公室
二〇〇六年六月七日

中共嘉兴市委办公室 嘉兴市人民政府办公室印发《关于在全市职工中广泛开展"当好主力军、建功'十一五'、和谐促发展"劳动竞赛活动的意见》的通知

嘉委办发〔2006〕39号

各县(市、区)委、县(市、区)人民政府,市级机关各部门,市直属各单位:

《关于在全市职工中广泛开展"当好主力军、建功'十一五'、和谐促发展"劳动竞赛活动的意见》已经市委、市政府领导同意,现印发给你们,请结合实际,认真贯彻执行。

中共嘉兴市委办公室
嘉兴市人民政府办公室
2006年6月14日

关于在全市职工中广泛开展"当好主力军、建功'十一五'、和谐促发展"劳动竞赛活动的意见

为进一步动员和激励全市职工积极投身"十一五"发展、全面建设小康社会的伟大实践,充分发挥工人阶级的主力军作用,在全社会推动形成劳动光荣、知识崇高、人才宝贵、创造伟大的良好氛围。经研究,决定在全市职工中广泛组织开展以"当好主力军、建功'十一五'、和谐促发展"为主题的社会主义劳动竞赛活动。具体实施意见如下:

一、指导思想

以邓小平理论、"三个代表"重要思想和科学发展观为指导,紧紧围绕我市"十一五"发展的战略、目标和任务,以推动经济增长方式转变、提高自主创新能力、建设节约型社会和促进社会文明和谐为主题,以企业和职工为主体,以制造业、服务业和重点建设工程为主阵地,以促进经济社会又快又好发展和职工自身全面发展为目的,动员和激励全市职工立足岗位、敬业奉献、勤奋工作、争创一流,为实现"十一五"目标任务、加快推进富民强市、基本实现全面小康建功立业、贡献力量。

二、竞赛内容

根据总体要求,劳动竞赛主要在以下三个领域组织开展:

1. 工业企业:紧密联系企业生产经营实际,以企业增效、职工增收、构建和谐企业为主要目标,以提高质量、创优品牌,节能降耗、创新技术,安全生产、创优管理,增强素质、创新业绩等为重点,组织开展各种形式和内容的劳动竞赛。一是围绕增强企业自主创新能力、建设创新型城市、创新型企业的要求,积极开展以"小革新、小发明、小改造、小设计、小建议"等为内容的企业技术创新建功立业竞赛活动。组织广大职工

开展技术攻关、技术改造、技术协作、技术交流等各类群众性经济技术创新活动，着力解决企业生产、技术中的难点问题。二是围绕建设资源节约型、环境友好型社会和节约型企业的要求，开展以实现“十一五”节能降耗为目标的建功立业竞赛活动。引导和发动职工增强节约意识、环保意识，积极改进工艺、技术和设备，推广应用节能降耗的先进适用技术，从节约一度电、一块煤、一滴水、一两油等入手，争当节约型企业、节约型班组和节约型职工标兵。三是围绕建设“平安嘉兴”、确保安全生产的目标，深入开展“安康杯”建功立业竞赛活动。以“企业五个一”、“职工五个一”活动为基本内容，发动更多的企业和广大职工参加竞赛，确保企业生产经营安全和职工生命财产安全。四是围绕提高职工素质、创建文明城市的要求，积极开展创建学习型企业、文明企业建功立业竞赛活动。提高职工思想道德素质，增强企业社会责任感。广泛组织开展各级各类岗位练兵、技能培训、技能比武、职业技能带头人、名师带徒等活动，建立职业技能实训基地，动员和引导广大职工立足岗位成才，提高技术技能素质，争当知识型、技能型、复合型职工。

2. 重点建设工程：围绕项目推进年的要求，以市、县(市、区)重点建设工程项目为主阵地，在各施工、监理、设计和组织管理单位中继续深入开展以“比质量、赛工程创优争一流，比进度、赛技术创新促发展，比安全、赛文明施工保安康，比投资、赛节支降耗增效益，比素质、赛文明创建上台阶”为主要内容的立功竞赛，动员激励广大建设者积极投身重点建设，通过“比、学、争、赶、超”，赛出质量，赛出精品，赛出人才，赛出平安，赛出精神。

3. 服务行业：围绕创建文明行业、文明单位，加快发展服务业的要求，以商贸、旅游、金融、通信、交通、医疗和政府办事大厅等窗口服务业单位为主阵地，广泛开展以“讲文明礼仪、比服务水平、创服务品牌”为主要内容的劳动(服务)竞赛，从加强礼仪建设、推行礼仪规范入手，积极引导广大职工树立爱岗敬业、诚实守信、办事公道、服务热情的职业道德，提高服务业从业人员的文明素质和规范化服务水平，推进群众性文明创建活动，推动服务业快速发展。同时，围绕行业、单位经营管理实际，组织开展比业务知识、比服务技能、比营销业绩、比管理创新等各种形式的业务竞赛，提高服务技能素质，提高经营管理水平和社会效益。

三、实施要求

1. 加强领导，精心组织。开展社会主义劳动竞赛涉及面广、探索性强。市里将建立由市委分管副书记任主任、分管(联系)副市长任副主任、市级有关部门为成员单位的市劳动竞赛委员会，负责全市竞赛活动的整体推动、综合指导和协调、考核验收与表彰奖励等工作。委员会下设办公室(设在市总工会)，具体负责制定方案、日常指导和协调等工作。各县(市、区)和有关行业、部门要建立相应的组织机构，制定工作目标、实施方案。各参赛单位都要建立劳动竞赛活动领导小组,结合行业、企业特点,制定竞赛的具体实施办法和内容,从而形成党政领导、部门配合、工会运作、企业主体、职工参与的劳动竞赛格局。

2. 健全机制,扎实推进。建立健全工作督查指导机制、考核奖励机制,确保劳动竞赛顺利扎实推进。市劳动竞赛委员会每年将组织相关部门对各地各部门(行业)开展竞赛活动情况进行检查考核。工业企业劳动竞赛由市总工会、市经贸委、市劳动保障局牵头组织检查考核,重点建设工程立功竞赛由市发展改革委(市重点办)、市总工会牵头组织检查考核,窗口服务业劳动竞赛由市文明办、市总工会牵头组织检查考核。在各单位总结自查、有关部门考核验收的基础上,评选表彰一批全市劳动竞赛先进集体、先进个人和优秀组织单位,于"五一"期间进行表彰奖励,并推荐产生全省劳动竞赛先进集体、先进个人和优秀组织单位。同时,对劳动竞赛先进的评选情况将与评选推荐劳动模范、文明单位、劳动关系和谐企业等相结合,连续两年被评为全市劳动竞赛先进集体、先进个人的可优先作为市劳动模范集体和劳动模范的推荐单位和人选。

3. 加强宣传,营造氛围。加强舆论宣传和引导,大力宣传新形势下开展劳动竞赛的重要意义,宣传劳动竞赛活动中涌现出来的先进典型和模范人物,不断扩大劳动竞赛的社会影响,努力营造尊重劳动、尊重知识、尊重人才、尊重创造的社会氛围。进一步大力宣传和弘扬劳模精神、"红船精神",发挥劳动模范在劳动竞赛中的示范导向作用,形成激励广大职工参与劳动竞赛、积极建功立业的强大精神动力。

4. 注重创新,务求实效。坚持从实际出发,因地制宜,分类指导,积极探索,讲究实效。要以点带面,抓好示范。各地各单位在抓好面上发动指导的同时,要及时注意总结经验,发现和选树典型,发挥示范带动作用。要整合资源,搞好结合。把劳动竞赛与开展社会主义荣辱观教育践行活动、实施职工素质工程、创建劳动关系和谐企业、创建系列文明活动等有机结合起来,把竞赛的目标内容、竞赛活动制度融入到依靠职工办企业、促发展的机制中去,使之制度化、规范化、经常化,不断提高竞赛效果。要注意把劳动竞赛好的传统和做法与市场经济的竞争机制、激励机制、共赢机制、诚信机制等有机结合起来,不断创新载体,丰富内涵,增强劳动竞赛的活力和影响,最大限度地调动广大职工的积极性、主动性和创造性,凝聚各方力量,为实现我市"十一五"规划目标而共同奋斗。

关于进一步支持工会工作的通知

嘉政办发〔2007〕175号

各县(市、区)政府,市政府各部门、直属各单位:

根据《浙江省人民政府办公厅关于

贯彻工会法进一步支持工会工作的通知》(浙政办发〔2005〕92号)精神，结合我市实际，经市政府同意，现就有关事项通知如下：

一、进一步提高重视和支持工会工作重要意义的认识

工会是工人阶级的群众组织，是党和政府联系职工群众的桥梁纽带。深入贯彻落实《工会法》，进一步重视和支持工会工作，积极为工会履行职责、维护职工合法权益创造条件，是各级政府的重要职责，是认真贯彻党的十七大精神和省、市党代会精神，推动科学发展、促进社会和谐的重要内容。各地和各部门要切实提高对工会工作重要性的认识，加大贯彻《工会法》的力度，认真贯彻落实省、市有关文件精神，把激发和调动好职工群众的积极性、创造性，维护和实现好职工群众的根本利益作为政府工作的重要内容，积极支持各级工会组织依照法律和章程独立自主地开展工作，充分发挥工会在经济、政治、文化和社会建设中的重要作用。

二、进一步拓展工会组织发挥职能作用的渠道

建立健全政府与工会的联席会议制度，是各级政府依法行政、健全民主制度、加强与职工群众联系的重要形式。各级政府与总工会联席会议制度要进一步完善相应的内容、职责、程序等，做到制度化、规范化、长效化。要定期召开会议，通报政府有关工作，研究解决工会提出的意见和要求。各有关部门也要与工会建立定期联系沟通制度，加强对涉及职工利益的政策、改革等情况的通报。

扩大工会民主参与渠道是政府坚持科学民主决策、落实工会参与地方事务管理的有效形式。各级政府要进一步畅通工会民主参与地方事务管理的渠道，在研究制定涉及职工利益的政策时应邀请工会列席，成立有关涉及职工利益的领导小组、工作机构要吸收工会参加；有关部门在制定经济社会发展规划、企事业单位改革方案等重大政策，以及在研究制定直接涉及职工利益的社会保障、劳动就业、工资分配、职业安全卫生、休息休假、女职工特殊保护等具体政策时，要主动邀请工会参与并认真听取工会的意见建议，在开展涉及职工利益的执法检查和监察时，应邀请工会参与，检查监察结果要及时向工会通报。

加强基层民主政治建设，是推进政治文明建设、发挥职工主人翁精神的必然要求。要进一步加强企业特别是非公有制企业职工代表大会制度建设，落实职代会职权。企业发展规划、改革改制方案等重大事项必须经职代会审议。要大力推行厂务公开制度，落实职工的知情权、参与权和监督权。公有制企业重大的招标、大宗物品的采购、业务招待费的开支等要列入厂务公开的范畴；非公有制企业要把涉及职工利益的工资福利、社会保险、集体合同和规章制度等及时向职工群众公开。要支持工会对职工教育经费计提、使用的监督，职工教育经费的开支情况应向职工公开。

三、进一步建立健全维权机制，切

实保障职工的合法权益

根据中央关于建立健全工会领导下的维权机制的要求,各级政府要支持工会履行维权职能,提高维权实效,从依法行政、执法监督等方面积极为工会组织开展维权工作创造条件、提供保证。

一是进一步建立健全劳动关系协调机制。按照《工会法》要求,进一步加强和完善工会与劳动保障部门、企业联合会(企业家协会)三方协调机制,健全制度,明确职责,规范运作,提高成效。要从实际出发,建立完善镇(街道)协调劳动关系三方会议制度,针对当地劳动关系问题,明确三方职责,规范工作程序,切实把劳动矛盾解决在企业、解决在当地。要建立健全平等协商签订集体合同制度,并把集体合同作为企业的一项基本制度固定下来;积极探索区域性、行业性集体合同,不断扩大集体合同的覆盖面。各级劳动保障部门和司法部门要会同工会建立健全劳动争议(人民)调解组织,依托镇(街道)社会事务(劳动保障)部门和人民调解组织等工作平台,帮助工会设立职工维权窗口,建立健全职工法律维权工作(服务)站。县(市、区)劳动争议仲裁委员会可在县(市、区)总工会设立劳动争议仲裁派出庭,加大工会参与劳动争议处理的力度。司法部门要支持工会建立健全职工法律援助机构,帮助工会创造条件探索建立劳工律师事务所。

二是进一步建立健全企业工资集体协商机制。各级政府要大力推进工资集体协商工作,市、县两级劳动保障部门要会同地方总工会加强对企业工资集体协商工作的指导,帮助企业建立工资分配共决机制、工资增长机制和工资分配监督机制,保证职工工资与企业经济效益相联系,促进职工收入随着企业的发展逐步提高。要支持工会开展工资协商"要约行动",维护职工的要约权,依法查处企业不响应要约的行为。要切实落实职工最低工资标准,查处和纠正不执行最低工资标准的行为。

三是进一步建立健全困难职工帮扶救助机制。各级政府要不断加大对困难职工的帮扶救助力度,从资金、人力等方面支持各级工会困难职工帮扶中心建设。要切实落实市委、市政府各项帮扶救助政策,完善各种帮扶救助措施,民政、劳动保障等部门要会同工会不断深化送温暖工程,建立健全困难职工帮扶救助机制,加强失业职工再就业援助,积极为困难职工提供优惠和便利。企业要按照"谁用人谁帮扶"的原则,做好本单位困难职工的帮扶工作,对职工临时性、突发性的困难要及时给予救助,支持企业工会开展职工生活困难补助和互助工作,保障职工的基本生活。要加强企业集体福利设施建设,把企业集体福利设施纳入企业发展的总体规划,做到统一部署、统一安排、统一实施。

四是进一步建立健全劳动关系激励机制。开展创建劳动关系和谐企业活动是协调劳动关系、化解劳资矛盾、提升企业形象的有效形式,也是保障职工合法权益、保持企业生产经营和职工队伍稳定的重要举措。各县(市、区)也要从实际出发,深化劳动关系和谐企业创建活动。创建活动结果将作为今后评定(授予)诚信企业、先进企业、"五一"劳动奖状、"五一"劳动奖章、劳动模范、优秀企业家、荣誉市民等称号的重要依据之一。

四、努力为工会工作创造良好的条件

各级政府及其有关部门要主动为工会依法履行职责,有效开展工作创造良好的条件,并提供必要的物质保障。

一要加大对工会组建的支持力度。各级政府要按照《工会法》和《浙江省实施〈工会法〉办法》的要求,督促企业依法组建工会,不断扩大工会组织的覆盖面。劳动保障、工商、经贸、外经贸、建设等部门要积极配合工会抓好工会组建工作。外经贸局在外资企业审批立项时,要进行《工会法》的宣传,并督促企业把建立工会写入企业章程;劳动部门要把工会组建作为一项重点检查内容,对未建工会的企业要责令依法组建。企(事)业单位开业(或设立)1年内应及时建立工会组织,对应建而未建的企业,有关部门要加强《工会法》的宣传,加大工会组建的告知,并及时开展执法检查,督促企业及时组建;对严重违反《工会法》,故意阻挠、拖延工会组建的企业,有关部门要取消其评优评先的资格。要按照浙委〔2004〕10号文件精神,加强镇(街道)工会建设,编制人事部门要给予积极支持,并帮助工会配备好工会干部。

二要加大对工会经费的支持力度。支持工会依法收缴工会经费,支持工会开展社会主义劳动竞赛、职工经济技术创新活动,不断深化职工素质工程;要支持工会开展法律援助和维权工作,参与职业安全健康、劳动保护监督;开展为职工服务的职业培训、职业技能比武、职业互助保障和送温暖活动;支持工会发展丰富职工精神生活的文化体育事业,加强工人文化宫、职工学校等为职工服务的设施建设。各级政府要把工会办公场所及所属的工人文化宫(俱乐部)、职工学校(工会干校)、职工活动中心的建设和发展纳入当地经济社会发展规划,在土地使用、资金安排等方面提供支持。

三要通过认真贯彻好《工会法》,进一步支持工会工作,不断发挥工会在参与经济建设、社会管理和社会服务等方面的作用,为构建社会主义和谐社会、全面建设小康社会作出积极贡献。

嘉兴市人民政府办公室
二○○七年十二月二十日

关于全面推进职工工资集体协商工作深化创建劳动关系和谐企业活动的意见

嘉委办〔2008〕61号

为深入贯彻党的十七大和省第十二次党代会精神,推进"两创"总战略实施,发展社会主义和谐劳动关系,深化职工收入分配制度改革,建立职工工资正常增长机制,根据《中共浙江省委办公厅浙江省人民政府办公厅关于全面推进职工工资集体协商工作的意见》(浙委办[2008]67号)的要求,经研究,现就我市全面推进职工工资集体协商工作,深化创建劳动关系和谐企业活动提出如下意见。

一、全面推进职工工资集体协商工作,深化创建劳动关系和谐企业活动的重要意义

全面推进职工工资集体协商,深化创建劳动关系和谐企业活动,是推动社会建设、发展民主政治、构建社会主义和谐社会的重要途径,是深化收入分配制度改革的重要手段,也是建立职工工资民主共决机制的基本形式。近年来,我市重视规范和协调劳动关系,积极开展和谐劳动关系企业创建活动,取得了初步成效。但由于创建活动尚处在起步阶段,且中小企业面广量大,新居民务工人员占职工队伍比重较大,协调劳动关系的任务繁重。因此,全面推进职工工资集体协商,深化创建劳动关系和谐企业活动,具有十分重要的意义。各级党委、政府要从贯彻执行党的十七大精神,落实科学发展观、构建社会主义和谐社会的高度,从实施"创业富民、创新强市",推进我市经济社会又好又快发展的高度,充分认识全面推进职工工资集体协商工作、深化创建劳动关系和谐企业活动的重要性和紧迫性,进一步加强领导,明确责任,采取有力措施,不断推动职工工资集体协商工作和劳动关系和谐企业创建活动的深入开展,加快建立规范有序、公正合理、互利共赢、和谐稳定的新型劳动关系。

二、全面推进职工工资集体协商工作,深化创建劳动关系和谐企业活动的总体要求、基本原则和工作目标

(一)总体要求。深入贯彻党的十七大和省第十二次党代会精神,以科学发展观为指导,发展社会主义市场经济,构建社会主义和谐社会。结合深化和谐劳动关系创建活动,以建立健全职工工资民主共决机制和工资正常增长机制为目标,坚持党政主导、三方协同、工会推动、劳资互动的工作格局,坚持依法办事,坚持分类指导,深化企业收入分配制度改革,完善企业民主管理制度,培育集体协商主体,大力推进职工工资集体协商工作,努力发展企业、行业、区域的和谐劳动关系。已经开展创建活动的企业和工业园区,要进一步深化创建活动,强化企业社会责任,提升创建水平;尚未开展创建活动的规模企业和工业园区,争取两年内达到全覆盖;积极开展行业性、区域性的创建活动,将创建活动从企业向工业园区拓展,从规模以上企业向规模以下企业扩展。

(二)基本原则。坚持党的领导,在当地党委领导下开展工作,企业和行业协会的党组织要充分发挥政治核心作用,确保这项工作沿着正确的方向发展。坚持共享共赢,着眼于实现企业与职工的共同利益,处理好效率与公平、按劳分配与按其它生产要素分配的关系，实现企业发展、职工受益的目的。坚持依法协商，严格遵循《中华人民共和国劳动法》、《中华人民共和国工会法》和《中华人民共和国劳动合同法》等法律法规，协商双方的主体资格、协商内容、协商程序和协商办法必须依法进行，注重规范。坚持和谐稳定，始终把维护社会和谐稳定、维护企业正常生产经营秩序摆在首位，通过集体协商，达成协商主体双方都能接受的利益平衡点，实现企业和谐稳定持续发展。

(三)工作目标。2010年底前，全市开展创建劳动关系和谐企业的覆盖面达到企业总数的70%以上，其中已组建工会企业达100%。把开展职工工资集体协商工作作为创建劳动关系和谐企业的重要抓手，2010年底前，全市开展职工工资集体协商的企业覆盖面达到70%以上，其中国有集体企业覆盖面力争达到100%；已建工会的企业，2009年底前要全面推行工资集体协商制度；未建工会的企业，要积极开展区域性、行业性工资集体协商；积极推动所有企业创造条件依法开展工资集体协商。

三、着力推进职工工资集体协商制度化、规范化、程序化

(一)健全企业民主管理制度。各级党委、政府和有关部门要广泛宣传《中华人民共和国工会法》、《中华人民共和国劳动合同法》等法律法规和有关政策，引导广大职工增强法制意识、维权意识和协商主体意识。进一步完善企业职工代表大会制度，提高职工代表的整体素质和代表意识，支持广大职工特别是职工代表参与企业民主管理，参与工资集体协商。关系到职工切身利益的事宜，如收入分配、管理规章、生产安全、劳动保护等，要依法依程序通过职工大会(职代会)讨论；关系到企业发展的事宜，要让广大职工参与，发挥职工的积极性和聪明才智。有条件的地方，要积极探索建立区域性、行业性职代会制度。全面推进厂务公开，切实保障广大职工的知情权、参与权、表达权和监督权。

(二)健全企业协商要约制度。各有关部门、工会组织要认真贯彻落实《中华人民共和国劳动合同法》。工会组织要积极主动地代表职工行使要约权，依法通过必要的民主程序，充分听取广大职工的意见和建议，努力提高要约质量。各级地方工会和劳动保障部门要积极支持基层工会开展“要约行动”，对企业、行业不响应要约的，上级工会和劳动保障部门要及时协调解决。

(三)健全职代会审议制度。集体协商后的职工工资集体协议草案，经职工大会或职工代表大会审议通过后，报当地劳动保障部门备案。协议履行后，要及时向职工大会或职工代表大会报告履行情况。企业在协议期内不得随意降低职工工资标准，确因市场风险或突发情况不能履行协议时，应及时将调整方案提交职工大会或职工代表大会审议，或经重新协商一致后确定。

(四)健全履约监督制度。健全工资集体协商履行的内外部监督制度，努力提高集体协议的履约率和职工满意度。

企业职工(代表)大会要把签约与监督履约作为主要职责和法定程序,有计划地组织协商双方代表检查督促职工工资集体协商协议的履行。充分发挥人大及其常委会的法律监督和工作监督、政协民主监督、劳动保障部门的行政监督以及工会劳动保障法律监督的作用,为企业工资集体协议履约提供保证。

四、完善劳动关系三方协调机制

进一步完善市、县级劳动关系三方协调机制,积极推进镇(街道)以及工业园区劳动关系三方协调机制建设。力争到2010年,各县(市、区)、镇(街道)普遍建立健全劳动关系三方协调机制,不断增强三方协调机制的广泛性和代表性。

各级劳动保障部门要积极主动会同工会和企业方面代表,建立健全劳动关系三方协调机制,共同研究解决有关劳动关系的重大问题。对未建工会组织的企业开展创建劳动关系和谐企业和推进职工工资集体协商工作,要负责指导和督促。制定完善相应的规定和办法,指导督促集体协商双方代表本着合法、合理、公平、公正的原则开展平等协商。有针对性地加强对职工平均工资、企业人工成本、居民消费价格指数等指标的研究分析,执行最低工资标准、企业和行业工资指导线、劳动力市场指导价位和企业工资支付保障金等制度,加强劳动定额管理,为开展创建劳动关系和谐企业和推进工资集体协商提供依据。严把工资集体协议审核关,促进企业工资集体协商健康发展。

各级工会组织要进一步加强基层工会建设,指导建立行业工会或区域工会联合会,为工会组织代表职工一方与企业代表开展工资集体协商创造条件,为行业性、区域性创建活动创造条件。进一步加强工会队伍、工资集体协商指导员队伍建设,开展法律法规知识和政策业务培训,提高他们的协商能力。积极指导和支持企业工会行使要约权,不断提高集体协商的质量。切实加强监督检查,依法维护基层工会人员和职工协商代表的权益。

各级行业协会、商会、企业联合会(企业家协会)要进一步加强自身建设,建立健全组织机构和工作网络,充分发挥企业代表组织的作用。对适合开展创建和谐劳动关系和职工工资集体协商的行业和区域,要积极指导建立行业或区域性企业联合会,代表企业与工会进行工资集体协商;对已签订职工工资集体协议的企业,要引导督促企业认真履行,切实维护企业和职工双方的合法权益。

五、积极推进区域性、行业性工资集体协商,进一步深化创建活动

各地要把推进区域性、行业性职工工资集体协商作为当前和今后一个时期内的工作重点,加快建立行业性的企业代表组织和行业工会组织,因地制宜搭建职工工资集体协商的工作平台。把职工工资分配制度、工资增长幅度、劳动定额、计件单价等,作为区域性、行业性工资集体协商的重点内容,积极开展集体协商,全面建立企业职工工资共决机制，促进企业依法规范工资分配行为，合理增长职工工资收入，使企业和谐劳动关系在职工根本利益落实中得到体现。

同时，要结合推进劳动合同制度三年行动计划，全面推进劳动合同制度，着力提高劳动合同签订率；不断扩大职工参加社会保险的覆盖面，推动新居民务工人员社会保险政策的落实，提高职工社会保险覆盖面；不断改善职工劳动条件和作业环境，推动群众性劳动保护监督工作，维护职工的身体健康和生命安全；开展企业职工文化建设示范工程，以文化育人，以文化强企，使企业和谐劳动关系扎根于企业文化之中。

六、进一步加强对职工工资集体协商工作和劳动关系和谐企业创建活动的组织领导

各级党委、政府要高度重视职工工资集体协商工作和劳动关系和谐企业创建活动，切实加强组织领导，精心制订实施方案，落实工作责任，加大工作力度。积极开展职工工资集体协商和劳动关系和谐企业创建活动的考评工作，列入年度目标责任制和“平安嘉兴”考核体系。把是否开展劳动关系和谐企业创建活动和职工工资集体协商作为企业、企业负责人评先推优的必要条件，加大对工作成效突出的示范性企业的表彰力度，并在企业信誉晋级、融资额度、扶持政策、先进评比等方面给予优先。

各有关部门要积极培育创建活动和集体协商主体，特别是要注重建立健全行业协会、企业联合会等企业代表主体，为行业性、区域性开展劳动关系和谐企业创建活动和职工工资集体协商创造条件。同时，积极推进企业提升管理水平、加强经营活动自律、扩大行业影响，支持开展企业间交流。

各级劳动关系和谐企业创建活动领导小组及其办公室要切实加强组织协调，充分发挥各级劳动保障、经贸、民政、国资、工商等部门和工会、工商联、企业联合会(企业家协会)等单位的职能作用，相互配合，合力推进。各级宣传部门要大力宣传推进职工工资集体协商、构建和谐劳动关系的重大意义、先进典型和好的做法，推动职工工资集体协商、深化创建劳动关系和谐企业活动的进一步发展。

中共嘉兴市委办公室
嘉兴市人民政府办公室
2008年10月19日

第二章 工会代表大会工作报告

发挥工人阶级主力军作用
为夺取嘉兴现代化建设新胜利而奋斗

——在嘉兴市工会第三次代表大会上的工作报告

谭春晓

(1995年2月21日)

各位代表、同志们:

我代表嘉兴市总工会第二届委员会向大会作工作报告,请代表们审议。

这次大会的主要任务是:以邓小平同志建设有中国特色的社会主义理论和党的基本路线为指导,进一步学习贯彻党的十四届三中全会、中国工会十二大和市三次党代会精神,回顾总结嘉兴市工会第二次代表大会以来的工作,明确今后全市工会工作的指导思想和主要任务,选举产生新一届市总工会领导机构,动员和组织全市职工解放思想,抓住机遇,加快改革开放步伐,充分发挥工人阶级的主力军作用,为夺取嘉兴现代化建设新胜利而奋斗。

一、五年工作的回顾总结

市工会第二次代表大会以来,在中共嘉兴市委和上级工会的领导下,全市各级工会组织坚定不移地贯彻执行党的基本路线,认真贯彻邓小平同志视察南方重要谈话和党的十四大精神,紧紧围绕市委提出的中心任务和工作部署,动员和组织全市职工积极投身改革开放和现代化建设的伟大实践,为我市经济的快速增长、各项改革不断深化、外向型经济取得突破性进展、综合经济实力明显增强,作出了积极的贡献。

(一)坚持以经济建设为中心,团结和组织职工为经济快速增长作贡献

五年来,全市各级工会自觉坚持以经济建设为中心,充分发挥全市职工的聪明才智和劳动热情,集中精力把嘉兴的经济建设搞上去。各级工会立足基层,围绕企业生产经营目标的完成和经济效益的提高,深入开展多种形式的社会主义劳动竞赛、合理化建议和技术比

武、技术交流、技术攻关活动，充分调动了职工群众的积极性，推动了全市经济不断跃上新的台阶。1990年和1992年，我们先后举办了两届全市性的职工技术操作运动会，吸引了数十万职工参加到不同层次的技术操作比武中来，涌现出一大批技术能手和尖子，形成了学技术、练本领、争名次的热潮，得到了各级党政领导的好评和职工的欢迎。1991年，各级工会围绕“质量、品种、效益年”活动，开展了企业争夺“质量、品种、效益”单项杯和综合杯竞赛，职工争当“质量标兵”、“新产品开发能手”和“百名优秀职工”活动。1993年组织了全市服装裁剪、立缫先进操作技术推广活动。1994年联合发起“我为嘉兴添锦绣”活动，以“万看、千抒、百访”改革系列教育、社会主义劳动竞赛成效评价、评选百名优秀职工三项活动为主线，动员和组织全市百万职工岗位奉献，为全市改革深化和经济发展献计出力，多做贡献。这些活动都做到了各级工会上下联动，各主管局(公司)横向配合，职工参加面广，社会影响大，经济效益和社会效益显著。各级工会女职工委员会坚持数年，在全市女职工中开展“为单位献计、为国家创优、为南湖增辉”为主题的“巾帼奉献”竞赛活动，全市共有85%的女职工结合本地、本系统、本单位的实际，参加到各类竞赛和合理化建议活动中，使全市女职工成为推动我市经济增长和社会发展的一支重要力量。五年来，全市通过开展多种形式的社会主义劳动竞赛，可计算的双增双节效益达32707万元。共提出合理化建议142776条，被采纳52350条，实现可计算经济效益29031万元。

全市各级工会职工技协组织，充分发挥科技人员、能工巧匠的技术优势，立足本企业，积极开展技术革新、技术攻关活动，解决了一大批生产中的技术难题。同时，职工技协进入技术市场，扩大技术交流和技术协作，成为推动企业技术进步的一支重要力量。五年来，全市各级工会职工技协共攻破技术关键3416项，创造经济效益2885万元，推广新技术550项，创经济效益1623万元。完成技协有偿服务成交额12764万元，上交税金424万元。并通过技术、资金等途径帮困扶贫118家企业，1076个项目，产生经济效益1786万元。

五年来，广大职工群众在工建交、财贸、金融物资、文教卫体、机关事业各条战线上勤奋工作、艰苦创业、无私奉献，为全市国民经济的发展作出了重大贡献，涌现出一大批先进模范人物。五年中，全市职工中评为全国劳模9人，省部级劳模11人，市级劳模79人、市级优秀工人100人、操作能手125人、质量标兵19人、新产品开发能手20人，技术革新能手19人。

在努力促进企业生产发展、经济效益提高的同时，各级工会重视做好职工劳动保护和安全生产工作，全市有287个大中型工建交企业建立健全了三级劳动保护监督检查网络，有78名市级工会劳动保护监督检查员和1万余名基层企业的工会劳动保护监督检查员活跃在安全生产第一线。他们积极开展群防群治活动,参与事故调查,协调和督促行政做好事故隐患整改工作,促进了企业劳动条件的改善,保护和促进了生产力的发展。

(二)解放思想、转变观念,积极参与和推进各项改革

五年来,全市各级工会认真学习党的各项改革的方针政策和小平同志南巡重要谈话精神,积极参加市委组织的"解放思想、转变观念、振兴嘉兴"的大讨论,及时调整工作内容,切实加强对职工的形势任务教育、改革系列教育,引导广大职工正确理解改革,自觉地参与和推进改革。

在企业"三制"改革和转换企业经营机制的改革中,各级工会积极参与各项改革方案的制订和实施,工会主席参加企业"三制"改革和转换企业经营机制的领导小组,注重宏观参与和"源头"参与。工会发动职工群众集思广益,及时反映职工的正确意见和合理要求,使各项改革措施更加切合实际,更有群众基础,保证了各项改革的顺利进行。随着企业改革的不断深入,市总工会会同市经委、市体改委在企业中积极推行"共保合同"制度,促使企业行政和工会共同为完成企业的生产经营目标而努力,并在不断提高企业经营成效的基础上,提高职工收入和福利水平,调动了职工群众的生产积极性,增强了企业活力,使企业成为全体职工责任共负、风险共担、利益共享的利益共同体。为了适应企业劳动关系的新变化,各级工会主动参与依法处理劳动争议,维护职工的切身利益。目前全市已有395家企业建立了劳动争议调解委员会,市总工会会同劳动部门培训企业劳动争议调解干部5581人次,提高了业务能力和政策水平,使绝大部分的劳动争议可以在基层得到解决。

各级工会还积极参与了住房制度、医疗保险制度、养老保险制度的改革,参与了一些难度较大的企业破产、兼并工作,协助做好各方面的工作,保证一些必要的改革措施的到位。

(三)履行工会教育职能,建设"四有"职工队伍

五年来,各级工会加强职工的思想政治教育,广泛组织职工学习邓小平同志建设有中国特色社会主义的理论和党的基本路线,学文化、学技术、学法律,不断提高职工队伍的整体素质。

各级工会几年来相继开展了"三忆、三爱、两提高","双十佳新人新事评选"、"主人翁精神赞演讲比赛"、"三热爱系列教育"、"劳模先进事迹巡回报告"、"改革系列教育"、"万看、千抒、百访"等形式多样、贴近职工、生动活泼的宣传教育,使广大职工群众加深对党的改革开放路线政策的理解,提高思想政治觉悟,引导职工树立正确的人生观、价值观,良好的社会主义职业道德和奋发向上的精神风貌,立足本职,学赶先进,多作贡献。市总工会主办的《嘉兴工人报》和基层工会办的企业报都积极地发挥着舆论工具和宣传阵地的作用。

各级工会努力为职工学文化、学技

术、学技能创造条件，基层工会经常组织职工开展岗位技术练兵、技术比武、技术观摩活动，提高操作技能，各级工会职校积极举办多种形式的文化、技术、职业培训。五年来，各级工会职校共办班911个，完成各种层次的学历教育2954人，技术职业培训结业11834人。

各级工会特别是基层工会组织职工开展丰富多彩的文化艺术和体育娱乐活动，成立了以职工为主体的各类文体协会和兴趣小组，各级工会举办的文化宫、俱乐部成为职工群众的文化娱乐中心。市总工会还组织或参与组织了全市性的“祖国颂”职工文艺汇演、厂歌比赛及纪念毛泽东同志诞生一百周年畅游南湖等活动及节庆活动，“五一”劳模先进人物大联欢，活跃了职工的文化生活，推动了全市的精神文明建设。

（四）发挥工会民主渠道作用，推动全心全意依靠工人阶级指导方针的落实

五年来，全市各级工会在党组织领导下，不断拓宽民主参与渠道，加强企业民主管理，努力推动全心全意依靠工人阶级指导方针的落实。结合贯彻中央(89)12号文件，市委下发了《关于加强和改善党对工会、共青团、妇联工作领导的意见》，各县(市)委也下发了相应的文件。市政府下发了《关于在政府工作中发挥工会民主参与和社会监督作用的通知》。结合贯彻中办(91)6号文件，市总工会起草了《关于贯彻中办(1991)6号文件的几点意见》，经市委同意后转发。这一系列文件的下发，为贯彻落实党的全心全意依靠工人阶级的指导方针，加强新时期的工会工作，加强企业的民主管理工作，提出了明确的指导意见。为了更好地发挥工会的民主渠道和社会调节作用，县以上地方工会参加了同级政府有关职工切身利益的政策协调机构。市总工会参加市委和市政府各方面的政策协调机构就达24个，其中参加工资调整、劳动制度改革、工效挂钩、住房制度改革、劳动争议仲裁、劳动鉴定、安全生产等涉及职工切身利益的政策协调机构有10个。工会参加这些机构并在其中积极工作，参与了政府有关深化改革的一系列政策性文件的制定，强调了在企业改革中发挥工会和职代会的作用。

为了贯彻好中央关于企业领导体制的精神，推动全心全意依靠工人阶级的指导方针的落实，市总工会会同市委组织部、市经委、市体改办联合召开了全市企业民主管理经验交流会，总结表彰了嘉丝联等10家依靠职工群众办好企业的做法和经验，制定了加强企业民主管理的意见。通过人大、政协对《企业法》规定的职工民主管理进行了视察，对进一步加强企业民主管理提出了建议。

（五）密切与职工群众联系，努力为职工说话办事

五年来，各级工会不断密切与职工群众的联系，努力为职工说话办事，积极为企业和职工排忧解难，对缓解社会矛盾、推进改革深化、稳定职工队伍起到了积极作用。

工会协助有关部门加快我市住房解困工作已坚持数年,取得了可喜的进展。自1990年以来,仅市区就已为3822户三类困难户解决了住房。市总工会、体改办、房改办等发起组建的城市住房合作社,积极配合房改,组织企业和职工集资建房。两年来,开工面积达2.12万平方米计365套,已交付使用260套,其中解困房到位76套,得到了社会和职工的好评。

各级工会坚持开展"进万家门、知万家情、解万家难、暖万人心"为主题的"送温暖"活动,全市各级工会干部深入困难企业,慰问困难职工,为困难企业和困难职工送去党和政府及工会组织的关怀,使他们感受到社会主义家庭的温暖。五年来,各级工会为困难企业和困难职工发放慰问款43.76万元。今年"送温暖"活动进一步引起市领导和社会各界的普遍关注,并以"结对帮穷"的新形式解决了市区92户特困家庭,把送温暖活动推向一个更高的层次。与此同时,市总工会又积极发起筹集职工扶困救急资金,已先期到位资金45万元,开创了一条通过互助互济,帮助减轻职工特殊生活困难,稳定职工队伍的新路子。

在企业转换经营机制中,各级工会积极创办各类经济实体,吸纳了四千余名企业富余人员从事第三产业或开拓新的生产门路。市总工会还会同有关部门联合发文,调整了职工的最低生活费标准,使低收入的困难职工及时得到必要的补助。各级劳动模范为我市的两个文明建设作出了重要的贡献。各级工会认真做好劳模的管理服务工作,关心他们的生活,尽可能地为他们解除后顾之忧。今年,市总工会积极协同市委、市政府,在调查摸底的基础上,由市政府发文,对解决部分劳动模范生活困难问题提出了7条政策性意见,给予他们以特殊的关心。

各级工会不仅重视在日常生活中关心职工的疾苦,在几次洪水袭击的突发性灾情面前,更是及时深入到受灾的职工群众之中,想方设法为职工排忧解难,91、93两次抗洪救灾仅县以上工会就发放救灾补助款10.96万元,帮助受灾职工渡难关,得到了职工群众的赞扬。

退休职工管理服务工作开始步入正常轨道。全市共建立各级退休职工管理委员会621个。各级退管组织围绕"老有所养、老有所为、老有所乐",组织退休职工开展各类文体健身、医疗、法律咨询等活动,积极为退休职工"送温暖",协调解决退休职工反映的问题,使他们安度晚年。

各级工会重视加强法律工作和信访工作,努力为基层企业和职工提供法律服务。对职工来信来访,各级工会认真做好接待工作和协调处理工作,仅市总工会的不完全统计,五年来共为职工提供法律服务1347人次,处理来信来访2750件次,结案率达99%,为一大批职工解决了特殊困难和具体问题。同时,为376家企事业单位承办经济案件391件,共挽回经济损失879万元。

各级工会重视加强调研信息工作，深入基层，调查了解新情况、新问题，掌握工作的主动权。几年来，工会向各级党政领导机关提供了一批有价值的调查报告和信息，反映职工群众的心态、愿望和要求，努力为领导机关决策提供来自基层和群众的“第一信号”，为工会参政议政提供依据，为职工群众排忧解难开辟新的渠道。工会还认真参与了市场物价的监督检查，五年来共组织市场检查 19200 次，出动检查人员 80560 人次，处理违纪违价案件 37803 件，退还消费者金额 14203 元，维护了市场的正常程序，维护了消费者的合法权益。

(六)积极发展工会企事业，努力为发展社会生产力服务，为工运事业服务，为职工群众服务

五年来，各级工会根据国家关于大力发展第三产业的指示精神，坚持以基层为重点，积极兴办以第三产业为主体的各类经济实体，出现了良好的发展势头。到 93 年底，全市共有 646 家工会兴办了 708 家企业，其中基层工会办了 676 家，从业人员 7284 人，93 年营销总额 68384.3 万元，相当于全市工业总产值的 1.74%，利税合计 1969.32 万元，为企业积累资金 374.57 万元。工会企事业的发展，为我市发展第三产业，增加经济总量，调整产业结构，发展多种经营，扩大就业渠道，稳定职工队伍日益发挥出积极作用。

(七)加强工会自身建设，提高工作的整体水平

五年来，全市工会组织得到了较大的发展。到去年年底，全市共有基层工会 2462 个，比 1988 年的 2079 个增长了 18.42%，会员人数从 28.63 万增加到 31.05 万，增长 8.45%。拥有各类工会积极分子 39221 人。工会女职工委员会从 615 个增加到 973 个，增长 58.2%，组建率达 95%。为了适应全市乡镇企业和外商投资企业的迅速发展的新形势，各级工会在党委的领导和政府行政的支持下，积极开展乡镇企业和外商投资企业工会组建工作。到去年 8 月份，全市已有外商投资企业工会 154 家，占开业数的 43%。已建立乡镇企业工会 399 家，会员人数达 4 万以上，其中海宁市 26 个乡镇已全部建立工会，乡镇企业工会达 146 个。各级地方工会重视产业工会(联合会)、镇、局工会和工会女职工委员会的组建，使工会的组织系统逐步完善。

在坚持党管干部的原则下，工会认真协同党委，做好工会领导人的提名、考察、选举、审批、管理、调动等工作，使各级工会领导班子得到充实加强。为适应建立社会主义市场经济体制的新形势，各级工会领导机关对机构、力量的配置进行了积极的探索，突出重点工作，突出代表、指导、参与、协调、服务职能，收到了积极的效果。

《工会法》颁布实施后，市总工会会同市委宣传部、市司法局联合发文，及时将《工会法》列入“二五”普法规划，并邀请党政领导和各界人士召开新《工会法》座谈会。各级工会充分运用各种宣传工具和宣传形式，广泛宣传《工会

法》,层层举办培训班,组织广大工会干部和工会积极分子学习《工会法》。全市还组织十万余职工参加省总工会举办的《工会法》知识竞赛活动。通过一系列宣传贯彻活动,扩大了《工会法》的影响,依法纠正了个别违反《工会法》有关规定的现象,使工会工作和工会自身建设逐步走上了法制化轨道。

各级工会领导机关普遍加强了工会干部的培训工作。工会干部规范化岗位培训工作已完成整个计划的91%。各级工会深入开展创建"职工之家"活动,全市共评出83家市级先进职工之家,有16家被推荐命名为省模范职工之家,有2家被命名为全国模范职工之家。

五年来,各级工会努力加强工会的财务管理,切实收好管好和用好用活工会经费,使工会经费得到逐年稳步增长。加强了工会的经费审查监督工作,拓展了经审工作领域,全市工会经审组织的组建率已达90.1%。工会编史修志工作经过数年努力,已基本完成《嘉兴市工运史》建国前部分和《嘉兴市工会志》的编纂工作,其中《嘉兴市工会志》已完稿付印。

(八)扩大对外交流,发展友好往来

适应改革开放的新形势,工会对外交流逐步扩大,友好往来逐年增多。五年来,市总工会先后接待了日本静冈县劳福协、退福协、日本自治劳富士职员工会,连合静冈友好访问团,日本静冈县劳动金库来嘉兴访问交流,安排他们参观工厂、学校、职工家庭,宣传改革开放带来的巨大变化,增进了了解,扩大了嘉兴的影响。今年7月份,根据嘉兴市、富士市友好交流事业计划协议,市总工会首次组织职员友好访问团出访日本,达到了发展同周边国家工会的友好合作关系,借鉴发达国家工会对我们有益的经验的目的。

回顾总结五年来的历程,全市各级工会组织坚持在党的领导下独立自主地开展工作,较好地发挥了党和政府联系职工群众的桥梁纽带作用和民主渠道作用,使工会工作服务于我市深化改革、扩大开放的全局,在全局中找准位置,发挥作用,为推进我市的两个文明建设作出了积极的贡献。在过去的五年中,全市工会女职工工作、生活保障工作、财务工作、技协工作相继被评为全国先进。工会企事业工作在全国性会议上作介绍。1993年度,市总工会被评为市级机关先进单位,受到市委、市政府的表彰奖励。所有这些成绩的取得,是全市各级工会干部和工会积极分子,在各级党委领导下共同努力,辛勤工作,开拓进取的结果,也是与各级政府(行政)和社会各界的大力支持分不开的,在这里,我代表市总工会第二届委员会向全市工会干部、工会积极分子和全市职工表示亲切的慰问,向关心和支持工会工作的各级党政领导、社会各界表示衷心的感谢和崇高的敬意!

总结五年来工会工作的基本实践,我们深切地体会到,做好有中国特色社会主义工会工作必须遵循的基本经验和指导原则是:

1. 工会必须自觉地接受党的领导，并在党的领导下独立自主地开展工作。工会一定要在政治上、思想上、行动上同党中央保持高度一致，坚定不移地贯彻执行党的路线、方针和政策。同时，作为职工群众自愿结合的工人阶级群众组织，工会要依照法律和章程独立自主地、创造性地开展工作，要善于通过工会的民主程序，采用民主讨论、说服教育的方法，把党的主张和方针任务变为职工群众的自觉行动。各级工会要经常主动地向同级党委汇报工会工作中的重大问题，在党委的领导和重视下推进工会的重点工作。

2. 工会工作必须坚持以经济建设为中心不动摇，全面履行四项社会职能。工会的全部工作都必须自觉地服从于、服务于经济建设这个中心，努力在本地区、本部门、本单位的经济发展中发挥作用。工会要在维护全国人民总体利益的同时，更好地表达和维护职工群众的具体利益，把发展社会生产力和维护职工利益统一起来。工会的维护、建设、参与、教育四项职能是不可分割的统一体，只有全面履行、全面加强，才能充分体现工会的地位和作用，为推进改革开放、加块经济发展和维护社会稳定做出贡献。

3. 工会必须密切与职工群众的联系，成为党和政府联系职工群众的桥梁纽带。工会要成为党和政府联系职工群众的桥梁纽带，就一刻也不能脱离群众。改革开放越是深入，越是要深入职工群众，关心职工的疾苦，倾听群众的呼声，努力为职工说话办事，不断增强工会的吸引力和凝聚力，把广大职工群众团结在党的周围，为实现党的任务而奋斗。

4. 工会必须把工作重点放在基层，增强基层工会的活力。职工群众生活、工作在基层，工会的基础在基层。基层工作的好坏，与职工息息相关，工会的作用，也要更多地在基层的改革和经济发展中得到体现。只有切实加强基层工会建设，不断增强基层工会活力，才能促使工会整体工作上水平。

各位代表、同志们，回顾过去的五年，我们在肯定成绩的同时，也应该清醒地看到工作中的差距和不足。在发展社会主义市场经济的新形势下，我们的思想观念和工作内容还不完全适应客观形势的要求；工会工作如何适应经济关系和劳动关系的变化还研究不深；各级工会组织如何进一步加强自身建设，改进工作作风等方面还存在不足之处。我们要发扬成绩，克服不足，满怀信心地去开创新形势下的工会工作新局面。

二、今后五年工会工作的指导思想和主要任务

今后五年，直至九十年代末，是我市改革开放和现代化建设的关键时期。市委三次党代会提出的把嘉兴建设成为长江三角洲南翼经济繁荣、科教发达、生活富庶、社会文明的重要城市的奋斗目标，反映了全市工人阶级的共同愿望和要求，是全市百万职工为之奋斗的宏伟事业。工会要在完成市委提出的奋斗目标中承担更艰巨的任务，发挥更重要的作用,这是党的重托,职工群众的期望,也是社会主义市场经济的内在要求。各级工会要动员和团结全市职工发扬工人阶级“特别能战斗”的优良传统,发扬“敢为人先,和衷共济,负重拼搏,敬业奉献,振兴嘉兴”的嘉兴精神,推动全市的经济建设和社会进步跃上一个新台阶。今后五年工会工作的指导思想是:认真贯彻落实党的十四届三中全会和市三次党代会精神,坚持党的基本路线,在维护全国人民总体利益的同时,更好地表达和维护职工群众的具体利益,全面履行各项社会职能,充分发挥民主渠道和社会调节作用,动员和团结全市职工,巩固和发展安定团结的政治局面,为夺取嘉兴社会主义现代化建设新胜利而努力奋斗。

今后五年各级工会要努力实现六个方面的主要任务。

(一)动员职工负重拼搏,为嘉兴经济新飞跃建功立业

加快经济发展,是全市工人阶级的根本利益所在。各级工会要把推动经济发展,放在工会工作的中心地位。要牢牢把握当前的大好机遇,本着“把经济建设转移到依靠科技进步和提高劳动者素质的轨道上来”的要求,教育和引导职工以主人翁的态度从事劳动和工作,为企业兴旺发达献计出力。要继续深入推广《创造学》,开展以提高产品和服务质量、提高经济效益为主要内容的社会主义劳动竞赛、技术练兵、技术攻关活动,继续深入开展以促进企业产品结构调整、科学管理、技术进步为主要目的的职工技术协作、合理化建议、技术革新、创造发明活动。要在“百万职工岗位奉献”的主题下,结合各行各业、各地各单位的实际,扎扎实实地开展多种形式的添锦绣活动。各级工会女职工委员会要继续深入开展“三为”巾帼奉献竞赛活动,与男职工一起努力完成各项经济技术指标和工作任务。各级工会尤其是企业工会要积极参与“转机制、抓管理、练内功、增效益”活动,在“转、抓、练、增”的各个环节发挥好工会的优势和作用,促进企业素质上档次,企业管理上水平,经济效益上台阶。

各级工会要从保护生产力和职工积极性出发,进一步加强劳动保护和安全生产,重视女职工的特殊保护,推动企业(尤其是三资企业、乡镇企业)认真贯彻“安全第一、预防为主”的方针,落实“企业负责、行业管理、国家监察、群众监督”的管理体制,严格贯彻执行国家有关规定和关于劳动保护的3个《条例》,坚决反对违章指挥和违章作业,重视事故隐患的整改和劳动条件的改善,切实保护广大职工的身体健康和生产安全。

(二)依靠职工深化改革,进一步加强和完善企业民主管理

以产权制度改革为重点,深化企业改革,逐步建立现代化企业制度,是建立社会主义市场经济体制的重要环节。各级工会要充分理解这一改革的重大现实意义和深远的历史意义,教育和带领广大职工在参与、推进企业深化改革的实践中发挥积极作用。

职工群众是企业深化改革的主体。只有在广大职工的支持和参与下,企业转换经营机制的改革才能够顺利推进。工会要配合党政认真贯彻党的十四届三中全会《决定》提出的“全心全意依靠工人阶级”,“工会与职代会要组织职工参与企事业的民主管理,维护职工合法权益”的要求,积极探索建立科学的企业领导体制和组织管理制度,调节所有者、经营者和职工之间的关系,形成激励和约束相结合的机制。

社会主义市场经济的发展,国家、企业、职工三者利益关系日益清晰,劳动关系逐步企业化、市场化、契约化,客观上要求进一步加强职工民主管理,维护企业劳动关系的稳定,促进企业的发展。国有企业和城镇集体企业要坚持和完善职工代表大会制度,切实落实职工代表大会的各项权利。公司制企业要坚持职工民主管理的原则,支持工会维护职工的合法权益。国有独资公司,两个以上国有企业或者两个以上国有投资主体设立的有限责任公司,要继续坚持以职工代表大会为职工民主管理的基本形式。其他有限责任公司和股份有限公司可以由职代会也可以由工会代职工实行民主管理。由工会代表职工实行民主管理的,要建立相应的制度来保证。公司制企业要依法建立健全职工董事、监事制度,充分发挥职工董事、监事的作用。要积极探索三资企业、乡镇企业、国有民营企业职工民主管理、民主参与和民主监督的有效形式,切实保障职工的主人翁地位和民主权利。科教文卫和机关事业单位要从自己的特点出发,进一步建立健全职工代表大会制度和其他民主管理制度。

(三)依法维护职工合法权益,努力促进社会稳定

《劳动法》的颁布实施,对保护劳动者的合法权益,调整劳动关系,建立和维护适应社会主义市场经济的劳动制度,促进经济发展和社会进步,具有重大的现实意义和深远的历史意义。各级工会要把认真学习宣传贯彻好《劳动法》,作为当前和今后一个时期的一项重要任务,依法加大调节劳动关系的力度,在维护职工民主权利的同时,有效地维护职工的劳动权利和物质文化利益。

随着全员劳动合同制的逐步实行,基层工会组织要事先参与,坚持双方权利义务对等、合同双方平等原则,改变劳动合同不经协商就签约的现象。对侵犯职工合法权益的条款,工会要提出意见,帮助纠正,并监督合同的实施。工会代表职工与用人单位签订集体合同,可以从整体上维护劳动者的合法权益,发挥工会在稳定劳动关系中的作用,是工会在建立社会主义市场经济体制过程中调节劳动关系、维护职工利益的一种新的机制。要逐步推进工会代表职工与企业行政签订集体合同的制度,调节职工集体与企业的关系。要认真贯彻《企业劳动争议处理条例》,积极参与劳动争议的调解仲裁。要坚持“预防为主、调解为主、基层为主”的方针,尽量把劳动争议解决在基层,把矛

盾化解在萌芽状态。

各级工会要以高度的政治责任感，关心困难职工的生活，为职工排忧解难。要把“送温暖”活动拓展为“送温暖工程”，采取多种更为有效的形式和途径，做好扶贫帮困工作。要继续大力推进职工互助互济事业的发展，组织多种形式的经济互助和劳力互助，办好职工互助保险，使其成为新的社会保险制度的一个重要层次，依靠集体力量，逐步提高社会保险水平。

要进一步加强工会法律工作，县以上工会要尽快建立法律服务机构，积极为职工群众提供法律服务。要加强信访工作，认真协调处理，努力为职工排忧解难。要在促进房改的同时，继续搞好职工住房解困工作。各级工会要继续关心退休职工生活，协助政府和行政做好退休职工的管理和服务工作。要深化职工物价监督检查工作，积极探索新的工作路子。

(四)加强职工队伍建设，全面提高职工素质

工会要协同党政，为提高职工素质，建设一支“有理想、有道德、有文化、有纪律”的职工队伍做作出应有的努力。

改革越是深入，越要加强职工思想政治工作。要用建设有中国特色社会主义理论武装职工，按照中共中央印发的《爱国主义教育实施纲要》的要求，加强对职工群众的爱国主义、集体主义和社会主义思想教育，特别是爱国主义教育。工会实施爱国主义教育，要在党政的统一领导下，充分发挥自己的优势，制定具体的实施规划和细则，设计可行的活动项目，通过生动活泼的教育，使广大职工发扬爱国主义传统，提高民族自尊心和民族自信心，坚定社会主义信念，增强历史使命感、责任感。要通过教育帮助职工树立远大理想，养成良好的职业道德、敬业精神和社会公德，自觉抵制拜金主义、极端个人主义、腐朽生活方式和各种不良风气的影响，用工人阶级艰苦创业、无私奉献的先进思想影响全社会。要加强思想政治工作的针对性，把准职工的思想脉搏，有针对性地释疑解惑，理顺情绪、鼓舞士气，增强思想教育的效果。要将正在开展的“万看千抒百访”活动深入进行下去。

职工素质是企业素质的决定因素。社会主义市场经济体制的逐步建立，对提高劳动者的素质提出了更高的要求。工会要注意职工智力的开发，鼓励职工在实践中刻苦钻研，读书自学，岗位成才。要继续广泛开展岗位技术练兵、技术比武、技术观摩交流活动，帮助职工提高技术操作水平和劳动技能。要努力办好工会的各级各类职工学校，加强就业培训、岗位培训和各种技能培训，不断增强广大职工对市场经济的适应能力。

各级工会要重视职工的业余文化生活，积极争取政府和行政支持，增加在职工文化娱乐和体育活动方面的投入。坚持以基层为主，开展健康文明、丰富多彩、小型多样化的职工文化体育活动，吸引职工广泛参与。要发挥各级工

人文化宫、俱乐部的阵地作用，正确处理社会效益和经济效益的关系，不断满足广大职工的精神文化需求，成为广大职工的“学校和乐园”。

(五)扩大工会工作领域，加强“新经济组织”中的工会工作

随着改革开放的深化和市场经济的发展，乡镇企业、外商投资企业和私营企业等“新经济组织”在我市国民经济中所占的比重逐渐增大，职工人数日益增多，劳动关系日趋复杂。工会必须主动适应形势的发展，加强在这些“新经济组织”中的工作。

要继续抓紧“新经济组织”的工会组建工作，已经开业投产的外商投资企业，要依法尽快把工会组建起来。新开办的外商投资企业，要在筹建企业的同时筹建工会。我市乡镇企业的发展已有多年的历史和相当的规模，多数乡镇企业生产经营正常，职工队伍稳定，要加快组建工会的步伐。尤其要抓好乡镇企业中属于县(区)骨干企业，产值500万元或税利100万元以上的乡镇企业工会组建工作。私营企业组建工会要抓好试点，逐步推开。

要根据乡镇企业、外商投资企业和私营企业等“新经济组织”的特点，开展工会工作。乡镇企业工会工作的主要内容是健全民主制度，加强科学管理，代表职工调节劳动关系，提高职工素质，完善经营机制，促进企业发展。外商投资企业和私营企业工会工作的指导思想是，维护职工合法权益，与投资者合作共事，共谋企业发展，为职工群众服务，为促进改革开放服务，为经济建设服务。对企业的合法经营活动要支持，对违法行为要反对，维护职工合法权益不能动摇。要积极探索工会代表和组织职工参与企业管理的形式和途径，建立工会与企业行政协商谈判制度，建立稳定的劳动关系，促进这些企业健康发展。

(六)坚持三服务宗旨，积极稳妥发展工会企事业

大力发展工会企事业，是在建立社会主义市场经济体制新形势下，拓宽工会工作领域，发挥工会作用的有效途径，是探索工会工作新路子，开创新局面的重要举措，是提高工会工作整体水平，增强工会的吸引力和凝聚力，密切与职工群众联系的客观需要。各级工会要继续根据中国工会十二大关于“统筹规划、积极稳妥地发展工会企事业”的要求，和全国总工会、国家计委最近制定的《全国工会企事业发展规划基本思路》的精神，巩固发展具有工会特色的、社团集体所有制性质的工会企事业。

工会兴办企事业，必须坚持为改革开放、发展社会生产力服务，为职工群众服务、为推进工运事业服务的宗旨，坚持社会效益和经济效益的统一，大力兴办与职工利益关系密切的企事业，努力为职工群众办实事、办好事，不断增强工会的吸引力和凝聚力。要调动各级工会兴办企事业的积极性，同时要坚持把发展工会企事业的重点放在基层。要正确处理工会中心工作和发展企事业的关系，做到统筹安排，互相促进。要巩

固现有的成果,逐步建立适应社会主义市场经济要求的工会企事业管理体制。按照市场规律办事,实行产权和经营权分开,形成新的企事业运行机制。要严格产权管理,理顺产权关系,防止资产流失,保证工会资产增值。各级工会领导机关要切实加强对工会企事业工作领导,制定有利于促进工会企事业发展的管理办法和奖励办法,努力为基层兴办工会企事业创造良好的外部条件,推动工会企事业工作在规模、效益上跃上新的台阶。

三、进一步加强工会的自身建设

为了适应建立社会主义市场经济体制的新形势,完成工会工作日益繁重的任务,必须进一步加强工会的自身建设。

(一)用建设有中国特色社会主义理论武装工会干部,加强工会领导班子建设

用邓小平同志建设有中国特色社会主义理论武装工会干部,是工会自身建设的首要任务。要认真地读好《邓小平文选》第三卷,《中共中央关于建立社会主义市场经济体制若干问题的决定》以及最近出版的《社会主义市场经济基础知识》,重视现代科学技术基础知识的学习,使我们所有的工会干部都能够坚持解放思想,实事求是的思想路线,能够正确分析和认识向社会主义市场经济转变中的新情况、新问题,善于把党的工运路线、方针、政策同本地区、本单位的实际结合起来,掌握工作的主动权。要认真学习《邓小平论工人阶级与工会》,把学习邓小平同志关于工人阶级与工会的重要思想同全面学习邓小平同志建设有中国特色社会主义理论结合起来,发扬理论联系实际的学风,把学习理论与研究解决现实问题结合起来,做到学以致用。

要按照革命化、年轻化、知识化、专业化的方针和德才兼备的原则,配备好各级工会领导班子。加强领导班子的政治、思想、作风、制度建设,努力把各级工会领导班子建设成为坚定地贯彻执行党的基本路线,有高度的革命事业心和工作协调能力,密切联系群众,有勤奋务实和开拓创新精神,得到职工群众信赖的坚强领导集体。

(二)加强基层工会建设,努力增强基层工会活力

社会主义市场经济体制的逐步建立,企事业单位经营管理自主权的扩大,给基层工会的工作提出了更高的要求。在新的形势下,基层工会要能够适应发展社会主义市场经济要求,根据职工的意愿和本单位的实际,在党组织领导下,独立自主地开展工作,在团结职工完成本单位的生产、工作任务中发挥重要作用;能够有效地参与改革,代表职工调节劳动关系,维护职工的合法权益;能够从职工群众的思想实际出发,搞好职工思想政治教育;鼓励和支持职工学习文化技术知识,开展各种文化体育活动,成为职工的学校和乐园;能够密切联系群众,关心职工疾苦,为改善职工的物质文化生活多办实事,为职工排忧解难,成为职工信赖的“职工之

家”。所有的基层工会都应朝着这个目标去努力。

科教文卫等单位的工会组织，要从知识分子的特点出发开展工会工作。党政机关工会要逐步明确机关工会工作的职责、任务、活动方式，探索机关职工的民主参与和民主管理形式。

在企业转机建制的新形势下，基层工会建设和工会工作也面临着许多新情况、新问题，各级工会特别是基层工会要善于开拓，勇于创新，不断创造出适应转机建制的工会建设和工会工作的新方法、新经验，推动基层工会工作上一个新水平。

(三) 加强工会领导机关的改革和建设，更好地履行“代表、指导、参与、协调、服务”职能

各级工会领导机关承担着重要的领导职责，要认真履行好“代表、指导、参与、协调、服务”的职能，更好地为基层工会服务，为职工群众服务。

工会领导机关要重视加强工会在人大、政协和政府有关改革和职工利益的政策协调机构中的工作，加强宏观和“源头”参与。要坚持把工作的重点放在基层，加强对基层工会工作的指导和服务，及时发现、总结和交流基层工会新的工作经验。要加强同社会各界的广泛联系，扩大工会的社会影响，促进工会工作的开展。要认真转变活动方式，改进工作作风，进一步减少检查、评比、表彰活动，把主要精力放在调查研究、分类指导、为基层服务上。要进一步加强信息工作，健全信息渠道，使群众的要求和呼声能够顺畅的反映上来。

要加强产业工会(联合会)、镇局工会的建设。产业工会(联合会)和镇局工会的主要任务是从本产业和本地区的特点出发，围绕产业政策和职工特殊利益问题，加强调查研究，搞好参政议政，调动职工群众的积极性，在推动本产业和本地区的两个文明建设中发挥积极作用。

女职工工作是工会工作的重要组成部分。各级工会要继续加强对女职工工作的领导，按照市委组织部、市总工会嘉市组字[1994]26号文件要求，配备好干部，进一步搞好女职工委员会的组织建设。工会女职工委员会要在同级工会的领导下积极主动地开展工作，依法维护女职工的特殊利益和正当权益，帮助女职工提高自身素质，团结带领女职工为经济建设和改革开放作贡献。

(四)加强工会财务和经审工作

工会财务工作必须适应社会主义市场经济体制的要求，为工会工作提供更好的物质保证，努力为下级工会和基层工会服务。要依据《工会法》、《工会章程》的规定，督促已建立工会组织的企事业和机关团体，依法拨缴工会经费，切实收好、管好、用好工会经费。加强工会的财务和资产管理，严肃财经纪律，杜绝浪费，及时纠正不合理开支。各级工会领导干部必须廉洁自律，严格执行各项财务规定。任何组织和个人不得挪用和截留工会经费。各级工会领导都要重视财务工作，坚持归口管理的原则，支持财会干部履行自己的职责。

加强工会经费审查工作是工会群众化、民主化的重要内容。随着工会组织和工会企事业不断壮大,经济活动大量增加,必须进一步建立健全经费审查监督制度,完善自我约束机制,使工会经费得到合理使用,财产不受损害。凡独立管理经费的工会组织,都要建立经审组织,完善议事规则和审查制度,定期向会员大会或会员代表大会报告工作,使经审工作经常化、制度化、规范化。要建立经审和审计相结合的制度,加强对工会所属企事业的审计监督。

各位代表、同志们,今后五年是我市改革开放和经济发展的关键时期,建设一个经济繁荣、科教发达、生活富庶、社会文明的新嘉兴的重任已历史地落到了全市工人阶级的肩上。在新的历史时期,工会的任务和责任更加重大,地位和作用更加重要,党和国家比以往任何时期都更加需要发挥工人阶级和广大人民群众的积极性、创造性和历史主动精神,全市各级工会要在市委和上级工会的领导下,动员和组织全市职工以强烈的时代紧迫感和高度的历史责任感,抓住机遇、勤奋工作、解放思想、勇于开拓,充分发挥工人阶级的主力军作用,为夺取嘉兴现代化建设的新胜利而努力奋斗!

把握新机遇 迎接新挑战
团结动员职工为实现嘉兴跨世纪历史任务而奋斗
——在嘉兴市工会第四次代表大会上的工作报告

沈利华

(1999年12月23日)

各位代表、同志们：

现在，我代表嘉兴市总工会第三届委员会，向大会作工作报告，请代表们审议。

嘉兴市工会第四次代表大会，是我市工运事业承前启后、继往开来迎接新世纪的一次盛会。我们这次代表大会的主要任务是：高举邓小平理论伟大旗帜，全面贯彻落实党的十五大、党的十五届四中全会、中国工会十三大和嘉兴市第四次党代会精神，总结我市工会第三次代表大会以来工人运动和工会工作的实践经验，确定全市工会今后五年的指导思想和主要任务，选举产生嘉兴市总工会新一届领导机构，团结动员全市职工，为实现嘉兴跨世纪历史任务而奋斗。

一、五年工会工作回顾

嘉兴市工会第三次代表大会以来的五年，是嘉兴市经济社会全面发展，改革开放与各项建设事业取得巨大成就的五年，也是我市工人运动和工会工作开拓进取、蓬勃发展的五年。

五年来，全市广大职工继承和发扬工人阶级的优良传统，识大体，顾大局，理解、支持、参与和推进改革，珍视安定团结的政治局面，保持工人阶级自身队伍的稳定，为我市经济发展和两个文明建设作出了重大贡献。实践证明，工人阶级不愧是社会主义两个文明建设的主力军，不愧是推动改革开放的强大动力，不愧是维护社会稳定的中流砥柱。在此，我谨代表嘉兴市总工会，向战斗在全市各条战线上的职工及其家属，向在两个文明建设中作出突出贡献的劳动模范和先进生产(工作)者、先进集体，致以亲切的慰问和崇高的敬意。

五年来，全市各级工会和广大工会干部，在各级党委和上级工会的领导下，坚定不移地贯彻执行党的路线、方针、政策，紧紧围绕经济建设中心，努力推动全心全意依靠工人阶级方针的落实，切实贯彻实施《工会法》、《劳动法》，突出维护职能，各项工作都取得了显著

的成绩,在全市改革、发展、稳定的大局中发挥了积极作用。工会工作的主要进展与成效是:

——*在两个文明建设中开展建功立业活动取得明显成效*。全市各级工会按照新时期经济建设的客观要求,组织和动员广大职工深入开展多种形式的社会主义劳动竞赛、合理化建议、技术革新和技术协作等活动。五年来,开展劳动竞赛3672项(次),操作比武、岗位练兵3570项(次),提合理化建议14400余条,实施4800余条,创造了可观的经济效益。全市职工技协完成技术协作、技术扶贫帮困项目77900余项,有效地促进了企业技术进步。我市开展的重点工程立功竞赛、职工技协工作成绩显著,分别受到省政府和全国总工会、国家科委的表彰。全市各级工会旗帜鲜明地支持和参与企业各项改革,协助党和政府(行政)妥善处理改革中出现的各种矛盾和问题,帮助部分亏困企业实现了减亏或扭亏,促进了企业的健康发展。五年来,各级工会认真贯彻党的十四届六中全会《关于加强社会主义精神文明建设若干重要问题的决议》,组织职工开展各种形式的主题教育和文明创建活动。先后举办邓小平理论、党的十五大、工会十三大等多种学习培训班,努力提高职工思想素质。广泛开展群众性的选优评先工作,全市共选树来乐春、陆雅琳等全国劳模和先进工作者9人,刘雪珍、李明等全国"五一"劳动奖章获得者8人,全国"五一"劳动奖状集体1个,以及一批省、市级劳模和先进集体。同时,通过新闻媒体和事迹报告会等多种方式,积极宣传劳动模范和自立自强下岗失业职工等先进典型。五年来,各级工会所属的文化宫、俱乐部、活动室等积极开展健康有益的文体活动,并在实践中得到了发展壮大;各类职工学校适应市场经济要求,办学路子不断拓宽,办学质量进一步提高。

——*贯彻和推动落实党的"依靠"方针继续深入*。各级工会把依靠职工办好企业,作为推动党的"依靠"方针在基层落实的主要实现形式和途径,对新形势下如何落实党的"依靠"方针,进行了新的研究和探索。1997年,市总工会积极争取市委市政府下发了《关于全心全意依靠职工群众推进企业改革的若干意见》,争取市政府下发了《关于在政府工作中进一步发挥工会民主参与和社会监督作用的通知》,各县(市、区)和一些企业工会也积极争取县(市、区)委和企业党组织的支持,先后制定了依靠职工办好企业和加强工会工作的《意见》。五年来,各级工会多渠道、多层次地参政议政,在调查研究的基础上,积极参与本地、本单位各项政策措施和改革方案的研究、制定和实施,以及有关职工切身利益问题的讨论和决定。五年来,职工代表大会制度不断完善,全市已建职代会的单位有1395家,建制率为89.5%,职代会民主评议企业领导干部工作和国有企业业务招待费使用情况向职代会报告工作得到加强,"厂务公开、民主管理"工作正在全市大力推广。五年来,工会和职代会在企业改革中发挥了积极作用,1995 年,市总工会与市经委、市体改委三家联合转发了省总工会、省计经委、省体改委《关于在建立现代企业制度试点中加强工会工作和职工民主管理的意见》,并参与了 8 家省现代企业制度的试点工作,督促试点单位落实了职代会制度和职工董事、职工监事制度,确立了现代企业制度中工会的地位。随着改革的深入,各级工会都在积极探索、建立股份合作制企业和非公有制企业职工民主参与的实现形式,切实保障职工的主人翁地位和民主权利。教代会等形式的事业单位民主管理不断加强,机关单位的民主管理也取得了成功的经验。

——推行集体协商集体合同制度步伐加快。自 1995 年起,各级工会把推行集体协商和签订集体合同制度作为贯彻实施《劳动法》的“牛鼻子”常抓不懈。在各级党委的领导下,党政工密切配合,团结协作,齐抓共管,经历了开始试点、全面推开、在抓数量的同时着重提高质量等几个阶段。近两年,针对当前外商企业、私营企业、乡镇企业签订集体合同遇到的新情况,我市工会组织又不断探索推行区域性、行业性集体协商集体合同工作,并且根据企业不同情况和职工的要求,探索推行以工资为重点内容的单项集体合同的签订工作。到今年 11 月底,全市共有 1233 家企业签订集体合同,覆盖职工 15.49 万人,占应签企业的 74%;签订区域性集体合同的有 41 家;签订行业性集体合同 24 家。五年来,市、县两级工会先后制定了加强集体合同监督管理工作的实施意见,并分别与劳动部门一起,对全市签订集体合同的企业普遍进行了集体合同履行情况的检查,初步形成有效的监督机制。各级工会还根据改制企业实际情况,依照法定程序,做好集体合同的衔接工作,保证集体合同平稳过渡。目前,各级工会按照集体协商制度化、签订合同规范化、监督检查经常化的要求,促使集体合同整体维护机制不断健全。

——实施送温暖工程和推进再就业工作不断发展。在各级党政的重视与支持下,工会倡导和实施的送温暖工程正朝着经常化、制度化、社会化方向发展,在团结职工、促进社会稳定中发挥了重要作用。五年来,全市各级工会已建立“扶困救急资金”组织 26 个,资金总额 690 万元。元旦、春节等节日期间以及平时,各级工会以“第一责任人”的身份关心困难职工的生活,协同党政走访慰问 10 多万人次困难职工、下岗职工,发放慰问金近千万元。各级工会为困难职工建立档案 4718 份,发放特困证 426 户次,使特困职工享受了水电、粮油、医疗、教育等方面的优惠待遇。各级工会发动社会各界与困难职工、下岗职工结成帮扶对子,累计 1575 对,使这些职工家庭生活困难得到不同程度的缓解。全市基层工会还兴办以个人筹集资金为主、以自愿参加为原则的职工互助补充保险组织 247 个,构筑了职工生活的“安全网”和“防风墙”。五年来,各级工会在协助政府和企业行政推进再就业工作上,实行下岗职工基本生活季报制度,为转岗培训和安置再就业打好基础;利用现有阵地为下岗职工举办各类培训班108期,帮助2492人接受再就业培训;市总及各县(市)总工会分别建立了职业介绍或信息机构,通过工会的帮助,已有3291名下岗、失业职工实现了再就业。市总工会与市有关部门联合举办了“再就业双十佳”评选和先进典型巡回报告会,各级工会也通过新闻媒体广泛宣传下岗职工再就业先进典型,在全社会产生了积极影响。各级工会兴办的实体,安置和吸纳下岗、富余职工2616人,占从业人员的66.8%。

——依法维护职工合法权益的力度切实加大。全市各级工会以贯彻实施《劳动法》为契机和突破口,进一步强化维护职能,把代表和维护职工利益作为新时期工会工作的基本职责。五年来,广泛开展了《劳动法》的学习、宣传、培训、咨询等系列活动,与有关部门联合组织对企业贯彻《劳动法》情况进行执法检查,有力地推动了《劳动法》的贯彻实施。五年来,各级人大、政协中的工会代表、委员,递交了大量的提案和意见、建议,有许多成为人大、政协会议的议案。参加了人大、政协组织的有关下岗职工情况、女职工权益和劳模状况等方面的检查或调查活动。市县两级工会积极参与实施再就业工程、规范企业用工行为、做好国有企业和城镇集体企业下岗职工基本生活保障和再就业工作,参与了政府和企业涉及职工切身利益的房改、医疗、生育、养老等方面政策措施的制定和修改,加大了工会源头参与和维护的力度。五年来,工会法律、劳动争议调解和仲裁工作得到发展,全市共有1441家企业建立了劳动争议调解组织,有41个乡镇建立了区域性劳动争议调解委员会,市总工会和县(市、区)工会,以及485个基层工会建立了工会劳动法律监督委员会。工会参与劳动争议仲裁48件。市、县工会建立了工会法律服务机构,并通过这些机构为职工提供法律咨询880件,代理各类案件550件,挽回经济损失3200万元。五年来,工会劳动保护工作进一步加强,全市现有工会劳动保护监督检查委员会746个,劳动保护检查人员6856人,市总工会会同有关方面处理各类事故32起(次),深入基层安全检查,查出并督促整改事故隐患160多处。另外,各级工会在女职工合法权益和特殊利益维护、职工物价监督、职工疗休养等方面,也都做了大量扎实有效的工作。各级工会还认真接待职工来信来访,积极参与突发性事件的处理,为维护职工队伍的稳定作出了贡献。

——工会自身建设发生积极变化。工会干部培训工作进一步加强,五年中累计组织岗位培训14779人次。新经济组织工会组建工作步伐加快,全市已有480个乡镇企业、343个外商投资企业和1200个私营企业组建了工会,职工入会率不断提高。近年来,私营企业组建工会力度进一步加大,先后召开全市专题会议,制定加快新经济组织组建工会的《意见》,并提出三年内基本完成私营企业组建工会的目标任务。工会组织网络进一步健全,已建镇乡工会93个,组建了一批外商投资企业、乡镇企业和私营企业工会工作委员会或联合会,组建开发区工会和集团企业工会的势头良好。基层工会突出重点工作,充实工作内容,继续开展建设“职工之家”活动,自身活力不断加强,近两年来全市有4个单位荣获“全国模范职工之家”称号,8个单位荣获“省级模范职工小家”称号。

各级工会坚持讲学习、讲政治、讲正气,加强理论学习和勤政廉政建设,转变运行机制和活动方式,改进工作作风,初步形成了围绕重点开展工作的格局。市、县、产业和部分基层工会相继实行了工作任务的目标管理,并实施了重点工作考核,确保了各项目标任务的较好完成。市、县工会领导机关,不断推进工会机关机构改革和人事制度改革。为增强机关活力,结合国家公务员制度的实施,市总工会和部分县(市)总工会对各部室干部实行了竞聘上岗。工会的调研、信息、统计、档案等基础性工作进一步加强,为工会工作的开展,提供了有效的服务。

工会财务工作取得新成绩。各级工会在经费收缴形势严峻的情况下,加大依法收缴的力度,疏通政策渠道,克服了许多困难,保证了经费收缴目标的完成。同时,严格财务管理,健全财务制度,加强资产管理工作,盘活用好资金,有力保证了工会工作的顺利开展。

工会经审工作有了新发展。各级工会经审组织在强化审计监督上下功夫,加强对工会经费收缴和本级经费使用的审查监督,开展对工会企事业财务的审查监督,强化了经审组织的职能作用。

工会企事业积极稳妥发展。通过提高管理水平,调整产业结构,增长方式开始由数量型向质量型转变。在促进地方经济发展的同时,增强了工会的经济实力。

女职工工作进一步加强。各级工会女职工委员会把切实维护女职工的合法权益,作为自己的首要职责。通过职业介绍、就业咨询服务等途径,为下岗女职工再就业办实事。加强检查督促,推动女职工劳动保护规定的落实和企业女职工生育保险统筹工作的开展。广泛开展“三为”巾帼奉献竞赛活动,积极创建市工会女职工学校,促进了女职工素质的提高和女职工作用的发挥。

过去的五年,全市工人运动和工会工作取得了可喜成绩,这是全市广大工会工作者在市委和上级工会的领导下,共同努力,辛勤工作,开拓进取的结果,也是各级党政领导和社会各界热情关心、大力支持的结果。在此,我代表市总工会第三届委员会向大家表示衷心的感谢,并致以崇高的敬意!

回顾总结五年来的工作,我们的体会是:

1. 必须用邓小平理论指导工会工作,自觉接受党的领导,自觉服从服务于大局。邓小平理论是我们党的指导思想,也是工会工作的指导思想。工会要发挥好党联系职工群众的桥梁和纽带作用,必须坚持用邓小平理论武装工会干部,指导工会工作。工会作为党领导下自愿结合的工人阶级群众组织,一定要自觉接受党的领导,在政治上、思想上、行动上与党中央保持高度一致,不断增强大局意识,把工会工作放到全局中去认识和把握。只有这样,才能找准工会的位置,保证工会工作的正确方向。

2. 必须坚定不移地推动党的“依靠”方针的落实,切实保障职工的主人翁地位。工会工作要抓住确立工人阶级主人翁地位这个关键问题,依靠党政领导,联合社会力量,加大宣传力度,加强调查研究,探索新的实现途径,努力推动企业做到依靠职工促进企业改革和发展。只有这样,工会工作才能抓住关键,才能高屋建瓴,推动工会工作的整体发展。

3. 必须旗帜鲜明地支持改革,理直气壮地维护职工合法权益。工会应当以推进改革开放和现代化建设为己任,正确处理好改革、发展、稳定的关系,旗帜鲜明地支持改革。工会应当把维护作为服务于党的中心工作的主要手段,理直气壮地代表和维护职工合法权益,坚持“两个维护”的统一。只有这样,才能真正赢得职工群众的信赖,不断增强工会组织的吸引力和凝聚力。

4. 必须依法开展工会工作,把工会工作纳入法制化轨道。不断提高工会干部的法律意识和理论政策素养,是新形势的必然要求。工会干部要学法、懂法,坚持依法办事,善于运用《工会法》、《劳动法》等法律、法规,维护职工合法权益,调整劳动关系,搞好源头参与和民主管理、民主监督。只有这样,才能更有效地履行工会的各项社会职能。

5. 必须密切与职工的联系,不断强化工会的自身建设。工会要牢记自己是职工利益代表者的身份,关心职工疾苦,倾听职工呼声,反映职工要求,努力为职工排忧解难。工会自身改革和建设要以领导机关为重点,以增强基层工会活力为中心环节,以推进工会组织的群众化、民主化为主要目标,切实转变作风,更好地为基层工会和职工群众服务。只有这样,工会组织才能真正成为职工群众信赖的职工之家。

在肯定工作成绩的同时,我们也清醒地看到存在的不足和问题。主要是:在发展社会主义市场经济的新形势下,我们的思想观念还不能适应客观形势的要求;深入实际,调查研究,及时掌握和反映职工群众的实际困难和意见要求的机制还不完善;工会干部的素质有待于加强,工会参政议政的水平尚需提高;对基层工作的指导、服务还很不够有效;工会工作的重点还需要进一步突出;工会的运行机制和活动方式尚须努力转变。我们要高度重视这些问题,扎扎实实地加以解决。

二、面向新世纪全市工会的主要任务

党的十五届四中全会对国有企业改革和发展的若干重大问题作出了重要决定,为工会工作指明了方向,提出了新的更高的要求,同时也为工会工作创造了更为有利的条件,提供了难得的机遇。全市工会组织必须认真学习贯彻党的十五届四中全会精神,并以此统揽和带动工会各项工作。最近,市委、市政府召开全市“面向新世纪、建设新嘉兴”干部大会,提出了要把嘉兴建设成为长江三角洲的经济重镇,上海南翼的港口新市,江南水乡的文化名城,为此,各级工会要围绕这个定位目标,开展思想大讨论,扎扎实实做好本职工作,进一步团结动员职工自觉地肩负起历史使命,为嘉兴的再次腾飞而奋斗努力。

我们应看到,前进的道路并不平坦,随着改革的不断深化,工会工作面临着前所未有的机遇和挑战,突出表现在:随着公有制实现形式的多样化和非公有制经济的发展,劳动就业结构将发生重大变化,劳动关系日趋复杂,工会依法维护职工劳动权利、经济利益和民主权利的的任务更加突出;企业兼并破产、减员增效,下岗职工增加,工会协助政府和企业行政做好再就业工作,切实保障特困职工的生活,成为一段时间内的重中之重的工作;随着依法治国方略的实施,工会组织职工民主参与、民主管理和民主监督的任务更加繁重,同时,提高职工思想道德素质和科学文化技术水平的任务也更加紧迫,等等。

面对新的形势和任务,今后五年全市工会工作的指导思想是:以党的十五大和十五届四中全会精神为指导,深入贯彻落实中国工会十三大指导方针,坚定不移地推动全心全意依靠工人阶级方针的落实,围绕全市改革发展稳定大局,突出维护职能,不断加强工会群众化、民主化、法制化建设,更好地引导、保护和发挥职工群众的积极性,团结全市职工为实现嘉兴跨世纪历史任务而奋斗。

根据这个指导思想,今后五年全市各级工会的主要任务是:

(一)推动贯彻落实党的依靠方针,动员职工为深化改革和实现跨世纪历史任务作贡献

全心全意依靠工人阶级,是坚持邓小平理论、全面贯彻党的十五大和十五届四中全会精神的重要内容。近两年,市委、市政府下发了《关于全心全意依靠职工群众推进企业改革的若干意见》(市委[1997]17号),省委、省政府下发了《关于依靠职工群众深化企业改革的若干意见》(省委[1998]22号)。各级工会组织必须结合实际,坚定不移地推动党的依靠方针在本地区、本系统、本单位的落实。要按照江总书记提出的“政治上保证,制度上落实,素质上提高,权益上维护”的要求,推动依靠方针不断深入贯彻落实。

落实依靠方针,其落脚点是保护和调动职工群众的积极性,在深化改革、促进发展、维护稳定中建功立业。深化国有企业改革,建立现代企业制度,仍然是今后五年全市经济发展的一个重大课题。改革的过程必然涉及经济利益和劳动关系的重大调整,关系到每个职工的切身利益。各级工会要旗帜鲜明地支持改革,旗帜鲜明地依法维护职工权益,认真履行自己的职责。在实际工作

中注意把握以下原则:第一,坚持“三个有利于”的标准。尊重群众的首创精神,坚决支持一切有利于发展社会生产力、有利于提高我们国家的综合国力、有利于提高人民生活水平的改革措施。第二,坚持民主决策。企业重大改革方案和发展规划的研究制定,必须发动职工群众参与,依靠职工群众推进改革与发展。凡涉及职工切身利益的重要问题,必须依照有关法律法规的规定,提交职工代表大会审议通过。第三,坚持保障职工基本生活。推动政府和企业妥善处理改革力度、发展速度和职工承受程度之间的关系,各项改革措施不能超过职工综合承受能力。各级工会要引导职工正确认识形势,深刻认识改革的必要性、重要性,发扬识大体、顾大局的优良传统,正确处理国家、集体和个人三者利益关系,以主人翁的姿态投入国有企业的改革。

企业效益是职工的根本利益所在,各级工会要带领广大职工,围绕企业改革、改组、改造和加强管理,广泛开展以降本增效为主要内容的立功竞赛活动、合理化建议活动、技术革新和发明创造活动,为企业兴旺献计出力。要围绕全市重大建设项目和技术改造项目,开展重点工程劳动竞赛。要发动职工把增强企业科技开发能力、市场竞争能力、抗御风险能力作为主攻方向,把解决影响企业发展的难点和实现扭亏增盈等问题作为重点,为实现三年改革和脱困目标,开创国有企业改革和发展的新局面建功立业。要积极推进实施科教兴市战略,充分发挥科技人员的作用,大力促进科技成果转化为现实生产力,增强企业产品的市场竞争能力。各级职工技协要重视队伍的组织建设,将技协的各种优势充分发挥出来,在科教兴市中大显身手。

(二)采取有力措施,使新经济组织工会组建工作有突破性进展

随着我市新经济组织特别是私营企业的迅猛发展,越来越需要在这些企业中建立工会组织。在新经济组织中组建工会和开展工会工作,是国家法律所规定的,既符合企业广大职工的意愿和要求,也是企业自身发展的客观需要。全市各级工会要进一步统一思想,从讲政治和经济发展的高度去认识加强新经济组织工会工作的重要意义,加大力度,采取切实有效的措施,使新经济组织工会工作有一个突破性进展。

今后一个时期着重从四个方面下功夫。一是在工作体制上,要从工会独家抓组建转向在党委领导下,依靠各方面的力量合力共建。各级工会要根据《中共嘉兴市委关于切实加强我市新经济组织工会组织建设的意见》(市委[1999]24号)精神,依靠党组织把工会组建工作纳入党建工作,并扩大横向联系,取得政府及有关部门的配合,形成合力抓工会组建的局面。二是在发展思路上,要变逐家组建为整体推进、不留空白。市总工会和县级总工会都要明确自己的工作重点,在重点地区、重点企业先行突破,根据市委和省总提出的要求,用三年时间基本完成非公有制企业

工会组建任务。三是在组织体制上,要加强镇乡工会建设,发挥私企工会联合会的作用。要配好配齐镇乡工会领导班子,形成规范化的工作制度,把原来集中在县级工会而在新形势下县级工会又无力承担的许多工作下移到镇乡工会去完成。在新经济组织比较集中的地方,建立外商投资企业、私营企业工会联合会,并发挥他们在组建中的重要作用。四是在作用发挥上,要坚持从实际出发,把协调劳动关系与促进企业经济发展更好地结合起来。新经济组织工会要把协调劳动关系作为工作重点,努力体现职工利益代表者和维护者的作用;协助企业提高职工的文化和技术素质,加强对职工的思想政治教育,保持职工队伍的稳定;通过工会进一步加强党与非公有制企业职工的联系,发挥好社会关系调节器的作用。

(三)建立有效机制,切实维护职工的劳动权益和民主权力

党的十五届四中全会强调,搞好国有企业的改革和发展,必须坚决维护职工的经济利益,切实尊重职工的主人翁地位,保障职工的民主权利。各级工会要在深化认识的同时,注重方法的创新和内容的发展,着眼于建立和完善有效机制,强化工会的维护职能。

依法建立和完善以集体协商和签订集体合同为基本形式协调劳动关系机制。由工会代表职工与用人单位就劳动就业、休息休假、劳动报酬、保险福利、下岗职工基本生活保障、劳动保护、安全卫生等进行集体协商,签订集体合同,是《劳动法》赋予工会的一项重要权利。随着改革的深化,这项工作将越来越重要,各级工会要在增加建制数量、提高合同质量和严格履行合同方面狠下功夫,重点把工资协商谈判和签订集体合同制度建立起来。按照全总提出抓好“六个环节”的要求,切实保证集体合同的质量。加强集体合同签订后的管理,建立集体合同落实兑现的监督检查制度,及时与企业行政协商解决落实集体合同中遇到的各种问题。积极探索、大力推进签订产业(行业)性、区域性集体合同。在新经济组织和小型企业集中的地区,充分发挥外商企业工会联合会、私营企业工会联合会、开发区工会和镇乡工会的作用,通过与相应的企业或企业联合组织进行集体协商,签订集体合同。亏损企业和困难企业要从实际出发,依法建立集体协商机制,在此基础上,可以签订单项集体合同,维护职工的合法权益,发动职工帮助企业摆脱困境。

坚持和完善以职工代表大会为基本形式的企事业民主管理制度,实行厂务公开和民主评议企业领导人。要推动国有和国有控股企业切实做到:企业改制方案要提交职工代表大会审议;企业涉及职工利益的重要问题,要由职工代表大会讨论决定;集体合同草案要经职工代表大会讨论通过,履行情况要向职代会报告。国有企业、集体企业以及国有和集体控股的企业要按照上级统一部署,普遍实行厂务公开。坚持把企业的难点和职工关心的热点问题作为厂

务公开的重点,进一步规范厂务公开的内容、程序,保证公开的真实性、及时性和有效性。坚持职代会民主评议企业领导干部的制度,推动有关方面把民主评议和民主测评的结果作为奖惩任免干部的重要依据。企业业务招待费使用情况和企业领导干部廉洁自律情况,必须作为厂务公开的内容,向职代会报告,接受职工群众的监督。国有独资和国有控股公司的董事会和监事会,都要有职工代表;要注意总结公司制企业中依托工会设立职工持股会和规范运作的经验。股份合作制企业和集体企业,要建立健全以职工代表大会为基本形式的各项民主管理制度,企业的一切重大问题特别是涉及职工切身利益的问题,都必须由职代会民主讨论决定。外商投资企业、私营企业,通过职工代表或工会代表职工参加劳资协商会议等形式,组织职工参与企业管理。科教文卫等事业单位和机关,要建立健全职(教)工代表大会制度。各级工会要积极探索不同类型基层单位职工民主管理新的实现形式和途径。

(四)协助推动再就业工程,深入实施送温暖工程

近两年来,由于种种原因,下岗职工增多,部分职工生活困难。各级工会要按照中央要求和市委部署,充分发挥工会组织的作用,以满腔的热情和负责的精神,同社会各方面一起,努力推动下岗职工基本生活保障和再就业工作各项政策措施的实施。广大工会干部要深入到下岗和困难职工中去,关心他们的疾苦,反映他们的意见和要求,帮助他们解决实际困难。要督促和帮助企业规范职工下岗的程序、管理和服务,并形成相应的制度。要督促企业按规定为下岗职工发放基本生活费,缴纳养老、失业和医疗保险金。要发挥工会优势,进一步做好职业介绍工作;充分利用工会的教育文化技术等阵地,大力开展职业培训;主动协助政府和企业开辟社区服务和家政服务等新领域;推动有关方面落实政府制定的促进再就业的优惠政策;认真总结、交流和推广实现再就业的各种典型经验。广大职工要努力适应改革和发展的需要,转变就业观念,提高自身素质,增强竞争能力。

深入实施送温暖工程。各级工会要以第一责任者的身份做好特困职工的帮困工作,进一步建立和完善"扶困救急资金"、特困证和结对帮困等制度,协助政府和企业确保困难职工,尤其是特困职工的基本生活。要在做好节日集中送温暖的基础上,推动全社会送温暖活动经常化。要拓宽送温暖工作渠道,推动送温暖工程与帮助下岗职工再就业相结合。要积极推进养老、医疗、失业、工伤、生育等各项社会保险制度改革,进一步扩大保险覆盖面。要逐步建立互助互济性质的职工保障体系,积极稳妥地发展职工互助补充保险组织和职工互助储金会,提高职工防御风险的能力。

(五)严格依法办事,努力加强工会源头参与和法律维护工作

工会十三大已经提出了"严格依法

办事，努力推进工会的法制化建设”的目标任务，这就要求各级工会必须坚持依法维权、依法治会，在同级党组织的领导下，依照宪法、法律和中国工会章程独立自主地开展工作，通过各种途径和形式，参与国家和社会事务及企事业的民主管理，依法监督涉及职工和工会权益的各项法律法规的贯彻落实，维护职工和工会的合法权益，同时规范工会自身行为。

要进一步加强源头参与，建立健全工会与同级政府及有关部门定期联席制度，参与并推动涉及职工利益的有关政策的研究和制定。要继续发挥好人大、政协中的工会代表和委员的作用，更好地代表职工参与国家和社会事务的管理。要继续搞好工会的调查研究，掌握企业和职工的第一手情况，为市委、市政府决策提供准确的依据。

依照法律法规，维护职工和工会的权益。要着力维护职工依法参加和组织工会的权利，维护法律赋予职工的劳动权利、经济利益、民主权利和精神文化利益，维护工会依法收缴经费和保护工会财产不被侵犯的权利，等等。要建立健全劳动争议调解组织，根据企业改制的新情况，着重抓好劳动争议调解组织的整顿、改造、重建工作，建立制度，规范工作。积极推动建立由政府劳动行政部门、工会和企业方面的代表组成的劳动关系三方协调机制，协商解决劳动关系的重要问题。建立健全职工法律服务机构，为工会组织和职工群众提供法律咨询和服务。强化工会群众性法律监督，市、县工会要会同有关方面，加强对《劳动法》、《工会法》以及与职工利益有密切关系的法律、法规执行情况的监督检查，认真贯彻工会劳动保护“三个条例”，发挥工会劳动保护监督检查组织、网络、队伍的作用，切实保护职工安全和健康。维护女职工的特殊利益，防止和纠正各种侵犯女职工合法权益的行为。

继续做好稳定职工队伍的各项工作。由于改革进入攻坚阶段，发展处于关键时期，维护稳定的任务更加重要和艰巨。各级工会要加强信息和信访接待工作，及时反映与职工队伍稳定有关的信息，积极配合党和政府，做好入情入理、扎实细致的思想教育，及时化解和消除影响稳定的各种因素。

(六)培育跨世纪“四有”职工队伍，推动社会主义精神文明建设

市场竞争归根到底是人才的竞争、职工素质的竞争。全面提高职工的思想道德、科学文化技术水平，是实施科教兴市战略的客观要求，也是振兴企业、维护职工根本利益的必然要求。各级工会要高度重视，发挥优势，创造性地开展工作，为培养“四有”职工队伍，推进社会主义精神文明建设作出新贡献。

深入学习邓小平理论，用邓小平理论武装广大职工，是培养“四有”职工队伍的政治任务。要深入开展爱国主义、集体主义、社会主义和艰苦创业精神的教育，充分运用职工喜闻乐见的形式，挖掘本地区、本单位的生动教材，强化教育效果，引导职工树立正确的世界

观、人生观、价值观。

以树立21世纪主人翁形象为主题,深化职工职业道德教育。大力提倡“爱岗敬业、诚实守信、办事公道、服务群众、奉献社会”的良好职业风尚。进一步开展以为人民服务为核心、以加强职业道德建设为重点的创建文明“窗口”、文明行业、文明班组和争当文明职工等活动,引导职工把良好的职业道德规范变为自觉的行动。要不断推进企业文化建设,努力培养凝聚职工力量的企业精神。加强工人文化宫和职工俱乐部等工会文化体育阵地建设,开展健康有益的文化体育活动,陶冶职工的情操。

努力提高广大职工的科学文化和职业技能水平。组织职工深入开展读书自学活动,立足岗位,自学成才;办好工会的职工学校和宣传教育阵地,使之在实施科教兴市战略、提高职工素质方面发挥积极作用;广泛开展技术练兵、技术比武和练绝技、绝招活动,评选一批操作能手和行业标兵,引导职工努力学习和掌握新知识、新技术。

搞好劳模的培养、选树和管理工作,加强对工人阶级精神风貌的宣传,借助社会新闻媒体的力量,把工会的重点工作、重大活动、劳动模范、先进人物、再就业典型的先进事迹宣传推广到全社会,扩大工会的影响,弘扬工人阶级的先进思想,推动社会主义精神文明建设。

三、面向新世纪推进工会自身改革和建设

完成这次大会提出的各项任务,努力开创工会工作新局面,各级工会必须加强自身改革与建设,全面提高整体工作水平。面向新世纪,我们要根据工会十三大提出的要求,努力把工会建设成为中国共产党领导的、用邓小平理论武装的、能够带领职工群众为实现党的任务英勇奋斗的、思想上政治上组织上坚强的、深受广大职工信赖的工人阶级群众组织。

(一)加强工会的组织建设,充分发挥工会组织的作用

随着工会工作领域的不断拓宽和工会组织任务的日益加重,今后五年,加强工会组织建设是一个重大任务。企业不管实行什么样的管理体制和经营机制,都要建立工会组织,工会组织的建立和工会的权益受法律保护。各级工会要本着“哪里有职工,哪里就必须建立工会组织”的原则,通过多种有效措施,最大限度地把职工组织到工会中来。切实做好改制企业的工会组织建设,抓好中小企业工会组织的巩固、整顿和重建,任何企业不得随意撤并工会。加大镇乡工会和街道工会组织建设的力度,推进在经济发达地区的村建立村级工会组织,不断健全基层工会组织网络。集团企业工会要理顺体制,小企业集中的地方可建立联合基层工会。

切实增强基层工会活力。基层工会要从本单位实际和职工群众意愿出发,突出维护职能,抓好重点工作,带动其他工作。加强基层民主建设,提倡由会员群众直接选举基层工会领导人,实行会员代表大会代表常任制。加强工会积

极分子队伍建设，充分发挥他们的作用，提高工会组织的战斗力和吸引力。深入开展建设“职工之家”活动，调整充实“建家”内容，不断提高“建家”水平，使基层工会在维护职工合法权益和促进企业改革发展稳定中发挥更大的作用。

进一步完善工会的组织体制。改进和加强市、县两级工会工作，机构设置服从工作需要，工作分配服从工作任务，因地制宜，逐步形成有效的工作格局。切实加强产业工会工作，理顺产业工会关系，明确产业工会的职责，充分发挥其重要作用。科教文卫等单位的工会组织，要从知识分子的特点出发开展工作。机关工会要理顺组织领导体制，逐步明确机关工会工作的职责、任务、活动方式，进一步完善机关单位的职工民主管理形式。

（二）加强工会的思想建设，全面增强工会干部的整体素质

各级工会要充分认识加强工会的思想建设，提高工会干部素质的重要性和紧迫性，把这项工作作为重大任务抓紧抓好。工会干部尤其是领导干部要带头学好邓小平理论，从总体上领会邓小平理论的基本观点和基本精神，紧密联系思想和工作实际，运用邓小平理论分析、研究和解决问题。要按照江泽民同志提出的讲学习、讲政治、讲正气的要求，在工会内部形成认真学习的风气，民主讨论的风气，积极探索的风气，求真务实的风气。各级工会领导班子要认真坚持和贯彻民主集中制原则，建立健全重大问题民主决策、科学决策机制，加强勤政廉政建设，廉洁自律，自觉接受群众监督，树立工会干部良好形象。

进一步加强工会干部培训，提高政治业务素质。各级工会要高度重视干部培训工作，努力建立健全培训制度，把培训工作作为提高干部素质的根本途径抓紧抓好。要在抓好工会干部上岗资格培训、适应性岗位培训的同时，把培训工会各类专业人员提到重要日程。要结合政治理论学习，不断充实社会主义市场经济知识、现代企业管理知识和经济法律等有关专业知识，努力学习、掌握工会专业知识，把学习理论、研究探讨问题和指导实际工作紧密结合起来。努力建设一支坚持党的基本路线，热爱工会工作，熟悉本职业务，作风深入，受到职工群众信赖的工会干部队伍。

加大工会协助党委管理干部工作的力度，优化领导班子结构，选好配强各级工会主席，积极培养和选拔优秀年轻干部。坚持和完善各级工会领导人的选举制度，对非选任的专兼职工会干部逐步实行聘任制。积极推进工会干部的交流。探索和建立保护工会干部的机制，对因维护职工合法权益而受到不公正对待的工会干部，上级工会要采取有效措施，切实维护其合法权益。

（三）加强工会的作风建设，不断提高工会工作的整体水平

加强作风建设，更好地为基层工会服务，为职工群众服务是工会自身改革和建设的方向。工会领导机关要切实改进工作作风，牢固树立为基层服务的思

想,加强对基层工作的指导和服务。要对基层多一些理解、谅解和关心,多一些宏观政策参与上的服务,多一些解决职工“热点”“难点”问题的思路和措施,多一些在工会干部配备、班子建设和重点工作开展等方面与党政领导的沟通。要在调整工作思路上下功夫,在指导思想上,由过去工会工作“大而全”向服务中心、突出维护上转变;在运行机制上,要由过去依靠行政手段多向依法治会的方向转变;在工作方式方法上,由过去注重会议、文件、活动向注重对上参与,对下指导、服务上转变,使工会工作在大局中大有作为。要大兴调查研究之风,加强对职工队伍、劳动关系等基础性课题的调查研究,进一步对工会典型经验和新情况、新问题的调查研究,不断探索工会工作的新路子。加强工会信息、统计工作,积极推进信息、统计、研究一体化工作机制的形成,更好地为职工群众服务,为工会工作服务,为参政议政服务,为党政领导科学决策服务。

各级工会要进一步建立健全女职工组织,新组建工会的单位,要在筹建工会组织的同时,同步筹建女职委组织,切实加强对女职工工作的领导。各级工会女职委要在改革中强化维护职能,依法维护女职工特殊利益和正当权益,充分发挥女职委在两个文明建设中的作用。

工会财务工作要针对经费收缴上的薄弱环节,依照《工会法》规定和省总、市总与财政部门联合下发的有关文件,采取灵活措施,调动各方面的积极性,及时足额收缴好工会经费。对破产企业欠缴的工会经费,要依据有关规定力争列入第一清偿程序。加强工会财务管理,做好《工会财务制度》的接轨工作,管好、用好工会经费,强化工会资产管理,保证工会资产保值增值。

工会经费审查委员会要进一步健全经审组织,完善办事机构,配备专兼职经审干部,充分发挥各级经审组织对本级经费使用情况的审查与监督作用,大力开展实务审计,严肃财经纪律,搞好离任审计工作,推动工会的廉政建设。

工会企事业要坚持“三服务”宗旨,建立和完善适应社会主义市场经济要求的管理体制和经营机制, 大力发展直接为职工生活和企业改革发展服务的社团合作经济。加强工会企事业的资产管理和审计工作,推动工会企事业健康发展。

积极拓展与日本、韩国等国家友好城市的国际交往渠道,研究外国工会可资借鉴的经验,更好地为我市的现代化建设和工运事业服务。

各位代表、同志们,历史的列车正驶向21世纪, 在这世纪之交的重要时期, 我们肩负着光荣而艰巨的历史使命。面对新的形势任务,机遇与挑战并存,希望与困难同在。让我们高举邓小平理论伟大旗帜,更加紧密地团结在以江泽民同志为核心的党中央周围,在市委和上级工会的领导下,团结动员全市职工,把握新机遇,迎接新挑战,为把嘉兴建设成为长江三角洲的经济重镇、上海南翼的港口新市、江南水乡的文化名城而努力奋斗!

凝聚力量 切实难权 强化服务
为推进党的诞生地经济社会发展新跨越建功立业

——在嘉兴市工会第五次代表大会上的报告

邵建华

（2004年11月29日）

各位代表、同志们：

现在，我代表嘉兴市总工会第四届委员会向大会作报告，请予审议。

嘉兴市工会第五次代表大会，是新世纪我市召开的第一次工会代表大会，也是在我市全面建设小康社会、加快社会主义现代化建设的新形势下召开的一次重要会议。这次大会的主题是：高举邓小平理论伟大旗帜，以“三个代表”重要思想为指导，深入学习贯彻党的十六大和十六届三中、四中全会精神，全面贯彻落实中国工会十四大和市委五届四次、五次全会的部署，团结动员全市广大职工，充分发挥工人阶级主力军作用，求真务实，开拓创新，为富民强市，全面建设小康社会贡献力量，努力开创嘉兴工会工作新局面。

一、过去五年的工作回顾

嘉兴市工会第四次代表大会以来的五年，是我市抓住机遇、加快发展，综合经济实力明显壮大，城乡面貌发生巨大变化，社会各项事业全面进步，人民生活水平显著提高的五年。这五年，也是我市各级工会在市委和上级工会的正确领导下，围绕中心，服务大局，全面履行各项社会职能，突出维护职能，各项重点工作取得突破性进展的五年；是广大工会干部密切联系职工，竭力为职工办实事、办好事，充分赢得职工群众信赖的五年；是解放思想、与时俱进、开拓创新，工会自身建设不断加强，工作整体水平不断提高，社会影响不断增强的五年。

——凝聚职工力量与智慧，为嘉兴的改革发展做出了新贡献

五年来，全市各级工会坚持用邓小平理论和“三个代表”重要思想武装职工，广泛深入地开展了“学树创建迎”活动，“遵守职业道德、争当文明职工”活动和“创建学习型组织，争做知识型职工”等形式多样、内容丰富的主题教育活动，引导职工牢固树立与社会主义市场经济相适应的改革意识、竞争意识和创业意识，积极投身改革和现代化建

设,为实现“富民强市、建设小康”建功立业。

群众性经济技术创新活动深入开展。五年来,全市开展经济技术创新活动的企业面达90%以上;开展技术革新、技术攻关900余项,提出合理化建议7万余条,共创造经济价值6亿多元。积极推广职业技能带头人制度,制定了《嘉兴市职业技能带头人评选和管理办法(试行)》,全市已有456家企业建立了职业技能带头人制度,评选出了嘉兴市“十佳”高技能人才。

职工素质教育不断加强。通过专题讲座、知识竞赛、技术比武、文体活动等方式,广泛开展对职工思想道德、文化知识和岗位技能的学习培训。五年来,共培训职工1万余人次。组织开展各种岗位技术练兵比武和技能大赛50多项(次),评选表彰各级技术能手42人。

“评优树先”活动蓬勃开展。坚持弘扬劳动模范和先进人物的时代精神,用榜样的力量影响和带动社会的进步。五年来,全市评选表彰了市劳动模范117名,先进集体60个。共推荐表彰了省劳模26名,全国劳模8名,有9名职工获“五一”劳动奖章称号,4个集体获“五一劳动奖状”称号。

——突出维护职能,各项机制建设取得新进展

源头参与渠道进一步拓展。从2001年起,市总工会和五个县(市)总工会都与同级政府建立了联席会议制度。通过一年一次的联席会议,切实解决了一批涉及职工利益和工会工作的问题,联席会议制度已成为工会维护职工合法权益源头参与的重要形式。市总工会和各县(市、区)工会与同级政府劳动保障部门、企业联合会(企业家协会)建立了劳动关系三方协调机制,初步形成了调整劳动关系的立体网络。同时,工会系统的各级人大代表和政协委员积极向人大、政协提出涉及职工利益的人大议案和政协提案,较好地发挥了参政议政的作用。

平等协商、集体合同制度进一步健全。各级工会把大力加强平等协商和集体合同制度的建设作为工会在基层维护职工合法权益的主要载体,积极稳定国有、集体企业建制率,加强对非公企业的分类指导,大力推行区域性、行业性集体合同,努力提高覆盖率,用平等协商和集体合同制度协调非公企业劳动关系;建立健全集体合同的监督制约机制,提高履约率,强化约束力;目前全市集体合同签约率达88%以上,国有和国有控股企业以及集体企业建制率达100%。同时加大推行工资协商工作的力度,会同劳动保障部门扩大工资协商试点范围,使符合条件的75%的企业完成建制工作。目前,全市累计有1498家企业签订了工资集体协商协议。

工会劳动争议调解和劳动法律监督制度进一步完善。各级工会进一步建立健全企业劳动争议调解组织,规范基层劳动争议调解工作;结合信访工作改革,推动建立劳动争议分析制度、劳动关系预警预报制度、劳动争议及处理的报告和通报制度。市和县(市、区)工会

建立了劳动争议仲裁三方办案制度。各级工会都建立了法律援助中心,并规范工会法律援助的职责、权利、义务,通过法律援助、聘请律师及法律工作者、举办大型法律咨询活动等多种途径,为困难职工提供法律咨询、法律服务和法律援助,每年有5000名左右的职工得到及时援助。市总工会与市劳动监察部门一起培训建立了一支98人的工会劳动保障法律监督员队伍,积极有效地开展劳动法律监督工作。

工会职工劳动保护与职业安全健康新机制逐步建立。在全市范围内深入开展“安康杯”竞赛活动,并纳入政府安全生产目标管理责任制考核范围。全市已有3750家企业26.5万名职工参赛。在全省率先成立了首家市级劳动保护协会,按照“政府统一领导、部门依法监督、企业全面负责、社会支持监督”的安全生产工作格局,努力构筑劳动保护群防群治网络,防止和减少各类事故和职业病的发生,促进了企业安全生产管理水平的提高。

——切实为职工办实事好事,送温暖工程取得新成效

全市各级工会立足当好广大职工的“代言人”和困难职工的“第一责任人”,不断加大扶贫帮困的力度,切实履行市“送温暖工程”领导小组办公室职责,进一步促进了“送温暖工程”向经常化、制度化、社会化方向发展。

广泛开展扶贫帮困送温暖活动。各级工会对困难职工、老劳模、老先进工作者、老工会工作者,分层次经常性进行走访慰问。主动配合市委、市政府开展以“五个一批”为主要内容的“爱心行动”。根据市“心连心”帮困救助资金管理实施细则要求,认真做好帮困救助款的发放工作,使困难人员得到及时救助。到目前为止,已分八批对370名因大病重症或重大意外事故造成生活特别困难的人员给予3000—8000元的救助,总金额达139万元。

建立健全各级帮扶中心,打造“爱心超市”品牌。抓住节日等有利时机,结合各阶段工作重点,通过困难职工帮扶中心这一窗口,开展了以“送温暖,献爱心”和“送思想、送技能、送岗位、送温暖”等为主题的“爱心超市”系列活动,努力打造工会送温暖工作品牌。市总工会困难职工帮扶中心成立以来,已为12776名困难职工群众和特困职工家庭等提供了服务和救助,帮扶救助资金总额达67万元。先后开通了“96351”和“12351”职工服务热线电话,使帮扶中心的工作更趋规范,更好地为职工群众提供了“零距离”服务。

不断完善扶贫帮困救助机制。市总工会在1997年推出市区“特困职工优惠证制度”的基础上,协助政府制订了《嘉兴市健全完善特困职工优惠政策》、《嘉兴市市区特困人员生活保障扶助暂行办法》,扩大帮扶对象,拓展帮扶范围。同时进一步加大了对特困家庭人员就医、就业、就学等方面的扶持力度,积极参与和协助政府有关部门制定了《嘉兴市区困难人员医疗帮困救助工作暂行办法》及《实施细则》、《嘉兴市扶贫帮

困助学工程实施方案》,建立了门诊医疗帮困救助制度,完善了职工互助医疗补充保险制度。目前,全市共有1441家企业建立了各种补充保险,共有110350名职工参加,共筹集资金770万元;资金支出160万元;资金结存610万元。市本级安排扶贫助学资金(含减免)112万元,享受资助学生2200多名,其中结对助学500对,助学金额34万元。办理大学生助学贷款503人,贷款212万元。

——全力推进新建企业建会工作,基层工会组织建设实现新突破

全市各级工会坚持“党建带工建,工建促党建”的工会组建工作思路,积极探索适应不同企业特点的多种组建形式,深入开展“工会基层组织建设年”活动,在努力续建、重建和巩固国有集体改制企业工会组织的同时,大力推进非公企业的工会组建工作,最大限度地把职工组织到工会中来,团结凝聚在党的周围。全市工会组织和会员数比五年前翻了一番多,工会组织建设取得了突破性的进展。截止2004年10月,全市建立工会组织5221家,覆盖企业10889家,其中非公企业建会8945家,外商投资企业建会425家;会员达583527人,全市新建企业工会组建率和职工入会率均达到90%以上。全市74个镇乡(街道)全部建立了工会组织,有553个村建立了村级工会联合会,组建率达到60.4%,并相继建立了嘉兴港区工会、嘉兴经济开发区工会等块状经济区域工会组织,全市有7个省级经济开发区建立了工会组织,为巩固发展我市非公企业工会组织建设发挥了积极的作用。在建立各级工会组织的同时,各级工会女职工委员会、经费审查委员会也相应建立,工会组织基础有新的加强。

在大力推进非公企业工会组建的同时,重视基层工会作用的发挥。各级工会以“工会基层组织规范化建设年”活动和以创建先进县(市、区)工会、示范镇乡(街道)工会、先进基层工会为主要内容的“三级联创”活动为载体,通过建立市场、村级联合工会、直选工会主席、创建合格职工之家等形式和活动,积极探索适应新形势的组织体制、工作机制和活动方式,规范和促进基层工会组织建设,有力地推进了基层工会组织的群众化、民主化进程,提高了整体工作水平,涌现了一批先进模范工会。目前全市有市级先进职工之家128家,省级模范职工之家20家,全国模范职工之家6家。五年来,各级工会坚持把建立以职代会为基本形式的民主管理制度,作为扩大基层民主和维护职工民主权利的主要载体,出台了《在全市非公企业中实行职工代表大会制度的意见》。全市已有2024家各类企业、事业单位建立了职代会制度,其中非公企业建立职代会制度1254家。厂务公开制度得到全面推行,国有集体及控股企业、事业单位推行率达到100%,有743家非公企业推行了厂务公开制度。与此同时,进一步加强了公司制企业职工董事、职工监事制度建设,充分发挥职工董事、职工监事在维护职工合法权益方面的重要作用。

——强化工会组织自身建设，工会工作整体水平有新提高

全市各级工会认真贯彻实施《工会法》和《浙江省实施<工会法>办法》，有力地推动了工会工作的法制化进程。各级工会组织依法开展活动，依法履行职责，依法维护职工群众和工会自身权益，工作手段、工作方法、工作机制相应发生了积极变化。

各级工会紧紧依靠党委的重视和支持，不断充实加强工会领导班子，使一大批年富力强、工作经验丰富、热爱工会工作的同志走上工会领导岗位。各级工会领导班子坚持用邓小平理论武装头脑，深入学习贯彻“三个代表”重要思想，积极探索新时期工会工作的新路子，注重在实践中不断提高领导能力。广大工会干部面对新情况、新问题，知难而进，锐意进取，表现出良好的精神面貌和整体素质。各级工会开展的岗位性培训、适应性培训和专业性培训，累计培训专兼职工会干部34650人次，有效地提高了工会干部履行职责、开展工作的能力和水平。市总工会被全总授予“全国工会干部培训先进单位”。

五年来，各级工会紧密结合自身实际履行职能，工会各项重点工作取得新的进展，形成了一批各具特色的创新成果。工会财务工作不断强化规范管理，保证了经费的平稳增长和有效使用；工会经审工作加强建章立制，强化审查审计，有效促进了工会经济活动的规范运作；工会女职工工作紧密结合嘉兴实际，深入开展“巾帼奉献”活动成效显著；工会劳动福利事业深化改革，强化管理，优化资源配置，经济效益和社会效益明显提高。市总工会连续三年在全省工会重点工作考核中荣获一等奖。工会财务工作、经审工作先后荣获全国先进称号。

各位代表、同志们，我市工运事业和工会工作的长足发展，离不开市委、省总工会和各级党组织的高度重视和正确领导，离不开各级政府(行政)的大力支持和关心帮助，离不开社会各界的积极协作与密切配合。各项工作成果中都凝结着工会工作者的辛劳与智慧，倾注着广大职工的真情和奉献。在此，我代表市总工会第四届委员会，向各级党委、人大、政府、政协、各有关部门、群众团体和社会各界表示衷心感谢！向广大职工、工会干部和工会积极分子表示崇高的敬意！

回顾五年的工作，总结成功经验，我们对做好新时期工会工作有了更深刻的体会：

必须始终坚持党的领导，牢牢把握工会工作的正确方向。在思想上、行动上同党中央保持高度一致是做好工会工作的根本保证，要主动争取党对工会工作重大问题的把关定向，模范执行党的路线、方针、政策，把党的主张转化为职工群众的自觉行动，坚定不移地推动党的全心全意依靠工人阶级根本指导方针的贯彻落实。

必须始终坚持立足大局，服务大

局，在大局中发挥工会组织的积极作用。要从工人阶级的根本利益出发，在支持改革、促进发展、保持稳定中维护职工的合法权益，保护职工的积极性和创造性，把职工的力量与智慧凝聚到实现党和国家制定的各项发展目标上来。

必须始终坚持突出工会的维护职能，切实履行好工会的基本职责。要依法维护职工的经济利益、民主权利和精神文化需求；要敢于和善于为职工群众谋利益、求发展；要不断推进工人阶级的知识化进程，始终保持工人阶级的团结统一。

必须始终坚持深入基层，扎根群众，密切党与职工群众的血肉联系。要及时了解职工群众的要求和呼声，准确反映职工群众的愿望和诉求，关心职工群众的疾苦和痛痒，把党的温暖和关怀送到职工群众的心坎上，把职工群众紧密地团结在党的周围。

必须始终坚持与时俱进、开拓创新，推动工会工作不断向前发展。要使我们的思想观念、思维方式和工作方法适应时代发展的要求，积极探索新时期工会工作的特点和规律，不断总结经验、推出典型、继承发展；要努力营造有利于工会工作的外部环境，主动争取人大、政府(行政)、政协的支持，争取各有关部门和社会各界的配合，使工会工作更好地融入社会、服务社会，扩大社会影响。。

在充分肯定五年来取得成绩的同时，我们也要清醒地看到工作中存在的差距和不足：面对新形势新任务，我们的思想观念、工作作风和工作方式还不能完全适应时代发展的要求，研究新情况、解决新问题的办法还不多；履行维护职工合法权益职能的能力还不够强；在非公企业组建工会，尤其是把进城务工人员组织到工会中来的力度还不够大；提高职工队伍素质的措施和手段还较为缺乏；工会干部的整体素质亟待进一步提高。对此，我们必须高度重视、采取有力措施，认真研究解决。

二、今后五年我市工会工作的指导思想和总体要求

今后五年，是改革开放和现代化建设承前启后的重要时期，是全面建设小康社会的关键阶段。工会工作面临着许多新的机遇和挑战。在加快推进现代化建设进程中，如何集中全市广大职工的智慧和力量，围绕第一要务，按照科学发展观要求，发挥工人阶级在三个文明建设中的主力军作用，最大限度地激发广大职工的积极性和创造性，为富民强市、全面实现小康社会，推动党的诞生地经济社会发展新跨越而努力奋斗是我们的光荣使命；在加快推进改革和扩大开放进程中，如何应对社会利益关系和劳动关系、职工队伍构成和思想观念、劳动方式和分配方式等多种深刻变化的新形势，充分发挥工会优势和作用，积极参与协调劳动关系和社会利益关系，有效表达和维护职工群众的合法权益，确保职工尤其是困难职工群众能与全市人民一起共享经济社会发展的成果，为打造平安嘉兴、建设和谐社会服务是我们的重要责任；在全面推进党的建设新的伟大工程中,如何从加强党的执政能力建设的高度出发,适应党的领导方式和执政方式的变化,探索和把握新时期工会工作的特点与规律,最大限度地把职工组织到工会中来,最大限度地把工会工作做到职工中去,不断创新工作机制和工作方式,增强工会组织的活力,为增强党的阶级基础、扩大党的群众基础、巩固党的执政地位服务是我们的紧迫任务。

新的形势、新的阶段,工会工作既责任重大,又大有可为。今后五年全市工会工作的指导思想是:高举邓小平理论伟大旗帜,认真贯彻"三个代表"重要思想,深入学习贯彻党的十六大和十六届三中、四中全会精神,全面落实中国工会十四大和市第五次党代会提出的目标任务,坚持全心全意依靠工人阶级的方针,按照组织起来、切实维权的工作要求,以服务大局为已任,以职工群众为根本,以基层建设为重点,以完善机制为保障,突出维护职能,强化组织基础,全面履行工会各项社会职能,全面提升工会工作能力和水平,求真务实,开拓创新,团结动员广大职工,为推进党的诞生地经济社会发展新跨越、实现"富民强市"宏伟目标建功立业。

今后五年全市工会工作的目标任务是:努力提高队伍整体素质,团结动员广大职工投身全面建设小康社会的作用更加突出;切实为职工说话办事,维护职工合法权益的效果更加显著;积极参与协调劳动关系和社会利益关系,机制建设更加完善;加快工会组建步伐,基层工会工作更加活跃;推进自身改革和建设,工会组织吸引力、凝聚力更加增强。

贯彻这一指导思想,完成上述目标任务,就要进一步增强政治意识,坚持自觉接受党的领导,牢牢把握正确的政治方向,努力为增强党的阶级基础、扩大党的群众基础服务,把职工群众最广泛地组织到工会中来,把工会组织的活力最充分地激发出来,把广大职工紧密团结在党的周围,为巩固党的执政地位打下坚实的基础。

贯彻这一指导思想,完成上述目标任务,就要进一步增强大局意识,坚持科学发展观,紧紧围绕发展这个党执政兴国的第一要务,组织、动员和凝聚广大职工群众,调动和保护广大职工群众的积极性和创造性,大力培养和造就一支高素质的职工队伍,培养和造就大量知识型、技能型、专家型职工,充分发挥工人阶级在三个文明建设中的主力军作用。

贯彻这一指导思想,完成上述目标任务,就要进一步增强群众意识,坚持以职工群众为根本,把竭诚为职工群众服务作为工会一切工作的出发点和落脚点,依法维护广大职工群众的合法权益,通过健全有序的工会组织网络和工作机制,积极参与社会利益关系的调整,建立稳定协调的劳动关系,促进社会稳定和社会关系和谐,充分发挥工会组织在建设和谐社会中的基础作用。

贯彻这一指导思想,完成上述目标任务,就要进一步增强创新意识,坚持解放思想,勇于实践,积极探索和把握新形势下工会工作的特点和规律,不断创新组织体制、工作机制和方法,抓重点、攻难点、出亮点,努力争创嘉兴工会工作特色和品牌,提高工会工作的整体能力,提高工会干部的整体素质。

三、紧紧围绕“富民强市”宏伟目标,动员组织全市职工充分发挥主力军作用

市第五次党代会提出了“富民强市”的宏伟目标,在加快嘉兴经济社会发展中建功立业是党的诞生地工会组织的光荣使命。工会组织是党不断提高执政能力、巩固和扩大群众基础的重要组织载体,是加快发展的重要力量。各级工会必须坚定不移地抓住发展这个第一要务不放松,坚持经济建设这个中心不动摇,牢固树立和认真落实科学发展观,充分发挥桥梁纽带作用,促进经济社会发展新跨越。

*要动员组织职工在弘扬时代精神、提高整体素质中发挥主力军作用。*各级工会要把提高职工队伍整体素质作为一项战略任务来抓。坚持用科学理论武装广大职工,在广大职工中继续深入学习宣传“三个代表”重要思想,认真学习贯彻党的十六大和十六届三中、四中全会精神,教育和引导广大职工认清形势,振奋精神,把思想和行动统一到十六大和十六届三中、四中全会的精神上来,把智慧和力量凝聚到加快富民强市、全面建设小康社会的奋斗目标上来。加强职工思想政治工作,大力宣传工人阶级的先进思想和优良作风,特别是宣传、弘扬劳动模范和先进人物的优秀品质和时代精神,进一步做好劳模选树、培养、管理和服务工作,在全社会营造尊重劳动、尊重创造、尊重人才、尊重知识的良好氛围。按照创建学习型城市的要求,深入开展“创建学习型组织、争做知识型职工”的活动。积极实施职工素质工程,推动和参与各级政府(行政)制定、完善和落实职工教育培训规划,推动企业切实把加强职工培训和人才培养纳入企业发展规划。要以基层企业、班组为依托,广泛开展学习、竞赛活动,推动职工自学成才、岗位成才。通过开展各种形式的教育培训活动,引导广大职工树立终身学习的观念,不断把“创争”活动引向深入。要组织开展丰富多彩的文化体育活动,满足职工的精神文化需求,注重发挥工会在企业文化建设、推动精神文明建设中的作用。

*要动员组织职工在实现富民强市、统筹城乡发展中发挥主力军作用。*全市各级工会要组织动员广大职工以高度的主人翁精神和历史使命感,充分发挥积极性、主动性和创造性,投身到富民强市的伟大实践中。要大力推进群众性经济技术创新活动,鼓励职工进行技术发明、技术革新、技术攻关。要以高新产业、主导产业、第三产业和重大工程为重点,结合各种岗位和工种特点,组织开展各种形式的劳动竞赛,激励广大职工在推进改革、加强管理和技术进步中争创佳绩。要依靠搭建技术工人交流平台和发挥工会各级技协作用等方式,加强职工间的技术交流、技术推广和技术

协作。大力推广职业技能带头人制度，积极提倡并鼓励企业建立诸如“首席职工”、“岗位技术津贴”等制度，为技术工人打造品牌、扩大影响，形成合理的技术工人和专业技术人员的分配激励机制。要充分发挥工会作用，积极参与到统筹城乡发展、加快城乡一体化的实践中来，最大限度地把进城务工的农民组织起来，在进城务工人员中广泛开展“知情、明理、守法、创业”的主题教育活动，帮助他们转变观念，增强素质，提高非农化能力。

四、坚持不懈地推进工会组建工作，为工会切实维权提供组织保障

按照全总“组织起来、切实维权”的要求，努力落实省委提出的工会组织建设要在大多数企业组建工会，使大多数职工加入工会的目标任务，全市各级工会一定要从加强党的执政能力建设，巩固党的执政地位的高度，充分认识“组织起来，切实维权”的重大意义，最广泛地把职工组织到工会中来，最充分地把工会组织的活力激发出来，努力使我市工会组织建设与经济社会发展水平相适应，会员发展与职工队伍变化相适应。

大力拓宽工会的组建领域。坚持“党建带工建、工建促党建”的组建工作思路。坚持哪里有职工哪里就要建立工会组织的原则，积极探索把大量民营、外资等非公有制企业职工和进城务工人员组织到工会中来的有效途径和方法。要以开发区、工业园区和商贸流通领域工会组建为重点，大力推进各类进城务工人员群体入会，利用二、三年左右时间，基本形成开发区、工业园区和商贸业进城务工人员的工会组建工作新机制。充分发挥镇乡(街道)工会组织的作用，将进城务工人员吸纳到工会组织中来。要认真研究吸纳国有企事业单位临时性用工人员加入工会的方法和途径，建立起与之相适应的工会组织模式。着力推进知名非公企业和跨地区公司的工会组建工作，下力气攻克难点。要积极协调和理顺行业管理和属地管理的关系，大胆探索建立镇乡(街道)总工会等组织形式，不断创新工会组建方式，进一步提高建会率。加强对产业(行业)工会、镇乡(街道)工会、社区工会工作的分类指导，使工会组建与不断加快的工业化、城乡一体化进程相适应。

高度重视发挥基层工会作用。要深入开展以创建先进县级工会、示范镇乡(街道)工会、先进基层工会为主要内容的“三级联创”活动，促进镇乡(街道)工会工作水平的提高和作用的发挥，加强分类指导，不断增强基层工会活力。在国有、集体改制企业，重点抓好工会组织的整顿、重建和巩固工作，发挥工会组织在改制过程中维护职工合法权益的积极性；在非公企业着力推行和健全平等协商、集体合同制度，将维护职工各项权益纳入法制轨道；在进城务工人员较为集中的单位，突出发挥工会组织在维护职工安全生产、改善生产生活条件方面的作用；在智力密集型的单位，要积极探索有助高学历、高职称、高收入职工群体发挥所长、成就事业的途径和方法,增强工会组织的吸引力和影响力。要适应形势发展需要,深入开展建设职工之家和职工小家活动,不断丰富建家内容,完善建家考核评比制度,推动基层工会工作贴近职工实际,满足职工需求。

五、切实履行维护基本职责,进一步健全多层次全方位的劳动关系协调机制

群众利益无小事。维护好职工群众利益是工会的基本职责。全市各级工会要进一步强化维护意识,创新维护机制、完善维护手段,把维护工作纳入到法制化、规范化、制度化轨道。

进一步加大工会源头参与力度。全市工会要不断提高源头参与和立法参与的水平,积极推动有关劳动法规政策的制定和出台,切实加强对相关法律法规执行情况的监督检查。要坚持和完善工会与政府的联席会议制度,及时反映职工的意愿和要求;加大依法治会力度,充分发挥工会界人大代表、政协委员在参政议政中的作用,主动争取人大、政协支持,加强对《劳动法》、《工会法》、《浙江省实施<工会法>办法》等法律法规实施情况的执法检查,建立起源头维护职工合法权益的保障机制。

进一步发挥劳动关系三方协商机制的作用。三方协商机制是高层次、大范围协调劳动关系的有效载体,各县(市、区)工会和各相关产业工会要进一步健全、完善三方定期协调劳动关系的制度,共同研究制定和解决有关劳动关系的重要政策和重大问题,逐步将区域性和行业性劳动关系矛盾的突出问题纳入协商范围,探索运用这项机制及时处理涉及劳动关系重大事项和研究制定相关政策的途径和方法。要继续强化劳动争议调解和劳动争议仲裁三方办案工作。在镇乡(街道)普遍建立起区域性、行业性劳动争议调解组织,及时指导和帮助基层工会,特别是新建工会迅速地处理劳动纠纷。

进一步深化平等协商和集体合同制度。在提高集体合同建制率、覆盖率的基础上,强化集体合同在协调劳动关系中自主协商、自主调解的作用。要特别做好各类改制企业集体合同的续签、调整和变更工作;努力推动非公企业建立健全集体合同制度,提倡并推广从本单位实际出发,就劳动关系重点问题开展集体协商、签订单项集体协议的做法。要大力推进工资集体协商,已建立工会组织的企业应率先建立工资集体协商制度,力争三年内全市企业普遍实施工资集体协商。

进一步依法保障职工的民主权利。坚持和完善职工代表大会制度,认真落实职代会的各项职权,不断提高职代会运作质量。混合所有制企业和非公企业要积极探索和实践职工民主管理新的实现形式,保障职工对企业生产经营重大事项的知情权、建议权,对涉及职工切身利益及劳动关系重要问题的参与权、协商共决权,对执行劳动法规政策情况的监督检查权。要进一步推动厂务公开工作,在规范和深化上下功夫,不断扩大覆盖面,提高实效性,使厂务公开成为企事业经营管理制度的重要组成部分。要依法推行职工董事、监事制度，不断健全职工董事、监事代表职工参与企业决策，监督企业行为的有效程序和保障制度。

进一步完善职工安全健康保护机制。全市各级工会要进一步深入贯彻《安全生产法》、《职业病防治法》等法律法规，提高职工的劳动安全健康意识和技能，督促企业特别是非公企业对从业人员按规定进行安全教育培训；发挥市劳动保护协会作用，健全各级工会劳动保护监督检查网络，加大监督检查力度。依法监督企业加强安全生产和职业卫生，督促企业及有关部门依法落实安全生产、劳动保护和职业卫生安全的有关规定。要重视女职工的劳动保护，维护女职工的特殊权益。要进一步深化“安康杯”竞赛活动，努力把这项活动扩大到所有企业。要全面推行《安全检查提示卡》和《职业安全卫生隐患整改意见》，力争用三年左右时间，使全市85%以上的基层工会使用“一卡一书”，切实保障职工安全健康权益。

六、积极拓展扶贫帮困的途径和渠道，进一步深化再就业和送温暖工程

实施对困难职工的扶贫帮困，是党和政府对工会工作的要求，也是工会服务大局、履行职能的经常性的工作。全市各级工会要满腔热情、设身处地、千方百计地为困难职工群体排忧解难，想其所想、忧其所忧，努力多办实事、多做好事，让他们共享经济和社会发展成果。

继续积极参与推动社会保障体系的建设。各级工会要在积极促进社会保障体系不断完善的基础上，进一步协助党委和政府广泛开展对困难职工的就业援助、生活扶助、医疗救助等，推进送温暖工程的经常化、制度化、社会化，继续协助有关方面落实“低保”政策。要加大督促企业清偿对职工各类欠费的工作力度，保障包括外来务工人员在内的职工合法权益不受侵害。

继续协助政府做好再就业工作。协助政府和企业扩大就业和促进再就业是工会一项长期的紧迫的任务。要引导职工树立以市场为导向的就业观和择业观，抓好再就业典型的培育，扶持一批再就业带头人；引导和帮助下岗失业人员自谋职业和自主创业。加强下岗职工的职业培训和转岗培训，利用工会的教育培训基地和资源，提高下岗职工的再就业技能和创业能力。积极反映他们的愿望和要求，协助政府落实好再就业的各项优惠政策措施。

继续深化工会送温暖工程。全市各级工会要切实履行好“第一责任人”的职责，为进一步完善社会救助帮困体系作出努力。要进一步建立健全全市帮困工作信息网络，及时掌握困难职工工作生活情况。完善以特困职工帮扶中心为核心的帮困救助机制，建立健全市、县(市、区)帮扶中心和法律援助中心，并逐步推动建立镇乡(街道)特困职工帮扶中心。要努力发挥工会组织的优势，积极做好职工大病救助、职工医疗帮困、职工互助补充保险、结对帮困等工作,多途径、多渠道地开展送温暖活动。

七、大力加强工会自身改革与建设,不断增强工会组织的吸引力和凝聚力

全市各级工会组织要适应新形势、新任务的要求,以改革创新的精神推进工会自身建设,在积极探索和主动适应中谋求新发展、取得新突破,使工会工作不断焕发出新的生机与活力,努力提高工会工作整体水平。

加强思想作风建设。各级工会组织务必认真学习、深刻领会"三个代表"重要思想,大力弘扬求真务实的精神,不断增强新形势下工会组织促进改革发展稳定、履行基本职责的全局观念和责任意识,始终保持坚定的政治方向,自觉站在维护改革发展稳定大局的前沿;始终坚持服务基层,主动为基层工会提供理论、法律、政策、信息等方面服务;始终坚持服务职工群众,真心实意为职工说话办事,切实树立起职工利益代表者和维护者的形象。

加强工会干部队伍建设。不断提高工会干部的工作水平和创新能力。继续加大对工会干部的培训力度,将培训和考核有机结合,提高培训质量。深化工会干部协管工作,配齐配强各级工会领导班子,坚持在努力拓宽工会干部交流渠道的同时,采取多种方式引进专业人才,提升工会干部的整体素质。要依法维护工会组织的自身权益,依法维护工会干部的合法权益,保持工会干部队伍的相对稳定,积极探索依靠工会积极分子和工会工作志愿者开展工作的新途径。

加强工会工作运行机制建设。深入贯彻落实《工会法》、《浙江省实施(工会法)办法》等法律法规,坚持依法治会,民主办会,努力使工会工作依法、科学、高效运转,推动工会工作群众化、民主化、法制化。要创新工作思路,整合内外资源,使工会工作更好地体现党的要求,符合时代发展的需要。在"党政所需、群众所盼、工会所能"上精心谋划工作思路。要进一步加大工会与政府和社会各界的联系与沟通,充分运用联席会议制度、三方协商机制、定期联系人大代表、政协委员等有效形式,主动争取政府支持、各界配合,在宏观层面上形成有利于发挥工会作用的运作格局;要进一步理顺工会内部关系,明确工作职责任务,建立激励约束机制;要深化工会理论政策研究,增强工会工作的预见性、科学性和实效性;加强工会工作信息化建设,采取引进现代管理手段、运用现代办公技术等措施不断提高工会工作的效率和水平。

加强工会基层基础建设。要紧密结合工作实际,创造性地开展各具特色的工会工作;要高度重视产业(系统)工会、镇乡(街道)工会工作,积极探索与之相适应的工作机制和活动方式,充分发挥其中间环节的作用;要进一步加大依法收缴工会经费的力度,确保经费收入持续稳定增长;强化工会经费审查监督职能,促进工会经费的合理使用;加强工会女职工组织建设,维护好女职工的特殊权益;继续扩大对外宣传和交流，畅通工会对外宣传学习的渠道；坚持工会企事业正确的改革发展方向，更好地服务基层、服务职工。

各位代表，同志们！工会工作是推动社会先进生产力发展的伟大事业，是促进社会先进文化前进的神圣事业，是实现最广大职工利益的崇高事业。让我们紧密团结在以胡锦涛同志为总书记的党中央周围，高举邓小平理论伟大旗帜，认真实践“三个代表”重要思想，树立和落实科学发展观，在市委和上级工会的正确领导下，团结带领全市广大职工，同心同德，开拓进取，努力开创我市工会工作新局面，为实现“富民强市”宏伟目标，全面建设小康社会作出新的更大的贡献。

立足新起点　开创新局面
团结动员全市职工为推进嘉兴科学发展再立新功
——在嘉兴市工会第六次代表大会上的工作报告

邵建华

(2009年12月10日)

各位代表、同志们:

嘉兴市工会第六次代表大会,是在全市广大职工深入学习贯彻党的十七届四中全会精神,深化改革开放推动科学发展的新形势下召开的一次重要会议。大会的主要任务是:高举中国特色社会主义伟大旗帜,深入贯彻落实科学发展观,全面贯彻党的十七届四中全会、中国工会十五大精神,认真总结五年来全市工会工作主要经验,研究部署今后五年工会工作目标任务,立足新起点,开创新局面,团结动员全市职工为推进嘉兴科学发展再立新功。

现在,我代表嘉兴市总工会第五届委员会向大会作工作报告,请代表们审议。

一、过去五年主要工作的回顾

过去的五年,是全市经济和社会事业快速发展的重要时期,也是工会组织围绕中心、服务大局、扎实工作、大有作为的重要时期。全市各级工会在市委和省总工会的正确领导下,紧紧依靠党政领导和社会各界的支持,坚定不移地走中国特色社会主义工会发展道路,坚定不移地贯彻落实"组织起来、切实维权"的工作方针,坚定不移地主动融入嘉兴经济社会发展大局,团结带领广大职工,充分发挥工人阶级主力军作用,在深化改革、加快发展、维护稳定中作出了积极贡献。初步形成了与经济社会发展相适应的工会组织新体系、社会化维权新格局和工作推进新机制,工运事业和工会工作取得了显著成绩。

1. 广泛动员职工群众建功立业,主力军作用进一步发挥。

五年来,全市各级工会紧扣发展主题,创新活动载体,广泛动员和组织职工以主人翁姿态积极投身改革发展和现代化建设实践。

劳动竞赛掀起热潮。以"当好主力军、建功十一五、和谐促发展"为主题,广泛开展了重点工程建设立功竞赛、"我为节能减排作贡献"、"讲文明礼仪、创服务品牌"劳动竞赛、抗震救灾企业专项竞赛等活动，助推经济社会又好又快发展。以共克时艰、共谋发展为主题，积极开展“创业创新争先锋、转型升级立新功”系列活动。通过开展大讨论、献一计、举办职工创业创新论坛、建立“金锤”技术服务队、评选“双十佳”等活动，增强广大职工推进发展的信心和合力。五年来，涌现了一批全国、省、市“工人先锋号”等各类先进，有5个集体荣获全国“工人先锋号”称号，9个集体荣获浙江省“工人先锋号”称号。市总工会被评为全省重点建设立功竞赛优秀组织单位和全市项目推进优秀服务单位。

技术创新深入推进。围绕企业生产经营，各级工会积极鼓励和引导职工立足岗位成才、岗位奉献，开展技术攻关、技术发明、技术协作、技术交流和提合理化建议等活动。基层群众性技术创新活动蓬勃兴起，涌现了一批优秀创新班组、创新能手和先进操作法。总结推广了周志祥等14位优秀技术工人岗位创新的事迹，开展了评选“十大职工技术创新成果”活动。一批优秀技术创新成果和节能减排金点子分别受到全总、省总、市总表彰。

劳模精神大力弘扬。评选表彰了一大批全国、省、市劳动模范。五年来，共评选表彰了全国劳动模范9人、全国五一劳动奖章13人、全国五一劳动奖状4个、浙江省劳动模范26人、嘉兴市劳动模范96人。结合“五一”节庆、建国60周年等，通过举办报告会、座谈会、文艺晚会、专栏专题宣传、编印书籍资料、走访慰问、结对服务等多种形式，广泛开展寻访学习、宣传弘扬和关爱服务劳模系列活动，在全社会营造了劳动光荣、创造伟大的良好氛围。

2. 全面推进素质工程，职工队伍整体素质进一步提升。

五年来，全市各级工会大力实施职工素质工程，通过多种形式和载体，促进职工全面发展，为我市经济社会又好又快发展提供了人才保证和智力支持。

“创争”活动扎实开展。各级工会以“创建学习型组织、争做知识型职工”活动为载体，通过职工喜闻乐见的形式，深入开展群众性精神文明创建、形势任务宣传、社会主义荣辱观教育、普法宣传教育和职业道德教育、农民工专题教育等活动，积极引导广大职工树立爱国、敬业、诚信、友善的道德规范，职工思想道德建设和职业道德建设呈现出鲜明的时代特色。全市参与活动的职工50多万人次。

技能素质不断提升。各级工会积极推进技能培训、技能练兵、技能比武、技能晋级和职业技能带头人选聘等“五位一体”技能提升行动。通过层层举办职工技能运动会、职业技能大赛等，掀起了百万职工大练兵大比武热潮，使一大批优秀技能人才脱颖而出。通过市、县两级职业技能竞赛，共有近千名职工晋升为技师和高级工。选聘市、县两级职业技能带头人60名，表彰了一批职工技术操作能手和“十佳技能之星”。积极发挥工会职校、文化宫等主阵地作用，大力加强职工技术技能培训，全面提高职工技能素质，五年来，组织参加各类职工技能培训3万多人次。

职工文化建设有力推进。各级工会认真实施职工文化建设示范工程,以“五个一”为主要载体,加强职工文化阵地建设,丰富职工文化生活,推进职工文化、企业文化建设取得丰硕成果。创建全国示范职工书屋4家、省级41家、市级181家,培育职工文化建设工程示范企业227家,“十佳”企业职工文化建设示范单位在全市三级干部大会上受到表彰。开展了“十佳企业报刊”和“优秀企业歌曲”等评选。各级工会结合实际,以开展职工文化建设年、职工运动健身年、企业文化月、农民工运动会等为载体,广泛开展各种职工喜闻乐见的文体活动,形成了工会文化活动的品牌。

3. 大力构建和谐劳动关系,工会维权机制进一步完善。

五年来,全市各级工会突出创建劳动关系和谐企业的工作主线,狠抓工会维权“四机制一平台”建设,形成了党委领导、政府支持、各方配合、工会运作、职工参与的社会化维权工作格局。

源头参与积极有效。充分发挥人大和政协中的工会代表、委员作用,积极反映职工的要求和呼声;坚持和完善工会与政府的联席会议制度,协商解决工会工作和保障职工切身利益的重大问题;完善劳动关系三方协商会议制度,及时研究劳动关系中新情况新问题;积极参与涉及职工利益的法律法规的制定修改,争取并协助人大、政府、政协对《工会法》、《劳动法》等法律法规落实情况的调研督查;围绕打造嘉兴无欠薪城市,完善工资预警保障机制,不断增强工会对社会事务的影响力,切实维护职工的合法权益。

劳动关系稳定和谐。积极开展劳动关系和谐企业创建活动,涌现出一批劳动关系和谐的先进典型,全市参与创建企业有8569家,获得全国、省、市创建活动先进单位100多家,嘉兴市被评为省优秀组织单位。以“要约行动”为抓手,全面推进工资集体协商,积极推行区域性、行业性协商,全市21个行业、7100家企业开展了协商。积极应对金融危机,创新思路载体,开展“协商共约”劳资携手共渡时艰活动,参与企业达7600多家,覆盖员工70多万人,成为工会服务中心、服务企业、服务职工的亮点。广泛开展“安康杯”竞赛,着力推进工会主动参与企业安全生产、职业病防治,五年来获全国、省、市优胜企业174家,优胜班组74个。积极推进“强保障、促和谐”活动,通过抓好示范、表彰先进,促进了企业劳动关系的和谐。

职工诉求有序畅通。建立健全了企业劳动争议调解组织,规范基层劳动争议调解工作。加强市、县、镇、企四级职工维权组织建设,开通“12351”维权热线,设立维权信箱,举办大型法律咨询活动326场次,提供法律援助、法律咨询近万人次。不断加强民主管理厂务公开工作,一大批企业、事业单位的厂务公开民主管理工作开展得有声有色,全市学校、医院等事业单位推行率达94.7%,非公企业建制率达87.6%。

4. 不断健全困难帮扶体系，服务职工的力度进一步加大。

五年来，全市各级工会不断健全困难职工帮扶救助体系和长效机制，大力实施送温暖工程，想职工所想，尽工会所能，积极协助党和政府解决职工最关心、最直接、最现实的利益问题，使职工共享嘉兴经济社会发展成果。

帮扶体系和机制建设日趋规范。建立了市、县(市、区)、镇和基层四级帮扶网络，完善困难职工档案信息化管理，规范了救助资金管理、发放和使用。进一步加强职工维权帮扶中心建设，市、县(市、区)基本实现机构健全、人员落实、硬件配套、制度完善的目标，职工维权帮扶中心已经成为工会服务职工的重要窗口。积极整合社会资源，搭建帮扶工作平台，为广大职工提供生活救助、医疗互助、上学资助、就业帮助、法律援助，逐步实现城乡困难职工服务制度化、一体化。

帮扶救助和送温暖活动成效明显。各级工会大力推进送温暖工程的经常化、制度化、社会化，精心组织开展各类帮扶和送温暖活动。五年来，定期定点对就业困难人员提供就业介绍2万多人次，免费培训8.5万多人次；市本级设立的“心连心”大病救助基金发放15批1270人次，救助金额482.3万元；节日等慰问困难职工1.5万户次，发放慰问金3500万元；发放助学款600多万元，资助困难职工子女2800人次。

关爱农民工工作切实加强。积极开展农民工就业援助行动，深入开展“知情、明理、守法、创业”主题教育；充分发挥工会培训机构和职业介绍窗口的作用，开展农民工万名培训、万名就业援助、万名免费体检活动，深受广大企业和农民工好评；支持民工公寓创建文化活动中心，丰富农民工的业余文化生活，积极开展送文化活动，赠送图书25425册，放映电影3391场、举办大型职工活动和大型文艺演出221场。

5. 继续加强组织建设，工会凝聚力进一步增强。

五年来，全市各级工会以深入开展党建带工建，工会“三级联创”活动为载体，以加强基层工会组织建设为重点，扎实推进非公企业工会组建和基层工会的规范化建设，工会覆盖面不断扩大，凝聚力不断增强。

建会入会取得突破。突出重点，加大指导，着力加强外资企业工会组建工作，沃尔玛、麦当劳、韩泰轮胎公司等外资企业建立了工会组织。五年新建外资企业工会750家，港澳台资企业工会678家，是五年前的六倍。外资企业建工会工作受到省总工会的肯定，并在全省外资企业工会组建工作现场会上推广。创新组建模式，探索园区工会、行业工会、建筑项目工会、专业市场工会、民工公寓工会、劳务派遣工会、楼宇工会等多种组建形式，拓展了组建领域，壮大了会员队伍。目前，全市建立基层工会7700多个，覆盖企业单位19000多个，工会会员已达111万。

组织体系得到完善。南湖区、秀洲区和经济开发区、嘉兴港区先后成立总工会，工会组织管理体制进一步理顺。全市71个镇(街道)全部建立了工会，其中29个镇(街道)建立了总工会,重点环节进一步加强。建立村(社区)联合工会841个,工业园区工会7个,区域性行业性工会63个，区域工会组织布局更趋合理、网络更加健全。

基层活力不断增强。深入开展党建带工建,工会“三级联创”活动,以创建合格“职工之家”、规范化建设达标活动等为载体，积极探索加强企业工会建设、发挥基层工会作用的新途径,不断健全工作机制，充分激发基层工会活力,工会的社会影响进一步扩大。五年来获得全国模范职工之家称号的基层工会18个,全国示范镇工会2个;省级“三级联创”先进县级工会4个,省级示范镇(街道)工会32个,模范职工之家106个。

6.努力强化自身建设,各项基础工作进一步推进。

五年来,全市各级工会认真贯彻党对工会工作的指示和要求，解放思想，开拓创新，全面加强工会干部的思想、作风、制度和能力建设,工会各项工作都取到了可喜进展。

队伍建设明显加强。深入开展保持共产党员先进性教育、社会主义荣辱观教育和深入学习实践科学发展观活动，通过举办全市工会主席专题读书会、镇(街道)工会主席和新任基层工会主席的培训班,组织工会干部学理论、学业务、学法律,努力增强工会干部的政治意识、大局意识、责任意识,不断提高工会参与社会事务、开展群众工作、协调劳动关系、维护职工权益的本领。五年来市县两级工会共举办工会干部培训班200多期，参与培训的工会干部达3万余人次。深入开展作风建设年活动和“五型”机关创建活动,树立以职工为本的理念，建立健全联系职工和基层、深入调查研究等制度,提高指导和服务基层的水平。加强工会干部协管工作,地方工会主席高配实现突破。

各项基础工作全面推进。工会宣传工作有了新加强,通过设立“五一新闻奖”、举办“五一”系列活动、开辟媒体专题专栏和“五一”工会特刊,改版提升《嘉兴工运》,不断扩大工人阶级和工会工作的宣传。工会女职工组织进一步健全,通过成立女职工讲师团、开办女职工素质提升大课堂等形式,提高女职工素质取得新成效，并获省总工会创新奖，推行女职工权益专项集体合同,切实维护了女职工合法权益。工会财务工作坚持依法聚财、科学理财、民主管财和有效用财,工会经费收入实现稳步增长，工会财务工作规范化建设不断加强，工会资产监督管理进一步加强,市总工会获全总市级工会财务工作先进单位、浙江省工会财务工作先进集体。工会经审工作依法履行经费审查监督职责,加大审计力度,市总工会获省总经审工作先进单位、省内审先进单位。工会调研、信息、统计和信访工作水平不断提升,市总工会直属单位在服务全局中发挥了积极作用。

回顾五年来的工作,我们深切地体

会到,嘉兴工运事业和工会工作的发展和进步,是在市委、省总工会以及各级党委的高度重视和正确领导下,在人大、政府、政协和社会各界的支持帮助下,依靠广大工会干部的敬业奉献、团结奋斗取得的,更离不开广大工会会员、职工群众的积极参与。借此机会,我谨代表市总工会第五届委员会,向长期以来重视、关心和支持工会工作的各级党政领导、社会各界、广大新老工会工作者和职工群众表示崇高的敬意和衷心的感谢!

总结五年来的工作实践,我们的体会是:

一是必须坚持党的领导,才能凸现工会的政治优势和工作优势。五年来,全市工会自觉接受各级党委的正确领导,推动了党的诞生地工运事业的创新发展。只有坚持党的领导,才能保证正确的政治方向。只有自觉地把党的路线方针政策,转化为工会的实际行动,落实到组织、引导、发动广大职工群众之中,才能把政治优势转化为工作优势。

二是必须坚持服务工作大局,才能体现工会的地位和作为。五年来,全市工会努力找准工会服务大局的着力点和切入点,充分发挥了工人阶级主力军作用。只有在服务大局中,认真做好党政所需、职工所求、工会所能的工作,才能形成党委重视、行政支持、各方配合的工作局面。只有广泛调动职工群众的积极性和创造性,才能充分体现工会工作的地位和作为。

三是必须坚持以职工为本,才能增强工会的凝聚力和号召力。五年来,全市工会认真做好组织、引导、服务工作,依法维护职工合法权益,做到服务大局与服务职工相结合,增强了工会的凝聚力和号召力。只有坚持以群众的需求作为一切工作的出发点和落脚点,真心实意地为职工群众服务,工会才能得到职工群众的信任和拥护。只有得到职工群众的信任和拥护,工会才有凝聚力和号召力。

四是必须坚持资源整合,才能形成社会化工会工作格局。五年来,全市工会致力营造“党委领导、政府重视、各方支持、工会运作、职工参与”的社会化工会工作氛围与格局,形成了工会社会化发展的工作体制机制。只有跳出工会发展工会,才能走出开放互动的工会工作社会化发展新路子。只有借助社会力量,才能形成上下联动、协同配合、强势推进的工作合力。

五是必须坚持开拓创新,才能推进工会工作不断发展。五年来,全市工会解放思想、实事求是、与时俱进,大胆创新工作理念和工作思路,促进了工会组织体制、运行机制、工作方法的创新发展。只有创新思想观念,勇于开拓,奋发有为,才能创造性地开展工会工作。只有以创新工作思路、思维方式和工作理念去适应时代发展的要求,才能开创工会工作新局面。

在肯定成绩的同时,我们也清醒地认识到工作中存在的不足和差距。主要是:工会组织覆盖面有待进一步扩大,基层工会特别是非公企业工会活力有待进一步增强,维护职工合法权益的力度有待进一步加大,适应新时期工会工作的能力和水平有待进一步提高等等。对此,我们必须高度重视,并切实加以解决。

二、今后五年工作指导思想和奋斗目标

今后五年,是贯彻落实党的十七大精神,夺取全面建设小康社会新胜利的重要时期,也是我市建设长三角创新型经济强市、江南水乡生态型文化大市、杭州湾宜居型滨海新市及“红船精神”引领的党的诞生地关键时期。在这新的历史时期,工会工作充满着发展机遇,深入实施“创业富民、创新强市”总战略,大力推进城乡统筹发展,加快建设惠及全市人民的小康社会建设进程,全面改善民生促进社会和谐,工会工作大有作为;党和政府对工会工作的高度重视支持,广大职工群众对工会组织有更多的期盼,多年来在实践中积累了很好的经验,工会工作大有希望。同时,工会工作也面临着严峻挑战,金融危机影响下的严峻经济形势,要求工会更好地围绕推动科学发展来制定工作目标、明确工作思路、落实工作措施;经济体制、社会结构深刻变动和利益格局、思想观念深刻变化,要求工会更好地坚持“两个维护”的统一,切实维护职工合法权益,发展和谐劳动关系,促进社会和谐稳定,工会工作应有更大作为。面对新形势、新任务、新要求,各级工会一定要以只争朝夕的精神,以迎难而上的勇气,以坚定不移的信念,进一步增强做好新时期工会工作的责任感和使命感,站在新的历史起点上,开创嘉兴工会工作新的局面。

今后五年,全市工会工作的指导思想是:

高举中国特色社会主义伟大旗帜,以邓小平理论和“三个代表”重要思想和科学发展观为指导,深入贯彻党的十七大、十七届四中全会和中国工会十五大精神,以推动科学发展为中心,充分发挥工人阶级主力军作用;以构建和谐劳动关系为主线,切实维护职工合法权益;以促进职工全面发展为目标,大力推进工会“大学校”建设;以激发基层活力为重点,全面加强工会自身建设,解放思想,求实创新,奋发有为,团结动员全市职工为实现嘉兴科学发展再立新功。

根据这一指导思想,今后五年全市工会工作的奋斗目标是:

一是服务大局要有新作为。更加坚定地贯彻全心全意依靠工人阶级指导方针,更加自觉地服从服务于党的工作大局,更好地激励和发挥职工推动科学发展、促进社会和谐的积极性主动性创造性,职工建功立业活动掀起更大高潮。

二是职工素质要有新提高。充分发挥工会“大学校”作用,职工素质工程持续推进,职工思想道德、劳动技能、创造能力等综合素质明显提高。新时代劳模精神进一步发扬光大,工人阶级先进性不断丰富发展,职工全面发展达到更高水平。

三是维权帮扶要有新成效。牢固树立以职工为本观念,坚持主动依法科学维权,工会维权机制更加完善,劳动关系更加和谐发展,工会维权工作形成新优势。进一步增强服务职工意识,提高服务能力,工会帮扶工作创新务实。

四是工会组织要有新发展。进一步扩大工会组织覆盖面, 增强凝聚力,建会质量不断提高, 组织体制更加健全,工会凝聚力显著增强,基层工会活力不断增强,工会组织建设迈上新台阶。

五是自身建设要有新加强。坚持解放思想、求真务实,加强机制和工作创新,工会干部思想政治和能力素质明显提高,工作方式方法不断改进,工会自身改革和创新取得更大成效。

实现这一奋斗目标,就是要牢牢把握工会工作正确的政治方向,坚持走中国特色社会主义工会发展道路;实现这一奋斗目标, 就是要坚持解放思想、求实创新,坚持一切从实际出发,不断推动工会工作体制机制创新;实现这一奋斗目标, 就是要切实履行工会基本职责,坚持把实现职工群众的利益作为工会工作的出发点和落脚点,不断增强工会组织的凝聚力和吸引力。

三、今后五年工会工作的主要任务

根据全市工会工作的指导思想和奋斗目标,今后五年工会工作的主要任务是:

1. 围绕科学发展,着力激发职工劳动热情和创造活力

工人阶级是推动科学发展、促进社会进步的根本力量。要充分发挥工会组织、引导和服务职工的作用,最大限度地调动和激发起职工群众投身科学发展的热情和活力,以主人翁和主力军的姿态,为推动我市科学发展、率先发展、和谐发展贡献智慧和力量。

突出“两创”主题,深化劳动竞赛。要紧紧围绕实施“两创”战略、推动科学发展大局,围绕加快建设“三市一地”为主题,以推动重点工程建设、提高自主创新能力和促进节能减排为重点,不断深化“争先锋、立新功”劳动竞赛。要紧密结合时代发展要求和区域、行业和企业特点,抓示范,创载体,拓领域,健机制,积极探索新形势下开展劳动竞赛的有效途径和方法,推动群众性建功立业活动纵深发展。要进一步深入开展创建“工人先锋号”活动,及时总结和选树劳动竞赛中出现的各类好典型好经验,把创建活动作为凝聚职工力量、激励建功立业的重要载体,打响品牌,扩大影响,提升水平。

突出职工主体,激发创造活力。要着力于引导和动员广大职工立足岗位,围绕企业发展中的重点、难点和关键问题, 积极组织开展以加速升级换代、优化制造工艺、提高技术含量为主要内容的技术发明、技术革新、技术攻关和合理化建议等活动, 发动职工献计献策。要在职工群众中广泛开展评选和表彰“技术创新成果”、“创新示范岗”、“创新能手”等活动,总结推广以职工名字命名的先进操作法,充分激发职工的创造潜力和活力。要继续发挥优秀技术工人的骨干作用, 通过建立技术服务队、技

师俱乐部、技师工作室等形式,开展技术帮扶、技术协作、技术指导活动,推广先进技术和操作法,为职工展示创造才能、提高创新能力搭建平台。要贴近实际,贴近基层,贴近职工,不断创新工作载体,丰富活动内涵,增强吸引力辐射力,引导和激励广大职工岗位成才、岗位创新、岗位奉献。

突出劳模精神,唱响劳动赞歌。要充分发挥劳模先进人物的示范引领作用,认真做好各级各类劳模先进人物的推荐评选和表彰工作,大力宣传和弘扬劳模的先进事迹和崇高精神,唱响劳模光荣、劳动伟大的主旋律,努力营造学习劳模、尊重劳模、关爱劳模、争当劳模的浓厚氛围,让劳模精神成为激励广大职工奋发进取的强大动力,用工人阶级的先进思想和模范行为影响和带动全社会。

2. 围绕工会"大学校"建设,着力提升职工队伍整体素质

充分发挥工会"大学校"作用,提高职工队伍整体素质是新时期党中央对工会工作提出的新要求。要把工会"大学校"建设作为工会服务发展大局、建设文化大市的一项战略任务,切实抓紧抓好。

用核心价值教育职工,大力提高思想道德素质。要积极探索用社会主义核心价值体系引领职工群众的有效途径,依靠主流媒体,借助公共平台,整合工会资源,广泛开展各类主题教育活动,用马克思主义中国化最新成果武装职工,用中国特色社会主义共同理想凝聚职工,用以爱国主义为核心的民族精神和以改革创新为核心的时代精神激励职工,用社会主义荣辱观引导职工。要以基层为重点,抓好职业道德和社会公德、家庭美德、个人品德教育,通过灵活多样的形式,用职工群众容易接受的语言,把社会主义核心价值体系深植职工群众心中。要加强人文关怀和心理疏导,及时了解职工需求和呼声,帮助职工释疑解惑,树立自尊自信、理性平和、健康向上的良好心态,促进社会和谐。

用现代技能培育职工,大力提高技术技能素质。要主动适应产业发展和市场竞争对职工技能技术素质的新要求,广泛开展"创争"活动,深入实施职工技能素质提升工程,健全职工学习培训机制,丰富职工学习教育载体,搭建职工技能提升平台,广泛开展职工岗位大练兵、大培训、大提升和举办技能运动会等活动,激励广大职工争当"金牌工人"、"技术能手"和"创新能手"。要着力加强工会职业培训基地建设,不断完善工会教育培训体制机制,继续办好工会职工学校、女职工素质提升大课堂等培训阵地,努力造就知识型、技能型、创新型职工队伍。要主动争取党委的重视,积极争取政府的政策支持和服务措施,将更多的资源和手段赋予工会,推动职工技能素质与岗位聘任、工资晋级、提拔任用挂钩,激励职工奋发向上,营造良好的学习成才环境。充分利用各种行政和社会教育资源和手段,加强与行业和社会教育培训机构合作,共同推进企业职工技术素质培训工作。

用先进文化引导职工，大力提高科学文化素质。要发挥职工群众的主体作用，深入实施企业职工文化建设示范工程，着力培育一批企业职工文化建设示范单位，着力培育一批活跃于企业的工会文化体育骨干，为促进我市企业文化的大发展、大繁荣发挥积极作用。要重视对工人文化宫、俱乐部、职工学校、职工书屋等职工文化阵地建设，进一步加强工作指导和管理服务，充分发挥工会文化宣传阵地的重要作用，着力推进县级以上工人文化宫管理体制和运行机制的创新，着力推进镇(街道)工会和基层工会俱乐部的建设，适应职工群众多层次、多方面的精神文化需求。要积极倡导科学的生活方式，紧密结合企业实际，坚持贴近企业、贴近职工、贴近生活，广泛开展各类主题突出、形式多样、职工喜闻乐见的文化体育活动，继续开展送培训、送电影、送书籍等“送文化”活动，丰富职工的业余文化生活，打造职工文化体育活动品牌，为职工群众提供不竭的精神动力。

3. 围绕社会发展稳定，着力构建和谐劳动关系

劳动关系和谐是社会和谐的重要基础。要切实履行维护职工合法权益的神圣职责，围绕劳动关系的建立、运行、调处、监督全过程，代表好、维护好职工利益，为构建和谐社会发挥积极作用。

深化创建活动，推动建立新型劳动关系。要进一步营造创建氛围，引导企业和职工积极投入创建劳动关系和谐企业与工业园区活动，引导职工依法维权，督促企业守法经营，及时总结和推广创建活动的新做法、新经验，不断扩大创建成果，保持创建活动长久活力。要进一步突出创建重点，完善创建体系，健全评价标准，规范考核程序，推动企业建立规范有序、公正合理、互利共赢、和谐稳定的社会主义新型劳动关系。要进一步落实创建措施，完善协调劳动关系三方会议制度，积极参与涉及职工权益保障的法律法规政策的修改制定；充分发挥工会与政府联席会议制度的作用，充分表达职工群众的意见和愿望，研究解决与职工权益相关的重要事项；积极参与人大、政协有关劳动法律法规落实情况的监督检查，切实维护职工合法权益。

深化平等协商，加大维权工作力度。要深入推进平等协商、集体合同制度，不断扩大集体合同覆盖面，提高非公企业的建制率。积极推进行业性、区域性工资集体协商，推动企业建立职工工资共决和保障机制，全面推进工资集体协商工作。提高女职工专项集体合同签约率，规范安全生产和劳动保护专项合同。要继续加强劳动争议预警调处机制建设，完善劳动争议调解网络，把矛盾解决在基层、化解在萌芽状态。要加强群众性劳动保护监督，深化“安康杯”竞赛，大力提高职工群众安全生产、劳动保护、职业病防治意识，坚持参与重特大事故的调查，维护职工安全健康权益。要积极推动完善社会保障制度，关注农民工社会保障问题，促进全员参保、应保尽保，扩大职工受益面。

深化民主管理，保障职工民主权利。要落实以职代会为基本形式的民主管理制度,加强领导,落实职权,完善机制，增强职代会代表参政议事能力,切实发挥职代会在保障职工知情权、参与权、表达权、监督权方面的重要作用。推进厂务公开制度,提高非公企业职代会建制率。要探索适应区域性、行业性和非公企业特点的职工民主管理实现途径,推进区域性、行业性职代会制度建设,进一步规范完善职工董事、职工监事制度,发挥职工董事和职工监事的作用。要激发职工主体意识,畅通工会参与社会管理的渠道,更好地代表职工参与社会管理和利益协调。切实发挥各级人大中职工代表和政协工会界委员的参政议政、建言献策、表达民意的作用,落实职工群众民主参与、民主管理和民主监督的权利。

4. 围绕改善和保障民生,着力增强服务职工能力

党和政府高度关注民生问题,参与改善民生是工会义不容辞的责任。要贯彻共建共享和谐社会的原则,把以人为本、关注民生、保障民生、改善民生的要求落实到工会工作中,努力为职工群众谋利益。

搭建平台，切实促进职工就业创业。要积极推动《就业促进法》的贯彻落实,切实维护职工劳动就业权益,帮助和指导职工签订劳动合同,行使监督职责,依法督促企业规范用工行为,增强职工职业安全感。要引导职工转变就业观念,增强竞争意识,发挥工会职工帮扶中心、工会职校、文化宫作用,广泛开展就业援助、指导服务,大力开展技能培训、学历教育、科学法律知识学习,提高职工就业创业能力,同时协助政府开展就业和再就业培训,促进完善就业援助制度。要加强与劳动保障部门的联系,实现资源共享,积极鼓励创业,兴办就业创业基地、实训基地,争取政策支持,以创业实现就业、带动就业。

整合资源,切实帮助困难职工排忧解难。要有效整合社会资源,推动建立困难职工帮扶社会化体系,充分利用行政、公共、社会资源服务困难职工,积极参与相关法律政策的制订与落实,着力从源头上帮扶。要加强职工维权帮扶中心规范化建设，加强镇(街道)帮扶站、企业帮扶点建设,推动工业园区和产业建立职工帮扶分中心,发挥工会12351职工维权热线的作用,切实做好就业支持、法律援助、困难救助、保障互助等帮扶工作。要深入实施送温暖工程，进一步完善帮困送温暖长效机制,继续做好节日帮困、金秋助学、大病救助,继续开展“强保障、促和谐”活动，积极推行企业职工医疗互助制度,缓解困难职工因病致贫,努力为职工解难、为政府分忧。

加大力度,切实为农民工办实事办好事。要深入开展农民工主题教育系列活动，努力帮助他们融入当地社会,大力开展技能培训和学历教育,努力提高农民工综合素质,加大组织农民工入会力度,扩大工人阶级队伍。要加强对农民工的就业指导和服务,加大对困难农

民工帮扶力度,切实维护农民工的合法权益。要关注农民工社会保障和公共服务政策的落实,努力为农民工办实事好事,让农民工共享经济社会发展成果。

5. 围绕工会自身建设,着力推进工作创新发展

工会要更好地团结带领广大职工实现党的十七大确定的目标任务,必须切实加强自身建设。要始终坚持党的领导,解放思想,求真务实,以改革创新精神,推进嘉兴工会工作与时俱进、工运事业蓬勃发展。

夯实基础,加强工会组织建设。要进一步坚持党建带工建的工作思路,深化党建带工建"三级联创"活动,形成党工共建的新格局。坚持抓基层、打基础、固根本,继续把外商投资企业、台资企业、私营企业等非公有制企业作为工会组建工作的重点领域,加快开发区、工业园区工会组建步伐,以加强小企业工会联合会建设为抓手,努力扩大工会组织覆盖面,继续把农民工作为会员发展的重点工作对象,采取灵活多样的入会形式和行之有效的会员会籍管理方式,最大限度地把农民工组织到工会中来。要进一步创新工会组织体制,健全镇(街道)、村(社区)和基层工会"小三级"工会组织体系,突出加强镇(街道)总工会的建设重点,加快建设步伐,明确职能定位,完善运作机制,配强专职干部,创造工作条件,凸现重要作用。优化调整产业工会设置,理顺企业集团工会与产业工会关系,不断完善条块结合、行业联合、全面覆盖的工会工作格局。要进一步增强工会工作的凝聚力,全面贯彻《企业工会工作条例》,切实加强基层工会制度化、规范化建设,鼓励基层工会创新工作机制和活动方式,深化职工之家创建、"双爱双评"活动,提高基层工会工作整体水平,不断增强基层工会的活力,切实提高工会在职工群众中的影响力。

强化能力,加强工会队伍建设。要加强工会干部思想作风建设,坚持用科学理论最新成果武装头脑,教育引导广大工会干部特别是领导干部要忠诚党的工运事业,始终保持奋发进取的精神状态。经常到生产经营困难的企业去,到困难职工多的地方去,真诚倾听职工群众呼声,真实反映职工群众愿望,真情关心职工群众疾苦,切实帮助职工解决实际困难,当好职工群众的贴心人。要加强工会干部能力建设,实施基层工会主席五年轮训计划,通过党校主体班、读书会、专题培训班等多种形式,着重提高工会干部运用理论政策、组织动员职工、维护职工权益、协调劳动关系、开展社会活动的能力。激励工会干部勤于学习,善于思考,创新探索,运用科学理论分析和解决工会实际问题,努力成为组织动员职工的能手、协调劳动关系的专家、关心服务职工的模范。要探索工会工作者职业化、社会化途径,建立工会干部人才库,在同级党组织的领导下积极稳妥地推进企业工会主席直选,扩大工会组织员、志愿者队伍,拓宽工会干部选人用人渠道。落实工会干部协管规定,选优配强工会领导班子,推进

地方总工会主席按同级副职配备。

统筹发展,加强工会基础工作。加强女职工工作,健全女职工组织,提升女职工整体素质,维护女职工合法权益和特殊利益。加强工会财务工作,加大依法聚财力度,探索工会经费收缴新途径,确保工会经费收入持续稳步增长,提高工会经费使用绩效,不断增强工会物质基础,推进工会财务规范化建设。加强工会资产管理,确保资产保值增值。加强工会经审工作,充分发挥经审组织的作用,强化经费审查,提高监督效能。加强工会宣传工作,继续办好《嘉兴工运》和工会网站,争取新闻单位支持,加大宣传力度,进一步营造工会工作的良好外部环境。加强工会信息、统计、调研工作,增强工会工作的预见性、科学性和实效性。

各位代表、同志们!我们已站在新的起点上,新的工作局面等待我们去开创。让我们高举中国特色社会主义伟大旗帜,深入贯彻落实科学发展观,坚定不移地走中国特色社会主义工会发展道路,在市委和省总工会的正确领导下,切实履行工会各项职能,团结和带领全市广大职工群众,进一步解放思想,开拓创新,凝聚力量,锐意进取,为推动嘉兴科学发展贡献力量!

第三章 报道选录

《工人日报》

农民进城 工会下乡

——浙江省嘉兴市总工会推进统筹城乡基层工会组织建设调查

“十一”刚过，当记者走进浙江省嘉善县姚庄镇新居民事务所时，被眼前的一切所吸引：事务所设立在闹市区，敞开的大门迎面就是新居民“加入工会窗口”。窗口的工作人员告诉记者：他们依托姚庄镇新居民事务所居住证办理窗口，设立新居民工会联合委员会工作联络站，在新居民新办、补办和到期续办居住证件时，通过发放《工会会员服务指南》等宣传资料，征得其同意后，同步办理入会申请，确保新居民在第一时间加入工会组织，以便及时维护自身合法权益。截至目前，新居民加入工会组织的有800多人，全镇职工工会入会率已达92.7%。

这是嘉兴市总工会推进统筹城乡基层工会组织建设的一个生动缩影。

农民“洗脚上岸”后，工会的作用如何彰显？

嘉兴市是浙江省唯一的统筹城乡综合配套改革试点市。从2008年起，嘉兴提出以“两分两换”为抓手，推进新市镇、城乡一体新社区建设，加快城镇化和工业化进程。

所谓“两分两换”，是指宅基地和承包地分开、搬迁与土地流转分开，以宅基地置换城镇房产、以土地承包经营权置换社会保障。

据了解，去年，嘉兴全市33.18万人通过“两分两换”集聚到新市镇或城乡一体新社区。今年，又将有6万多户农民进城，约占全市农民总户数的十分之一。

当越来越多的农民“洗脚上岸”成为新市镇里的新居民时，他们的生活方式、思想观念、行为习惯随着身份的改变发生了深刻的变化。工会如何在服务“两新”工作中彰显作为？工会在农民成为新居民后该做些什么？一道道全新的命题摆在了工会组织面前。嘉兴市政协副主席、总工会主席邵建华说，工会组织如何紧扣城乡统筹进程，在转型中发挥作用？这是一个全新的课题。

建立与统筹城乡发展相适应的工会组织体系

面对新情况，嘉兴市总工会一班人达成共识：嘉兴统筹城乡发展走在全国前列，起点高，力度大，涉及面广，社会影响深远,是基层组织架构的重组重建,各种资源的重新配置,是一场深刻的社会变革。市总工会一定要围绕市委中心工作,特别是基层工会组织建设,必须从源头上提前介入,必须进入统筹城乡建设的大框架,把工会工作纳入党委政府工作大格局。

今年初,邵建华带领班子成员,兵分几路深入调研。他们发现,一方面,目前镇(街道)工会的力量薄弱,工会组织管理体系不够完善,与新市镇建设不够协调、不够适应,且问题越来越突出。另一方面,农民集聚之后,因身份转换带来思想观念、生活方式的转变,需要做大量持久的宣传引导工作;村居转为社区之后,因行政区划调整带来的管理体制的变化,需要做复杂庞大的社会管理和服务工作;农民转为职工之后,劳动技能培训、就业指导和维权服务工作,需要社会各方协同配合。

针对这些问题,市总形成了《关于发挥工会组织优势,服务"两新"工程建议》上报市委。6月7日,嘉兴市在全省率先出台了《关于进一步深化党建带工建工作,推进统筹城乡基层工会组织建设意见》,统筹城乡工会建设工作首次纳入党委工作议程,形成以县(市、区)建设为龙头,以镇总工会建设为关键,以新社区工会、行业工会、区域性工会、企事业基层工会建设为基础,以经济开发区(工业园区)工会建设为重点,以新居民职工源头入会为抓手的思路,全面推进基层工会组织建设。各级党组织和工会组织形成了"组建联推、机制联建、活动联办、教育联抓、考核联动"的工作新格局,建立健全了与统筹城乡发展相适应的工会组织体系。

紧接着,嘉兴市总联合市新居民事务管理局出台了《关于进一步做好务工新居民加入工会工作的通知》,提出了四方面的意见:认真制定工作计划,精心组织实施,切实保障工作顺利开展;加强协调,明确分工,强化落实;抓好试点、建立机制,长效发展;强化服务,保障权益,力求实效。

创新入会方式,创新服务手段,创新活动载体

嘉兴市总工会组宣部部长杨平杰告诉记者:随着嘉兴市城乡统筹的不断推进,工会必须要以创新的思路来开展工作。他们的做法是:创新入会方式,创新服务手段,创新活动载体。

创新入会方式,就是让农民有新"家园"。一是源头建,跟踪管。按照"党建带动工建"思路,推行"支部+工会"模式,倡导新农村(社区)党支部书记兼任工会主席方式,全力加强新农村(社区)工会建设,从源头上发展农民工会员。扩展工会职介服务范围,把农民工列为服务对象,采取"先入会、再规范"的办法,把分散在新农村(社区)小企业中的农民工组织起来,实行农民工会员会籍"一卡制"管理,做到在本市范围内流动,可持会员证到进、出单位工会办理会籍迁移,在新单位无须再办理入会手续。二是行业建,系统管。在平湖农民工较为集中的特色行业,建立行业工会或工会联合会,把同行业的农民工组织好、管理好、服务好。三是区域建,属地管。把工会组织下延到工业园区、新市镇、新社区、集贸市场和施工工地,实行属地管理。通过“三建会”,仅今年1~6月,全市共发展农民工会员1.1万人,预计今年农民工入会人数将超过2万人。

创新服务手段,就是为新居民排忧解难。他们提供“量身裁衣”式培训,增强新居民安身立命的本领。提供法律援助服务,解除新居民后顾之忧。开展帮扶救助活动,解决困难农民工的实际问题。

创新活动载体,为新居民提供舞台。在新居民社区里,做到“周周有活动、月月掀高潮、四季有节目、常年飘歌声”。开展学习读书活动,在企业和新居民社区里都创办职工书屋,建立图书室,并大力开展劳动技能竞赛活动等。

把工会各项工作下移,更直接为职工服务

“到2009年底,嘉兴农民非农就业率已达95%以上,具备了加入工会的基本条件。其中75%的农民希望加入群团组织。哪里有工人,哪里就应建立工会组织。农民进城了,工会就要主动下乡,最大限度地将分散的劳动者组织起来。”邵建华说,“城乡统筹基层工会建设的核心是‘城’,重点在‘乡’。关键是‘建设’,实质在‘统筹’。”

9月底,记者来到嘉善县姚庄镇桃园社区,碰巧市、县两级总工会正给新居民社区的职工书屋送书籍和电脑。姚庄镇桃园社区工会工作站的工作人员告诉记者,新社区1月成立党支部,4月成立工会工作站。7月20日是一期住户交钥匙的日子,工会组织当天就在小区里开起招聘会,推出80多个岗位,最后有20多人达成了用工意向。

嘉善县总工会主席张引华说,城乡统筹基层工会建设,就是要把工会各项工作下移,更直接为职工服务。

嘉兴市南湖区七星镇江南新家园社区有居民1.4万人,是当地最大的城乡一体化新社区,基本由拆迁户、“两分两换”的安置户组成。今年6月19日,该社区成立了工会工作站。

“社区工会联合会工作站将探索城乡一体新社区的管理,更好地为居民服务。”江南新家园社区工会联合会主席陈金华说,所有参加工会组织的会员都能享受到许多优惠服务,他们可以参加工会组织的“金秋助学”活动、“心连心”大病救助活动、困难职工慰问帮扶活动,还可以免费借阅社区图书馆、职工书屋的图书,免费享受工会组织的就业介绍、就业援助、创业培训等。

南湖区总工会党组书记、常务副主席储彬表示,新社区工会工作站是一个创新,工作站的成立使得工会工作有了一个延伸的平台和工作的载体,通过安排专人负责工会工作站的工作,使工会的服务更加贴近职工群众,让职工群众得到更大的实惠。

在南湖区,农民成为新居民后,一部分一辈子以种田为生、别无一技之长的大伯们何去何从,成为区总的一块心病,后来南湖区总工会从镇里要了50亩流转闲置地,由区总工会每年每亩支付350元,成立了就业帮扶基地,免费提供给一些常年从事农业生产、别无技能又家庭经济较困难的居民,帮助他们就业创业。

今年64岁的王福泉是位失地农民,老伴患有精神病,每年医疗费用需要3万多元,去年儿子又因治病花去1万多元,自己年纪大了无法去工厂工作,只能到处打点零工。有了工会就业帮扶基地后,他申请到了2亩地,现在一边打工一边种毛豆。“这样,至少吃饭的钱不愁了。”王福泉说。

据悉,江南新家园社区工会工作站还将设立一批公益性岗位,优先安排困难人员就业,并从社区中选取一批店面房,建立社区创业基地,引导部分居民创业。同时加强各类活动的组织,吸引更多职工入会,争取年内工会会员人数突破1500人。

(2010年10月16日　作者:《工人日报》记者　李刚殷)

《浙江日报》

平湖:一小时援助圈

本报讯　“没想到,市总工会这么快就批准了我的救助申请。”近日,在平湖市林埭镇圣奥特服饰有限公司工作的潘某,拿到市总工会给他的1000元补助,心情十分激动。老潘和妻子长年患病,花去大笔医疗费。这些年来,他强撑着工作,妻子则一直在家休养。今年,老潘病情复发并转化为淋巴癌,一直住院,家里无法承担巨额医疗费。无奈,他向总工会求助,不到半个月,就拿到补助。

这是平湖市总工会对困难职工临时救助的举措之一。今年以来,该市总工会为使困难群众在最短时间内得到法律援助、困难援助、就业援助和信访援助,推出“一小时援助圈”:在全市范围,步行一小时内就能到达援助机构,享受“一站式”服务。群众有困难,工会将尽快帮助解决。

日前,记者来到平湖市职工维权帮扶中心。帮扶中心沿街而建,这里有法律援助、就业培训、困难救助、职业介绍等项目咨询台,桌上还放着招聘登记表以及各企事业单位的招聘信息。工作人员告诉记者,这些招聘信息,由工会每隔10天向市人才市场收集,及时提供给有需要的群众。

记者发现,在这些帮扶项目中,法律援助是最受群众欢迎的。该市总工会有关负责人说,现在劳动者维权意识逐渐增强,但许多劳动者特别是经济困难职工和农民工,不知道该如何寻求法律援助,需要工会及时伸出援手。

除职工维权帮扶中心,今年以来,平湖市总工会还建立市、镇(街道)、村(社区)及422家企业的工会法律援助机构(站、点),提供“一站式”服务,困难职工可以就近寻求帮助。

“原以为要跑很多次、花很长时间才能解决问题,没想到‘一站式’服务,让我很快就拿到赔偿金。”在平湖当湖街道一家私人作坊打工的王某说，前段时间她工作时被机器弄伤手指，一直和老板协商不好，于是她走进当湖街道职工法律援助中心。

由于案情较简单，街道援助中心工作人员直接通过书面形式向市法律援助中心申请，并通过网络办理好法律援助有关事项，大大节省办理时间，也方便求助群众。

截至9月底，平湖市职工援助中心（站）已经办理法律援助案件近300件，处理群众来访来电700多人次，走访慰问劳模、困难职工近两万人次，帮助解决困难人员就业2100余人。

（2010年11月19日《浙江日报》记者 方力、通讯员 莫云、徐志良）

《浙江工人日报》

金点子促使企业赢得高效益

嘉善县开展"十万职工节能降耗"大行动堵住能耗"黑洞"

本报讯 通讯员钟迪良报道 锅炉疏水改排放为利用，每月节水50多吨；水泵电动改变频、再改气动，每月节电13万千瓦时；机组抽凝改为背压，每月节煤600吨、节电6000千瓦时……说起职工们给企业出的节能降耗金点子，嘉善协联热电有限公司总经理何汉木如数家珍。县总工会主席张引华说，全县目前有10万职工为企业节能降耗献计出力，节约资源、保护环境已成为职工的共识和自觉行动。

2007年9月，为在广大职工中树立"大力发展循环经济、建设节约型社会"的理念，嘉善县总工会、经贸局、工商联共同发起"十万职工节能降耗大行动"，并以开展节能降耗专项竞赛活动为载体，动员和组织全县广大职工为节能降耗作贡献。永泉织染有限公司董事长曹荣泉说，发动职工提节能建议，堵住能耗"黑洞"，能使能源利用更为合理，环境得到更好保护，这件实事办到了企业经营者的心坎里。

嘉善县组织广大职工深入开展"小革新、小发明、小改造、小设计、小经验"等"五小"活动，把职工智慧与创造力引入到群众性技术创新和节约活动上来。嘉善五洋印染有限公司高红彬看到损坏的木箱板堆成小山，向公司提出回收利用的建议，180天时间就从废料中捡回84万元。桐星水泥粉磨有限公司柴永明等4名职工，针对铁合金炉渣成本过高的现状，提出了工艺创新的建议，用转炉渣替代了铁合金炉渣，半年节约成本160多万元、节煤200多吨、节电15万千瓦时。该公司总经理周发土说，金点子产生了高效益，一年就能产生"节能红利"450多万元。嘉善协联热电有限公司工会负责人说，该公司有141名职工，提出建议110多条，采纳率达30%，成效明显。

嘉善县经贸局局长高嵩介绍说，据有关部门不完全统计，到今年2月底，全县各企业共收到合理化建议8000多条，采纳率达到15%，共节电900多万千瓦时，节煤1.5万吨，创造经济效益5000多万元。嘉善县委常委、副县长马佩莲指出，增强职工参与节能降耗的主动性，有利于推动企业、政府、社会实现节能减排目标。

(2008年3月17日《浙江工人日报》作者：钟迪良)

台资企业设到哪里 工会组织就建到哪里

嘉善县台资企业工会实现全覆盖

本报讯 不久前，嘉善县台资企业名隆家具(嘉善)有限公司工会宣告成立，942名员工有了自己的"娘家"。至此，嘉善县正常投产的141家台资企业，已经全部建立工会组织，实现了区域全覆盖。

嘉善县是全省最大的台商投资集聚区之一，以前尽管全县连续3年都以15%的工会组建速度提高组建率，但少数台资企业仍以增加支出、活动多影响生产等理由持抵触情绪，使工会组建一度遭遇"瓶颈"。2009年，嘉善县总工会把台资企业工会组建实现全覆盖列为工作的重中之重，动员各镇、街道对照有关部门提供的企业名录，逐个进行摸底核对，深入调研，释疑解惑形成组建新合力，齐抓共管构筑起建会新平台。很快以"扩大覆盖面，增强凝聚力"，突破了台资企业工会组建的"瓶颈"制约，全年新增独立建制工会102家，新增覆盖企业92家，发展会员18187名，较好地实现了"在台资企业中建立工会，切实维护职工合法权益，促进企业和谐发展，达到劳资双方共赢"的既定目标。

工会干部千辛万苦、千言万语，靠诚信、服务感动台商，是扩大工会覆盖面的主要原因。嘉善县总工会瞄准工会组建率、职工入会率，专门编印了3000多份《非公企业组建工会宣传资料》，走到哪里分发到哪里，指导服务到哪里。如嘉善永泉纸业有限公司是一家只有40多人的台资企业，因人数较少，开始时企业主对成立工会组织并不积极，魏塘街道工会主席庄连荣连续8次登门进行沟通，每天一上班就打电话联系协商，终于感化了这家公司负责人。公司董事长洪清泉说："企业成立工会，对我们来说不是一件坏事，职工的劳动积极性提高了，企业的凝聚力相应增强了。今年我们企业将征地40亩，搬迁扩建增加企业规模。"

完善考核机制，增强责任意识，是扩大工会覆盖面的前提条件。嘉善县文明办把企业是否建立工会，作为非公企业创建文明单位考核条件；县委组织部把非公企业是否建立工会组织，作为评选非公企业"五好党组织"的考核内容；县委组织部和县总工会联合开展的"三级联创"活动，对示范镇工会考评、工会组建率实行一票否决制，使台资企业工会一经建立，就纳入了规范管理的范畴。如浙江嘉丰机电有限公司成立工会后，每月设立了工会主席接待日，帮助企业和员工协调解决工作上遇到的问题，至今未发生一起劳资纠纷案。针对职工提出的改善文化生活设施的建议，工会将职工的建议向管理层反映，公司陆续建造了员工洗衣房、咖啡厅、电脑房、健身房、图书室、康乐中心等，让1000多名员工在这里真正感受到了工作的快乐和家的温馨。

（2010年1月27日《浙江工人日报》作者：徐雪娟 钟迪良）

奖励创新 培训技能 和谐劳资

海盐工会为11万工人技术转型提供“组合营养餐”

海盐联合钢锯厂的徐明群，申请了国家曲线锯条行业标准的制定，并获得了全国工具五金标准化中心和全国工具五金标准化分技术委员会的批准，担任主要起草人。因为在行业中的突出贡献，徐明群经过工会推荐，成为今年浙江省“金锤奖”20名候选人之一，他目前的网络投票已超过50万票。县总工会负责人说，海盐全县11万工人，在由工会搭建的舞台上，不断展现自己的风采，已成为海盐经济转型升级的主力军。

工人高超的技能就是企业的生产力。因此，县总工会想出了一套“三位一体”的“组合营养餐”来提高工人的技能，其主要载体就是各种先进评比活动。连续两年开展的“工人先锋号”评选，激发了一线工人的创新创业热情，共评出56个县级“工人先锋号”；两年一届声势浩大的全县职工职业技能操作运动会，为工人交流技术提供了平台。运动会涉及海盐叉车、服装等支柱产业的重要工种，获奖选手分别由县劳动和社会保障局颁发中、高级技术等级证书并给予奖励，由县劳动竞赛委员会聘为“行业操作能手”。

海盐让评选出的职业技能带头人真正发挥作用，做好传、帮、带。为普通工人出书，这在海盐工会历史上还是第一次。泥水匠怎么自学成才，成为砌筑班的班长；酒店领班面对大笔现金毫不动心，想尽办法寻找失主……在《海盐县职业技能带头人风采录》一书中，一共记载了15名平凡工人的感人事迹。该书印刷了1000多册，发放到全县各企业，让工人学习身边的榜样。今年，工会还整合各种社会资源，充分发挥工会组织的网络优势，找准定位，加强示范性职业培训基地建设，全面实施工会“大学校”建设，为海盐企业转型升级培养“技术型工人”。

工会开展创建劳动关系和谐企业，调动了企业维护劳动关系和谐的积极性，改善了工人的工作和生活环境。海盐金源服饰有限公司考虑到夏天比较热，专门为每个宿舍配备了空调。员工当中有生病的，公司工会就会上门进行看望和慰问。没有发生一起劳动争议，这在服装企业简直是神话，但是浙江巴路漫服饰有限公司却做到了。

在全省“强保障、促和谐”经验交流推进会上，浙江巴路漫服饰有限公司还作经验介绍并获得省级先进集体称号。全县572家企业参与创建活动，共评出星级和谐企业39家，促进了劳动关系的和谐稳定。海盐县把职代会、工资集体协商、厂务公开、劳动保障、安全生产监督等工会各项工作统筹落实到企业中去,全县已有245家企业签订了集体合同,100家企业积极开展“强保障、促和谐”活动,有力地提升了职工生活后勤保障能力,使创建活动成为构建社会主义新型劳动关系的“响亮品牌”。

因为工会处处想着工人,时时关心工人,海盐县工会组织的覆盖面不断扩大。目前,全县基层工会组织共756家,110275名工人加入工会。同时,对各级村联合工会进行有针对性的指导和帮扶,确定27家村联合工会作为试点,以点带面推进。

工人有技能,企业很和谐,全县的工业经济也是渐入佳境。一季度,全县规模以上工业企业实现工业产值92.14亿元,较上年大幅增长31.6%,其中县内工业（剔除核电）实现产值72.78亿元,同比增长46.6%,比去年底1.6%的累计增幅增加45个百分点。

(2010年5月19日《浙江工人日报》作者;马晓燕)

《嘉兴日报》

平湖近九成非公企业已签工资集体协商合同

21万工人喜涨工资同比增10.4%

本报讯　昨天，平湖市日本电产(浙江)有限公司贵州籍职工文艳到书店买了一套价格不菲的日语工具书。担任这家公司制造部事务员的文艳说:“这个月公司提高了工人工资标准,我月工资涨了120元,收入高了,我要在学习上相应增加投入。”经过企业工会与企业行政高管的集体协商,今年初以来平湖市近九成非公企业的21.23万名工人享受到涨工资的实惠。

日本电产(浙江)有限公司是平湖市一家日商独资企业，拥有职工3900多人。近年公司利润空间有所缩小,职工工资水平增长缓慢,工人们对此很有意见,并向公司工会表达了加工资的迫切愿望。公司工会及职工代表与公司董事会经过几轮协商后，达成了一致意见：从7月份开始,工人每月基本工资增加70元，在无尘车间工作的工人每月工作补贴从50元增加到100元，工龄补贴从每满1年每月发5元增加到50元(满2年工龄每月补贴100元，依次类推)。公司工会主席、党总支书记徐威说,通过这次工改,职工工资总体水平涨了大约13%。公司董事兼总经理高桥优说:“这次加工资以后,虽然公司每个月要多支出四五十万元,但职工的工作积极性明显提高,企业更加和谐了。”

今年初以来，平湖市依靠工会力量，在非公企业中发起以签订集体合同、工资集体协商为主要内容的“要约行动”，加快建立职工工资与企业效益同步增长的机制。“日本电产”工人集体涨工资,是平湖市“要约行动”的一个典型事例。

同时,平湖市各级工会还积极推动“劳动关系和谐企业”创建活动,促进企业决策层主动调整职工收入分配方案,提高一线职工工资水平。平湖市华孚金瓶纺织有限公司出台了提高职工基本工资、工龄补贴、福利待遇等增资方案,提交公司职代会讨论通过后实施,700多名工人月工资水平提高了约11%。据平湖市总工会统计,目前该市已签订工资集体协商合同的非公有制企业达1971家,占全市应签约非公企业数的89%,涉及职工21.23万人,今年前7个月,这些签约企业在岗职工人均工资水平同比增长10.4%。

(2007年8月24日《嘉兴日报》作者:徐志良)

平湖15万农民工加入工会

已累计建工会2036家,
农民工入会率占85%以上

本报讯 四川籍员工张明发是浙江亚鑫制衣有限公司今年新招的农民工,在公司前天举行的集体入会仪式上,他与来自不同省份的35名同事一起,成为工会会员。拿着崭新的会员证,张明发兴奋地说:“我为自己成为会员感到光荣,也为自己有了‘新家’感到高兴。”昨天,平湖市总工会负责人告诉记者,截至目前,平湖市已累计建工会2036家,共发展会员22.59万人,其中农民工会员15.81万人,农民工入会率占总数的85%以上。

为确保农民工会员“流动不流失”,平湖市对流动会员实行“动态会籍管理”的办法,即:“一次入会、务工通用、持证流动、进出登记”的会籍管理制度。在建筑企业建立“公司、分公司、项目部”小三级工会网络,以及“建筑劳务承包企业准入制”,尤其是作出“凡是提供临时用工的劳务公司必须建立工会,并将用工时间在3个月以上的农民工吸收入会后,方可将施工队伍带进平湖的建筑项目中”的规定,从源头上解决了农民工入会的准入问题。平湖市总工会负责人说,该市针对农民工流动性强、人员分散的特点,把农民工作为工会组建的重点对象,探索建立社区工会、村(社区)联合工会、工程项目部工会、商贸市场工会、个体工商户工会、区域性行业性工会等新形式,为农民工入会扫除了障碍。

“农民工加入了工会,以主人翁姿态与企业共进退,有力地促进了企业的发展。”平湖市总工会负责人说,许多企业工会在足额发放工资、安全生产、改善住宿等方面,既为农民工营造了安全、健康的工作生活环境,又为企业持续发展注入了强劲动力。嘉兴蒙士特服饰有限公司去年投资1500万元,建造3幢农民工“公寓楼”及“夫妻房”,并为农民工提供免费餐等。而浙江伴宇集团、得盛制衣等工会还专门为农民工建造浴室。据不完全统计,该市已有400余家企业建造了外来员工公寓51万多平方米,入住员工达到12万人,占外来员工总数的80%以上。

(2008年10月21日《嘉兴日报》作者:徐志良、陶克强)

4000多家企业与员工“协商共约”

双方结成利益共同体,
共同承诺:有福同享、有难同当

本报讯　昨天,假日期间坚守岗位的“加西贝拉”员工接到了公司总部的喜讯:由于公司第一季度月产量、销售量和利润均创历史新高,员工薪资在去年人均增加160元的基础上,根据“协商共约”的条款,5月起将再度加薪。

同一天,浙江正原电气有限公司工会主席陈振德也向员工宣布了一条好消息:4月公司的生产经营情况继续好转,5月接到了1200万元订单,接近正常水平。公司董事长尤源在“协商共约”中的承诺将得到全部兑现。

企业发展了,不折不扣履行约定与员工共享;企业有难时,和员工携手共渡难关。市政协副主席、市总工会主席邵建华表示,目前,我市已有4000多家企业与“加西贝拉”和“正原电气”一样,通过“协商共约”让企业与员工结成利益共同体。规模之大、范围之广走在全省前列。

“协商共约”是在贯彻实施《劳动合同法》的基础上,由企业和员工根据生产经营情况,对双方权利和义务的共同约定。目前,从全市范围来看,约定的内容主要有两个方面:对企业来说,在发展比较好的情况下,给予员工怎样的利益,做好员工的职业生涯发展规划;遇到困难时,又怎样确保员工的岗位和工资。对员工来说,如何做到爱厂如家,提高对企业的忠诚度。

2008年11月,受国际金融危机的波及,“正原电气”遇到了前所未有的困难,订单下滑50%。在特殊的时期,企业和员工通过协商,订立“共患难”盟约:“对于普通员工,企业保证不裁员、不减薪。”企业在困难的时候想着员工,员工也心系企业。该公司高管主动提出,在生产业务未回升期间降薪30%至50%,中层干部减薪20%,其余管理人员减薪10%。看到员工主动请缨,尤源动情地说:“只要形势好,减薪马上取消,今后形势好转后给大家补上,就算企业借你们的。”

(2009年5月3日《嘉兴日报》作者:应丽斋　郑炜君　高　峰　盛锡林)

《海宁日报》

宁供电开创全省技术人才培训新模式

“全国优秀技能选手”开工作室育新人

本报讯　3月10日,“全国优秀技能选手”陈新益正领着9名大学生开展低压线路架线场地培训,他一边讲解一边自己开始动手示范,“穿钢丝绳绳套就是越紧越结实,越紧越好看。”

这是“陈新益工作室”的培训一景。今年，市供电局为这名嘉兴第一个获得行业“全国优秀技能选手”、去年还被评上“嘉兴市劳动模范”的线路工，成立了以个人名字命名的工作室。这开创了浙江供电系统技术人才培训的新模式。

25岁的大学生沈铭，毕业于南京工程学院线路专业本科，他和其他8名去年刚参加工作的大专生一起，成了工作室的首批学员。他们将接受三个月的模拟训练、六个月的实战演练，以及理论学习、理论考试、线路架设考核等，一年后从工作室毕业走上线路架设一线。

“有些东西我在学校也学过，但跟陈师傅学很不一样，操作方面他讲得特别细，比如终端杆怎样架设、最难的紧线杆怎么施工，我们做错了他就重新讲、重新示范。刚开始我攀上电线杆心有点发虚，现在踏实多了。”这名来自南通的小伙子说。

46岁的陈新益1980年参加工作当一名线路工，已有29年工作经验。曾多次获得嘉兴市、浙江省配电线路技术比武第一名。2007年代表浙江参赛全国电力行业配电线路工技能竞赛，在拉线制作单项比赛中获得91分最高分，获得“全国优秀技能选手”。

陈新益说，“架线工看看简单，其实你在高空施工还是很不一样，又要安全、又要质量、又要速度。像维修线路，少停一分钟电就是效益，所以技术必须过关。”

说完，他又对在一排10千伏模拟电线杆上固定耐张线匣的学员喊话了，“线路看好，太外面了绕不过去，”“终端线不用剪断，下次还能拉过去，训练不要浪费！”

“其实我只是个工人，又不是设计师、艺术家，起初觉得成立一个个人工作室太张扬了。但想想以前线路工都是师傅带徒弟的模式，一个师傅带一个徒，培训也不系统。如果能在带技术工人方面有所贡献，我还是蛮欣慰的。”陈新益说。

市供电局局长周之鸣告诉记者，今年是电网建设的大投资年，总投资超13亿元，创下历年投资规模之最。现有的90名线路工人不够使用，“劳模工作室”将为输送最优秀的线路职工提供保障。

（2009年3月11日 《海宁日报》 作者 袁亮华）

《嘉兴工人报》

南湖儿女缅怀毛主席

——嘉兴市“天声杯”畅游南湖活动侧记

1993年7月17日下午。

嘉兴人民引以自豪的革命圣地——南湖，刚刚庆祝过中国共产党72周年生日，今天又是彩旗招展，乐声悠扬，热闹非凡。“纪念毛泽东同志诞生100周年”“纪念毛泽东同志畅游长江27周年”“缅怀毛泽东同志的丰功伟绩，坚持发展毛泽东思想”的巨幅标语隔湖张挂，遥遥相对。炽热的夏日，照得湖面波光闪闪,给秀逸清丽的南湖更添几分意趣,几多美感。

1966年7月16日,73岁高龄的毛泽东同志又一次横渡长江,历时75分钟,游程30里,“不管风吹浪打,胜似闲庭信步”,这在全世界政治首脑中也是前所未有的,它表现了一个共产党人的大无畏气魄和他老人家那过人的体力,志在千里的雄心,举世为之瞻目。弹指一挥间,27年过去了,中国已大大变了样。今天,在改革开放大潮中开拓进取的南湖儿女,意气风发,精神昂扬,以畅游南湖来缅怀毛主席,拉开了全市人民纪念毛泽东同志诞辰100周年活动的序幕。

“天声杯畅游南湖活动”,是市委组织部、宣传部、市总工会、市体委和天声家电销售公司五家联办的。一个月前消息一经传出,立即得到市本级各界,特别是广大干部、职工的热烈响应,参加者十分踊跃,人数一再突破限额,甚至在16日下午,一切组织工作就绪之后,还有不少单位和个人要求参加,12个系统和单位总计有近一千人,是最近几年来,我市规模最大、人数最多、影响最广的一次群众性纪念活动。一位青年工人说,我家世住湖边,从小在南湖里游泳,但这次意义不同,心里好激动。参加活动的一千颗心无不都在激动啊。

参加这次畅游活动的有工人、技术人员、医师、护士、机关干部、营业员、市级机关部、局的领导,企业党委书记、厂长、经理、工会主席。市卫生局茅、詹两位局长不仅亲自领队,还带头下水,55岁的茅局长,两鬓斑白,精神抖擞,他原来要参加在桐乡召开的省地防病主任会议,特地请了假赶来参加这个活动。肉联厂党委项书记也是有点年纪的人了,他说:“毛主席那么大的年纪还要横渡长江么,这种精神真是了不起。”顿了顿,他又说:“像这样有深远政治意义的群众性活动,已经长久不搞了,这次活动职工兴趣很高,单我们厂就有22人参加。”

市委副书记丁师尹,市委常委、组织部长张汉臣,市委常委、秘书长徐良骥,副市长范巴陵等市领导冒着酷暑,兴致勃勃地参加了今天的活动。

3点30分,由市总工会主席谭春晓主持开幕式,丁师尹同志作简短讲话后横渡开始了。

以城建为先导,市级机关、交通、财贸、卫生、天声、物资、轻工、丝绸、二轻、化建、冶金12个队的600多名男女健儿依次下水。顿时,湖南蔚成大观,12幅水上标语牌逐浪缓缓前进,数百只五彩缤纷的氢气球,宛如一朵朵花蕾在碧波上绽放,在湖面起伏飘移,壮丽极了。

《敬爱的毛主席》乐曲声随风荡漾在湖面上,使人感到那么的亲切、温情、舒畅。

3点45分,蓦地刮起阵风,下起一阵阵雨,平静的湖面掀起了波涛,数百健儿迎着风浪,“一、二、三加油,一、二、三加油”破浪前进,高潮迭起。

交通艇来回穿梭,南湖渡口人头攒动,湖上的加油声,岸上的欢呼声汇成一曲雄伟壮丽的交响曲。同时,救生艇缓缓随队护航。

历时30分钟,畅游活动圆满结束。

这次活动的资助单位天声家电销售公司的经理汝才良,早早等待在烟雨楼大门石阶上,翘首眺望,逢人就问"天声队过来了吗"?焦急之情溢于言表。天声队是这次活动12个队伍中人数最多的一队,又是主办单位之一,汝才良的心比谁都热。

参加这次活动的游泳员、工作人员和来宾一律身穿印有"天声杯"字样的白汗衫,烟雨楼前好像一大群白蝴蝶在翩翩起舞。有人风趣地说,白汗衫成了今天最流行的时装,爱时髦的年青人都为拥有这件汗衫为荣,连老人也不例外,几位管理自行车的老工人宁可不要报酬,而要件汗衫留作珍贵的纪念。

城建队的一位女队员,是首先到达终点者之一,当她离终点十多米时,兴奋得举起右手表示胜利在望时,岸上的救生员误解她在求援,立即纵身跳下去救援,这个女队员急得连连摇手,又被岸上的人误解了,抛下救生圈大声唤"拿住,拿住!"她挥手把救生圈推开,奋力一冲,人已到了岸边,电台的记者马上对她进行现场采访。

有几个队员上岸后,一时解不开腰背上氢气球的绳子,丁师尹、徐良骥、范巴陵见状赶快过去帮助他(她)们解开,气球脱手升空,他(她)们乐得相视大笑。

许多游泳员上岸之后,先不更衣,直奔南湖革命纪念馆前,穿着泳装,水淋淋的摄影留念。他们觉得今天的摄影更有意义,要留作永远的纪念。各系统的摄影员忙得满头大汗,不亦乐乎。

整个活动结束后,徐良骥握着谭春晓的手关切的问:"回来报到一个不少吧!"

"一个不少。"谭春晓高兴地说"这次活动群众很高兴,情绪很高,安全圆满完成了。"

徐良骥频频点头道:"成功的,成功的。"

在写完这篇侧记后,笔者不禁吟起毛主席著名的诗篇《水调歌头》,"一桥飞架南北"早已实现,"截断巫山云雨"也为期不远了。毛泽东同志为中国革命和中国人民建立了不朽功勋,全国人民永远缅怀他。邓小平同志创立了建设有中国特色社会主义的理论,是指引我们实现新的历史任务的强大思想武器。我们要在以江泽民同志为核心的党中央领导下,全面坚持党的基本路线,抓住机遇,开拓奋进,为振兴嘉兴经济做出自己的贡献。

(作者:于一　载于《嘉兴工人报》1993年7月29日)

一份情况反映所引起的……

新春佳节,万家欢乐,辞旧迎新。可在嘉兴,人们却争相谈论着一个热门话题——扶贫解困,从市长到有关部门,从各级工会到企业,新闻媒介,也都在忙碌着同一桩事——扶贫解困。

而这些都是由一份情况反映所引起的。

情况反映的由来

春节临近,嘉兴市总工会的干部们又忙碌起来,他们心里惦记着职工群众,尤其牵挂那些生活有困难的职工,该在节日为他们送去一份温暖。

一连10多天,嘉兴市总工会以及所属县(市、区)工会的上百名工会干部,奔走于各厂矿企业和退休职工家庭,调查摸底,访贫问苦。虽然生活贫困的职工年年都有,可今年当有关情况统计汇总后,他们委实被震惊了,全市还有1100多名职工家庭人均月生活费低于75元,生活十分困难,所见所闻更令人震惊得心都颤栗。嘉兴饮服联营公司91岁的退休职工马桂喜,100多元退休工资抚养着83岁的老伴和66岁的双目失明的女儿,生活极度困难。马桂喜多年不尝荤腥了,十分嘴馋,可家里的钱只够买几条"猫鱼",却又因他牙齿不便难以入口,一定要让这些贫困职工过个好年!各级工会都积极行动起来,光嘉兴市总工会就拿出3万元钱,为他们送去补助、年货和温暖。然而,光靠工会毕竟力量有限,应该依靠政府,依靠社会的力量,大家都来帮一把,众人拾柴火焰高,才能真正解决贫困职工的生活困难。可是,这似乎有给大好形势抹黑之嫌,不少人都颇有些犹豫。但更多的工会干部则理直气壮地挺起了胸膛。应当承认去年在改革开放的新形势下,嘉兴经济建设成就辉煌,光工业总产值就比上年增长了51.6%,职工经济收入和生活水平也有了较大幅度的提高,但部分企业生产不景气,影响了职工及退休职工的经济收入,加上负担重,疾病等多种原因,使一些职工难以温饱也是事实,作为桥梁和纽带的工会组织应当实事求是地向政府和社会如实反映职工的实际境况,身为工会干部更应当责无旁贷地为职工说话办事。少数贫困职工的生活问题不仅是经济问题,也事关社会安定和改革大业。于是,1月31日,一份由嘉兴市总工会印发的《情况反映》,送到了市政府及有关部门领导的面前,真实地反映了部分职工生活贫困的状况、原因及改善建议,市长立即被震惊了,不但马上作了有关批示,而且立即召集市总工会等有关部门布置落实有关救济、补助措施。

市长泪洒除夕夜

除夕夜,本该是合家团圆时,可是被那份《情况反映》所震惊的嘉兴市市长杜云昌心里仍牵挂着贫困职工,放心不下。虽然有关救济物资已经下发,可他们的情形到底如何?他和副市长范巴陵相邀,与市工会主席等一起,专程前去访贫问苦。

在环城西路,他们走进了市内河航运公司职工沈顺兴的家,其生活境况的确贫寒,45岁的沈顺兴上有老母,下有幼子,妻子离他而去,一家3口,祖孙3代挤在仅12平方米的平房里,家徒四壁,去年7月,沈顺兴身患肝炎,病休在家,每月100多元的病假工资艰难地支撑全家的生活。

他们来到中基路、嘉兴棉纺织厂退

休职工王阿弟的家时，还未进门，心先颤抖起来，这是一间在老式民房过道边用竹帘搭建起来的破屋，黑古隆冬的10多平方米，半支残烛在寒风中摇曳，71岁的王阿弟身患肺气肿、支气管扩张咯血、胃出血等多种疾病，与双目失明的妻子相依为命，他每月仅有115元退休工资，还得扣除50元的医药费，吃用开销包括房租全在这剩下的65元中开销。

两位市长用颤抖的手打开破碗橱，呈现在眼前是几只油豆腐和两片吃剩的鱼，还有8只生鸡蛋，那还是好心的侄儿送的，老人舍不得吃，这就是两位老人的年夜饭。杜云昌不由鼻子一酸，潸然泪下，女副市长范巴陵更是声音哽咽，泪水簌簌滴落，而此时外面却正是爆竹声声，笑语阵阵。

就是这样的人却仍为市长们除夕夜光顾他家感动得热泪盈眶，连声道："要在旧社会他或许早不在人世间了。"杜市长反复询问他有什么要求时，老人也只嗫嚅着："这小破屋一下雨就漏，能不能修一修，还想接上电灯……。"

泪水怎能不又一次涌上人的眼眶？"我们来晚了"的负疚和羞愧也同时震住了大家的心，要是能早上三、五天，至少也可以让他们把年过得像样一点。

访贫归来，已是夜半，嘉兴城乡沉浸在一片欢腾和喜气中，可市长的心里如灌了铅般沉重，辗转反侧在床上，彻夜未眠，杜云昌市长特意关照随行采访的记者："不必有任何顾虑，不用作任何粉饰，要把真实情况原原本本地反映给全社会。贫困户尽管为数不多，可就在我的身边，须扶贫解困。"并且斩钉截铁地说："扶贫解困不但要作为政府的一件事来办，一定要办出眉目来，而且还要依靠全社会的力量，送"恒温"，送"高温"，"今年至少解决40户特困户。"

众人拾柴火焰高

大年初一，市长除夕夜访贫困职工的情形通过电视屏幕迅速传遍嘉兴，几乎整个嘉兴都被震惊了，人们议论纷纷，同时也迅速行动起来。嘉兴电视台的记者亲眼目睹了贫困职工的境况，感触很深，率先行动.大年初三宣布将特困职工王阿弟列为"编外职工"，每月发给100元补助，并立即登门送去头一个月的补助以及一份苹果、橘子等发给职工的年货。大年初四，电力局给王阿弟接上了电灯，一个"帮一户家庭，献一份真情"的活动在市区迅速展开。

2月16日，大部份企业和单位节后上班的第二天，人们便纷纷涌向嘉兴电视台和市总工会、民政局等部门联系，寻找对象结对帮穷，送上恒温、高温。去年人均创税利名列全市第一的富兴服装有限公司总经理沈光良充满感情地说："在嘉兴市区竟还有如此贫困的家庭，确实令人震惊，我们有责任，有义务帮助他们扶贫解困，就把最困难两户交给我们。"

嘉兴市邮电局党委书记章江昌说："我们嘉兴人从来都是充满爱心，不但支援过安徽水灾，大兴安岭火灾，而且救助过外地民工，对我们身边的贫困户便更加责无旁贷。我们也帮两户。"

嘉兴航空箱包总厂厂长徐福伟说:“前几年我们也是个小穷亏企业,部份职工生活困难,现在我们企业发展了,生活改善了,我们有责任出手来帮这些贫困户一把。”

企业纷纷慷慨解囊,机关部门也不甘落后,市政府办公室的同志说:“我们没有经济来源,但每个月的废报纸卖了,也有百十来元,就用它来贴一户吧!”市委宣传部帮助订有关内部刊物,每月都有100多元的劳务费收入,过去都花在开茶话会上了,他们说:“从今后茶话会一切从简,省下来也能补一家无米之炊。”

到2月17日,嘉兴市区已有34家最困难户被竞相揽去,基本生活温饱有了着落。今年47岁的残疾人朱自宁双目失明,上有年迈的父母,下有幼女,除了妻子每月100多元的收入外生活靠弟弟接济,他做梦都未曾想到今天忽然成了嘉兴民政工业供销公司的“编外职工”,总经理凌晨亲自登门给他送来了头一个月150元生活补助,顿时热泪盈眶,哽咽着说不出来话。

47岁的嘉兴内河航运公司职工戚光祖,上有79岁的老母,下有10岁的幼子,全凭每月不足200元的收入支撑生活,去年又住院手术,花去医药费5200多元,今天他成了富兴公司的“编外职工”!总经理沈光良不但送来了钱,还亲自把公司生产的真丝棉茄克穿到他身上,他唯有一迭迭地感谢党和政府。

众人拾柴火焰高,春风终于拂遍了这些被人遗忘的角落。

贫困职工的暂时困难已经解决,但怎样才能真正解决问题呢?嘉兴市总工会仍在积极探索,筹划建立一项救急救难基金,使扶贫解困逐步真正成为社会系统工程。

(作者:张晓平　载于《嘉兴工人报》1994年2月24日)

第四章 其他文献资料

嘉兴市城市住房合作社章程

第一章 总 则

第一条:根据国务院房改领导小组、建设部、国家税务局[1992]建房字第67号颁发的《城镇住宅合作社管理办法》和《嘉兴市区住房制度改革实施方案》,为改革现行的住房制度,特制订本章程。

第二条:本社以鼓励市区职工、居民投资合作建造住房,自力更生解决住房困难,改善居住条件,多种形式发展房地产业;以单位为团体社员和职工、居民为个人社员,自愿组织起来,不是以盈利为主的合作经济组织,具有独立法人资格。

第三条:本社的主要任务是:发展社员、组织本社社员合作建造住房,负责社内房屋的建设、租赁、经营、管理、维修、服务;兴办有益于合作建房事业和为居住生活服务的第三产业。

第四条:本社以自愿参加、社员集资、政府扶持、单位补助、民主管理、自我服务为原则,经济上独立核算,自负盈亏。

第二章 合作社的任务

第五条:根据统一规划、因地制宜、综合开发、配套建设的原则,组织合作建房,为社员提供经济实用的商品住房,并做好售后服务、管理,为社员提供居住方便。

第六条:争取政府各部门对合作建房支持和扶持,每年度及时向计划主管部门申请建房计划,用地指标,申请低息贷款,吸收社员资金,以实现年度的合作住宅建设计划。

第七条:及时检查合作建房的工程进度,施工质量;平衡建设资金;编造住房分配方案;财务预算、决算,定期向董事会汇报工作,接受社员的监督。

第八条:发展合作建房事业,加强横向联系,沟通信息,积极争取社会各界各方面对合作建房的支持和援助。

第三章 社 员

第九条:市区无购房建房能力的企事业单位,住房困难户、危房户及中、低收入家庭要求改善住房条件的住户,自愿申请,承认社章,交纳合作建房基金者,经管委会审核,董事长批准,均可成为本社团体社员和个人社员。

第十条:社员的权利:有优先分配或购买合作住房的权利;对社员拥有部分产权和完全产权的合作住房,合作社依法予以保护。社员有选举权和被选举权,有对本社工作监督、批评和建议的权利。

第十一条:社员的义务:按规定交纳合作建房基金、租金和管理费用的义务;遵守本社章程,执行董事会决议及合作社经营各项细则,维护本社利益。

第十二条:社员入社自愿,退社自由。但退社要提出书面报告,经管委会讨论,董事长批准后有效,社员退社时,已签订的购(建)房合同停止执行,并须承担一定的经济责任。已购(建)的合作住房,合作社有优先购买权或租用权。

第四章　资金和住房分配

第十三条:个人参加本社,除交纳入社费500-1000元外,先应参加住房储蓄或交纳合作建房基金。当储蓄和交纳的基金达到房价的15%以后,可取得合作建(购)房资格。当个人社员交款(含入社费和住房储蓄利息)达到房价的50%时,合作社管委会可和社员签订住房合同,商定房屋交付使用的日期、面积、层次。当住房主体工程基本竣工时,社员应交足90%的建房款,余款在房屋交付使用时一次付清。

第十四条:企事业单位的团体社员入社应预交合作建房基金20000-50000元,今后可抵作购房款。以后,按申请合作建房的数量分期缴交合作建房基金,住房开工时预交50%,余款按工程进度交付。按实际交纳合作建房基金,分配相应的住房。合作建造的住房分配给个人时,同样应按《嘉兴市区住房制度改革实施方案》实行先卖后租或有偿分配,在同等条件下,住房困难户可优先购买和租用。

第十五条:合作住房出售给个人和单位收取不高于实际投资额3-5%的管理费,不再收取利润和其他费用。

第十六条:本社董事会成员,为当然团体社员,并以股金形式向合作社入股,作为合作社基金,参与经营分配。

第十七条:本社合作建房资金,除依靠团体和个人社员筹集,争取银行贷款外,还可兴办与合作建房有关的第三产业以积累资金,降低住房造价,减轻单位和个人的购房负担。

第五章　管理机构

第十八条:由总工会、体改办、房改办、经委、建委、土地管理局、工商银行、建设银行等八个单位十一名董事组成董事会,为合作社领导机构,挂靠市总工会。董事会设董事长一人、副董事长二人。董事长为法人代表。

第十九条:董事会职责:

1. 研究决定投资开发、合作建房的重大决策和合作社年度方针目标;

2. 协调疏通市有关部门对合作建房的优惠政策和扶持措施的落实执行;

3. 研究任命住房合作社社长、住房合作社经营部经理;

4. 审核批准住房合作社年度工作报告和财务预决算报告。

第二十条:合作社管委会受董事会委托负责本社日常工作,管委会主任由合作社社长担任。

第二十一条 管委会职责：

1. 执行社章和政府有关部门关于建房的规定；

2. 落实合作建房的优惠政策和措施，向董事会或社员单位、社员代表汇报工作；

3. 管理合作住房的建设、分配、租赁、经营、维修。用好合作建房的资金，提高资金的社会效益和经济效益；

4. 办理社员入社、退社事宜。

第六章 合作住房的管理

第二十二条：本社兴建的合作住房，享受政府优惠，以解决职工住房困难为目的，社员购(建)的住房参照房改有关政策处理。并按房地产行政管理部门的规定，办理房屋产权登记，发给房屋所有权证。

第二十三条：团体社员购(建)的住房可以由单位自行管理，也可委托合作社管理，租金收入用于合作住房公共部位、公用设施的维修养护，室内部分维修。

第二十四条：本章程在实施过程中如需充实完善，由管委会提出建议，提请董事会讨论修正。

浙江菲利普集团公司集体合同

本合同由浙江菲利普集团公司(含紧密型合营企业—浙江菲利普自行车有限公司、浙江菲利普助动车有限公司，以下简称公司)与浙江菲利普集团公司工会(以下简称工会)代表全体职工签订。

第一章 总 则

第一条 本合同根据《中华人民共和国劳动法》、《中华人民共和国工会法》、《中华人民共和国中外合资经营企业工会条例》以及中华人民共和国政府发布的有关集体合同规定、劳动管理、劳动保险、劳动保护的法律、法规签订，用以明确和调整双方合作共事的责任、权利和义务的关系。

第二条 本合同遵循依法办事、平等合作、协商一致、权利与义务统一和兼顾国家、公司、职工三方利益的原则签订。

第三条 本合同是双方促进公司发展和公司在生产经营管理活动中必须遵守的共同准则。

第四条 公司尊重工会依法维护和代表职工利益的权利，公司研究决定有关工资、福利、奖惩、教育培训、安全生产、劳动保护、劳动保险等涉及职工切身利益的问题时，应听取工会意见，取得工会合作与支持。

双方在有关法律、法规范围内执行不低于国家或地方政府有关职工就业、劳动报酬、劳动保险、劳动保护、生活福利、退休养老和各种节假日等方面的规定，并努力提供尽可能高的水平和标准。

第五条 本合同草案应经职工代表会讨论通过。

第六条 公司的主要责任和义务

(一)遵守中华人民共和国法律、法规,维护企业和职工的合法权益。

(二) 认真履行集体合同和劳动合同规定的各项义务,在提高劳动生产率和经济效益的前提下,提高职工的工资福利待遇。

(三)依据《劳动法》、《企业法》等有关法律法规,清理、整顿公司的规章制度和劳动标准,建立、健全必要的规章制度,改善和加强企业管理。

(四) 公司尊重和保证工会在企业的合法地位,保证工会独立自主地行使权利义务。工会主席或副主席在任职期间,不随意调动其工作。

公司按每月全部职工工资总额的2%向工会拨交工会经费。

第七条 工会的主要责任和义务

(一) 工会协助公司教育职工树立爱国主义思想,培养良好的职业道德和社会公德,遵守国家法律、法规和公司规章制度,履行劳动合同,努力完成公司的生产和工作任务。

(二) 工会支持公司的生产经营和管理,维护公司的合法权益,促进公司的发展。

(三) 工会依法维护职工的民主权利和物质利益, 代表职工签订集体合同,参加个人劳动合同文本的制订和修订,并监督个人劳动合同的履行,参加调解职工和公司之间发生的劳动争议。

(四) 公司研究决定企业的发展规划、生产经营活动等重大事项时,应有工会的代表列席会议,反映职工的意见和要求。

工会主席或其授权的代表,依法列席公司董事会议或行政办公会议。

第二章 劳动合同

第八条 公司根据生产经营情况,本着择优录用的原则,有权招聘职工。

第九条 本公司用工实行全员劳动合同制,劳动合同的标准文本由公司提供,公司制定和修改合同文本时应听取工会意见。

第十条 公司与职工订立劳动合同应当遵循平等自愿、协商一致的原则,一般分5年期限和10年期限。具体方法如下:

(一) 普通职工一次签订合同期限为5年。

(二) 班组长以上骨干和年满20年以上工龄的职工一次签订合同期限为10年。

(三) 工作表现较差或受到公司各类行政处分的职工,签订1–2年期限的合同。

第十一条 新招聘的员工其劳动合同须在上岗之前订立;已与公司形成事实劳动关系的,应当在本合同签订之日起30日内补签劳动合同。

第十二条 工会和公司应指导职工明确履行合同的权利、义务和违约责任及其处理的有关规定,工会负责监督劳动合同执行情况。

第十三条 公司建立企业劳动争议调解委员会,职工因履行劳动合同而与公司发生劳动争议,首先由劳动争议调解委员会调解,不愿调解或调解不成的,当事人一方要求仲裁的可以向市劳动争议仲裁委员会申请仲裁。

第十四条 因生产经营条件变化,公司大规模变更职工的生产工作或退岗、裁员时,须征求工会意见。

第十五条 公司与职工双方同意在合同期满后延续劳动关系的,应当在履行期满前30日内依法续签劳动合同。

第十六条 劳动合同期限届满或双方约定终止合同时,合同即行终止;女职工在孕期、产期、哺乳期内劳动合同到期的,应延续劳动合同,到三期满为止。(注:此处《嘉兴工人报》登载时缺字,市档案局无存档)公司将根据其工作年限和国家规定的标准发给补偿金。

第十七条 集体合同职工一方代表小组人员在合同期内自担任代表之日起五年以内除个人严重过失外,企业不得与其解除劳动合同。

第十八条 合同期末满职工要求调离或者解除劳动合同的,应按国家和企业有关规定及合同协定退回或赔偿有关费用后方可解约;擅自离职的,应按厂纪厂规处理,并赔偿公司的经济损失。

第三章 工作时间和休息休假

第十九条 公司实行每日工作8小时,每周工作40小时的工时制度。

第二十条 公司因生产经营所需延长工作时间或公休和节假日加班时(下称加班加点),须符合法定的条件和标准,并依下列要求处理相关事宜:

(一)公司须严格控制加班加点,确因生产经营需要加班加点须按《劳动法》的有关规定执行。

(二)依法向职工支付加班加点工资报酬。加班加点工资报酬支付办法,按《劳动法》规定执行。

(三)符合法定要求的加班加点,职工应顾全公司整体利益积极参加,如确有特殊情况不能参加的,须办理请假手续,并不享受加班工资和相应的奖励工资。

第二十一条 公司根据市场变化和生产计划临时按排调整休假时间时,不属加班加点,职工必须出勤。

第二十二条 公司依法保障职工的各类休假。公司根据职工的工作年限,依法实行职工带薪年休假制度。具体办法,由公司与工会另行商定。

第四章 工 资

第二十三条 公司实行的工资、奖金分配方案,应当充分体现按劳分配的原则,并征求工会意见。

第二十四条 根据本地区物价指数和企业效益等情况,在条件允许的情况下,公司每年给职工增加一定幅度的工资。企业职工增资方案,应征求工会代表的意见。

第二十五条 公司在劳动生产率和经济效益增长的前提下,职工人均年工资性收入稳步增长。

第二十六条 公司实行政府规定的最低工资标准制度,对生活困难职工实行补助,具体办法由工会会同公司制订。

第五章 劳动安全卫生

第二十七条 公司执行政府有关

劳动保护的规定,负责加强和改善劳动技术和工业卫生、劳动防护及特殊工种和女职工的特殊保护工作。

工会支持公司劳动保护管理,配合公司检查监督劳动保护情况,有危及职工生命及严重影响职工健康的劳动环境时,工会可以要求公司及时采取措施解决。

第二十八条　公司依照国家规定在进行新建、扩建、改建厂房和技术改造工程时,对劳动条件和安全卫生设施必须实行“三同时”(同时设计、同时施工、同时投产),工会有权对此提出意见和进行监督检查。

第二十九条　公司按不同工种岗位的实际需要,保证配给相应的劳动防护用品,向从事有毒有害工作的职工发放营养补助费和定期进行专项体检及每二年一次女职工身体健康普查工作。

每年冬季、夏暑季节为了完成生产任务和保障职工身体健康,公司负责采取防寒保暖和防暑降温措施。

第三十条　公司不断改进职工食堂的环境卫生,加强对食品卫生的监督、检查,对就餐人员和食堂工作人员进行每年一次的肝功能检查,并采取一定措施,防止疾病传播。

第三十一条　发生职工因工伤亡事故或其它危及职工劳动安全的重大事故,公司应及时通知工会,工会配合公司参与事故调查和处理。

第六章　保险与福利

第三十二条　公司按国家规定向有关部门办理其全部在册职工的社会养老保险、家庭财产保险和独生子女保险,支付职工劳动保险费用,并努力扩大保险险种。

第三十三条　职工因工负伤、因工致残、因工死亡及死亡之后的丧葬费、抚恤费,以及因患职业病在治疗、疗养、残废、死亡时所发生的符合规定的费用由公司支付。职工患病,非因公负伤的医疗费用,按国家有关规定执行,公司制定此类规定细则时应听取工会意见。

第三十四条　职工的婚假、丧假、探亲假等按国家的有关工资福利规定执行。

第三十五条　经公司同意,职工自费参加各类培训、学习等活动,占用生产或工作时间,其工资照发,福利待遇不变。

第三十六条　在条件许可的情况下公司为职工提供一餐免费工作餐,其伙食标准视物价情况而作修整。工会要协助有关部门,加强对食堂的管理、检查、督促工作。

第三十七条　公司按照职工总数3%—5%的比例,每年安排一次职工境内或境外疗休养。具体由工会负责疗休养的组织工作。

第三十八条　公司按规定每月提取职工工资总额14%的福利费用和每年从税后利润中提取不低于5%的福利奖励基金,用于职工集体福利和奖励,其中用于福利的部份由工会协助公司合理安排使用。

第三十九条　职工的家属劳保按

国家有关规定执行。

第四十条 根据公司实际情况逐步改善职工的文化娱乐设施、医疗、幼托、浴室、住房等条件。

第四十一条 公司将不断改善职工上下班的交通条件，适时为职工提供优惠价自行车。

第七章 教育与培训

第四十二条 公司根据有关规定按期提取职工工资总额1.5%的教育经费，专款专用.帮助职工获得和提高文化专业知识。

公司教育管理机构负责职工岗前、岗中及转岗的教育及培训。

第四十三条 工会组织或协助公司开展对职工的职业道德、科学、技术、业务知识教育，鼓励职工自学成才，不断提高职工队伍素质。

第四十四条 公司根据国家有关规定和要求，搞好专业人员的职称评定工作。

第八章 纪律与奖惩

第四十五条 公司依据企业内部《安全文明生产、劳动纪律管理条例》、《治安、劳动纪律管理补充规定》等规章制度，对职工的工作作出评价，对成绩优异者给予荣誉和奖励，对违反劳动纪律和其它规章制度者给予批评和惩处。

第四十六条 职工应严格遵守公司的规章制度，公司对违反规定造成一定后果的职工可分别情况，给予批评教育、相应的行政处分或开具辞退警告书，可配以适当的罚款或经济赔偿；情节严重的，可以开除或辞退。

对职工进行行政处分时，须征求工会意见，听取被处分职工本人的申辩，由公司作出决定。

开除、除名或辞退职工，事先应经工会参加处理文件会签。工会认为不合理的有权提出异议，与公司协商解决。

第九章 合作与联系

第四十七条 双方为促进公司发展和维护公司与职工的利益，保证实行密切而有效的合作。

公司应与工会代表每半年举行一次联席会议，就公司的发展规划、生产经营及职工奖惩、工资制度、生活福利、劳动保护、劳动保险等有关职工切身利益的问题及合同的履行进行磋商，必要时可随时约见对方。

双方遵守联席会议所做出的决定。

第四十八条 公司支持工会开展活动，并提供必要的条件。工会开展活动应在生产、工作时间以外进行，如有必要需占用生产、工作时间活动的，应事先征得公司同意。在条件许可的情况下，公司应给予支持。

第十章 监督检查和争议的解决

第四十九条 为了保证全面履行本合同，应在本合同签订后7日内，双方联合成立集体合同监督检查小组，其成员由工会代表、公司代表根据人数对等的原则组成。本合同每年检查一次，检查结果以书面报告形式提交签约双方,双方应认真研究和处理检查结果。

第五十条　双方因履行本合同而发生争议,首先由争议双方协商解决,协商不能解决的可以向市劳动争议仲裁委员会申请仲裁;对仲裁不服的可以自收到仲裁裁决书之日起十五日内向人民法院提起诉讼。

第十一章　期限与变更

第五十一条　本合同有效期为3年。

第五十二条　合同期内其中一方认为有必要修改时,必须提出书面修改建议递交另一方,经双方协商同意后方能修改。修改后的条款经双方签字后作为本合同附件执行,与本合同具有同等效力,并报有关部门备案。未经双方同意,任何一方无权变更本合同。

合同期满前30天,如果任何一方均未提出重新谈判签订新的合同,则本合同在以后3年仍然有效。

第五十三条　双方在履行合同中,遇到下列情况可以解除、终止合同:

(一)双方协商一致。

(二)因不可抗力的情况出现,使合同无法履行。

第十二章　附　则

第五十四条　本合同未尽事宜按国家法律和上级有关规定,由双方协商后确定。

第五十五条　本合同所列条款,如与国家在关法规和上级有关规定相抵触时,则按国家法律和上级有关规定执行。

第五十六条　劳动部门自收到集体合同文本之日起15日内未提出异议,集体合同即行生效。

第五十七条　本合同一式11份,报市劳动部门3份、双方各执1份、双方存档1份、党委1份、报市总工会、市经委、市轻工业公司各1份备案。

公司法定代表人　程冠松
公司工会主席　刘庆成
1995年5月

嘉兴市“协商共约”行动共同约定书

为了应对国际金融危机,促进企业健康发展,保障职工合法权益,发展和谐稳定的劳动关系。经企业和职工双方代表协商一致,达成如下约定:

企业方承诺:

一、认真遵守国家法律,自觉承担社会责任。企业生产经营困难期间,千方百计稳定就业岗位,保障职工合法权益。企业依法采取缩短工时,适时安排年休假、轮岗轮休等形式保障职工岗位,做到不裁员或少裁员。

二、坚持工资集体协商制度,做好与职工方在工资分配制度、工资标准和工资分配形式等方面的协商,做到职工工资收入与企业发展相适应。

三、做好职工职业技能培训,积极

组织职工学习新技术、新工艺,为企业发展储备人才。企业教育经费用于职工培训不少于7 0%。

四、落实企业民主管理制度,凡是涉及职工切身利益的重大问题,提交职工代表大会讨论审议。

企业方:(企业盖章)

法定代表人签名:

2009年2月 日

职工方承诺:

一、立足本职、爱岗敬业、遵守企业依法制定的规章制度。

二、积极为企业发展献计出力,努力提高劳动生产率,与企业同舟共济,共担风险,共渡难关,共谋发展。

三、对工资、福利、企业减员等涉及自身切身利益的问题时,主动向工会反映,通过工会与企业行政集体协商、职工代表大会等民主途径理性合法解决。

四、积极投身于劳动关系和谐企业创建活动,自觉维护企业和社会稳定。

职工方:(企业工会盖章)

工会主席签名:

嘉兴市"心连心"帮困救助资金管理实施细则

第一章 总 则

第一条 为弘扬中华民族扶贫济困的传统美德,加大对困难群众的帮扶力度,帮助解决困难群众的急、难、重等基本生活困难,进一步推进送温暖活动经常化、制度化、社会化,特制订本办法。

第二条 本办法所称帮困救助资金(以下简称资金)是市委、市政府筹集的用于帮助嘉兴市区城镇弱势群体缓解基本生活困难的专项资金,是在困难群众享受国家规定的有关救济补助后,仍有严重困难的情况下采取的一种补充性帮困措施。旨在通过社会和集体的力量帮助困难群众解决基本生活困难,减轻因大病、重症及遭受重大意外事故等造成的特殊困难,改善和提高困难弱势群体生活水平,维护社会安定,促进我市经济发展和社会全面进步。

第二章 资金的筹集

第三条 资金筹集的主要途径:

1. 上级部门的补助;

2. 市财政拨款和补助;

3. 机关、企事业单位和社会群众团体的捐赠;

4. 社会各界人士个人捐赠;

5. 其他有关收入。

第四条 专项资金长期接受单位和个人的捐赠。企事业单位的捐赠款,允许在税前列支。

第三章 资金的管理

第五条 建立嘉兴市"心连心"帮困救助资金管理委员会,下设办公室(与市"送温暖工程"领导小组及其办公室一套班子、两块牌子),负责专项资金的

管理。管委会办公室作为日常办事机构,其职责是:

1. 在市资金管理委员会的领导下,负责资金筹集的具体工作;

2. 负责资金使用的年度预算、决算和编报,并向市"送温暖工程"领导小组报告年度内资金筹集、使用、管理工作;

3. 做好救助对象审核(初审)、具体救助款的发放、管理、使用等工作;

4. 完成市资金管理委员会交办的其他任务。

第六条 资金实行财政专户管理,专款专用,实行"收支两条线"管理。由市"送温暖工程"领导小组办公室会同市财政局另行制定资金的具体缴存、拨付手续。

第七条 资金的保值增值,具体由市资金管理委员会确定,办公室负责运作,增值部分用于扩充资金。

第八条 资金的筹、管、用严格按照国家法律、法规和有关政策执行,接受市财政局、市审计部门的指导和监督。年度资金筹集、使用、管理工作和审计情况向社会公布,接受社会监督。

第四章 资金的使用

第九条 资金严格按照本细则办法规定的使用范围审批列支,量入为出。

第十条 资金主要用于同时符合下列条件特困群众的救助。

1. 家庭成员患病住院 3 个月以上(或年累计住院 3 个月以上)或患《嘉兴市城镇职工基本医疗保险暂行规定》第四章第十六条明确的可视作住院医疗费的门(急)诊治疗规定病种(指患恶性肿瘤、慢性肾功能衰竭和器官移植三种),个人年自己承担医疗费支出数额在 1 万元以上,造成家庭生活特别困难,经单位、主管部门和各方救济后生活仍有较大困难的。

2. 家庭遭受重大意外事故,基本生活发生严重困难,经单位及各方帮困救济后生活仍有较大困难的;

3. 自己承担医疗费用,以医院单据为准,并附市社保局核准报销单。

第十一条 对特困群众的救助,原则上实行一次性补助。

第十二条 对持有《嘉兴市城市居民最低生活保障金领取证》、《嘉兴市区城镇特困职工优惠证》、《嘉兴市区特困残疾人优惠证》的人员,患病符合第十条第一款的规定情况,个人年自己承担医疗费支出数额可按照第十条第一款规定下调到原标准的60%,以此类推下调救助标准。

第五章 资金的审批

第十三条 资金的审批每年的元旦或春节、五一节、国庆节定期办理,并于每个节前 40 天为上报截止日期。

第十四条 凡符合本办法第四章第十条规定的救助对象,由本人向所在单位(无单位的向街道)递交书面申请和有关证明材料,并填报《审批表》,经所在单位(无单位的经街道)核查,报上级主管部门(无单位的报区、市民政局)审核后,统一上报市资金管理委员会办公室汇总。

第十五条 资金管理委员会办公室对申请对象进行审核,提出初步的救助方案,经资金管理委员会研究同意后,在新闻媒体进行公示。同时民政系统上报的申请对象由民政局负责在其所在社区进行公示。

第十六条 救助金的发放,由市资金管理委员会办公室根据市“送温暖工程”领导小组的决定,召开发放大会或其它形式,直接发放到被救助对象。

第十七条 在帮困救急工作过程中发生的日常办公管理费用,按照节俭必需的原则,根据市“送温暖工程”领导小组批准的年度预算执行。

第六章 附则

第十八条 嘉兴市区职工扶困救急资金转入该资金,纳入统一管理。

第十九条 本办法由市“送温暖工程”领导小组办公室负责解释。

第二十条 本办法自二〇〇四年十月十九日起实行。

附：

2011 年 -2013 年大事记

2011 年

1 月 7 日，省总工会副主席吴建宪在市政协副主席、市总工会主席邵建华陪同下走访慰问困难劳模和困难职工家庭，为他们送上慰问金和慰问品。当天下午到南湖区大桥镇慰问部分困难职工和劳模。

1 月 11 日，市总工会《党工共建创先争优，推进城乡统筹基层工会组织建设》一文获全总 2010 年度工会基层组织建设创新成果二等奖。

1 月 13 日，市总工会举行“爱心超市”特困职工补助金发放仪式，市本级 54 位特困职工领到补助金。

1 月 21 日，第 27 批“心连心”大病救助款发放仪式在市总工会举行。126 名困难职工得到救助，发放救助款 46.2 万元。

1 月 26 日，市政府与市总工会举行联席会议。市委副书记、代市长鲁俊讲话，副市长张志伟，市政协副主席、市总工会主席邵建华出席会议。市总工会通报 2010 年工会工作，并就“企业依法普遍建立工会组织和普遍开展工资集体协商”提出建议。

1 月 26 日，市创建劳动关系和谐企业领导小组召开会议，回顾 2010 年创建工作，提出 2011 年工作思路，讨论《关于开展创建劳动关系和谐村的标准》。

1 月 29 日，市劳模协会三届四次理事会议暨劳模新春座谈会召开。市政协副主席、市总工会主席邵建华讲话，副主席沈盛通报 2010 年全市劳模工作情况和 2011 年工作安排。会议吸收嘉兴电力局为团体会员、理事单位、副会长单位。

2011 年元旦、春节期间，全市各级工会组织全面开展送温暖活动，共募集专项资金 500 万元，走访慰问 3528 户困难职工和困难劳模。

2 月 23 日，市总工会召开六届二次全委(扩大)会议。市政协副主席、市总工会主席邵建华作工作报告，经审会主任沈禾丰作经费审查工作报告。市委常委、秘书长孙贤龙代表市委讲话。叶伟达、李海明、干根华替补为市总工会六届委员，章金春替补为六届经审委员。

2 月 25 日，市政协副主席、市总工会主席邵建华在市经济技术开发区东海橡塑(嘉兴)有限公司调研工资集体协商开展情况。

2010 年度嘉兴市工会“两个普遍”

工作创新奖评选揭晓，南湖区总工会《建立全省首家统筹城乡农村新社区工会工作站》等6篇获创新成果一等奖；秀洲区总工会《夯实基础,以点带面,扎实推进镇街道总工会建设》等7篇获创新成果二等奖。

3月5日，市工会女职委在南湖区丁家桥社区望吴门广场开展以“创先争优强素质,建功立业展风采”为主题的“送健康、送法律、送岗位、送服务”关爱女职工专项活动。

3月8日，市工会女职委召开三届三次委员(扩大)会议,表彰全国、省女职工先进集体、个人,和2009-2010年度嘉兴市女职工先进集体和个人。市政协副主席、市总工会主席、市工会女职委主任邵建华作工作报告。

3月15日,市政协副主席、市总工会主席邵建华一行赴桐乡恒基建设集团有限公司、桐昆集团、雀屏纺织化工股份有限公司、濮院镇总工会调研推进“两个普遍”工作。16日赴秀洲区调研劳动关系和谐企业创建工作。

3月22日,市总工会召开市属基层工会工作会议。市政协副主席、市总工会主席邵建华要求强化六方面意识,增强基层(企业)工会组织活力,把握重点,发挥基层(企业)工会作用。

3月25日,市总机关召开创先争优和五型机关创建动员大会。会议总结表彰市总机关2010年先进集体和先进个人,研究部署深化创先争优活动和五型机关建设工作。

3月29日,市总工会召开全市工资集体协商经验交流会。省总工会副主席李锦平出席并讲话，市政府副市长、市创建劳动关系和谐企业活动领导小组组长张志伟,市政协副主席、市总工会主席邵建华,市劳动保障局副局长王松林,市工商联副会长万勇,市总工会副主席周春锋,市企业家协会秘书长周正勇出席会议。

3月31日,市总工会组织党员干部参观试开放的南湖革命纪念馆新馆。

4月7日，市总工会在桐昆集团召开“当好主力军、建功‘十二五’”劳动竞赛推进会。省总工会副主席姚炳甫、副市长张志伟出席并讲话，市政协副主席、市总工会主席邵建华,桐乡市委副书记沈海明参加会议。会上表彰首批高技能人才创新工作室,陈新益工作室等11个单位获此殊荣，并宣读2010年嘉兴市工人先锋号命名决定。

4月14日,市委副书记、市纪委书记冯志礼到市总工会调研工会工作,走访市职工维权帮扶中心。

4月19日-20日,全国总工会劳动保护部调研员李跃平、劳动保护部副处长刘小昶在嘉兴市了解全国总工会《关于加强工会参与职业病防治工作的意见》贯彻落实情况,以及地方总工会在工会参与职业病防治工作模式推广方面的具体部署和意见建议,总结收集试点单位在模式推广过程中的做法与经验。

4月20日,市总工会经审会举办全市工会经审干部和特邀经审员经审工作继续教育培训班。

4月27日,嘉兴市庆"五一"先进表彰大会暨"电力杯"红船颂职工歌咏大赛在嘉兴体育馆举行。市委常委、宣传部部长武亮靓,市人大常委会副主任徐生荣,市政府副市长张志伟,市政协副主席、市总工会主席邵建华出席。

4月28日,欢送劳模先进赴杭州领奖座谈会在市总工会举行。市委副书记冯志礼,市政府副市长张志伟,市政协副主席、市总工会主席邵建华出席座谈会。刘霞等23位获得全国、省五一劳动奖状(章),全国、省工人先锋号以及省杰出职工的劳模先进及代表参加座谈会。

4月28日,第28批"心连心"大病救助款在市总工会职工维权帮扶中心发放。共向90名困难职工发放救助款31.9万元。

5月18日,省总工会副主席钟洪江到东栅街道检查指导务工新居民入会工作。南湖区委常委、副区长赵英杰,南湖区总工会党组书记、副主席储彬陪同。

5月18日,市政协副主席、市总工会主席邵建华率调研组赴市交通局专题调研道路运输行业职工队伍稳定及建设情况。

5月26日,省总工会副主席李锦平一行到嘉善县西塘镇礼庙村和海宁市斜桥镇调研和谐企业创建工作。

6月13日,全国总工会组织部副部长张茂华一行到嘉兴南湖区和嘉善县调研镇(街道)总工会、新社区工会建设。

6月15日,市政协副主席王淳等市政协委员视察市工人文化宫并在市总工会召开群团组织所属文化单位工作座谈会。

6月15日,全市第二期镇(街道)工会主席培训班在市委党校开班。70余名镇(街道)的工会主席和来自省总工会的专家学者一起探讨基层工会建设工作。

6月17日,市委决定:张心桥任市总工会党组副书记。

6月21日,全省推进流动务工人员加入工会工作现场会在嘉兴召开。省总工会副主席钟洪江出席并讲话。市总工会副主席张心桥介绍加强流动务工人员加入工会工作经验和做法。

6月24日,市总工会、市卫生局联合推出"嘉兴市劳动模范医疗健康结对服务活动"。市第一医院、第二医院、中医院和妇保院组成劳模医疗保健服务小组,与市本级300名全国、省、市劳模结对服务。16位劳模代表参加启动仪式。

6月30日,省总工会党组书记、常务副主席金长征到南湖区调研指导新居民入会、镇总工会规范化建设等工作。

7月19日,市第四届职工技能运动会暨职工管道工技能竞赛在嘉源给排水公司开幕。副市长张志伟,市政协副主席、市总工会主席邵建华,市人力资源和社会保障局、市新居民事务局及各县(市、区)总工会分管领导、获奖职工代表100多人出席开幕式。

7月20日,市总工会、市新居民事务管理局联合召开全市务工新居民加入工会工作先进表彰会。会上表彰22个务工新居民加入工会工作先进单位,

14 个务工新居民入会示范窗口,31 名先进个人。

7 月 21 日,市政协副主席、市总工会主席邵建华,市总工会副主席沈盛在嘉兴沙龙宾馆欢迎古巴马坦萨斯省总工会第 7 次友好访问代表团一行,并交流工作。

7 月, 市委市政府授予市总工会“2006 年-2010 年嘉兴市法制宣传教育先进集体”称号。

8 月 9 日,中央党校教授、博士生导师向春玲到七星镇江南新家园社区工会联合会调研指导。下午市总工会举办工会干部读书会,向春玲教授主讲加强和创新社会管理,全市工会干部 100 余人到会听课。

8 月 10 日,市总工会召开六届三次全委(扩大)会议。市委副书记冯志礼出席并讲话,市政协副主席、市总工会主席邵建华作工作报告。会议选举丁曙明为市总工会第六届委员会委员、常委、副主席。替补蒋胜强为市总工会第六届委员会委员。

8 月 16 日-17 日,省总工会副主席姚炳甫到秀洲、平湖调研创建劳动关系和谐企业活动。

8 月 19 日,全市厂务公开民主管理工作经验交流会召开。市委副书记冯志礼,副市长张志伟,市政协副主席、市总工会主席邵建华出席会议。海盐县厂务公开领导小组、平湖市新埭镇总工会、秀洲区洪合镇羊毛衫行业工会、嘉善县西塘镇礼庙村工会和洁华控股股份有限公司作交流发言。

8 月25 日, 市总工会举行 “金秋助学”款发放仪式。市区及港区、经济开发区 37 名困难职工子女得到助学帮扶。

8 月 26 日, 省总工会党组书记、常务副主席金长征到嘉善专题调研工会推进“两个普遍”工作情况,听取嘉善县总工会主席张引华就全县工会推进“普遍建会、普遍协商”情况汇报。嘉善县委副书记郑明陪同调研。

8 月 31 日,市总工会组织召开新经济组织管理创新专项工作参与部门工作会议。市政协副主席、市总工会主席邵建华出席会议并讲话。市委组织部、市经信委等 14 个部门(单位)分管领导参加会议。

9 月 21 日-24 日,2011 年友好城市工会工作交流会在嘉兴召开。与嘉兴市总工会结为友好工会的桂林市、辽阳市、南通市、绍兴市、泰州市、无锡市、伊犁州总工会代表出席交流会, 并围绕“工会参与社会管理”进行交流与探讨。

9 月 22 日,省总工会经审会主任蔡江平到南湖区七星镇总工会考察指导工会经审工作。

9 月 28 日,市第 29 批“心连心”大病救助款在市总工会职工维权帮扶中心发放。70 人受助,发放救助款 23.8 万元。

10 月 9 日-11 日, 市政协副主席、市总工会主席邵建华赴海宁、秀洲和桐乡等地,对企业生产经营和职工队伍稳定情况进行调研。14 日,省总工会副主席吴建宪到嘉兴就企业生产经营和职工队伍稳定情况进行调研。

10月31日,市总工会、市劳模协会组织33名市级劳模首次在杭州三台山庄疗养。

11月11日,市委常委、市纪委书记徐鸣华到市总工会调研。

11月17日,全国总工会党组成员段敦厚考察南湖区新丰镇新居民入会窗口、敏惠汽配有限公司和南湖区大桥镇总工会。

11月下旬,市总工会组织开展"进企业服务、帮职工解忧"活动。

12月2日,全省高技能人才创新工作室创建工作推进会在嘉兴召开。省总工会、省科技厅联合命名表彰首批25个浙江省高技能人才创新工作室,嘉兴4个创新工作室荣列其中。与会人员参观考察禾欣可乐丽超纤皮有限公司俞红权工作室。

12月7日,市区10名困难职工在市总工会职工维权帮扶中心领取第二期"爱心透析"专项救助金,共发放1.85万元。

12月7日,嘉兴市援疆指挥部、嘉兴市总工会、沙雅县总工会在沙雅县举办设立及发放"红船职工关爱资金"启动仪式。嘉兴市总工会送去帮扶资金10万元。

12月15日,市总工会举行以"关爱困难女工,温暖千家万户"为主题的女职工"关爱行动"救助金发放仪式,33位困难女职工受助,共发放救助金4.05万元。

12月22日,《工人日报》副主编王娇萍到敏实集团、南湖区新丰镇新居民入会窗口、嘉善县干窑镇、礼庙村等地调研普遍建立工会组织和普遍开展工资集体协商工作。

12月,中华全国总工会授予市总工会为"全国工会职工法律援助等维权服务示范单位"。

2012年

1月,市总工会被中华全国总工会、国家安全生产监督管理总局授予"全国'安康杯'竞赛优秀组织单位"。

2月15日,市总工会召开六届四次全委(扩大)会议,总结2011年工作,部署2012年工作任务及开展面对面、心贴心、实打实"进企业服务、帮职工解忧"专项行动。会议替补许静、朱晏秋、俞四龙、夏利君、朱财芬、梅明华为市总工会第六届委员会委员。市委副书记冯志礼出席并讲话。

2月16日,省人大常委会副主任、省总工会主席厉志海到桐乡市崇福镇开展"进村入企,助推发展、强化服务"大走访活动。

2月26日,市劳模协会三届五次理事会议暨劳模新春座谈会召开。

2月29日,市总工会召开女职工委员会三届四次委员(扩大)会议暨女职工专项集体合同推进会。海宁市总工会、嘉善县姚庄镇总工会、兰宝毛纺集团有限公司工会、嘉康电子股份有限公司工会等四家单位女职委作经验交流。

3月,省政府授予市总工会2011年度省重点建设立功竞赛优秀组织单位称号。

4月28日,庆"五一"先进表彰大会暨企业职工文化建设推进会举行。市领导冯志礼、邵建华、祝亚伟、薛佳平出席。大会表彰市"杰出职工"、市"工人先锋号"、市"安康杯"竞赛先进集体和先进个人、市模范职工维权帮扶站、市"强保障、促和谐"活动先进单位等一批先进集体和先进个人,同时部署深化企业职工文化建设工作。

4月28日,嘉兴市暨南湖区工会组织"双亮"活动推进会在旭辉广场举行,全国总工会基层组织建设部副部长张晓辉,市人大常委会副主任、市总工会主席邵建华等领导向基层工会代表授予工会组织标牌,向基层工会主席授予主席胸牌。

5月2日,市第31批"心连心"大病救助款在市总工会发放,79人得到救助,发放救助金额26.8万元。

5月3日,市总工会、嘉城旅游发展有限公司联合举行"百名劳模游南湖"活动,来自全市100名各级劳模和先进单位代表参观南湖革命纪念馆、湖心岛和月河历史街区。

5月17日,市委召开工会共青团妇联工作会议。市委书记、市人大常委会主任李卫宁讲话。会上下发《中共嘉兴市委关于进一步加强新形势下工会、共青团、妇联工作的意见》,表彰一批全市工青妇工作先进单位和先进个人。

5月17日,市总工会召开深化作风效能和执行力建设暨"五型机关"创建推进会。

5月18日,全市劳动关系和谐先进表彰暨新经济组织管理创新专项工作推进会召开。46家劳动关系和谐企业先进单位、9个劳动关系和谐工业园区先进单位、30名创建和谐劳动关系活动先进个人受到表彰。

6月8日,市总工会召开六届五次全委(扩大)会议,市人大常委会副主任、市总工会主席邵建华讲话。沈禾丰当选为市总工会副主席,王春勤当选为市总工会常委。宋中良、顾雪祥替补为市总工会六届委员。

7月23日-25日,市总工会举办镇(街道)工会主席培训班,邀请省总工会、省总干校、市委办信息处等有关领导上课。培训期间组织赴宁波学习考察。

7月24日,市第五届职工技能运动会开幕。市人大常委会副主任、市总工会主席邵建华、市政府副市长祝亚伟出席开幕式。

7月,中华全国总工会授予市总工会为"2011年度工会财务工作先进单位"。

8月6日,市人大常委会副主任、市总工会主席邵建华率市工会考察团赴对口援助县——新疆沙雅县考察慰问。

8月16日,市总工会开展"爱心透析专项救助行动",为11名身患肾功能衰竭的困难职工发放4.85万元透析医疗补助金。

8月20日,市总工会"金秋助学"款发放仪式举行。本次活动救助市本级以及港区、经济开发区50名困难职工子女,发放救助款9.1万元。

9月5日,全国总工会副主席、书记处第一书记、党组书记王玉普到嘉兴调研工会工作。市委副书记高玲慧介绍经济社会发展概况,市人大常委会副主任、市总工会主席邵建华汇报工会工作。

9月18日,省第五届职工运动会桥牌比赛在嘉兴举办，来自全省23个队200多名运动员进行为期4天的激烈角逐。

10月9日,市总工会举办全市工资集体协商指导员、劳动保护监督检查员、劳动争议调解员培训班,全市120名工会干部参加培训。

10月23日,市总工会召开面对面、心贴心、实打实“进企业服务,为职工解忧”专项行动交流会,各县(市、区)总工会交流做法和经验。市人大常委会副主任、市总工会主席邵建华对活动提出要求。

10月26日-28日，全国总工会中国工运研究所所长吕国泉一行到嘉兴调研镇(街道)工会工作。市委副书记高玲慧,省总工会副主席吴建宪,市人大常委会副主任、市总工会主席邵建华参加汇报会或陪同调研考察。

11月6日,市委常委、组织部部长连小敏到市总工会调研工会工作。

11月22日-23日，市总工会召开全市工会领导干部学习会。中共十八大代表、桐昆集团一线职工胡晓丽传达十八大精神。

12月26日，市委组织部部务会议决定:高红慧任市总工会党组成员。

12月27日,市委决定:张心桥任市总工会党组书记。

12月28日，市总工会牵头召开全市新经济组织管理创新专项工作会议。市委政法委等22个新经济组织管理创新专项工作协调小组成员单位和各县(市、区)新经济组织管理创新专项工作牵头部门参加会议。

2013年

1月8日，市总工会召开浙江省第五届职工运动会嘉兴代表团总结表彰大会,总结参加省第五届职工运动会各项工作，表彰南湖区总工会等13家先进集体。

1月9日,省总工会常委、副巡视员张彤率省总工会送温暖慰问团到嘉兴看望慰问省劳模、困难工会干部、困难农民工及困难职工。

1月29日,市劳模协会举行第四次会员代表会议,选举产生第四届劳模协会理事会,姚海根连任新一届劳模协会会长。

1月30日-31日,省总工会副主席李锦平率省创建和谐劳动关系考核验收组到平湖、海盐考核验收创建和谐劳动关系先进工业园区。

2月1日，市总工会召开六届六次全委(扩大)会议。市委副书记高玲慧出席会议。市人大常委会副主任、市总工会主席邵建华作工作报告。会议选举嘉兴市出席省工会等十四次代表大会代表。选举高红慧为市总工会第六届经费审查委员会主任。替补陶文宇、凌华、黄玮莉为市总工会第六届委员会委员,替补殷国良、曹新萍为六届经审委员。

2 月 7 日,市第 33 批“心连心”大病医疗救助款发放,救助 82 人次,发放救助金额 37.1 万元。

2 月 19 日,河南省安阳市总工会主席张善飞一行到嘉兴考察交流工会工作。张善飞主席一行先后到南湖区七星镇江南新家园社区、大桥镇总工会、嘉善县总工会参观考察工会工作,两地就开展党工共建、推进城乡工会统筹发展进行交流。

2 月,市总工会获 2012 年度五型机关创建一等奖。

3 月 12 日–13 日,省人大常委会副主任、省总工会主席厉志海一行到平湖专题调研构建和谐劳动关系工作。

4 月 23 日, 全国总工会副主席、书记处书记倪健民,全总办公厅副主任蔡毅德一行到嘉兴调研工会工作。市政府代市长肖培生,市委副书记高玲慧陪同调研。

4 月 27 日,市委、市政府召开庆祝“五一” 国际劳动节暨劳动模范先进表彰大会, 表彰 2008 年以来全市各行各业、各条战线上涌现出来的劳动模范和先进集体。市委书记鲁俊讲话。

5 月 13 日–14 日,市总工会举办全市镇(街道)工会主席培训班,全市各镇(街道)工会主席及各县(市、区)总工会组宣部长参加培训。

5 月 29 日,第 34 批“心连心”大病医疗救助款发放。28 名受助对象得到救助款 16 万元。

6 月 7 日, 全市厂务公开民主管理工作会议召开。市委副书记、市推行厂务公开工作领导小组组长胡海峰,市人大常委会副主任、市总工会主席、市推行厂务公开工作领导小组副组长邵建华出席会议。会议总结全市厂务公开民主管理工作并部署下一步工作。

6 月 21 日,市总工会、市委“两新”工委、市委宣传部、市文化局、市经信委、市国资委、市工商联共同召开全市深化企业职工文化建设推进会。市委宣传部常务副部长马洪涛出席会议并讲话。市总工会党组书记、副主席张心桥对全市企业职工文化建设工作作总结。

6 月 27 日,市总工会举办全市工资集体协商指导员(谈判员)、劳动争议调解员、劳动保护监督检查员(工会“三员”)培训班。来自各县(市、区)、市各产业(系统)工会、市属有关基层单位 300 多名工会干部参加业务培训。

7 月 24 日,市委组织部、市总工会联合召开“党建带工建 基层增活力”推进会。会议就认真贯彻落实全省加强基层工会建设电视电话会议和市委办、市政府办《关于进一步加强统筹城乡基层工会组织建设的意见》精神,探索和研究党建带工建工作新机制,夯实工会组织基础,提升工会工作整体水平作具体部署。市委常委、组织部部长连小敏出席会议。

8 月 21 日开始,市总工会工作人员分六组深入困难职工家庭走访慰问,并向 50 名品学兼优的困难职工子女发放助学金 11.1 万元。

9月17日,市总工会召开纪念嘉兴撤地建市30周年工会工作座谈会暨《嘉兴市工会志(1991–2010)》编委会全体会议。市总工会退休老领导和在市总工会工作过的领导代表、各县(市、区)总工会、嘉兴经济技术开发区、嘉兴港区总工会和各产业(系统)工会主席、市总工会各部室负责人参加会议。

10月10日，市总工会在加西贝拉压缩机有限公司举行全市深化“工人先锋号”创建,服务创新驱动发展现场推进会暨职工创新成果巡展启动仪式,各县(市、区)总工会主席、分管副主席、市属各产业工会负责人、部分基层工会负责人以及2013年表彰的市级高技能人才创新工作室代表参加。

10月15日，市委副书记胡海峰与参加中国工会第十六次全国代表大会4名代表座谈并代表市委、市人大、市政府、市政协欢送4位代表。

10月15日，全市劳动关系和谐企业、园区创建工作经验交流会在嘉善县总工会召开。会议表彰全市先进企业、先进园区等先进组织和先进个人,各县(市、区)汇报创建劳动关系和谐企业、园区进展情况并就下一阶段工作进行交流。

10月25日,市总工会召开常委(扩大)会议,邀请参加中国工会十六大四位代表介绍中国工会十六大盛况,传达中国工会十六大精神,畅谈体会。

11月上旬,市总工会组织有关部室工作人员上门走访慰问第35批“心连心”大病救助对象,为11户受助对象送上慰问金。此次发放分走访慰问与集中领取两种形式，共为35名受助对象发放大病救助款17.8万元。

11月27日，市工会女职工委员会继续组织开展“关爱行动”,以市本级企业单亲困难女职工、女困难外来务工人员和特困女职工为帮扶重点,帮助她们解决在生活、医疗、就业等方面遇到的困难。

11月28日，市构建和谐劳动关系工作领导小组召开全体会议，讨论开展第四批全市创建劳动关系和谐先进单位、工业园区和先进个人评选方案及《嘉兴市创建和谐劳动关系工业园区实施意见》《嘉兴市劳动关系和谐企业考核评价办法》。市委副书记、领导小组组长高玲慧到会讲话。

12月5日,“中国梦·劳动美”百场劳模精神宣讲邀请原嘉兴农科院院长姚海根和浙江欣兴工具有限公司技术部经理、工程师姚红飞两位劳模作报告,200余名工会干部和职工参加。

12月30日,市人大常委会副主任、市总工会主席邵建华赴秀洲区总工会就职工服务中心建设进行调研。

后　记

《嘉兴市工会志(1991-2010)》修编工作于2011年11月启动。启动阶段主要工作为学习借鉴、编制纲目、编写大事记。11月7日,邵建华主席亲率相关人员赴湖州市总工会学习取经。

资料搜集工作历时6个月，资料搜集范围包括市总工会20年间的机关刊物(《嘉兴工人》《嘉兴工人报》《嘉兴工运》)，市总工会资料室档案资料,《嘉兴年鉴》,查阅市档案馆资料,向省总工会索要资料,请市委、市人大、市政府、市政协、市级相关部门协助提供资料,县(市、区)总工会、产业工会和市总工会机关各部门提供资料,向部分老工会工作者征集资料。资料搜集尽管艰辛,但每当搜集到有价值的资料,便觉得这些辛苦也值。

初稿完成后,市总工会于2013年9月17日召开编委会会议,研究相关工作并确定各章节责任编辑。邵建华主席对修改工作提出要求。在修改阶段,先后召开市总工会机关离退休老同志、市总工会老领导座谈会听取意见,分别听取市总工会领导和部室负责人意见,在此基础上反复修改成稿。

《嘉兴市工会志(1991-2010)》六篇27章,51万字。在志书框架内容上力求反映20年间工会工作围绕中心、服务大局,与时俱进、创新发展,源头参与、注重协调的特色,对统筹城乡组织建设、高层次参政议政、依法维权、参与经济建设、帮扶救助等比较有亮点的工作,在章节安排、内容组织上给予突出。

修编工作得到市委、市人大、市政府、市政协机关及市委组织部、市劳动和社会保障局、市统计局、市农办(农经局)、市工商局、市新居民局、市档案局、市建委、嘉实集团等部门和省总工会、湖州市总工会、丽水市总工会鼎力相助,在此谨表谢意!张钰良参与前期资料工作,在此一并表示感谢!

由于市总工会机关历经搬迁,人员变动,资料多有散失,加之编纂人员水平所限,本志不免存在缺漏和欠妥之处,我们真诚地期待指正,以待后补。

编　者

2014年9月

各章节责任编辑

序、凡例、图片、概述、大事记　王春勤

第一篇　第一章　王春勤

第二章　第一节　冯　波

第二节　张云珍

第三节　许　楠

第四节　查伟豪

第五节　顾猛柱

第六节　朱建伟

第七节　王　鲁

第三章　第一节　王有富

第二节　叶　勤

第三节　庄正祥

第四节　蒋莉华

第五节　陈　红

第六节　王卫忠

第七节　张建兴

第八节　许荣岐

第九节　许荣岐

第十节　许荣岐

第四章　第一节　张　钰

第二节　肖红卫

第五章　陈加青

第二篇　王春勤

第三篇　许荣岐

第四篇　第一章　陈加青

第二章　王春勤

第三章　陈加青

第四章　陈加青

第五章　方东军

第六章　章金春

第七章　章金春

第八章　金风劼

第九章　高红慧　章金春　高　峰

第十章　王春勤

第十一章　王春勤

第十二章　王春勤

第五篇　第一章　陈加青

第二章　方东军

第六篇　王春勤　陈加青　章金春　方东军